POLITIK UND BILDUNG BAND 93

Sabine Achour, Thomas Gill (Hg.)

Partizipation und politische Teilhabe mit allen: Auftrag politischer Bildung

Vom Klassenrat zum Zivilen Ungehorsam

WOCHEN
SCHAU
VERLAG

Bibliografische Information Der Deutschen Nationalbibliothek

Die Deutsche Nationalbibliothek verzeichnet diese Publikation in der Deutschen Nationalbibliografie; detaillierte bibliografische Daten sind im Internet unter http://dnb.d-nb.de abrufbar.

www.wochenschau-verlag.de

Umschlagentwurf: Ohl Design
Gedruckt auf chlorfrei gebleichtem Papier
Gesamtherstellung: Wochenschau Verlag
ISBN 978-3-7344-1542-5 (Buch)
E-Book ISBN 978-3-7566-1542-1 (PDF)
DOI https://doi.org/10.46499/1934

INHALT

III. Kinder- und Jugendbildung

IV. Politische Teilhabe in der postmigrantischen Gesellschaft

SABINE ACHOUR, THOMAS GILL

Einleitung

Partizipation in der Demokratie basiert auf Grundlagen, die zugleich Ziel und Selbstverständnis politischer Bildung sind: Subjektorientierung, freie Urteilsbildung, Handlungsfähigkeit, Kritikfähigkeit, Indoktrinationsverbot, Konflikt- und Kontroversitätsorientierung. In autoritären Gesellschaften existieren zur Absicherung des politischen Status quo zwar Formen der Staatsbürgerkunde, der politischen Erziehung oder der Indoktrination, aber keine emanzipatorischen politischen Bildungsangebote. Demokratie und politische Bildung sind wechselseitig aufeinander angewiesen. Die Grundlage der einen ist die Zielperspektive der anderen: Eine demokratisch gesinnte Bevölkerung, der demokratische Haltungen und Verhaltensweisen, demokratische Strukturen und demokratische Einstellungen persönliches Bedürfnis ist. Eine Bevölkerung, die durch ihre Partizipation Demokratie mitgestaltet, weiterentwickelt und für sie einsteht.

Was bedeutet es angesichts dieser gegenseitigen Angewiesenheit für die politische Bildung, wenn sich die Formen demokratischer Herrschaft in einem rasanten Wandel befinden?

So sind nach 1990 in den verschiedenen Landesverfassungen Formen der direkten Demokratie wie Bürgerbegehren und Volksentscheide verankert worden und inzwischen auch vielfach etabliert. Zeitgleich begann ein Prozess, in dessen Zuge das Wahlalter abgesenkt wird, zunächst auf kommunaler Ebene, inzwischen aber auch bezogen auf die Wahlen von Landesparlamenten und des EU-Parlaments. Auf Bundesebene allerdings sind solche Formen der Ausweitung von demokratischen Rechten im Grundgesetz bis auf weiteres nicht absehbar.

Aber gerade auch unterhalb der Verfassungsebene sind vielfältige Veränderungen erfolgt. Die letzten Jahrzehnte waren gekennzeichnet durch die Einführung neuer Formen der Bürger:innenbeteiligung bzw. Partizipation insbesondere auf kommunaler Ebene (siehe den Aufsatz von Roth in diesem Buch). Gerade in den letzten Jahren wurden Teilhabegremien wie z.B. „Behinderten"- und Migrationsbeiräte (siehe Aufsatz von Nergiz) mit zusätzlichen Mitwirkungsrechten und eigenen Ressourcen ausgestattet. Zugleich sind vielfältige Beteiligungsverfahren zum Beispiel in Form von Bürgerfonds oder durch Anhörung- und Mitwirkungsmöglichkeiten entstanden. Die Repräsentanz dieser

Gremien reicht von der Ernennung, über die Wahl oder die Delegation bis hin zu Losverfahren. Deren Chancen hinsichtlich Bürger:innenerwartungen und Grenzen in Bezug auf (fehlende) institutionelle Absicherung sind umstritten und politisch umkämpft.

Eine wichtige normative Grundlage für die Entwicklung hin zu mehr Demokratie und Partizipation stellt die Entwicklung des internationalen Menschenrechts dar. Die Direktorin des Deutschen Instituts für Menschenrechte, Beate Rudolf, hat bereits vor einigen Jahren nachgewiesen, dass sich über die Menschenrechtskonventionen der letzten Jahrzehnte sukzessive ein Recht auf Teilhabe herausgebildet hat, welches auch die Sphäre der Politik umfasst (Rudolf 2017). Diese Entwicklung berührt in besonderem Maße die Frage der politischen Teilhabe von denjenigen, denen aufgrund fehlender deutscher Staatsbürgerschaft zentrale politische Rechte wie das allgemeine Wahlrecht verweigert werden. Dabei geht das Politikverständnis der Menschenrechte über den Staat hinaus und nimmt ebenso die zivilgesellschaftliche Ebene mit in den Blick. Auch hier lassen sich mit der Norm der Menschenrechte eklatante Partizipationsdefizite kritisieren – und auch verändern (siehe den Beitrag von Cannella und Lepratti).

Viele Kinder und Jugendliche erfahren zunehmend Möglichkeiten demokratischer Alltagsgestaltung bzw. Mit- und Selbstbestimmung in ihren Familien, ganz im Gegensatz zum sozialen Nahraum in der Kommune oder in der Schule (Bertelsmann 2005) – trotz einer im Vergleich mit den letzten Jahrzenten zunehmenden Bedeutung normativer demokratischer Vorgaben, welche sich schuladministrativ zum Beispiel in Orientierungsrahmen niederschlagen (vgl. bspw. Achour et al. 2020). Die Folgen dieser politischen Dissonanz sind bisher nur unzureichend erforscht. Offensichtlich ist aber, dass sich im Zuge der grundlegenden Veränderung ihrer Lebenswelten – auch durch die Digitalisierung (s. Beitrag Busse und Nagel) – eine neue Politisierung angesichts existenzieller Herausforderungen Bahn gebrochen hat. Nach einem Jahrzehnt der Krisen (Finanzen, Wirtschaft, Klima, Flucht, Corona, Krieg) ist eine Generation herangewachsen, der sich grundlegende Fragen an Politik, Gesellschaft und deren Zukunft stellen, auf die sie Antworten sucht. So verwundert es kaum, dass sich die junge Generation Sorgen um ihre Zukunft macht, aber zugleich auch politisch mitwirken will (Vodafone Stiftung 2022). Die Bedeutung politischer Bildung für das Aufwachsen in demokratischen Gesellschaften wird auch von der Politik wahrgenommen. So fokussierte der 16. Kinder- und Jugendbericht der Bundesregierung den Schwerpunkt politische Bildung (BMFSFJ 2020).

Die in den Sozialwissenschaften schon länger diskutierte soziale Ungleichheit und Spaltung der Gesellschaft zeigt zunehmend auch Folgen für die politische Teilhabe. Spätestens seit der Bundestagswahl 2013 (Schäfer 2013) ist bekannt, dass der Rückgang der Wahlbeteiligung ganz wesentlich sozial begründet ist. Soziale Abkopplungsprozesse führen zunehmend stärker auch zu politischen Abkoppelungsprozessen. Von sozialer Ungleichheit betroffene Menschen haben die Hoffnung verloren, dass ihre Interessen und Anliegen im politischen Betrieb noch Berücksichtigung finden. Dies gilt für partizipative Formen der Demokratie noch erheblich stärker für die Teilnahme an Wahlen. Diesem Prozess als politische Bildung und Demokratie konstruktiv entgegenzutreten, ist eine große Herausforderung, da die Menschen – anders als oft diskutiert – nicht lediglich desinteressiert sind, sondern für sich die Entscheidung zum politischen Selbstausschluss aufgrund langjähriger Erfahrungen des Fremdausschlusses getroffen haben. Eklatant ist dabei, dass Ausgrenzungen von schulischer politischer Bildung – als Grundlage für Demokratie und Partizipation – Kinder und Jugendliche, die soziokulturell benachteiligt sind, oft schon frühzeitig trifft, weil die Gliederung des Schulsystems Angebote politischer Bildung sozial ungleich verteilt (Achour in diesem Band, Achour/Wagner 2019).

Verhältnisse der sozialen Ungleichheit werden dabei insgesamt immer komplexer, horizontale Formen der Ungleichheit wie Diskriminierung und Ausgrenzung und vertikale Formen wie Ausbeutung sind auf vielfältige Weise miteinander verschränkt und erschweren Prozesse der Solidarisierung (siehe den Artikel von Gill). Dies ist in den letzten Jahren insbesondere bezogen auf Rassismus und Sexismus diskutiert worden, trifft aber auch auf andere Formen von Diskriminierung zu.

Phänomene wie der Rechtspopulismus, neu-rechte Attacken auf den demokratischen Diskurs, auf gesellschaftliche Akteure und Institutionen sowie der Rechtsterrorismus fordern nicht nur das plurale Verständnis von Demokratie mit Minderheitenschutz, Sozialstaatsverständnis, Gleichheitsprinzip etc. heraus, sondern bedrohen auch Menschenwürde und Menschenleben, insbesondere auch derjenigen, die sich für Demokratie und Zivilgesellschaft einsetzen. Diese Tendenzen des Autoritarismus haben sich im letzten Jahrzehnt auf sehr vielfältige Weise gezeigt, was erwarten lässt, dass es ihnen auch in Zukunft gelingen wird, aktuelle politische Herausforderungen für ihre Propaganda zu nutzen. Neben der direkten Bedrohung von Menschen wird so aus politischem Meinungsstreit zwischen politischen Gegner:innen gezielt politische Feindschaft mit dem Versuch der Delegitimation – und wie zu befürchten ist – auch der (politischen) Vernichtung (siehe die Beiträge von Radvan und Blumenthal).

Wir gehen in diesem Band den verschiedenen Veränderungstendenzen und Entwicklungen von Demokratie und Partizipation nach und haben Akteur*innen aus den verschiedenen Praxisfeldern der politischen Bildung, aus Wissenschaft und Politik eingeladen, Aspekte der Gesamtentwicklung in den Blick zu nehmen. Dabei werden auch Projekte und Praxiserfahrungen vorgestellt, die für die politische Bildung neue Bereiche erschließen und erste exemplarische Einblicke ermöglichen. Wir hoffen, dass diese Anregung geben für eine Erweiterung und Vertiefung der Praxis und zur wissenschaftlichen Auseinandersetzung, Konzeptionalisierung und Forschung motivieren.

Eine Fragestellung, die bei vielen Beiträgen implizit oder explizit eine Rolle spielt, ist das Verhältnis von politischer Bildung zu politischem Handeln, welches zunehmend in der Disziplin diskutiert wird (vgl. Achour/Gill 2020; Kenner, Wohnig und Bielenberg in diesem Band). Die Kontroversen und Konflikte in Politik und Gesellschaft nehmen zu. Wir sind aufgefordert, Position zu beziehen oder gar handelnd einzugreifen. Die klassische Vorstellung, dass die Bildungsprozesse dem Handeln vorgelagert sind, wird von den gesellschaftlichen Entwicklungen überholt. Und zugleich wird eben dies im Sinne von demokratischer Beteiligung in pädagogischen Kontexten auch verstärkt gefordert. Politische Bildung scheint aufgefordert, neu über ihr Verhältnis zum partizipatorischen Handeln in der Demokratie nachzudenken. Wir hoffen, mit dem Band dazu beizutragen.

Zum Aufbau des Bandes

Zu Beginn stecken Roland Roth und Peter Massing den konzeptionellen Rahmen ab. Roland Roth analysiert die demokratischen Innovationen hin zu mehr Partizipation, wie sie sich in den letzten zwei Jahrzehnten herausgebildet haben, und stellt dabei die Erfolge, die Leerstellen und die Gegenbewegungen heraus. Peter Massing benennt die Wendepunkte der langen Debatte um Demokratie und politische Bildung in der Geschichte der Bundesrepublik und plädiert dafür, dass die politische Bildung eines gehaltvollen Demokratiekonzepts als Referenzpunktes bedarf.

Im Folgenden werden klassische und auch eher neue Handlungsfelder der politischen Bildung in den Blick genommen.

Für das Feld Schule (Kap. 2) wird der Fokus auf Fragen sozialer Ungleichheit und ungleicher Zugänge zur politischen Bildung (Achour) aufgegriffen. Neben den Möglichkeiten, politisches Handeln im Rahmen demokratischer

Schulentwicklung zu fördern (Elverich), richtet Detlev Pech den Fokus diesbezüglich konkret auf Chancen und Barrieren in der Grundschule. Alexander Wohnig plädiert für mehr Handeln als Zugang zu politischen Lernprozessen und Steve Kenner verdeutlicht dies exemplarisch für politische Bildungsprozesse im Rahmen der Bildung für Nachhaltige Entwicklung.

Im Kapitel zur Kinder- und Jugendbildung (Kap. 3) geht Katrin Reimer-Gordinskaya theoriegeleitet aus entwicklungspsychologischer und kindheitswissenschaftlicher Perspektiven der Frage der politischen Bildung mit Kindern nach. Ausgehend von den Diskussionen des 16. Kinder- und Jugendberichts der Bundesregierung, in dessen Berichtskommission sie stellvertretende Vorsitzende war, reflektiert Ina Bielenberg den Zusammenhang von politischen Teilhabeerfahrungen und politischer Bildung aus der Perspektive der außerschulischen politischen Jugendbildung. Jana Ringer nimmt das Handlungsfeld der Offenen Jugendarbeit in den Blick und Rosa Bracker und Wibke Riekmann die Jugendverbandsarbeit. Der Herausforderung Rechtsextremismus widmen sich Heike Radvan und Mirjam Blumenthal.

Unter der Analysekategorie „postmigrantische Gesellschaft" werden im Kapitel 4 von Seyran Bostancı Partizipation und Inklusion diskutiert. Deniz Nergiz nimmt die Bedeutung der Integrations(bei)räte in den Blick, Teresita Cannella/Lucilla Lepratie und Filiz Keküllüoğlu/Lena Steenbuck stellen Projekte vor, die sich an Menschen mit Fluchterfahrung richten. Tannaz Falaknaz und Anna Stahl-Czechowska gehen auf die Chance von Mentoring-Programmen ein zur Stärkung politischer Teilhabe von Frauen mit Migrationsgeschichte.

Die „Aufsuchende politische Bildung" hat in den letzten Jahren als Handlungsfeld an Bedeutung gewonnen und wird in Kapitel 5 betrachtet. Hannemann, Rathke, Stapf-Finé stellen die Ergebnisse ihrer Forschungen zu Demokratieentwicklung und aufsuchenden Ansätzen im Osten Berlins vor. Nele Rathke und Annette Wallentin steuern einen Praxisbericht zur aufsuchenden politischen Bildung im Sozialraum bei und Ann-Sofie Susen zur Bedeutung diskursiver Beteiligung im lokalen Raum.

Abschließend werfen in Kapitel 6 einige Beiträge einen Blick in die Zukunft – angesichts gesellschaftspolitischer Entwicklungen und Herausforderungen: Thomas Gill widmet sich der Bedeutung von Solidarität in Zeiten der Differenz, Paulina Fröhlich fragt nach der Bedeutung von politischer Bildung angesichts der Großen Transformation, Arne Busse und André Nagel analysieren die Herausforderung der digitalen Teilhabe und die ehemalige Bundestagsabgeordnete Daniela Kolbe schaut auf die politische Bildung durch die politische Brille.

Wir haben es der Entscheidung der Autor*innen überlassen, in welcher Form sie „Gendern".

Literatur

ACHOUR, Sabine/Buresch, Elke/Eikel, Angelika/Reitschuster, Reinhold/Schröder, Eva/Töreki, Christian (2020): Orientierungs- und Handlungsrahmen für das übergreifende Thema Demokratiebildung. https://bildungsserver.berlin brandenburg.de/fileadmin/bbb/themen/Demokratiebildung/Schulentwicklung_Demokratie/2020_12_15_OHR_Demokratiebildung.pdf.

ACHOUR, Sabine/Gill, Thomas (2020): Back to the roots. Politisches Handeln nicht nur als Ziel, sondern als Weg. In: Henkel, N./Bade, G./Reef, B. (Hg.): Politische Bildung: vielfältig – kontrovers – global. Festschrift für Bernd Overwien. Frankfurt/M.: Wochenschau Verlag.

ACHOUR, Sabine/Wagner, Susanne (2019): „Wer hat, dem wird gegeben." Politische Bildung an Schulen. Bestandsaufnahme, Rückschlüsse und Handlungsempfehlungen. Berlin: Friedrich-Ebert-Stiftung.

BERTELSMANN Stiftung (Hg.) (2005): Kinder- und Jugendpartizipation in Deutschland. Ergebnisse einer Strukturdatenerhebung in 564 Städten und Gemeinden. Gütersloh.

BUNDESMINISTERIUM für Familie, Senioren, Frauen und Jugend (BMFSFJ) (2020). 16. Kinder- und Jugendbericht Förderung demokratischer Bildung im Kindes- und Jugendalter (https://www.bmfsfj.de/bmfsfj/service/publikationen/16-kinder-und-jugendbericht-162238?view=, zuletzt aufgerufen am 26.3.2022).

RUDOLF, Beate (2017). Teilhabe als Menschenrecht – eine grundlegende Betrachtung. In: Elke Diehl (Hg.) Teilhabe für alle? Lebensrealitäten zwischen Diskriminierung und Partizipation. Bonn: Bundezentrale für politische Bildung. S. 13–43.

SCHÄFER, Armin (2013): Wahlbeteiligung und Nichtwähler. In: APuZ 48–49/2023, S. 39–46 Online: https://www.armin-schaefer.de/wp-content/uploads/2014/05/APuZ_Schaefer.pdf, (zuletzt abgerufen: 24.5.2022).

VODAFONE Stiftung (Hg.) (2022): Hört uns zu. Wie junge Menschen die Politik in Deutschland und die Vertretung ihrer Interessen wahrnehmen. Eine Befragung im Auftrag der Vodafone Stiftung Deutschland. Düsseldorf. Verfügbar unter: https://www.vodafone-stiftung.de/wp-content/uploads/2022/04/Jugendstudie-2022_Vodafone-Stiftung.pdf (zuletzt aufgerufen am: 9.6.2022).

I. Grundlagen

ROLAND ROTH

Partizipation in der repräsentativen Demokratie – revisited

1. Westliche Demokratien unter Druck

Partizipation gehört zu den Grundpfeilern von Demokratien. Nur durch die möglichst umfassende und uneingeschränkte Beteiligung von Bürger:innen sind politische Gleichheit, Volkssouveränität und verantwortliches Regieren denkbar. Auch wenn sich Umfang und Formen politischer Beteiligung in Demokratien verändern, liegt in der Garantie und Ausgestaltung politischer Beteiligungsrechte ein zentraler Unterschied zu autoritären Regimen aller Art. Deren Wesensmerkmal ist, wie alltäglich von Myanmar, Hongkong bis Weißrussland beobachtet werden kann, die Unterbindung und Unterdrückung unabhängiger und selbstbestimmter politischer Artikulation. Hier liegt der Unterschied zu inszenierten und restriktiven Formen der Beteiligung, auf die auch autoritäre Regime zuweilen nicht verzichten wollen (Rodan 2018; Gueorguiev 2021).

Für eine kurze Zeit nach dem Ende der Militärdiktaturen in Lateinamerika, dem Zusammenbruch des Ostblocks und noch einmal mit der „Arabellion" schien es so, als bewegten sich die Nationalstaaten weltweit – mit wenigen Ausnahmen wie Nordkorea und Cuba – in Richtung westliche Demokratien, schließlich waren diese Umbrüche wesentlich von einer demokratisch aktiven Zivilgesellschaft hervorgebracht worden.

Seither haben sich die Hoffnungen auf ein „demokratisches Zeitalter" deutlich eingetrübt. Demokratiekrisen und autoritäre Rückbildungen prägen die internationale Debatte (Schäfer/Zürn 2021). Dies gilt nicht nur für die „neuen" Demokratien und Transformationsgesellschaften, sondern auch für die etablierten westlichen Demokratien, in denen rechtspopulistische und demokratiefeindliche Initiativen und Parteien an Boden gewonnen und zuweilen Regierungen übernommen haben.

Wie sehr Demokratien unter Druck geraten sind, lässt sich am virtuellen Demokratie-Gipfel ablesen, zu dem US-Präsident Joe Biden Anfang Dezember 2021 rund 110 Staaten eingeladen hatte. Es ging um nicht weniger als den Kampf gegen den Vormarsch autoritärer Herrschaftssysteme und die Förderung der Menschenrechte. Besonders die Liste der Staaten, die nicht eingeladen waren, ist lang und aufschlussreich, gehören doch viele Verbündete des Westens dazu. In den USA musste sich Biden vorhalten lassen, mit seiner Konferenz angesichts der befürchteten Rückkehr von Donald Trump als Präsident Augenwischerei zu betreiben: Die USA seien längst selbst ein „failed democratic state" (Lessig 2021). Schließlich habe die Republikanische Partei mit ihrer Trump-Gefolgschaft zentrale demokratische Normen aufgekündigt, einen geregelten Machtwechsel in Zweifel gezogen und strebe eine Minderheitenherrschaft an.

Jenseits der amerikanischen Besonderheiten zeigen sich in zahlreichen westlichen Demokratien Erosionserscheinungen. Ein Symptom sind die Wahlerfolge von Anti-System-Parteien, die sich für eine autoritäre Führerschaft einsetzen. Die Liste der gesellschaftlichen Ursachen ist lang. Weit oben stehen wachsende gesellschaftliche Ungleichheiten und negative Globalisierungsfolgen, vom Klimawandel über unkontrollierte Migrationsströme bis zur jüngsten Pandemie. Sie zersetzen, so die Vermutung, die sozialen Grundlagen repräsentativer Politik, höhlen die Repräsentationskraft von Parteien und Verbänden aus, steigern die soziale Selektivität der Parlamente und führen zu Legitimations- und Akzeptanzverlusten der demokratischen Entscheidungsprozesse (Mair 2013). In vielen Ländern wurde zuletzt die Corona-Pandemie dazu genutzt, autoritäre Rückbildungen zu beschleunigen und die demokratische Qualität des Regierens abzusenken (IDEA 2021). Gleichzeitig hat sich in der Bevölkerung vieler Länder der Wunsch nach mehr und wirksamer Beteiligung verstärkt und die Erwartungen an eine politische Partizipation über die repräsentativen Formen hinaus sind gestiegen.

2. Vielfältige politische Beteiligung

Demokratische politische Beteiligung findet heute in sechs Bereichen statt:

(1) Dabei steht die repräsentative Demokratie nach wie vor im Zentrum. Volkssouveränität wird im Grundgesetz wesentlich als Zusammenspiel von Wahlen, Parlamenten und politischen Parteien auf allen föderalen Ebenen gefasst. Zu diesem repräsentativen Gefüge gehört in Deutschland traditionell ein System mitgliederstarker intermediärer Interessenorganisationen. Aber diese repräsentativen Demokratieformen haben ihren Alleinvertretungsanspruch schon länger verloren.

(2) Ein wachsender direktdemokratischer Bereich mit Bürger:innenbegehren, Bürger:innenentscheiden und Volksabstimmungen ist in den Kommunen und Ländern hinzugekommen. Abstimmungen und Sachentscheide spielen

auch bei Bürger:innenhaushalten und Bürgerfonds eine Rolle. Heute sorgen in vielen Politikfeldern Fonds und Budgets dafür, dass Menschen die Erfahrung machen können, selbst etwas – ohne parlamentarische Vermittlung und Repräsentation – direkt entscheiden zu können (Roth 2020).

(3) Ein dritter Demokratiebereich hat in den letzten Jahren erheblich zugelegt. Die konsultative Beteiligung von Bürger:innen ist vor allem auf kommunaler Ebene gefragt. Dabei geht es in der Regel um die Expertise der Bürgerschaft für die eigenen Lebensumstände. Diese Beteiligung ist dialogisch bzw. deliberativ angelegt und kann verbindliche Entscheidungen in Parlamenten nur vorbereiten. Aber stets schwingt auch die Erwartung mit, gehört zu werden. Wo dies geschieht, ist mit besseren, weniger kostspieligen und breiter akzeptierten Entscheidungen zu rechnen (Bertelsmann Stiftung/Staatsministerium 2014).

(4) Wo dies nicht oder nicht erfolgreich geschieht, ist verstärkt mit Protesten, Bürger:inneninitiativen und sozialen Bewegungen zu rechnen. Längst ist dieser Bewegungssektor zu einem eigenen Bereich demokratischen Handelns geworden (Langebach 2021). Seit einigen Jahrzehnten engagieren sich hier regelmäßig mehr Menschen als im Bereich repräsentativer Politik. Die eigene Meinung gelegentlich auf Demonstrationen zum Ausdruck zu bringen, gehört heute für viele Menschen zum normalen Handlungsrepertoire.

(5) Ähnlichen Zuspruch erfährt auch das freiwillige Engagement. Nahezu 40 % der über 14-Jährigen engagieren sich freiwillig oder ehrenamtlich. Vereine, Bürger:innenstiftungen und Verbände bieten dafür einen organisatorischen Rahmen, aber es wächst auch das spontane und ungebundene Engagement (Simonson u.a. 2021). Gemeinsam ist diesem bunten Spektrum freiwillig Engagierter überwiegend, dass sie im Kleinen etwas gestalten wollen und damit das Gemeinwesen prägen.

(6) Längst haben sich auch viele Institutionen des Alltags für demokratische Mitgestaltung geöffnet. Dies beginnt in den Familien, die überwiegend zu „Verhandlungsfamilien" geworden sind, in denen alle Mitglieder mitentscheiden können. Dass Kinder und Eltern etwas mitgestalten zu können, ist zu einem Qualitätsmerkmal von Kitas geworden. Die Schulgesetze der Länder betonen zunehmend die Bedeutung einer demokratischen Schulkultur. Heute gibt es kaum einen Lebensbereich, der sich dieser Alltagsdemokratie gänzlich entziehen kann (Dzur 2019).

3. Zur Praxis demokratischer Innovationen

Im Kontrast und als Gegenbewegung zu den skizzierten autoritären Tendenzen lassen sich in den letzten Jahrzehnten eine Fülle von demokratischen Innovationen beobachten, die um den Globus wandern und die Möglichkeiten politischer Beteiligung erheblich erweitert haben. Ein prominentes Beispiel sind Bürger:innenhaushalte, die erstmals 1989 im brasilianischen Porto Alegre erprobt wurden und dann als „participatory budgeting", unterstützt von Weltbank, zahlreichen Stiftungen und wissenschaftlichen Einrichtungen (Moróró 2014), in unterschiedlichen Varianten ihren Weg um die Welt angetreten haben (Dias 2018). Aktuell haben besonders „Bürger:innenräte" Konjunktur, wo zufällig und möglichst repräsentativ ausgewählte Personen zusammenkommen, um wissenschaftlich informierte Bürger:innengutachten zu politischen Streitfragen zu erarbeiten (OECD 2020).

Dies sind lediglich Leuchttürme einer vielfältiger gewordenen Beteiligungslandschaft. Die aktuelle Zahl der direkten und beratenden Partizipationsformate schwankt weltweit je nach Qualitätsstandard zwischen 180[1] und mehr als 343[2] – ein Beteiligungskompass der Bertelsmann-Stiftung versammelt 83 unterschiedliche Methoden[3]. Auch an inzwischen mehrbändigen Praxishandbüchern herrscht kein Mangel (Sommer 2015; Patze-Diordiychuk u.a. 2017).

Im Zentrum dieser demokratischen Innovationen, die zum Teil auf ältere Konzepte und historische Vorläufer zurückgreifen, steht die Ausweitung der politischen Partizipation. Auch wenn hier nicht der Raum für eine eingehende Zwischenbilanz besteht, lassen sich einige Kennzeichen dieser Entwicklung festhalten:

(1) Mit Blick auf die Kerninstitutionen repräsentativer Demokratie lassen sich auf Bundesebene kaum beteiligungsorientierte Neuerungen erkennen. Wahlen, Parlamente und Parteien passen sich nur sehr zögerlich an veränderte gesellschaftliche Bedingungen und gestiegene Beteiligungserwartungen an. Das gilt für das Wahlrecht, das noch immer einen beachtlichen Teil der nichtdeutschen Bevölkerung ausschließt. Auch das Wahlalter wird für junge Menschen nur zögerlich abgesenkt. Die Debattenkultur in den Parlamenten bleibt wenig attraktiv und die Transparenz politischer Entscheidungsprozesse lässt nach wie vor zu wünschen übrig. Auch die Mit-

---

1 Quelle: www.ncdd.org, Zugriff am 19.4.2022.

2 Quelle: https://participedia.net, Zugriff am 19.4.2022.

3 Quelle: www.beteiligungskompass.org, Zugriff am 19.4.2022.

gliedschaftsangebote der politischen Parteien scheinen, von den Newcomern (Bündnisgrüne und AfD) einmal abgesehen, wenig attraktiv, hat sich doch der Anteil der Parteimitglieder an der mitgliedsfähigen Bevölkerung in den letzten drei Jahrzehnten nahezu halbiert. Dass die konsultativen und direktdemokratischen Neuerungen, die nur sehr zögerlich auf Bundesebene zum Einsatz kommen, an diesem Beharrungsvermögen etwas ändern werden, zeichnet sich gegenwärtig nicht ab.

(2) Das Gros der demokratischen Innovationen konzentriert sich auf konsultative und – in deutlich geringerem Umfang – direktdemokratische Verfahren. Die Beteiligung der Bürger:innen dient in der Regel der Entscheidungsvorbereitung. Erweitert wird der Handlungsspielraum nur dort, wo Parlamente begrenzte Budgets für bestimmte Aufgaben freigeben, über deren konkrete Verwendung dann in Beteiligungsprozessen entschieden werden kann. Direktdemokratische Verfahren wie Bürger:innen- und Volksentscheide sind zwar in Kommunen und auf Landesebene ausgeweitet und erleichtert worden, aber mit Ausnahme von Bayern prägen sie bislang nicht den kommunalpolitischen Alltag. Carole Pateman (2012), eine der prägenden Theoretikerinnen der Beteiligungsdebatte, hat schon früh darauf aufmerksam gemacht, dass es gegenwärtig meist um partizipative Ergänzungen repräsentativer Demokratien geht und nicht um eine „partizipative Demokratie", die das politische Gewicht repräsentativer Verfahren reduziert.

Dennoch ist der demokratische Nutzen für die Beteiligten vielfältig. Sie lassen sich auf geregelte politische Debatten und Lernprozesse ein. Selten kommen die Meinungen der Beteiligten aus solchen Debatten heraus, wie sie eingebracht wurden. Auch ein vollständiger Meinungswandel kann nach allen Erfahrungen nicht ausgeschlossen werden. Gleichzeitig bieten konsultative Formate die Chance, bestimmte Themen und Bewertungen in den Politikprozess einzubringen, was bei Wahlen in der Regel nicht möglich ist. Repräsentative Politik kann durch solche Beteiligungsprozesse klüger werden und mit mehr Akzeptanz für ihre Entscheidung rechnen. Wenn solche Beteiligungserfahrungen nicht eine seltene Episode bleiben, kann das Vertrauen in die eigene politische Wirksamkeit in der Bürger:innenschaft und in das demokratische Regieren gestärkt werden.

(3) Der Ausbau partizipativer Angebote konzentriert sich bisher weitgehend auf die kommunale Ebene und einige wenige Bundesländer. Dabei sticht Baden-Württemberg mit seiner Dekade der „Politik des Gehörtwerdens" seit 2011 besonders hervor. Das Land bietet sicherlich keine Blaupause, aber

doch eine Fülle von nachahmenswerten Anregungen. Dazu gehören eine verpflichtende frühzeitige Öffentlichkeitsbeteiligung bei Infrastrukturprojekten des Landes (inklusive Verwaltungsvorschrift und Planungsleitfaden), lokale Bürger:innendialoge bei umstrittenen Planungsprojekten, Nachbarschaftsgespräche zur Stärkung des sozialen Zusammenhalts im Kontext der Fluchtzuwanderung, Bürger:innenforen zum Umgang mit der Corona-Pandemie, die Kommentierung von Gesetzesentwürfen im Internet, die Gründung einer gesellschaftlich breit getragenen „Allianz für Beteiligung". Zu dieser Praxis liegen zahlreiche Evaluationen vor, die zeigen, dass eine intensive und verpflichtende Beteiligungspolitik die Zufriedenheit in der Bürger:innenschaft deutlich erhöht und das Vertrauen in die Politik merklich steigert (Brettschneider 2021; Eith/Meier 2021). Die oft vorgebrachten Befürchtungen, dass mehr Bürger:innenbeteiligung notwendig zu Blockaden und zeitlichen Verzögerungen führt, werden durch die Erfahrungen in Baden-Württemberg nicht bestätigt (Ziekow u.a. 2020).

(4) Der größte partizipative Zugewinn lässt sich für die letzten Jahrzehnte auf kommunaler Ebene verbuchen. Dies ist nicht weiter verwunderlich, bietet doch die deutsche Tradition der Kommunalen Selbstverwaltung besondere Gestaltungsmöglichkeiten. Der kommunale Auftrag zur Bürger:innennähe trifft auf eine Einwohner:innenschaft, die sich vor Ort zunehmend als kompetent wahrnimmt und einmischt. Das vermutlich hervorstechendste Kennzeichen der aktuellen Phase kommunaler Bürger:innenbeteiligung ist das Bemühen, zu einer stärkeren Institutionalisierung von Beteiligungsansprüchen und -garantien zu kommen. Ziel ist eine neue kommunale Partizipationskultur, in der alle Beteiligten, nicht zuletzt auch die Bürger:innen erwarten können, dass wichtige lokale bzw. lokal wirksame Entscheidungen nur mit Bürger:innenbeteiligung gefällt werden. Es geht um einen Weg aus einer weit verbreiteten Misstrauenskultur zwischen (Teilen der) Bürger:innenschaft einerseits, Politik und Verwaltung andererseits, der durch eine verlässliche und wirksame Beteiligungspraxis eröffnet werden soll. Dazu dienen u.a. die mehr als 100 kommunalen Beteiligungssatzungen und Beteiligungsleitlinien[4], eine wachsende Zahl von Partizipationsbeauftragten in der Verwaltung und die Vermittlung von Beteiligungskompetenzen in der Verwaltungsausbildung.

---

4 Quelle: www.netzwerk-buergerbeteiligung.de, Zugriff am 19.4.2022.

Neu ist auch die Zuarbeit von Unternehmen. Von der Immobilienwirtschaft bis zur Energiebranche scheint heute selbstverständlich, dass ohne frühzeitige Bürger:innenbeteiligung keine größeren Vorhaben um- und durchsetzbar sind. Begleitet wird diese Entwicklung auch von wichtigen Berufsverbänden. So hat der Verein Deutscher Ingenieure (VDI) 2014 zwei einschlägige Richtlinien für seine Mitglieder erarbeitet (VDI 7000 „Frühe Öffentlichkeitsbeteiligung bei Industrie- und Infrastrukturprojekten" und VDI 7001 „Kommunikation und Öffentlichkeitsbeteiligung bei Planung und Bau von Infrastrukturprojekten"). Zusammengefasst ist dieser partizipative Aufbruch im Leitbild „Bürger:innenkommune". Dabei geht es um die Verknüpfung von Bürger:innenbeteiligung, freiwilligem Engagement und kollaborative Netzwerke von Zivilgesellschaft, lokaler Wirtschaft und Kommunalverwaltung (Roß/Roth 2018).

Wie eine Evaluation der Heidelberger Erfahrungen zeigt, können Kommunen mit Beteiligungsleitlinien die Zufriedenheit mit der Stadtpolitik deutlich steigern (Vetter u.a. 2018). Über den aktuellen Umfang und das Profil der lokalen Bürger:innenbeteiligung ist insgesamt wenig bekannt. Eine Datenbank für 865 Kommunen in Baden-Württemberg hat für den Zeitraum von Juli 2017 bis März 2019 durchschnittlich ein Beteiligungsereignis pro Jahr ermittelt, die zur Hälfte in größere Beteiligungsprozesse eingebettet sind. Die Unterschiede zwischen den Kommunen sind jedoch enorm – Städte wie Tübingen kommen in diesem Zeitraum auf mehr als 100 Beteiligungsprozesse. Die Verwaltung tritt in zwei von drei Fällen als Initiatorin in Erscheinung. Die Methoden- und Themenvielfalt ist beeindruckend, aber Infrastrukturvorhaben dominieren. Entscheidend für den Ausbau der lokalen Beteiligungskultur sind der politische Wille und die institutionelle Verankerung, während die ökonomische Situation der Kommune oder die parteipolitische Färbung des Gemeinderats nachrangig sind (Huesmann 2021).

4. Drei Zukunftsszenarien

Ein Trend in Richtung mehr Bürger:innenbeteiligung ist unübersehbar und entspricht den Mehrheitswünschen in der Bevölkerung (Gehne u.a. 2019). Gleichwohl steckt die Entwicklung einer institutionell abgesicherten Beteiligungskultur noch in den Anfängen. Vor allem auf Bundesebene sind partizipatorische Angebote noch eine seltene Ausnahme – von der hier ausgeklammerten Ebene der Europäischen Union ganz abgesehen. Offen ist zudem, ob die partizipatorischen Zugewinne ausreichen, eine soziale und ökonomische Ungleichheitsdynamik zu korrigieren, die das politische Gleichheitsversprechen der Demokratie zunehmend aushöhlt. Wahlbeteiligung, Repräsentation in Parlamenten und die dort getroffenen Entscheidungen haben inzwischen auch in Deutschland eine soziale Schieflage, die das Vertrauen in die repräsentative Demokratie insgesamt beschädigen (Elsässer 2018; Elsässer u.a. 2018). Das anspruchsvolle Profil zahlreicher Beteiligungsformate birgt die Gefahr, vorhandene Schieflagen in der politischen Partizipation noch zu verstärken (Roth 2016). Es geht also nicht nur um mehr, sondern vor allem um eine inklusivere Bürger:innenbeteiligung.

Vor diesem spannungsreichen Hintergrund lassen sich im internationalen Kontext drei unterschiedliche Richtungen identifizieren, in der sich die Auseinandersetzung um eine partizipative Ergänzung und Erneuerung der repräsentativen Demokratie entwickelt.

(1) Eine Richtung, die in diesem Beitrag stark gemacht wird, sucht nach produktiven Verknüpfungen der partizipativen Aufbrüche in „invited" und „invented spaces" mit der repräsentativen Entscheidungspraxis. Ihr Arbeitstitel lautet „Vielfältige Demokratie". Gemeinsamer Nenner dieser vielfältigen Experimente ist eine Vitalisierung repräsentativer Demokratie durch starkes bürger:innenschaftliches Engagement und breite Bürger:innenbeteiligung. Dazu gehört die wechselseitige Anerkennung der verschiedenen Formen der Beteiligung, die Öffnung staatlicher Verwaltung für zivilgesellschaftliche Initiativen und die Bereitschaft zur kooperativen Problembearbeitungen, wie sie z.B. in der Aufnahme von Geflüchteten und in der Integrationspolitik insgesamt erprobt worden sind. Ohne eine Stärkung der kommunalen Ebene wird diese neue Vielfalt kaum Entfaltungschancen haben.

(2) Es gibt starke Gegenbewegungen, die partizipatorische Ansprüche für eine autoritäre Politik kanalisieren. Besondere Resonanz haben im letzten Jahrzehnt in liberalen Demokratien und darüber hinaus rechtspopulistische Parteien und Politikunternehmer erzielt. Sie nutzen die Schwächen repräsentativen Regierens und die Unzufriedenheit mit ihren Ergebnissen für autoritäre Politikkonzepte. Ihr gemeinsamer Nenner kann auf die Kontrastformel „weniger Demokratie wagen" gebracht werden. Die Zeit starker Männer (und einiger weniger Frauen) scheint zurück. Die Schwäche repräsentativer Formate stärkt identifikatorische und autoritäre Politikkonzepte. Populistische Führerschaft hat Konjunktur und sie bedient sich der parlamentarischen Möglichkeiten. Neben dem Wahlzettel sind – zumindest vor dem Machterwerb – Plebiszite ein bevorzugtes Beteiligungsinstrument, das als direkter Ausdruck des „Volkswillens" gepriesen wird. Rechtspopu-

listische Politik mobilisiert Ressentiments, bietet einfache Lösungen und Unterordnung. Mit ihrer Anrufung des „Volkswillens" geht die Absage an politische Urteilskraft, Vielfalt und Partizipation einher.

Am Beispiel AfD lässt sich zeigen, dass rechtspopulistische Politik auf politische Polarisierungen und Feindbilder setzt: zunächst war es der Euro, dann die Geflüchteten inklusive Islam, dann die Klima- und Corona-Leugnung, inklusive Widerstand gegen die darauf bezogenen staatlichen Maßnahmen.

Dieses durchaus erfolgreiche Nachfolgemodell liberaler Demokratien – ob hier noch von Demokratie gesprochen werden kann, ist mehr als fraglich – enthält ein paradoxes Angebot: Es verspricht Teilhabe ohne eigene Beteiligung, Mitwirkung und gleichzeitig autoritäre Führung. Das Versprechen einer weitgehend homogenen Bevölkerung, die sich gegen immer neue äußere und innere Gegner wehren muss, die Rückkehr in eine Welt, die es nie gegeben hat, kann letztlich nur mit Gewalt und Ausgrenzung umgesetzt werden, auch wenn es zunächst im parlamentarischen Rahmen vorgebracht wird. Gleichzeitig führt es zu massiven demokratischen Substanzverlusten. Mobilisiert werden starke Gefühle (Wut, Abgehängtsein, „Bürger:innen zweiter Klasse" und andere Stimmungen), die durch eine aktivierte Gefolgschaft verstärkt werden.

(3) Der aktuell stärkste Trend in Deutschland weist in Richtung „realexistierende Demokratie" (Schmitter 2019). Aus dem Spannungsverhältnis von gestiegenen Beteiligungsansprüchen einerseits und schwächelnden repräsentativen Institutionen andererseits zieht eine prominente und einflussreiche Strömung „realistischer Demokratietheorie" (Achen/Bartels 2016) die Konsequenz, doch besser zu einer „Democracy without Participation" (Parvin 2018) zurückzukehren. Repräsentative Politik sollte sich zurückhalten und keine unerfüllbaren Partizipationsversprechen machen, die nur zu Enttäuschung und Wut beitragen können. Notwendig sei stattdessen die Stärkung repräsentativer Politik in Zeiten schwächelnder Parteien. Dies kann vor allem durch konsultative bzw. beratende Formen etwa durch eine kleine Auswahl von Zufallsbürger:innen geschehen, wie z.B. in Mini-Publics, Planungszellen, Bürger:innenräten, Bürger:innen-Dialogen oder Zukunftsforen. Gestärkt durch dieses Bürger:innenwissen der Ausgelosten ist eine Revitalisierung der professionellen „Elitendemokratie" denkbar, ohne an den institutionellen Grundmustern repräsentativer Demokratie zu rütteln.

Die in der Bevölkerung verbreiteten Beteiligungsansprüche erfahren in diesem Demokratiemodell einerseits Anerkennung, denn Zufallsbürger:innen sind gefragt und im Prinzip kann jede und jeder einmal durch Lottoglück dazu gehören. Andererseits droht eine doppelte Begrenzung. Zum einen geht es ausschließlich um konsultative Beteiligungsformen von einigen wenigen Zufallsbürger:innen. Eine Beteiligung der Vielen ist nicht vorgesehen. Zum anderen haben die neuen Beteiligungsangebote ausschließlich beratende Funktion. Sie abstrahieren von Eigeninteressen und Betroffenheiten. Direkte Gestaltungs- und Entscheidungsmöglichkeiten werden ausgeklammert.

Literatur

ACHEN, Christopher H./Bartels, Larry M. (2016): Democracy For Realists. Princeton: Princeton University Press.

ACKERMANN, Kathrin u.a. (2021): Beteiligungspolitik unter Grün-Schwarz: Kontinuität und Wandel. In: Hörisch, Felix/Wurster, Stefan (Hg.): Kiwi im Südwesten. Eine Bilanz der zweiten Regierung Kretschmann (2016–2021). Wiesbaden: Springer VS. S. 405–446.

BERTELSMANN Stiftung/Staatsministerium Baden-Württemberg (Hg.) (2014): Partizipation im Wandel. Unsere Demokratie zwischen Wählen, Mitmachen und Entscheiden. Gütersloh: Bertelsmann Stiftung.

BRETTSCHNEIDER, Frank (2021): Bürgerbeteiligung aus Sicht der Bürger*innen in Baden-Württemberg. Stuttgart: Universität Hohenheim.

DIAS, Nelson (Hg.) (2018): Hope for Democracy. 30 Years of Participatory Budgeting Worldwide. Lissabon: Epopeia Records.

DZUR, Albert W. (2019): Democracy Inside. Participatory Innovation in Unlikely Places. Oxford.

EITH, Ulrich/Meier, Jacqueline (2021): Bürgerräte: Erfahrungen aus der Praxis von Baden-Württemberg. Berlin: Konrad-Adenauer-Stiftung.

ELSÄSSER, Lea (2018): Wessen Stimme zählt? Soziale und politische Ungleichheit in Deutschland. Frankfurt/M.: Campus.

ELSÄSSER, Lea u.a. (2018): Government of the People, by the Elite, for the Rich. MPIfG Discussion Paper 18/5. Köln: Max Planck Institute for the Study of Societies.

GEHNE, David H. u.a. (2019): Gute Beteiligung stärkt die lokale Demokratie. Kommunalpolitik aus Sicht der Bevölkerung. Gütersloh: Bertelsmann Stiftung.

GUEORGUIEV, Dimitar D. (2021): Retrofitting Leninism. Participation without Democracy in China. Oxford: Oxford University Press Inc.

HUESMANN, Christian u.a. (2021): Einblicke in die Bürgerbeteiligungslandschaft Baden-Württembergs. Zahlen, Daten und Fakten aus 865 Kommunen. Gütersloh: Bertelsmann Stiftung.

IDEA (International Institute for Democracy and Electoral Assistance) (2021): The Global State of Democracy Report 2021. Building Resilience in a Pandemic Era. Stockholm.

LANGEBACH, Martin (Hg.) (2021): Protest. Deutschland 1949–2020. Bonn: Bundeszentrale für politische Bildung.

LESSIG, Lawrence (2021): Why the US Is a Failed Democratic State. In: The New York Review of Books, Dec. 10, 2021. Online verfügbar unter: https://www.nybooks.com/daily/2021/12/10/why-the-us-is-a-failed-democratic-state/(Zugriff am 19.4.2022).

MAIR, Peter (2013): Ruling the Void: The Hollowing of Western Democracy. London: Verso.

MORÓRÓ, Rogerio Rodrigues 2014: Der demokratische Mythos Porto Alegre. Widersprüche und Wirklichkeit eines partizipativen „Planungsmodells". Wiesbaden: Springer VS.

OECD (2020): Innovative Citizen Participation and New Democratic Institutions. Catching the Deliberative Wave. Paris.

PARVIN, Phil (2018): Democracy Without Participation: A New Politics for a Disengaged Era. In: Res Publica (24), S. 31–52.

PATEMAN, Carole (2012): Participatory Democracy Revisited. In: Perspectives on Politics (10) 1, S. 7–19.

PATZE-DIORDIYCHUK, Peter u.a. (Hg.) (2017): Methodenhandbuch Bürgerbeteiligung. München: oekom.

RODAN, Garry (2018): Participation without Democracy. Containing Conflict in Southeast Asia. Ithaca: Cornell University Press.

ROSS, Paul-Stefan/Roth, Roland (2018): „Bürgerkommune". In: Klie, Thomas/Klie, Anna Wiebke (Hg.): Engagement und Zivilgesellschaft. Expertisen und Debatten zum Zweiten Engagementbericht. Wiesbaden: Springer VS. S. 163–268.

ROTH, Roland (2016): Mehr Beteiligung bedeutet weniger Demokratie. Ein unlösbares politisches Paradoxon in der aktuellen Beteiligungsdebatte? In: Glaab, Manuela (Hg.): Politik mit den Bürgern – Politik für Bürger. Praxis und Perspektiven einer neuen Beteiligungskultur. Wiesbaden: Springer VS. S. 59–74.

ROTH, Roland (2020): Bürgerhaushalte, Bürgerbudgets und Beteiligungsfonds als Formen direkter Demokratie auf kommunaler Ebene. In: Direkte Demokratie. Chancen, Risiken, Herausforderungen. Bonn: Stiftung Mitarbeit. S. 121–156.

SCHÄFER, Armin/Zürn, Michael (2021): Die demokratische Regression. Die politischen Ursachen des autoritären Populismus. Berlin: Suhrkamp.

SCHMITTER, Philippe C. (2019): ‚Real-Existing' Democracy and Its Discontents: Sources, Conditions, Causes, Symptoms, and Prospects. In: Chinese Political Science Review, 4, S. 149–163.

SIMONSON, Julia u.a. (Hg.) (2021): Freiwilliges Engagement in Deutschland. Der Deutsche Freiwilligensurvey 2019. Berlin: Bundesministerium für Familie, Senioren, Frauen und Jugend.

SOMMER, Jörg (Hg.) (2015): Kursbuch Bürgerbeteiligung. Berlin: Berliner Institut für Partizipation.

VETTER, Angelika u.a. (2018): Gesamtbericht der Evaluation der Bürgerbeteiligung in Heidelberg. Heidelberg.

ZIEKOW, Jan u.a. (2020): Evaluierung der Verwaltungsvorschrift „Öffentlichkeitsbeteiligung" und des damit zusammenhängenden „Leitfadens für eine neue Planungskultur" des Landes Baden-Württemberg (Abschlussbericht). Speyer.

PETER MASSING

Demokratie und politische Bildung

Entwicklung und Stand einer Debatte

Demokratie und politische Bildung hängen eng zusammen. Die Notwendigkeit politischer Bildung wurde von Anfang an damit begründet, dass ihre wichtigste Aufgabe darin besteht, die freiheitlich demokratische Ordnung zu sichern und zu bewahren. Zudem setze die Demokratie als politisches System Bürgerinnen und Bürger voraus, die an der Gestaltung des politischen Lebens tätig Anteil nehmen. Die Frage, wie diese an die Demokratie, ihre Werte und die damit verknüpften Verantwortlichkeiten herangeführt werden können, bildete einen Schwerpunkt in der politischen Bildung und wurde unterschiedlich beantwortet. Im Folgenden wird die Entwicklung dieser Debatte nachgezeichnet sowie ihr aktueller Stand vor dem Hintergrund politikwissenschaftlicher Demokratiemodelle erörtert.

Normative Grundlagen der politischen Bildung

Politische Bildung und Politikdidaktik sind unvermeidlich normativ. Sie finden ihre normative Grundlegung vor allem und in doppelter Weise in der Demokratie. Zum einen in einem Konzept der Demokratie, die diese als politische Ordnung versteht, zum anderen in den Voraussetzungen, die die Stabilität und die Weiterentwicklung dieser Ordnung garantieren sollen, also den mündigen Bürgerinnen und Bürgern. Diese normativen Grundlagen können bei keiner sinnvollen Analyse und Bewertung von politischer Bildung außer Acht gelassen werden.

Demokratie als doppelter normativer Bezugspunkt der politischen Bildung verknüpft also zum einen das Individuum sowie seine für die Demokratie notwendigen Einstellungen und Qualifikationen und zum anderen die Demokratie als politische Ordnung, ihre Strukturen und Prozesse sowie ihre Wertgrundlagen. Bezogen auf die politische Ordnung der Demokratie geht es politischer Bildung darum, einen Beitrag zu leisten, um diese zu verstehen, zu sichern und zu bewahren und weiterzuentwickeln. Bezogen auf die Bürgerin und den Bürger, die an der Gestaltung der Politik und Gesellschaft tätig Anteil nehmen sollen, geht es politischer Bildung darum, auch vom Individuum her, die Stabilität der Demokratie zu sichern. Beide normativen Bezugspunkte, Individuum und politische Ordnung gehören zusammen und sind in der politischen Bildung immer vorhanden. In der Entwicklung der politischen Bildung erhielten sie zwar unterschiedliche Gewichtungen und die beiden Bezugspunkte selbst, wurden verschieden gefasst, beschrieben und definiert, aber beide blieben von zentraler Bedeutung.

Das Demokratieverständnis der pädagogisch orientierten politischen Bildung

In den 1950er Jahren stand in der überwiegend pädagogisch orientierten politischen Bildung eine utopische Idealvorstellung von Demokratie als politischer Ordnung im Zentrum, die mit der Verfassungswirklichkeit wenig zu tun hatte. Demokratie bedeutete schlicht Volksherrschaft. In der Demokratie herrsche per definitionem das Volk; das Volk seien alle; folglich müssten alle auch in der Lage sein, die Probleme zu verstehen und mitzuentscheiden, denen der Staat gegenüberstehe. Diese Vorstellung hatte auch Folgen für den zweiten normativen Bezugspunkt, für das Leitbild der Bürgerinnen und Bürger. Entsprechend der Idealvorstellung von Demokratie war dieses Leitbild normativ überhöht. Joachim Detjen beschreibt es kritisch als „enthusiastisch-idealistisch" (Detjen 2000, 21). Vertreter dieser politischen Pädagogik forderten, dass politische Bildung jedermann zur aktiven Teilnahme am politischen Geschehen und an der politischen Verantwortung anleite damit er politisch mündig seinen Anteil an den politischen Aufgaben im Staat übernehme (u.a. Weniger 1952, 316; Spranger, 1963, 47). Sie ließ jedoch die Bürgerinnen und Bürger bei entscheidenden Fragen im Stich, z.B. wo man verantwortlich handeln kann und wie man es tun soll. Die Orientierung an einer utopischen Idealvorstellung von Demokratie und eines normativ überfrachteten Leitbildes von Bürgerinnen und Bürgern ging einher mit dem Verzicht auf die Entwicklung einer realistischen Demokratiekonzeption und einer Rezeption politikwissenschaftlich fundierter Demokratiemodelle.

Dies erscheint im Nachhinein umso unverständlicher als die Politikwissenschaft sich in ihren Anfängen ausdrücklich als Demokratiewissenschaft verstand und ihre wichtigste Aufgabe in der politischen Bildung sah. Darüber hinaus wiesen die Politikwissenschaftler der damaligen Zeit immer wieder kritisch auf die Fehlverständnisse von Demokratie in der politischen Pädagogik hin. Vor allem Kurt Sontheimer betonte gegenüber der politischen Pädagogik, dass die existierende Demokratie repräsentativ verfasst sei. Die Wirkungsmöglichkeiten der Bürgerinnen und Bürger seien daher beschränkt. Weil dies so sei könne der Aufruf zur partizipatorischen Aktivität Illusionen nähren, die, ganz entgegen der Absichten, bei Enttäuschungen in eine besonders negative Einstellung zur Demokratie umschlagen könnten (Sontheimer 1963, 176 f.).

Politikwissenschaftliche Demokratiekonzepte in der politischen Bildung

Erst in den 1970er Jahren als die Politische Pädagogik in der politischen Bildung in den Hintergrund geriet und die Politikwissenschaft ins Zentrum rückte, kam es verstärkt zu Versuchen den normativen Bezugspunkt der politischen Bildung, die Demokratie in ihrer Komplexität, systematischer und realistischer zu fassen.

Von den zahlreichen Demokratiepositionen, die sich mittlerweile in der Politikwissenschaft entwickelt hatten (vgl. von Alemann 1975) finden sich in den zentralen Konzeptionen der politischen Bildung allerdings nur drei in unterschiedlichen Ausprägungen wieder. Dazu gehören: Linksliberale Demokratiekonzepte, Radikal-demokratische sowie pluralistische Demokratiekonzepte.

In linksliberalen Demokratiekonzepten geht es um die maximale Mitwirkung aller Bürgerinnen und Bürger, um den Abbau von Fremdbestimmung und Herrschaft und um fortschreitende Demokratisierung. Entsprechend sind die zentralen normativen Bezugspunkte dieser Konzeptionen politischer Bildung nicht in erster Linie „die politische Ordnung, sondern „das Individuum". Politische Bildung zielt bei diesen Autoren auf Selbstbestimmung und Mitbestimmung des Menschen. Sie will junge Menschen befähigen, gesellschaftliche Realität und sich selbst in ihr zu erkennen, um sie zu beurteilen und im Bedarfsfall zu verändern (vgl. Fischer 1971, 60). Auch in der „Didaktik der politischen Bildung" von Hermann Giesecke ist der zentrale normative Bezugspunkt das Individuum in seiner Rolle als Bürgerin oder Bürger und nicht so sehr das politische System. Demokratie ist demnach eine politische Verfassung, deren wichtigster Zweck es ist, die Mündigkeit, Emanzipation und Aufklärung der wirklichen Menschen weiterzutreiben. (vgl. Giesecke 1972, 139)

Der inhaltliche (materiale) Kern von Wolfgang Hilligens Demokratiemodell und damit sein zentraler normativer Bezugspunkt findet sich in den drei Optionen, die in komprimierter Form sein Demokratiekonzept markieren (Hilligen 1975, 7). Die Optionen beziehen sich auf die Unantastbarkeit der Menschenwürde, die freie Entfaltung der Persönlichkeit aller und die Überwindung sozialer Ungleichheit sowie die Notwendigkeit, Spielräume und Institutionen für politische Alternativen zu erhalten, zu verbessern und neu zu schaffen.

In radikaldemokratischen Demokratiemodellen geht es vor allem um Selbstbestimmung. Das heißt in der Politik, dass die Staatsgewalt nicht nur vom Volk ausgeht, sondern auch vom Volk ausgeübt wird (Roloff 1974, 158). Dennoch sieht der Autor den zentralen normativen Bezugspunkt im Individuum vor allem in der „Würde des Menschen". Diese begründet nicht nur die Rechte des Einzelnen gegenüber dem Staat, sondern auch die Verpflichtung, in ihrem Namen, für diejenigen Partei zu ergreifen, deren Menschenwürde von der Staatsgewalt missachtet wird. Menschenwürde meint die Fähigkeit des Menschen zur Selbstbestimmung und Selbstgestaltung (Roloff, 1974, 21). Politische Bildung soll vor allem dazu einen Beitrag leisten. Rolf Schmiederer vertritt in seinen didaktischen Konzeptionen (Schmiederer, 1971;1977) das Programm einer Gesellschaftsveränderung. Demokratie ist keine Staatsform oder Herrschaftsform mehr, sondern sie ist eine Ordnung des befreiten Lebens, in welcher die optimale materielle, geistige und seelische Bedürfnisbefriedigung gewährleistet ist. Schmiederers normativer Bezugspunkt ist die Selbstbestimmung und Selbstverwirklichung des Individuums. Dies bleibt auch in seiner späteren didaktischen Konzeption „Politische Bildung im Interesse des Schülers" die die pragmatische Wende einläutet, so (Schmiederer 1977). Auch hier sieht er in der politischen Bildung ein Mittel der rationalen Aufklärung über bestehende gesellschaftliche Strukturen und Institutionen, über gesellschaftliche Interessen, Machtverhältnisse und deren Verschleierung. Schmiederer ist nach wie vor der Meinung, dass die Gesellschaft der Veränderung bedarf, aber er verzichtet jetzt darauf, die notwendigen Veränderungen zu benennen oder seine Vorstellung von Demokratie auszuformulieren, sondern er überlässt es den Schülerinnen und Schülern selbst, ob und wie sie politisch aktiv werden. Er verlässt sich auf die Hoffnung, dass diese in Kenntnis ihrer direkten und ihrer allgemeinen Interessen und aufgrund eigener, im Verständnis historischer Entwicklung entwickelter Wertmaßstäbe und durch Selbstreflexion – also ohne Propaganda und ohne Manipulation – zu ‚richtigem' Urteilen und politisch wie moralisch guten Handlungsintentionen finden. (Schmiederer 1977, 88 f.).

Bernhard Sutor und Manfred Hättich haben ihre Demokratiekonzeptionen auf Grundlage der Politischen Philosophie und der politikwissenschaftlichen Demokratiediskussion entwickelt. Sie orientieren sich an der normativ-empirischen Pluralismustheorie von Ernst Fraenkel (Fraenkel 1968) und an der soziologischen Demokratietheorie von Ralf Dahrendorf (Dahrendorf 1967). Sutor geht von einem Konkurrenzmodell der Demokratie aus, welches durch die Dialektik von Staat und Gesellschaft geprägt ist (vgl. Sutor 1973, 111). Gegenüber der Forderung nach Demokratisierung und Partizipation nimmt er eine mittlere Position ein. Mittlere Position bedeutet, dass er das Ineinander von Staat und Gesellschaft, die Vielfalt der Interessen, die auf die konkrete Bestimmung des Gemeinwohls einwirken vor allem als Chance politischer Mitwirkung deutet (vgl. Sutor 1973, 121; ders.: 1984 I, 136 ff.). In seiner neueren Didaktik von 1984 verzichtet Sutor dann darauf, sich auf ein Demokratiemodell festzulegen. Innerhalb des Rahmens des freiheitlichen Verfassungsstaates sieht er grundsätzlich Raum für die Konkurrenz unterschiedlich akzentuierter Demokratievorstellungen. Politische Bildung müsse sich an einer normativ komplexen und für empirische Bezüge offene Demokratietheorie orientieren. Politische Bildung selbst legitimiere sich nicht aus einem Systeminteresse, sondern aus der ‚politischen Anthropologie', die der freiheitliche Verfassungsstaat voraussetzt.

Ein etwas anderer Zugang zur Demokratie findet sich bei Manfred Hättich, der weniger das Individuum betont als die politische Ordnungsform der pluralistischen Demokratie. Das Individuum als normativer Bezugspunkt taucht bei Hättich erst bei den Aufgaben und Zielen der politischen Bildung auf. In diesem Zusammenhang fordert er „politische Rationalität" als oberstes Ziel politischer Bildung. Wenn politische Bildung erreichen würde, „dass mehr Bürger häufiger bei ihrem politischen Verhalten den Verstand gebrauchen als es ohne diese Bildung der Fall wäre, hätte sie viel bewirkt" (Hättich 1977, 13).

In den politikdidaktischen Kontroversen der 1970er und 1980er Jahre und in den Versuchen, politische Bildung in Konzeptionen zu fassen, spielte das Demokratiekonzept mit den beiden normativen Bezugspunkten „Individuum" und „politische Ordnung" eine zentrale Rolle. In der darauffolgenden „nachkonzeptionellen Phase" (Gagel), in der vor allem Orientierungen mit einander konkurrierten, traten die Demokratie und mit ihr der normative Anspruch der politischen Bildung und der Politikdidaktik mehr und mehr in den Hintergrund.

Die Rückkehr der Bürgerinnen und Bürger in die politische Bildung

Erst als Mitte der 1990er Jahre in der Politikwissenschaft, vor allem in normativen Demokratietheorien von liberalen über kommunitaristische bis hin zu deliberativen Demokratiemodellen die Bürgerinnen und Bürger zu zentralen Hoffnungsträgern avancierten (Massing 2011, 132ff.), kehrten diese und mit ihnen die Demokratie auch wieder auf die Bühne der politischen Bildung und der

Politikdidaktik zurück. Hubertus Buchstein schlägt, auf Grundlage der demokratietheoretischen Diskussion und den damit in Verbindung stehenden Staatsbürgerkonzeptionen und Tugenddiskursen, folgende Differenzierungen vor, die er für die Systematisierung eines staatsbürgerlichen Qualifikationsprofils nutzt.

Er unterscheidet zwischen „(1) kognitiven Kompetenzen bezüglich des Inhalts politischer Entscheidungen, (2) prozedurale Kompetenzen bezüglich des Verfahrens politischer Entscheidungsfindung und (3) gemeinsinnorientierte und affektiv verankerte habituelle Kompetenzen" (Buchstein 1995, 302).

Kognitive Kompetenzen beinhalten Wissen über die institutionelle Ordnung des politischen Systems, über funktionale Zusammenhänge sowie über seine globalen weltpolitischen und weltwirtschaftlichen Abhängigkeiten. Kognitive Kompetenzen meinen auch die Bereitschaft und die Fähigkeit, sich Kenntnisse über aktuelle politische Probleme und Herausforderungen der Demokratie zu verschaffen.

Prozedurale Kompetenzen fassen jene Voraussetzungen zusammen, die notwendig sind, damit potenzielle politische Akteurinnen und Akteure politisch partizipieren können. Das sind Kenntnisse über vorhandene Einflussmöglichkeiten und Partizipationschancen, über politische Zuständigkeiten, ebenso wie über rechtliche Verfahren und Rahmenbedingungen. Zum anderen zählt dazu politische Urteilsfähigkeit sowie die Fähigkeit zur strategischen und taktischen Kooperation im Rahmen politischer Entscheidung, um eigene Interessen und Ziele auch tatsächlich einbringen zu können.

Habituelle Kompetenzen oder Dispositionen meinen jene Einstellungen und Motivationen, die dazu beitragen, dass Wissen und Erkennen auch tatsächlich in politisches Handeln überführt wird. Sie bilden nach Buchstein den eigentlichen Kern der demokratietheoretischen Tugenddiskurse. „In welchem Maße sind die Bürger bereit, den mit den jeweiligen Bürgerrechten verbundenen Pflichten nachzukommen? Nehmen sie die Mühen der Partizipation auf sich? Bringen sie die zur Realisierung sozialer Rechte nötige Solidarität auf?" (Buchstein 1995, 302).

Leitbilder von Bürgerinnen und Bürger in der politischen Bildung

Aus der Verknüpfung dieser drei Kompetenzen ergibt sich ein bürgerschaftliches Ideal, das weit von der Realität entfernt ist. Die politische Bildung hat versucht, dieses Ideal näher an die Wirklichkeit heranzuführen und für die politische Praxis handhabbar zu machen, indem sie die Kompetenzen in unterschiedlichen

Kombinationen zusammenzuführt und so drei bürgerschaftliche Modelle bzw. Leitbilder von Bürgerinnen und Bürger in der Demokratie, die unterschiedliche Eigenschaften aufweisen, unterscheidet.

Als „Reflektive Zuschauer" werden sie in der Regel nicht aktiv, besitzen aber kognitive Kompetenzen und verstehen von Politik so viel, dass sie sich nichts „vormachen lassen". Als „Interventionsbürger" verfügen sie über kognitive und zusätzlich über prozedurale Kompetenzen. Sie haben Wissen über die tatsächlichen Einfluss- und Beteiligungsmöglichkeiten, die Fähigkeit zum rationalen politischen Urteil sowie eine prinzipielle Handlungsbereitschaft. Bei den „Aktivbürgern" kommen habituelle Kompetenzen bzw. Tugendenden dazu. Sie wollen das als richtig Erkannte und verfahrenstechnisch Umsetzbare auch tatsächlich anstreben und befördern und orientieren sich dabei nicht ausschließlich am Eigeninteresse, sondern an einem „Guten", an den Zielen einer politisch definierten Gruppe. Unterstellt man, dass es sich bei demokratischen Tugenden um eine „anspruchsvolle, schutzbedürftige und knappe Ressource" (Buchstein) handelt, dann stellt sich vor allem die Frage, wie es gelingen kann, diese Tugenden zu fördern. Die traditionelle Antwort lautet, über politische Bildung, die nicht nur kognitive und prozedurale Kompetenzen fördert, sondern auch habituelle Dispositionen wenn auch in unterschiedlicher Form und mit unterschiedlichem Erfolg (Massing 2021, 54 ff.).

Durch die Konzentration auf die Bürgerrollen wurde Demokratie als politische Ordnung weitgehend vernachlässigt. Auch die sich in Konkurrenz zur politischen Bildung entwickelnde, erziehungswissenschaftlich geleitete Demokratiepädagogik, die „Demokratie als Lebensform" einbrachte (vgl. u.a. Beutel, Fauser 2001, 13), reduzierte Demokratie im Wesentlichen auf Persönlichkeitsmerkmale wie z.B. Toleranz, gegenseitige Anerkennung, Kooperations- und Integrationsfähigkeit, Fairness und die Bereitschaft, sich zu engagieren. Ähnliches gilt für das Konzept der „Demokratiebildung", das sich erst in jüngster Zeit etabliert hat und das einen vom Subjekt ausgehenden ganzheitlichen Prozess der Bildung zur Mündigkeit, basierend auf demokratischen Grundwerten wie Freiheit, Gleichheit, Gerechtigkeit, Solidarität und Emanzipation (Kenner, Langer 2020, 48) beschreibt. Auch in der bildungspolitisch initiierten und politikdidaktisch orientierten Kompetenzorientierung der politischen Bildung wird den empirisch messbaren Leistungen der Bürgerqualifikationen in der Demokratie Bedeutung zugemessen.

Das Modell der „eingebetteten Demokratie“ und seine Bedeutung für die politische Bildung

Mittlerweile ist jedoch deutlich geworden: Es reicht nicht aus, dass politische Bildung sich bloß normativ an Bürgerleitbildern und empirisch an Bürgerkompetenzen orientiert bzw. Demokratie auf eine Lebensform reduziert oder auf eine Werteordnung verengt, sondern sie muss auch die institutionelle und strukturelle Dimension der Demokratie in ihre Konzeptionen einholen. Dies ist von besonderer Bedeutung vor dem Hintergrund der inneren und äußeren Gefährdungen der Demokratie durch Entwicklungen wie die wachsende Distanz der Bürgerinnen und Bürger zur politischen Ordnung und den sie tragenden Eliten, schwindende Bindungen, Entsolidarisierung, Vertrauensverlust gegenüber demokratischen Institutionen, Verlust an Orientierungen u.a.m. Die politische Bildung kann nicht mehr darauf verzichten, sich auf ein Demokratiemodell festzulegen. Sie benötigt von ihrem normativen Anspruch her ein ebenfalls normatives demokratisches Ordnungsmodell als Referenz. Auf der Grundlage der demokratietheoretischen Debatte der letzten Jahre und unter Berücksichtigung zentraler normativer Demokratietheorien wie der liberalen Theorie, der Pluralismustheorie und der deliberativen Demokratietheorie (vgl. dazu Massing 2019) sowie der empirischen Forschung zu den Funktionsbedingungen stabiler und leistungsfähiger moderner Demokratien hat der Demokratieforscher Wolfgang Merkel diese Ergebnisse in dem komplexen theoriegeleiteten und praxisorientierten Modell der „eingebetteten Demokratie“ auf den Begriff gebracht (Merkel 2004; 2016). Darin sind einige der entscheidenden Funktionsvoraussetzungen zusammengefasst, die in den Gesellschaften der Gegenwart erfüllt sein müssen, damit der unaufgebbare Anspruch der Demokratie, politische Gleichheit und politische Freiheit für alle Bürgerinnen und Bürger erfüllt werden kann. Darüber hinaus ist Demokratie ein reflexives Projekt, das fortwährend die Erfahrungen mit ihrer eigenen Praxis in die Entwürfe ihrer Selbstorganisation einbezieht. Vor diesem Hintergrund ist das Modell der „eingebetteten Demokratie“ als Referenzmodell für die politische Bildung in besonderer Weise geeignet, ihrem normativen Anspruch zu genügen.

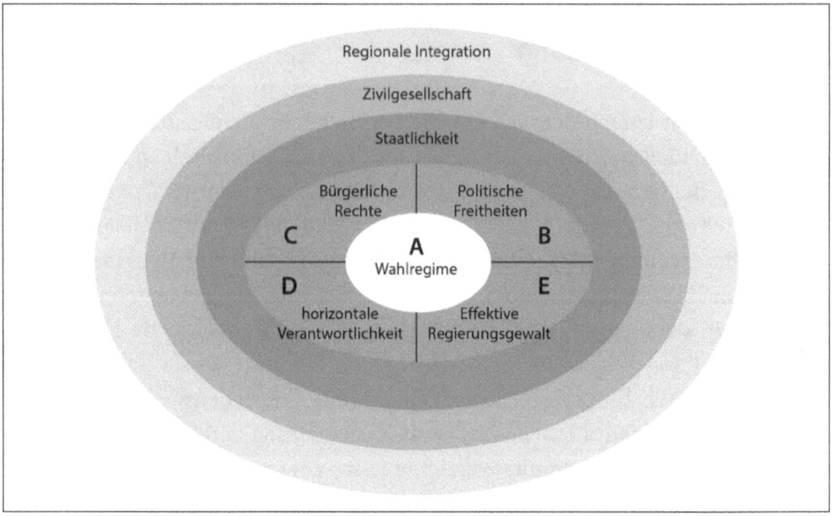

Abb. 1: Wolfgang Merkel (2004): Die „eingebettete" Demokratie. In: WZB-Mitteilungen, H. 106, S. 8.

In der „eingebetteten Demokratie" nimmt das Wahlregime die zentrale Position ein. Dazu gehört der freie Wettbewerb der Ideen, Personen und Parteien. Darüber hinaus beruht das Wahlregime auf einem universellen aktiven und passiven Wahlrecht sowie auf freien und fairen Wahlen.

Hinzu kommen vier weitere Teilregime: Im Rahmen der politischen Freiheiten die universellen politischen Beteiligungsrechte; im Regime der bürgerlichen Rechte die Grundrechte; innerhalb der horizontalen Verantwortlichkeit: Gewaltenteilung, Kontrollrechte des Parlaments und unabhängige Justiz. Effektive Regierungsgewalt beinhaltet u.a. uneingeschränkte Regierungsautorität mit der Ausnahme konstitutioneller Institutionen wie einem Versfassungsgericht oder einer Zentralbank, deren Autonomie dem Zweck dient, den Primat der Verfassung und die Stabilität der Ökonomie zu wahren.

Jede Demokratie ist zudem in eine Umwelt eingebettet, die sie umschließt, ermöglicht und stabilisiert oder behindert und destabilisiert. Dazu gehören: Ein Staatsapparat mit einer beständigen Struktur, eine Zivilgesellschaft mit einer Wertewelt, die der demokratischen Praxis Vorschub leistet, und ein leistungsfähiges ökonomisches System, das eine gewisse Verteilungsgerechtigkeit praktiziert (Merkel 2016, 465). Erst die Erfüllung dieser Voraussetzungen macht Demokratie unter modernen Bedingungen real und verschafft ihren Normen der politischen Gleichheit und Freiheit ein Mindestmaß an Geltungswirklichkeit.

Fazit

Auch wenn auf Basis anderer Demokratietheorien andere Modelle präferiert werden, bleibt dennoch der prinzipielle Anspruch bestehen: Politische Bildung und Politikdidaktik benötigen ein Demokratiemodell, das sich als Referenzmodell eignet und müssen dieses transparent machen. Dieses Modell muss komplex und normativ sein und als Maßstab in seinen zentralen Elementen geklärt sein. Nur unter diesen Voraussetzungen kann es wesentlicher Teil des Demokratiediskurses in der politischen Bildung werden, der in Zukunft zu führen ist und nur auf der Grundlage und mit Hilfe eines solchen präzisen Fachkonzepts, sind auftretende aktuelle Gefährdungen der Demokratie z.B. durch autokratische Tendenzen zu erkennen und deren Entstehungsursachen zu verstehen sowie die dazu notwendigen Kompetenzen des Individuums festzulegen. Erst auf dieser Basis lässt sich Politikdidaktik und politische Bildung auch als notwendige Systemkritik entwickeln, die innerhalb des komplexen Modells der Demokratie bleibt und nicht in Gefahr gerät, das Geschäft der Populisten zu betreiben oder die Grenze zur Autokratie zu überschreiten.

Literatur

ALEMANN, Ulrich von (1975): Demokratisierung der Gesellschaft. Positionen und Begründungszusammenhänge, In: Aus Politik und Zeitgeschichte B7/75, S. 3–16.

BEUTEL, Wolfgang/Fauser, Peter (2001) (Hg.): Erfahrene Demokratie. Wie Politik praktisch gelernt werden kann, Opladen: Leske/Budrich.

BUCHSTEIN, Hubertus (1995): Zumutungen der Demokratie. Von der normativen Theorie des Bürgers zur institutionell vermittelten Präferenzkompetenz. In: Von Beyme, Klaus/Offe, Claus (Hg.): Politische Theorien in der Ära der Transformation, PVS Sonderheft. Opladen: Westdeutscher. S. 295–361.

DAHRENDORF, Ralf (1965): Gesellschaft und Demokratie in Deutschland, München: Piper.

DETJEN, Joachim (2000): Bürgerleitbilder in der politischen Bildung. In: Politische Bildung, H. 4, S. 19–38.

FISCHER, Kurt-Gerhard (1971): Einführung in die politische Bildung. Stuttgart: Metzler.

FRAENKEL, Ernst 2011 (1968): Deutschland und die westlichen Demokratien. Frankfurt/M.: Suhrkamp.

GIESECKE, Hermann (1972): Didaktik der politischen Bildung. Neue Ausgabe. München: Juventa (7.Aufl.).

HÄTTICH, Manfred (1977): Rationalität als Ziel politischer Bildung. München: Olzog.

HILLIGEN, Wolfgang (1975): Zur Didaktik des politischen Unterrichts I. Wissenschaftliche Voraussetzungen – didaktische Konzeptionen – Praxisbezug. Opladen: Leske/Budrich

KENNER, Steve und Lange, Dirk (2020) Demokratiebildung. In: Achour, Sabine u.a. (Hg.): Wörterbuch Politikunterricht. Frankfurt/M.: Wochenschau. S. 48–51.

MASSING, Peter (2011): Politikdidaktik als Wissenschaft, Schwalbach/Ts.: Wochenschau Verlag.

MASSING, Peter (2019): Demokratietheorien. Etappen ihrer Entwicklung. In: Ethik & Unterricht, 2/2019, S. 4–8.

MASSING, Peter (2021): Politische Bildung in der Bundesrepublik Deutschland. Grundlagen – Kontroversen – Perspektiven, Frankfurt/M.: Wochenschau Verlag.

MERKEL, Wolfgang (2004): Die „eingebettete" Demokratie. In: WZB-Mitteilungen, H. 106, S. 7–10.

MERKEL, Wolfgang (2016): Eingebettete und defekte Demokratien. In Oliver Lembke u.a. (Hg.): Zeitgenössische Demokratietheorie. Wiesbaden: Springer VS. S. 455–484.

ROLOFF, Ernst-August (1974): Erziehung zur Politik. Eine Einführung in die politische Didaktik, Bd. 1. Sozialwissenschaftliche Grundlagen. Göttingen: Otto Schwartz&Co.

SCHMIEDERER, Rolf (1971): Zur Kritik der Politischen Bildung. Ein Beitrag zur Soziologie und Didaktik des politischen Unterrichts. Frankfurt/M.: Europäische Verlagsanstalt.

SCHMIEDERER, Rolf (1977): Politische Bildung im Interesse des Schülers. Köln: Europäische Verlagsanstalt.

SONTHEIMER, Kurt (1963): Politische Bildung zwischen Utopie und Verfassungswirklichkeit. In: Zeitschrift für Pädagogik, 9. Jg., H.2, S. 168–179.

SPRANGER, Eduard (1963): Gedanken zur staatsbürgerlichen Erziehung. Bochum: F.Kamps.

SUTOR, Bernhard (1973): Didaktik des politischen Unterrichts. Eine Theorie der politischen Bildung, 2. Aufl. Paderborn: Brill/Schöningh.

SUTOR, Bernhard (1984): Neue Grundlegung politischer Bildung, Bd. I und 11. Paderborn: Brill/Schöningh.

WENIGER, Erich (1952): Politische und mitbürgerlicher Erziehung. In: Die Sammlung, 7, S. 304–317.

II. Schule

SABINE ACHOUR

Soziale Ungleichheit politischer Teilhabe: Wie Schule das Phänomen reproduziert

Empirisch belegt ist seit Jahrzehnten die Bildungsabhängigkeit rechter, menschenfeindlicher und antidemokratischer Einstellungen (vgl. Zick/Küpper 2021). Befragte mit einem niedrigeren sozioökonomischen Hintergrund stimmen häufiger menschenfeindlichen oder antidemokratischen Aussagen zu. Auch das Empfinden politischer Machtlosigkeit und mangelnder Teilhabe- sowie Mitbestimmungsmöglichkeiten ist bei diesen Befragten stärker ausgeprägt. Demokratien und damit auch politische Bildung müssen sich fragen, welche Ursachen und Strukturen dafür verantwortlich sein können und Veränderungen benötigen.

Richtet man den Blick von den Erwachsenen auf Jugendliche, zeigt sich im Rahmen der bundesweiten Befragung von Schüler:innen „Wer hat, dem wird gegeben" (Achour/Wagner 2019), dass hier schon strukturell, nämlich entlang des gegliederten Schulsystems in Gymnasien und nicht-gymnasiale Schulformen, die Zugänge ungleich verteilt sind: Sowohl zu (politischer) Bildung als auch zu Möglichkeiten von Teilhabe z.B. in Form demokratiebildender Formate an Schulen. Entlang dieser strukturellen Diskrepanz spiegelt sich schon bei den jugendlichen Befragten die Bildungsabhängigkeit von Demokratie- und Menschenfeindlichkeit wider. Dabei ist die Institution Schule die Instanz, mit der fast alle zukünftigen, potentiellen Gestalter:innen der Demokratie in Deutschland erreicht werden können. Insofern bedarf es mit Blick auf die seit Jahrzehnten bekannte empirische Befundlage einer besonderen Stärkung politischer und Demokratiebildung dort, wo mit Blick auf soziokulturelle Benachteiligungen besonderer Bedarf besteht. Bisher versäumt das Bildungssystem, politische und Demokratiebildung für alle als die ihr eigenen Instrumente zur Förderung von Mündigkeit zu nutzen – obwohl dieser Auftrag in den Landesverfassungen und Schulgesetzen eindeutig verankert ist.

Der folgende Beitrag beleuchtet die hier kurz skizzierten empirischen Zusammenhänge, um die Bedeutung einer quantitativ und qualitativ hochwertigen politischen und Demokratiebildung an Schulen für politische Teilhabe und Einstellungen zu unterstreichen. Entlang der aktuellen Mitte-Studie, an deren Auswertung die Autorin dieses Beitrages beteiligt war, werden die Zusammenhänge von Bildungshintergrund, Gefühlen politischer Machtlosigkeit und Teilhabe sowie politischen Einstellungen erläutert. Der politischen Sozialisation von Kindern und Jugendlichen in und durch Schule kommt eine besondere Bedeutung zu. Sie ist neben Eltern, Peers und (sozialen) Medien ein zentraler Sozialisationsagent und sollte diese Funktion professionell(er) wahrnehmen: Denn es existieren deutliche Unterschiede im qualitativen und quantitativen Angebot von politischer Bildung an den verschiedenen Schulformen. Dass gerade an den nichtgymnasialen Schulformen politische und Demokratiebildung gestärkt werden müssen, unterstreichen die differierenden Einstellungen der befragten Schüler:innen entlang der Schulformen sowie die Effekte einer nachhaltig verankerten Demokratiebildung.

Politische Ohnmacht und die Bildungsabhängigkeit politischer Einstellungen

Die Mitte-Studie der Friedrich-Ebert-Stiftung untersucht alle zwei Jahre rechtsextreme und demokratiegefährdende Einstellungen in der deutschen Gesellschaft. Die aktuelle repräsentative Studie mit 1750 Befragten wurde im Dezember 2020 bis zum Frühjahr 2021 durchgeführt (Küpper/Zick 2021). Die Demokratie und ihre Merkmale erfahren im Schnitt eine große Unterstützung, so halten sich 73 % für überzeugte Demokrat:innen und für 88 % sollten die Würde und Gleichheit aller an erster Stelle stehen. 86 % vertrauen darauf, dass die Wahlen in Deutschland korrekt durchgeführt werden. Da die Umfrage kurz nach den amerikanischen Präsidentschaftswahlen stattgefunden hatte, sollte damit eruiert werden, inwiefern sich das Narrativ der „gestohlenen Wahl" von Donald Trump unter deutschen Wähler:innen verfangen hatte. Knapp 70 % fordern ein größeres Engagement für eine vielfältige und offene Gesellschaft. Somit zeichnet sich hier eine vergleichsweise große Loyalität zu Demokratie und gesellschaftlicher Vielfalt ab. Im Gegenzug sollten aber die im Schnitt hohen Zustimmungswerte zu mangelnden Teilhabe- und Mitbestimmungsmöglichkeiten sowie politischen Ohnmachtsgefühlen mit Blick auf antidemokratische und menschenfeindliche Einstellungen zu denken geben[1]: 45 % der Befragten hätten in ihrem Umfeld keine Möglichkeit, sich politisch zu beteiligen. Sum-

1 Politische Machtlosigkeit und Teilhabe werden mit den folgenden dargestellten Items operationalisiert.

miert man die 18 % der Teils/teils-Zustimmungen[2], sind es fast zwei Drittel der Befragten. Ebenfalls meinen insgesamt fast 60 % (davon 30 % „Teils/teils"-Zustimmung), dass Leute wie sie sowieso keinen Einfluss darauf hätten, was die Regierung tue. 21 % hielten es für sinnlos, sich politisch zu engagieren, addiert man dazu die 24 %, die teils/teils zustimmen, handelt es sich damit um die Hälfte der Befragten. Solche Gefühle politischer Machtlosigkeit und geringer Teilhabemöglichkeiten sind für offene Gesellschaften problematisch. Denn sie gehen einher mit einem geringeren Demokratievertrauen (Berghan/Zick 2019) sowie mit einem häufiger auftretenden Verschwörungsglauben (Lamberty/Rees 2021; Van Prooijen 2017). Sie sind auffallend weit bei Wähler:innen der AfD und (rechts)populistisch Eingestellten verbreitet (Küpper u.a. 2021) und gelten insgesamt als Triebkraft von Rechtspopulismus bzw. Rechtsextremismus (Jörke/Selk 2017). Diese Zusammenhänge illustriert Abbildung 1. Sie zeigt auch, dass umgekehrt Beteiligungsmöglichkeiten negativ mit Rechtsextremismus und Populismus sowie mit politischer Ohnmacht korrelieren. D.h., Menschen, die sich beteiligen können, sind seltener rechtsextrem oder (rechts-)populistisch eingestellt und fühlen sich seltener politisch machtlos. Ebenfalls hängen Möglichkeiten der Beteiligung positiv mit dem Demokratievertrauen zusammen.

	GMF-Index [a]	Rechtsextremismus-Index	Demokratievertrauen	Politische Machtlosigkeit	Möglichkeit der politischen Beteiligung
Populismus-Index	,604 ***	,565 ***	–,463 ***	,483 ***	–,299 ***
Rechtsextremismus-Index			–,362 ***	,365 ***	–,354 ***
Demokratievertrauen				–,294 ***	,231 ***
Politische Machtlosigkeit					–,267 ***

Abb. 1: Zusammenhänge zwischen (Rechts-)Populismus sowie Rechtsextremismus mit Einstellungen zur Demokratie (Pearson Korrelationskoeffizienten)

2 Die empirische Sozialforschung interpretiert solche ambivalenten Aussagen eher als Zustimmung (Decker, Brähler 2020).

Neben der Existenz von Teilhabemöglichkeiten korreliert auch eine höhere formale Bildung besonders mit dem Ablehnen von antidemokratischen Einstellungen, auch wenn der Effekt der sozial erwünschten Antworten bei höher Gebildeten in Rechnung gestellt werden muss. Personen, die einen Zugang zu höherer Bildung haben, stimmen gruppenbezogener Menschenfeindlichkeit und Vorurteilen seltener zu (Zick 2021). Sie lehnen ebenso rechtsextreme und rechtspopulistische Einstellungen (Küpper u.a. 2019) stärker ab. Sie neigen auch mit 12,9 % seltener zu Verschwörungsglauben, im Gegensatz zu Befragten mit mittlerer (25,3 %) oder niedriger Bildung (36,5 %) (Lamberty/Rees 2021).

Vor dem Hintergrund, dass politische Orientierungen, die v.a. in der Jugendphase erworben werden, bis ins späte Erwachsenenalter eine hohe Stabilität haben (Rippl et al. 2015), lassen sich für die Institution Schule, als zentrale politische Sozialisationsinstanz, zwei zentrale Forderungen für die politische Bildung und Demokratiebildung formulieren: Sie sollten für alle und insbesondere für soziokulturell benachteiligte Lernende qualitativ und quantitativ anspruchsvoll sein. Insbesondere Lernende, deren Familien soziale Ausgrenzungen erfahren, was verstärkt mit einer politischen Abkoppelung einhergeht, sollten nicht auch bei Angeboten politischer Bildung ausgegrenzt werden. Dies fordert schließlich auch solche Angebote, die zu Teilhabe und Mitbestimmung einladen, um Gefühlen politischer Machtlosigkeit entgegenzutreten.

Ungleicher Zugang zu politischer Bildung in Schule

Auf die Tatsache, dass diese Forderungen in der Schule aktuell kaum realisiert sind, verweisen Ergebnisse aus der Untersuchung „Wer hat, dem wird gegeben" (Achour/Wagner 2019[3]).

Die Studie beleuchtet aus der Perspektive von knapp 3400 Lernenden aller Schulformen (inklusive Berufsschulen) ab Klasse 9 im Schuljahr 2018/19 die Quantität und Qualität der Angebote von politischer Bildung und Demokratiebildung im Unterricht wie auch außerunterrichtlich. Ebenfalls erhoben wurden das politische Interesse, die Partizipation(sbereitschaft) und Selbstwirksamkeit

---

3 Diese Untersuchung wurde in Auftrag gegeben von der Friedrich-Ebert-Stiftung und konnte im Rahmen des Projektes an der FU und HU Berlin „Demos Leben" durchgeführt werden (finanziert von der Berliner Senatsverwaltung für Bildung, Jugend, Familie). Das Projekt verfolgt die Implementierung des Querschnittsthemas Demokratiebildung in der Lehrer:innenbildung.

der Schüler:innen sowie ihre politischen Einstellungen zu demokratischen Grundwerten und sozialen Gruppen wie Menschen mit Migrationsbiographien, muslimischen und jüdischen Glaubens.

Der Titel mit Verweis auf das Matthäusprinzip unterstreicht einen der zentralen Befunde und damit eine der besonderen bundesweiten Herausforderungen: Das Angebot von Demokratiebildung und politischer Bildung verteilt sich zwischen den Gymnasien und nichtgymnasialen Schulformen häufig ungleich, und zwar zugunsten der Gymnasialschüler:innen. Zugleich ist an den Gymnasien die Schüler:innenschaft soziokulturell in der Regel privilegierter. Während dort etwa die Hälfte über einen hohen soziokulturellen Hintergrund verfügt, sind es an den nichtgymnasialen Schulformen lediglich um die 20 %. (Achour, Wagner 2019: 42 ff.).

An den Gymnasien berichten 60 % von mehreren Stunden Politikunterricht in den Klassen 9–10; dieses Angebot erhielt laut Aussage der Lernenden an den nichtgymnasialen Schulformen nur 27 %, die meisten haben lediglich eine Stunde. (ebd.: 48 ff.). Auch berichten die Gymnasialschüler:innen von einer stärkeren Förderung der Analyse-, Urteils- und Handlungsfähigkeit sowie einem aktuelleren, exemplarischeren, kontroverseren und handlungsorientierteren Unterricht, also aus didaktischer Perspektive von einem qualitativ anspruchsvolleren Unterricht. Dies empfinden die Schüler:innen an den anderen Schulformen weniger, dafür sei der Unterricht häufig langweiliger, oberflächlicher oder auch komplizierter als an den Gymnasien (ebd.: 66 ff.; 70ff.). Somit sind auch die Bildungsangebote entlang der verschiedenen Schulformen sozial ungleich verteilt.

Dies verschärft sich noch hinsichtlich der Jahrgänge 11–13. In der gymnasialen Oberstufe zeichnet sich ein Trend zu mehr Stunden Politikunterricht mit im Schnitt drei Stunden ab, was sich durch das Kurssystem in der gymnasialen Oberstufe erklären lässt und für Gymnasien wie auch nichtgymnasiale Schulformen mit Oberstufensystem gilt. Dieser Trend wird von den Befragten an den Berufsschulen nicht bestätigt, von denen in der Regel ein Großteil kein Gymnasium besucht hat und somit bereits in der Sekundarstufe 1 weniger Politikunterricht hatte. Dieses Defizit wird an beruflichen Schulen strukturell nicht kompensiert (ebd.: 48 ff.).

Ein vergleichbares Bild zeichnet sich bei den demokratiebildenden Formaten ab, die jenseits des Politikunterrichts angeboten werden. Sie finden in den verschiedenen Schulformen in deutlich unterschiedlicher Intensität statt. Beispielsweise berichten 70 % der Gymnasialschüler:innen von Schulversammlungen, dies tun nur 55% an den nichtgymnasialen Schulen; auf die Existenz einer Schülerzeitung verweisen 61 % an den Gymnasien versus 32 % an den anderen Schulformen. Exkursionen zu Gedenkstätten und Organisationen der Demokratie benennen 50 % versus 37 %. Externe politische Akteur:innen aus Zivilgesellschaft, Politik und NGOs werden am häufigsten an den Gymnasien in den Stufen 11–13 eingeladen, so 45 % der Befragten. Davon können allerdings lediglich 19 % der Berufsschüler:innen berichten (ebd.: 81 ff.).

Mit Blick auf die politischen Einstellungen der befragten Schüler:innen spiegelt sich aufgrund des oft unterschiedlichen soziokulturellen Hintergrundes entlang der jeweiligen Schulformen eine ähnliche Bildungsabhängigkeit wider wie sie exemplarisch in den Ergebnissen der Mitte-Studie dargestellt wurde. Lernende an den Gymnasien in den Klassenstufen 9–10 berichten von einem höheren Vertrauen in die Demokratie, ihren Institutionen und politischen Akteur:innen als Schüler:innen an den nichtgymnasialen Schulformen (ebd.: 113 ff.). Diese Diskrepanz offenbart sich auch in den Einstellungen zu sozialen Gruppen, wie zu Menschen mit Migrationsbiographien, jüdischen oder muslimischen Glaubens (ebd.: 158 ff.). Schließlich zeigen sich die Gymnasialschüler:innen auch partizipationsbereiter (ebd.: 126 ff.). In den Jahrgangsstufen 11–13, in denen an beiden Schulformen das quantitative Angebot an Politikunterricht aufgrund des Kurssystems gleich groß ist, gleichen sich die politischen Einstellungen interessanterweise stark an, während sich dies für die beruflichen Schulen, an denen das Angebot gering bleibt, nach Aussage der Lernenden nicht feststellen lässt.

Demokratiebildung: Effekte auf Teilhabe und Einstellungen

Eine weitere Sonderauswertung der Daten verweist auf positive Effekte, wenn Schulen Teilhabe durch demokratiebildende Formate vielfach und vielfältig auch jenseits des Politikunterrichts anbieten. (Achour 2020; 2021a). Die Schüler:innen sind nach achtzehn unterschiedlichen Formaten gefragt worden und, ob sie an diesen in den vergangenen zwölf Monaten teilgenommen hätten: Zum Beispiel Demokratie- oder Kinderrechtstage, Exkursionen zu Gedenkstätten der Demokratie oder Trägern der Demokratiebildung, Klassenrat, Schulversammlungen, Schulparlamente, Kinder- und Jugendparlamente, die Mitarbeit an Schüler:innenzeitungen, Service Learning, Sozialpraktika oder Streitschlichtungsprogramme.

Es sind zwei Untersuchungsgruppen aus den Jahrgangsstufen 9–10 an den Gymnasien differenziert worden. Lernende, die an fünf und mehr Formaten teilgenommen hatten, wurden als Gruppe mit „viel Demokratiebildung" (n = 280) kategorisiert, diejenigen als Gruppe mit „wenig Demokratiebildung" (n = 98), welche an weniger als drei Formaten teilgenommen hatten. Die Unterschiede in beiden Gruppen bezüglich ihrer politischen Einstellungen und Partizipation(sbereitschaft) differieren signifikant. Aus der Gruppe mit vielen Angeboten halten 90 % die Demokratie für eine gute Idee, während dies „nur" knapp 77 % der Schüler:innen mit wenigen Angeboten tun. (Abb. 2).

Hältst Du die Demokratie ganz allgemein für eine gute Staatsform oder für eine nicht so gute Staatsform? (Angaben in Prozent)

Bundesweit, Gymnasium 9.–10. Jahrgangsstufe
(schwacher) Zusammenhang ist signifikant

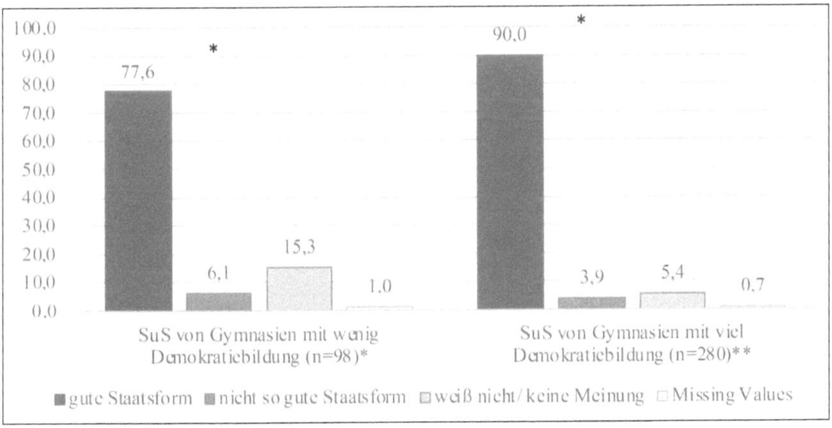

Abb. 2: Zufriedenheit mit der Demokratie
Quelle: Befragung FU

Darüber hinaus zeichnen sich die Schüler:innen mit vielen Angeboten auch durch positivere Einstellungen zu Merkmalen der Demokratie wie zu Minderheiten- und Grundrechten aus, z.B. der Meinungs- und Versammlungsfreiheit sowie durch positivere Einstellungen zu sozialen Gruppen wie asylsuchenden, muslimischen und jüdischen Menschen (ohne Abb.). Insgesamt wertschätzen sie migrationsbedingte Vielfalt stärker. Zugleich lehnen Schüler:innen mit viel Demokratiebildung autoritäre Eingriffe des Staates verstärkt ab, wie das Verbot von Streiks und Demonstrationen, welche die öffentliche Ordnung gefährden könnten (Abb. 3).

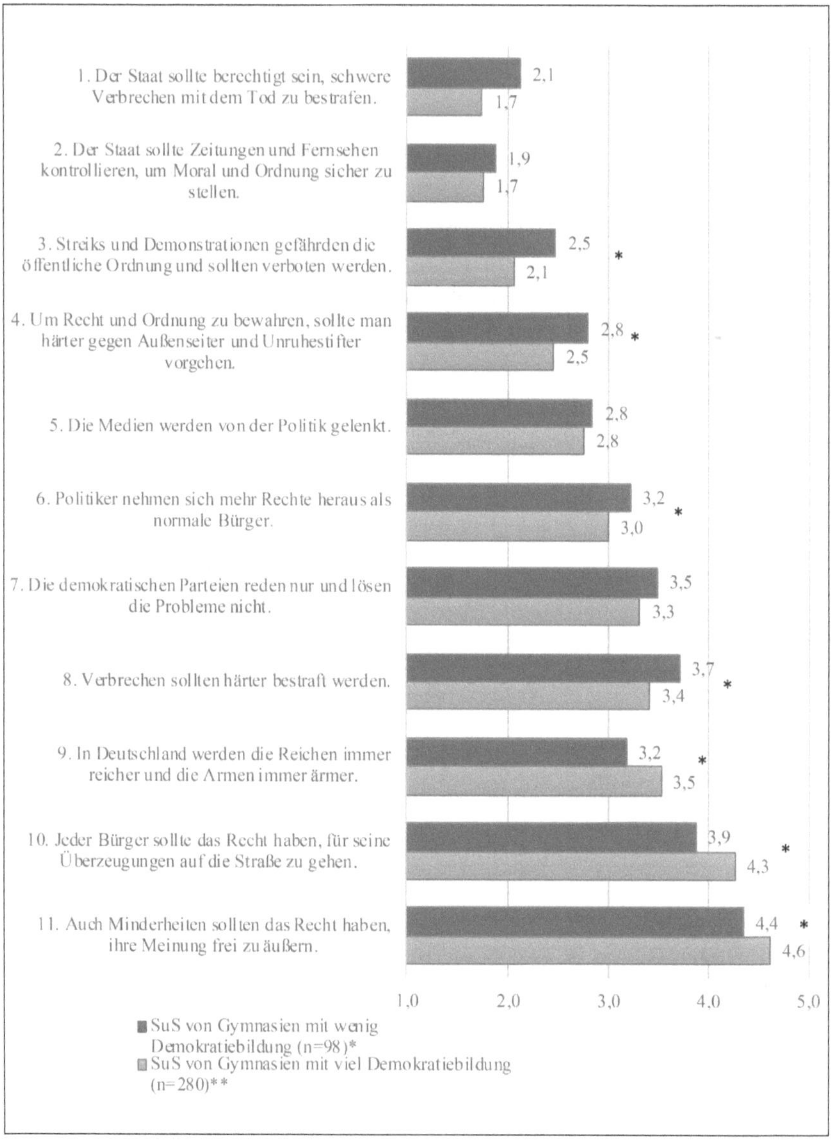

Abb. 3: „Was denkst Du zu folgenden Aussagen?" — Zustimmung der Schüler:innen der Jahrgangsstufen 9–10 Gymnasium, in Mittelwerten von 1 (gar nicht) bis 5 (völlig)

Quelle: Befragung FU

Schüler:innen, die an vielen demokratiebildenden Angeboten teilgenommen haben, zeichnen sich auch durch eine höhere politische Selbstwirksamkeit aus. Diese wurde in der Studie aus den Antworten, welche die Schüler:innen zu Fragen gegeben hatten, wie gut sie sich selbst in der Ausübung verschiedener Tätigkeiten einschätzen, zu einem Index verrechnet. (Achour/Wagner 2019: 139 ff.). Diese operationalisieren Teilfähigkeiten des Analysierens, Urteilens und Handels, wie sie für die Demokratiebildung bedeutsam sind (Achour u.a. 2020). Schüler:innen mit viel Demokratiebildung schätzen ihre Fähigkeiten in allen Teilaspekten als besser ein als diejenigen mit weniger Formaten (Abb. 4). Mit Blick auf die Gesamtbefragung lässt sich hervorheben, dass sich die Befragten insbesondere in den Bereichen kompetent fühlen, die nach ihrer Meinung im Rahmen eines demokratischen Schulklimas auch besonders gefördert werden. (ebd.: 102ff.). Dies trifft v.a. auf die Möglichkeiten der Meinungsvielfalt und der Meinungsäußerung zu und unterstreicht den Eindruck, dass Schule Politikkompetenz und Selbstwirksamkeit fördern kann, wenn sie den Raum dafür schafft. (ebd.: 139 ff.). Weniger realisiert sehen die Lernenden Mitbestimmungs- und Handlungsmöglichkeiten, zugleich fühlen sie sich hier weniger selbstwirksam. Daraus lässt sich der eindeutige Handlungsauftrag an demokratische Schulentwicklung formulieren, dass dieses Feld mehr Aufmerksamkeit, Raum und Professionalisierung von Lehrer:innen erfahren sollte. Die möglichen, positiven Effekte hinsichtlich politischer Selbstwirksamkeit könnten den Gefühlen politischer Machtlosigkeit im Erwachsenenalter entgegenwirken.

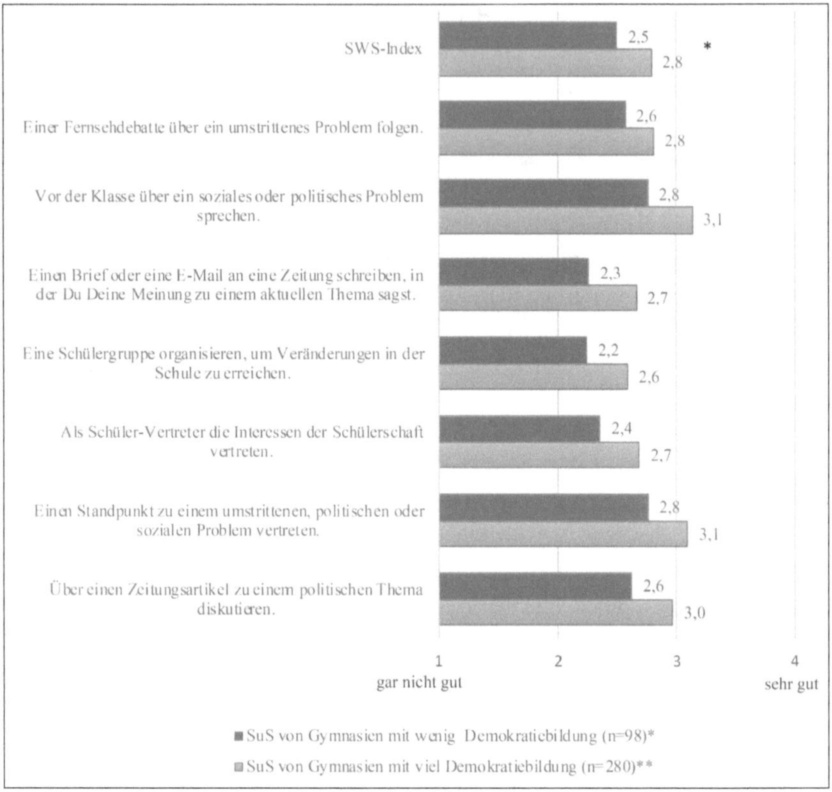

Abbildung 4: „Was denkst Du: Wie gut bist Du in den folgenden Aktivitäten?" — Aussagen der Schüler:innen der Jahrgangsstufen 9–10 Gymnasium, in Mittelwerten

Quelle: Befragung FU

Möglicherweise hängt mit dem ausgeprägteren Selbstwirksamkeitsempfinden auch die höhere Bereitschaft für gesellschaftspolitisches Engagement zusammen. Dieses realisieren laut Befragung fast die Hälfte (47 %) der Schüler:innen, welche viele Angebote der Demokratiebildung wahrnehmen konnten, während sich nur knapp 29 % der Befragten, die von wenigen demokratiebildenden Angeboten berichten, gesellschaftspolitisch engagieren (Abb. 8). Auch bei der Umsetzung problembezogener Partizipation zeigt sich ein signifikanter Unterschied zwischen den Befragten. Schüler:innen mit viel Demokratiebildung geben häufiger an, aus politischen Gründen Waren zu boykottieren, an Protestveranstaltungen und Demonstrationen teilzunehmen, oder Unterschriftenlisten zu unterzeichnen (ohne Abb.).

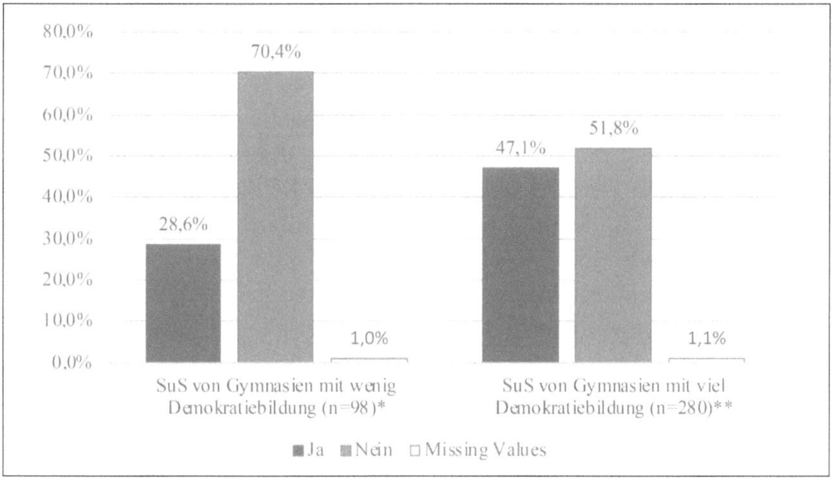

Abb. 5: Bist Du in Deiner Freizeit für soziale oder politische Ziele oder ganz einfach für andere Menschen aktiv? Jahrgangsstufe 9–10, Gymnasium
Quelle: Befragung FU

Fazit und Ausblick: Demokratie(bildung) in Schule, Lehrer:innenbildung und Gesellschaft

Die Ergebnisse verweisen auf die möglichen positiven Effekte demokratiebildender Formate, die Handeln und Mitbestimmen an Schulen möglich machen. Sie können aufgrund von Selbstwirksamkeitserfahrungen Gefühlen politischer Machtlosigkeit, wie sie seit Jahrzehnten in Einstellungsstudien unter erwachsenen Befragten identifiziert werden, entgegenwirken. So verweisen auch Ergebnisse aus der Leipziger Autoritarismusstudie darauf, dass z.B. Teilhabemöglichkeiten in der Arbeitswelt (sog. Industrial Citizenship) positiv mit politischen Einstellungen zusammenhängen. Wenn die Befragten am Arbeitsplatz Möglichkeiten offener Interessenvertretung vorfinden, es eine Kultur der Solidarität und des kollektiven Handelns unter Kolleg:innen gibt sowie wenn sie Selbstwirksamkeit im Betrieb erfahren, sind sie zum einen mit der Demokratie zufriedener. Zum anderen stimmen sie seltener rechtsextremen Aussagen zu und werten muslimische Menschen, Geflüchtete oder Frauen weniger ab. (vgl. Kiess/Schmidt 2020). Das heißt, mit Blick auf politisches Handeln und Teilhabe, dass im Sinne Oskar Negts (2010) die Demokratisierung möglichst vieler Lebensbereiche – von Kita, Schule (inkl. Elternarbeit), Arbeitswelt, Verbänden,

Verwaltungen – unabhängig vom Alter eine zentrale Gelingensbedingung zu sein scheint und gegen antidemokratische sowie menschenfeindliche Einstellungen immunisieren kann.

Bedeutsam für das Entkoppeln der Bildungsabhängigkeit von politischer Machtlosigkeit und politischen Einstellungen ist, dass die Zugänge zu politischer Bildung und Demokratiebildung nicht von Kindheit an strukturell nach soziokulturellem Hintergrund ungleich verteilt sind. Insbesondere an nichtgymnasialen Schulformen muss in Demokratiebildung, politische Bildung und demokratische Schulentwicklung investiert werden. Dies erfordert auch eine entsprechende Lehrer:innenbildung in allen drei Phasen (Hochschule, Vorbereitungsdienst, Fort- und Weiterbildung), die dieses Feld als Querschnittsaufgabe versteht. Damit einher geht neben der Förderung von Partizipation, das Schaffen von Empowermenträumen, der Abbau von Diskriminierungen, Rassismus und stereotypen Bedrohungen. Es bedarf der Selbstreflexion von Lehrkräften, inwiefern sie selbst auch zu Ohnmachtsgefühlen und Diskriminierung unbewusst beitragen. Lehrer:innen benötigen somit selbst begleitend zu ihrer Tätigkeit an Schulen politische Bildung und Demokratiebildung und nicht zuletzt demokratische „Arbeitsstrukturen" i.S. einer Industrial Citizenship. Denn ihre (demokratische) Haltung hat in der Schule als Institution in einer offenen Gesellschaft eine besondere Bedeutung. Dort reproduzieren sich gesellschaftliche Einstellungsmuster, bzw. kann sie ein Ort sein, Menschen- und Demokratiefeindlichkeit zu identifizieren und junge Menschen dagegen urteils- und handlungsfähig zu machen. Verstärkt müssen sich Lehrer:innen und Schulen nicht nur im Rahmen von Unterricht und Schulveranstaltungen mit menschenfeindlichen und antidemokratischen Äußerungen und Vorfällen auseinandersetzen, sondern auch nach außen. Mit (antimuslimischem) Rassismus, Antisemitismus, Geschichtsrevisionismus, Verschwörungsglauben greifen v.a. rechte Gruppierungen gezielt das demokratische Bildungssystem an (Achour 2021; MBR 2021; Borstel 2021).

Lehrer:innen benötigen vermehrt Handlungskompetenzen, wenn sich antidemokratische und menschenfeindliche Vorfälle jenseits des Unterrichts im Klassenchat, auf dem Schulhof oder gerade nicht zwischen Lernenden, sondern unter Lehrende, der Schulleitung, im Sekretariat, bei Hausmeister:innen ereignen. Da schulisches Miteinander nicht an der Klassenzimmertür endet, kann Ignorieren keine legitime Handlungsoption sein, auch dann nicht, wenn kein strafrechtlich relevantes Verhalten vorliegt (vgl. Besand 2020). Mangelnde Handlungssicherheiten lassen sich auch auf fehlende Angebote politischer Bildung/Demokratiebildung als Querschnittsaufgabe in der Lehrer:innenaus- und

-fortbildung zurückführen (Behrens 2014; Schneider/Gerold 2018). Wenn also der Teufelskreis von sozialer Ungleichheit und politischer Ohnmacht frühzeitig durchbrochen werden soll, bedeutet dies für Lernende, Lehrende und Schulen in demokratisches Handeln zu investieren: Demokratie muss man machen (Achour 2021).

Literatur

ACHOUR, Sabine (2021): Politische Bildung als Transmitter der Demokratie: Demokratie muss man machen – Neun Apelle zur politischen Bildung. In: Zick, Andreas, Küpper, Beate (Hg.) Die geforderte Mitte. Rechtsextreme und demokratiegefährdende Einstellungen in Deutschland 2020/21. Bonn: J.H.W.Dietz. S. 311–329.

ACHOUR, Sabine (2021a): Demokratiebildung: Was ist das? – Politische Bildung, die sich lohnt! In: Achour, S./Massing, P. (Hg.): Demokratiebildung. Frankfurt/M: Wochenschau Verlag. S. 4–13.

ACHOUR, Sabine (2020): Das Revival der politischen Bildung – ein Höhenflug nur mit der Politikwissenschaft?! In: Politikum Sonderheft 2020: *Wem nutzt die Politikwissenschaft?* Frankfurt/M: Wochenschau Verlag, S. 68–74.

ACHOUR, Sabine u.a. (2020): Orientierungs- und Handlungsrahmen für das übergreifende Thema Demokratiebildung. Ludwigsfelde: Landesinstitut für Schule und Medien Berlin-Brandenburg (LISUM).

ACHOUR, Sabine/Wagner, Susanne (2019): „Wer hat, dem wird gegeben." Politische Bildung an Schulen. Bestandsaufnahme, Rückschlüsse und Handlungsempfehlungen. Berlin: Friedrich-Ebert-Stiftung.

BEHRENS, Rico (2014): Solange die sich im Klassenzimmer anständig benehmen. Politiklehrer/innen und ihr Umgang mit rechtsextremer Jugendkultur in der Schule. Frankfurt/M.: Wochenschau Verlag.

BERGHAN, Wilhelm, Zick, Andreas (2019): Zwischen Demokratiebefürwortung und Ungleichwertigkeitsbehauptungen: Einstellungen zur Demokratie. In: Zick, Andreas u.a. (Hg.). Verlorene Mitte – Feindselige Zustände. Rechtsextreme Einstellungen in Deutschland 2018/19. Bonn: J. H. W. Dietz. S. 223–241.

BESAND, Anja (2020): Politische Bildung unter Druck. Zum Umgang mit Rechtspopulismus in der Institution Schule. Aus Politik und Zeitgeschichte – Politische Bildung. Bonn: Bundeszentrale für politische Bildung. Online verfügbar unter: http://www.bpb.de/apuz/306953/zum-umgang-mit-rechtspopulismus-in-der-institution-schule.

BORSTEL, Dierk (2021): Zivilgesellschaft unter Druck am Beispiel von Schule ohne Rassismus – Schule mit Courage. Netzwerkarbeit zwischen (konstruktiver) Kritik und offenen Angriffen. Online verfügbar unter: https://www.schule-ohne-rassismus.org/wp-content/uploads/2021/12/Zivilgesellschaft-Unter-Druck.pdf.

DECKER, Oliver Brähler, Elmar (Hg.) (2020): Autoritäre Dynamiken. Alte Ressentiments – neue Radikalität. Gießen: Psychosozial.

JÖRKE, Dirk/Selk, Veith (2017): Theorien des Populismus zur Einführung. Hamburg: Junius.

KIESS, Johannes/Schmidt, Andre (2020): Beteiligung, Solidarität und Anerkennung in der Arbeitswelt: industrial citizenship zur Stärkung der Demokratie. In: Decker, Oliver/Brähler, Elmar (Hg.). Autoritäre Dynamiken. Alte Ressentiments – neue Radikalität. Gießen: Psychosozial.

KÜPPER, Beate u.a. (2019): Aufputschen von Rechts: Rechtspopulismus und seine Normalisierung in der Mitte. In: Zick, Andreas u.a. (Hg.). Verlorene Mitte – Feindselige Zustände. Rechtsextreme Einstellungen in Deutschland 2018/19. Bonn: J.H.W. Dietz. S. 173–202.

KÜPPER, Beate (2021): Rechtsextreme Einstellungen in der Mitte 2020/21. In: Zick, Andreas/Küpper, Beate (Hg.) (2021): Die geforderte Mitte. Rechtsextreme und demokratiegefährdende Einstellungen in Deutschland 2020/21. Bonn: J.H.W.Dietz. S. 75–111.

KÜPPER, Beate (2021): Volkes Stimme – antidemokratische und populistische Einstellungen. Zick, A./Küpper, B. (Hg.) (2021): Die geforderte Mitte. Rechtsextreme und demokratiegefährdende Einstellungen in Deutschland 2020/21. Bonn: J.H.W.Dietz. S. 43–74.

LAMBERTY, Pia/Rees, Jonas H. (2021): Gefährliche Mythen: Verschwörungserzählungen als Bedrohung für die Gesellschaft. In: Zick, Andreas/Küpper, Beate (Hg.) (2021): Die geforderte Mitte. Rechtsextreme und demokratiegefährdende Einstellungen in Deutschland 2020/21. Bonn: J.H.W.Dietz. S. 283–300.

MBR (Mobile Beratung gegen Rechtsextremismus Berlin) (2021): Bildungspolitik von Rechtsaußen. Das Berliner Beispiel. In: Achour, Sabine/Massing, Peter: Rechtsextremismus in Institutionen. Politikum (4). Frankfurt/M.: Wochenschau Verlag.

NEGT, Oskar (2010): Der politische Mensch. Demokratie als Lebensform, Göttingen: Steidl Verlag.

RIPPL, Susanne u.a. (2015): Politische Sozialisation. In: Zmerli, Sonja/Feldman, Ofer (Hg.): Politische Psychologie. Handbuch für Wissenschaft und Studium. Bonn: Nomos. S. 69–84.

SCHNEIDER, Helmut/Gerold, Markus (2018). Demokratiebildung an Schulen. Analyse lehrerbezogener Einflussgröße. Gütersloh: Bertelsmann Stiftung.

VAN PROOIJEN, Jan-Willem (2017). Why education predicts decreased belief in conspiracy theories. Applied cognitive psychology, 31 (1), 50–58.

ZICK, Andreas (2021): Menschenfeindlicher Rassismus und Ungleichwertigkeitszuschreibungen. In: Zick, Andreas/Küpper, Beate (Hg.) 2021: Die geforderte Mitte. Rechtsextreme und demokratiegefährdende Einstellungen in Deutschland 2020/21. Bonn: J.H.W.Dietz. S. 141–172.

ZICK, Andreas/Küpper, Beate (Hg.) (2021): Die geforderte Mitte. Rechtsextreme und demokratiegefährdende Einstellungen in Deutschland 2020/21. Bonn: J.H.W.Dietz.

GABI ELVERICH

Demokratische Schulentwicklung und Politische Bildung

Schule stellt nicht nur eine zentrale Sozialisationsinstanz dar, die von allen Kindern und Jugendlichen über einen längeren Zeitraum verbindlich durchlaufen wird. Der Institution wird auch kraft ihres gesetzlich verankerten menschenrechtlich-demokratischen Bildungsauftrages im Kampf gegen Rechtsextremismus und andere antidemokratische Tendenzen eine Schlüsselfunktion für die gesellschaftliche Demokratieentwicklung zugesprochen.

Innerhalb der Schule wird dafür nicht mehr nur die Politische Bildung in die Verantwortung genommen, inzwischen sollen auch umfassendere Ansätze wie die Idee der demokratischen Schulentwicklung zur schulischen und gesellschaftlichen Demokratieentwicklung beitragen[1]. Bereits zur Jahrtausendwende legte die Bund-Länder-Kommission (BLK) im Kontext der gesellschaftlichen Auseinandersetzung mit Rechtsextremismus, Rassismus und Politikverdrossenheit ein übergreifendes Schulentwicklungsprogramm mit dem Titel „Demokratie lernen und leben" auf (Edelstein/Fauser 2001).[2] Im Zentrum dieses Ansatzes steht die Idee, mittels Erfahrungen gelebter Demokratie im Schulalltag demokratische Orientierungen zu stärken. Das Programm setzt auf die Erweiterung von Partizipationsmöglichkeiten und fußt auf der Annahme, dass Selbstwirksamkeits- und Anerkennungserfahrungen Voraussetzungen für die Entwicklung demokratischer Handlungskompetenzen sind. Als übergreifendes Ziel soll die Herausbildung einer demokratischen Schulkultur und die Verbesserung der Schulqualität gefördert werden. Der Ansatz basiert auf den Erkenntnissen der Schulforschung, die auf den positiven Einfluss eines guten Schulklimas zur Eindämmung demokratiefeindlicher Tendenzen in der Schülerschaft verweisen (vgl. Krüger/Pfaff 2002; Geerlings u.a. 2017).

---

1 Vgl. exemplarisch den KMK-Beschluss zur Demokratieerziehung von 2018 und den Orientierungs- und Handlungsrahmen zur Demokratiebildung in Berlin-Brandenburg von 2020.

2 Die folgenden Ausführungen beruhen auf zentralen Befunden aus der Evaluation von Modellprojekten zur demokratischen Schulentwicklung, die im Rahmen des BLK-Programms umgesetzt wurden (Elverich 2007 und 2011) – ergänzt durch Erkenntnisse aus der eigenen Schulpraxis und einige aktuellere Befunde.

Um die Chancen und Grenzen demokratischer Schulentwicklung im Folgenden zu umreißen, gilt es zunächst, das Verhältnis von politischer Bildung im engeren und Demokratieentwicklung in der Schule im weiteren Sinn zu klären. Politische Bildung[3] gehört zum allgemeinen Bildungsauftrag der Schule und ist im Kontext der gesellschaftlichen Integrationsfunktion der Schule zu verorten: Schule dient der Integration im Sinne der Einführung in das jeweilige kulturelle und gesellschaftliche System sowie der Zustimmung zum politischen Regelsystem. Der politische Bildungsauftrag der Schule umfasst somit auch die Förderung der politischen Teilhabe von Kindern und Jugendlichen. Dabei steht das übergeordnete Bildungsziel der ‚mündigen Bürger:innen' in einem Spannungsverhältnis zwischen der Forderung nach Loyalität und der Ermöglichung politischer Kritik (vgl. Fend 2006, Hahn-Laudenberg/Achour 2020).

Der politische Bildungsauftrag der Schule mit dem übergeordneten Ziel der schulischen Demokratieentwicklung kann auf zwei Ebenen ansetzen. Zum einen auf der Ebene des Individuums bei der Entwicklung demokratischer Handlungskompetenz, die vor allem politisches Wissen, ein ausgeprägtes Menschenrechts- und Demokratieverständnis, das Vorhandensein von Partizipationsbereitschaft, sowie kritische Urteilsfähigkeit umfasst. Zum anderen bei der Entfaltung einer demokratischen Schulkultur, welche die strukturellen Voraussetzungen dafür bietet, dass Schule als Erfahrungsraum einen Beitrag zur Entwicklung demokratischer Konflikt- und Entscheidungskompetenzen leistet. Beides zusammen entspricht jenem weiten Politikbegriff, der den Rahmenlehrplänen der Politischen Bildung in den meisten Bundesländern mittlerweile zugrunde liegt und Wissensvermittlung genauso wie die Förderung demokratischen Handelns und sozialen Lernens beinhaltet. Das Verhältnis von demokratischer Handlungskompetenz und demokratischer Schulkultur veranschaulicht folgende Grafik:

---

3 Der Begriff der politischen Bildung umfasst „alle Formen absichtsvoller pädagogischer Einwirkung auf Prozesse der politischen Sozialisation" (Sander/Pohl 2022: 9).

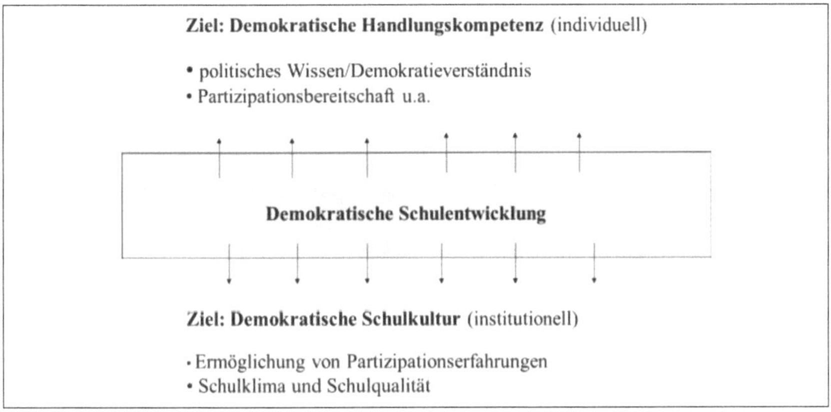

Abb. 1: Demokratische Schulentwicklung (Gabi Elverich 2011, S. 105)

Politische Bildung bezieht sich primär auf das Ziel der Entwicklung demokratischer Handlungskompetenz. Sie ist in der Schule sowohl als Unterrichtsfach als auch als fächerübergreifende Querschnittsaufgabe in den Curricula der Bundesländer verankert (vgl. Achour/Meyer-Heidemann 2020). Politische Bildung ist somit ein übergeordnetes schulisches Prinzip in der Schulgesetzgebung. Als fächerübergreifendes Konzept hat sie auf der kognitiven Ebene aufklärende Funktion und vermittelt die Möglichkeit, in einer komplexen Welt Strukturen und Zusammenhänge zu erkennen und diese beeinflussen zu können (vgl. Schubarth 2000). Auf der Erfahrungsebene sollen die Formen von schulischer Mitbestimmung nicht nur der Demokratisierung der Schule dienen, sondern die Kinder und Jugendlichen auch praktisch auf ihre spätere Rolle als Bürger:innen und zukünftige Gestalter:innen einer demokratischen Gesellschaft vorbereiten – auch wenn dies im Widerspruch dazu steht, dass sie diese Gestaltungsaufgabe als Kinder und Jugendliche nur sehr begrenzt ausüben dürfen und politische Teilhaberechte vom Besitz der deutschen Staatsbürgerschaft abhängen.

Ausgehend von diesem umfassenden Verständnis von Politischer Bildung lassen sich im schulischen Kontext folgende Dimensionen und Handlungsfelder unterscheiden: Politikunterricht, Politische Bildung als Querschnittsaufgabe in allen Unterrichtsfächern und als Gegenstand projektbezogenen Lernens sowie die Teilhabe an schulischen Partizipationsprozessen im Schulalltag[4]:

4 Vgl. dazu auch den Orientierungs- und Handlungsrahmen zur Demokratiebildung in Berlin/Brandenburg (s.o.)

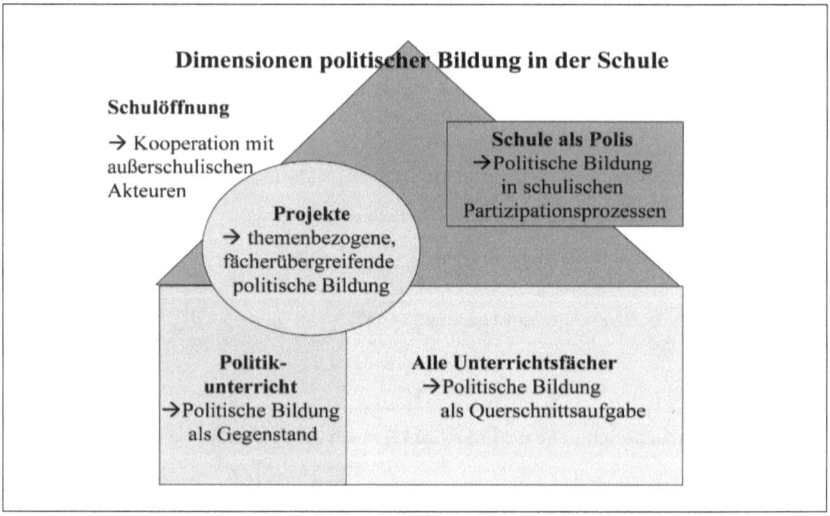

Abb. 2: Dimensionen politischer Bildung in der Schule (Gabi Elverich 2011, S. 50)

Politische Bildung soll demnach auch auf der Ebene der Schulkultur vermittelt werden, wo im Rahmen der gesetzlich verankerten Mitbestimmungsrechte Gestaltungsräume für Schüler:innen bestehen. Insbesondere im Bereich des projektbezogenen Lernens liegen Kooperationen mit außerschulischen Akteur:innen nahe, z.B. um externe Expertise in die Schule zu holen oder eine offene Auseinandersetzung mit emotional besetzten Themen zu ermöglichen, ohne dass eine schulische Leistungsbewertung erfolgt.

Auch die Vernetzung und Zusammenarbeit mit Einrichtungen und Initiativen in der Umgebung und der unmittelbaren Nachbarschaft einer Schule sind ein Ansatz, um schulische Partizipationserfahrungen und – bereitschaft auf andere gesellschaftliche Bereiche auszuweiten und politisches Wissen anzuwenden. Vor dem Hintergrund dieser umfassenden Zielsetzungen und Ansatzpunkte gilt es, die Potenziale demokratischer Schulentwicklung nicht nur idealistisch zu betrachten, sondern realistisch auszuloten und institutionelle Hürden zu beleuchten.

Institutionelle Herausforderungen

Ein grundlegendes Hindernis für die schulische Demokratieentwicklung ist das Spannungsfeld verschiedener, in sich widersprüchlicher Funktionen des Bildungswesens, welche die Prozesse politischer Sozialisation prägen. In der Schule konkurrieren die Integrationsfunktion der Institution mit deren Qualifikations- und Selektionsfunktion. Letztere zielen auf die Vermittlung berufsrelevanter Fähigkeiten bzw. die Reproduktion des beruflichen Positionssystems ab und sollen die ökonomische Wettbewerbsfähigkeit gewährleisten (vgl. Fend 2006). Damit sind unvermeidbare Konkurrenzerfahrungen von Schüler:innen verbunden, die oftmals mit Misserfolgen einhergehen und Jugendliche stärker prägen können als Erfahrungen von Solidarität und Mitmenschlichkeit in der Schule. Schulen sind folglich auch Orte, die z.B. durch die Leistungsbewertung und die Vergabe unterschiedlicher Schulabschlüsse systematisch Ungleichheitserfahrungen hervorbringen, die den curricular vermittelten Ideen von Gleichheit und Gerechtigkeit entgegenstehen (vgl. Hormel/Scherr 2004).

Ein weiteres grundlegendes Hindernis schulischer Demokratieentwicklung ist die Ambivalenz von Partizipation innerhalb der hierarchischen Schulstrukturen. Sofern auf das Potenzial von Selbstwirksamkeitserfahrungen gesetzt wird, besteht die Gefahr durch uneingelöste Partizipationsversprechen oder nicht umgesetzte Veränderungswünsche der Schüler:innen das Gegenteil zu bewirken und Resignation zu befördern. Die bei vielen Jugendlichen bestehende Skepsis, im schulischen Rahmen keine ernsthaften Einflussmöglichkeiten zu haben, kann durch tatsächliche Selbstunwirksamkeitserfahrungen verstärkt werden. In Anbetracht der bestehenden Machtverhältnisse im schulischen Kontext ist es schwierig, den Grundsatz der Gleichwertigkeit aller Beteiligten nicht nur als Anspruch zu formulieren, sondern diesen auch im demokratischen Verständigungsprozess zu realisieren und Schüler:innen tatsächlich bestärkende Selbstwirksamkeits- und Anerkennungserfahrungen zu ermöglichen.

Welches Demokratieverständnis?

Der Begriff ‚Demokratie' bleibt im Kontext demokratischer Schulentwicklung häufig unscharf bzw. wird vorwiegend als abstraktes Ideal verwendet. Es ist zu kurz gedacht, schulische Demokratie auf den Aspekt der Partizipation zu beschränken. Demokratie basiert auch auf den in der Verfassung verankerten Grund- und Menschenrechten wie der Menschenwürde (Art.1 GG) und dem Gleichheitsgrundsatz (Art.3 GG). Die Orientierung daran ist besonders im Umgang mit antidemokratischen Tendenzen zentral, z.B. wenn sich wissenschafts- und demokratiefeindliche Kräfte auf die Meinungsfreiheit berufen und dabei die Begrenzung der Meinungsfreiheit durch andere Grundrechte ausblenden. Um einer verkürzten Verwendung demokratischer Grundsätze entgegentreten zu können, geht es in der Politischen Bildung auch darum, das Grundprinzip sich widerstreitender Grundrechte im Grundgesetz zu verstehen, deren Bedeutung in politischen Auseinandersetzungen konkret gegeneinander abgewogen werden muss.

Auch der Unterschied zwischen Verfassungsnorm und Verfassungsrealität ist für die schulische Demokratiebildung bedeutsam. Es kann nicht nur darum gehen, Schüler:innen die Inhalte und Vorzüge des Grundgesetzes nahe zu bringen, vielmehr ist auch offensiv mit realpolitischen Spannungsfeldern und Dilemmata umzugehen wie z.B. der Tatsache, dass die Gleichberechtigung der Geschlechter längst nicht in allen gesellschaftlichen Bereichen verwirklicht ist. Auch das Spannungsfeld zwischen dem Grundrecht auf Asyl und der Realität europäischer Asylpolitik ist ein weiteres Beispiel dafür, dass die Frage der Umsetzung demokratischer Ansprüche Gegenstand Politischer Bildung sein sollte und dass es eine Zielsetzung politischer Aktivität sein kann, sich für eine weitreichendere Realisierung der Grundrechtsnormen einzusetzen.

Demokratieentwicklung in der Schule sollte Demokratie somit nicht als abstraktes Ideal verklären, sondern diese als komplexes und widersprüchliches Konzept begreifen, dessen konkrete Gestaltung permanent neu verhandelt und weiterentwickelt werden muss.

Ressourcenmangel als Demokratie-Hindernis?

Der größte Handlungsbedarf in Bezug auf schulische Demokratieentwicklung besteht sicherlich darin, Politischer Bildung in der Schule eine größere Bedeutung beizumessen. Politische Bildung ist zwar in den Rahmenlehrplänen mit vielen Inhalten und Zielsetzungen verankert, nichtsdestotrotz besitzt diese im Schulalltag keinen großen Stellenwert. Dies zeigt sich z.B. am geringen Stundenumfang des Faches in allen Schultypen und Bundesländern (vgl. Gökbudak u.a. 2020).

Jenseits des Unterrichts stehen die Arbeitsstrukturen an Schulen der Entwicklung einer demokratischen Schulkultur entgegen – insbesondere die Knappheit zeitlicher Ressourcen sowie die vielfachen Belastungen von Lehrer:innen. Der zu knappe Personalschlüssel, auf Jahre durch den Lehrkräftemangel verschärft, und die umfassenden didaktischen und pädagogischen Herausforderungen des Schulalltags führen dazu, dass schulisches Engagement und Beziehungsarbeit über die Anforderungen des Kerngeschäftes Unterricht hinaus für viele Lehrkräfte nicht so machbar ist wie es nötig wäre.

Veränderungen im Sinne einer Demokratisierung der Schulkultur zielen darauf ab, ein respektvolles Miteinander sowie Anerkennungs- und Selbstwirksamkeitserfahrungen zu ermöglichen. Daraus folgt die Notwendigkeit einer diskriminierungskritischen Schulentwicklung und des konsequenten Eingreifens im Umgang mit antidemokratischen Tendenzen in der Schule. Die Auseinandersetzung mit diskriminierenden Verhaltensweisen und Strukturen bringt sowohl die Beschäftigung mit schulischen Ausgrenzungserfahrungen und Verletzungen mit sich als auch die Notwendigkeit von Angehörigen der Mehrheitsgesellschaft, sich und die eigenen – auch unbewusst reproduzierten – Stereotype und Privilegien (selbst-)kritisch zu reflektieren. Konkret meint dies, Dominanzen und Selbstverständlichkeiten von weißen, christlich und akademisch geprägten Perspektiven zu hinterfragen, die in deutschen Schulen noch immer vorherrschend sind (vgl. Fereidooni 2016). Solange in der Lehrkräftebildung die Vermittlung von Fachwissen so viel stärker gewichtet wird als die Entwicklung von Kompetenzen, die für eine demokratische und diskriminierungskritische Schulentwicklung bedeutsam sind, besteht nicht nur ein Defizit in Bezug auf ein umfassendes professionelles Selbstverständnis, sondern fehlt den Lehrkräften auch das Rüstzeug für diese Prozesse.

Notwendigkeit externer Beratung

Ein erfolgversprechender Ansatz im komplexen Arbeitsfeld der schulischen Demokratieentwicklung ist deshalb die Unterstützung durch externe Beratung und Begleitung. Exemplarisch sind hier das Programm „Respectcoaches“[5] zu nennen sowie begleitete Prozesse inklusiver Schulentwicklung[6]. Die Evaluation von Modellprojekten aus dem BLK-Programm „Demokratie lernen und leben“ zeigt, dass demokratische Schulentwicklung ohne professionelle Unterstützung und Begleitung kaum möglich ist (vgl. Elverich 2007). Externe Schulentwicklungsberatung hat den Vorteil, selbst nicht Teil des Systems zu sein und sich außerhalb schulischer Hierarchien zu bewegen. Sie verfügt über methodisches Wissen zur Begleitung und Moderation von Schulentwicklungsprozessen. Die

---

5 In diesem Programm beraten und begleiten die Respect Coaches Schulen und finanzieren bedarfsorientiert primär-präventive Maßnahmen (vgl. www.lass-uns-reden.de) Zur Reflexion der Kooperationserfahrungen vgl. de Souza Martins/Elverich 2019.

6 Vgl. z.B. www.anti-bias-netz.org/projektgalerie/inklusive-schulentwicklung-in-der-grundschule/

Übernahme von Moderations- und Organisationsaufgaben befördert nicht nur einen konstruktiven Umgang, sondern bringt auch eine Entlastung aller schulischen Beteiligten mit sich und kann qualifiziertes Leitungshandeln befördern. Die oben genannte Öffnung der Schule kann durch das Hinzuziehen weiterer externer Expertise, z.B. im Bereich des Diskriminierungsschutzes oder des Umgangs mit antidemokratischen Tendenzen[7], Demokratisierungsprozesse entscheidend befördern.

Echte Schüler:innenvertretung stärken

Durch die Mitarbeit in der Schüler:innenvertretung (SV) sollen Schüler:innen im schulischen Kontext Partizipations-, Mitbestimmungs- und bestenfalls auch Selbstwirksamkeitserfahrungen machen. Allerdings zeigt der Schulalltag, dass es eine große Herausforderung darstellt, engagierte Schüler:innen vor Frustrations- und Selbstunwirksamkeitserfahrungen zu bewahren, die gegebenenfalls nicht zur Stärkung, sondern zur Schwächung der Partizipationsbereitschaft führen. Zu Schuljahresbeginn werden Schüler:innen – oft auch von den Lehrkräften – ermutigt und motiviert, sich als Klassensprecher:in aufstellen zu lassen und/oder in den schulischen Mitbestimmungsstrukturen mitzuwirken. Zum Schuljahresende sind häufig nur noch wenige Schüler:innen aktiv und engagieren sich für die Durchsetzung ihrer Interessen, während sich die anderen nach und nach zurückgezogen haben. Diese Tendenz hat sicherlich vielerlei Gründe, kann aber auch mit einem Erleben von Widersprüchen zwischen den Partizipationsaufforderungen auf der einen und der Wirkungsmacht schulischer Hierarchien auf der anderen Seite zu tun haben. Als Beispiel ist hier die Schulkonferenz als höchstes Gremium der Berliner Schulen zu nennen, in dem Schüler:innen mit gleicher Anzahl vertreten sind wie Eltern.[8] Die Schülervertreter:innen können hier positive Partizipationserfahrungen machen, indem sie nicht nur einen regelmäßigen Austausch mit der Schulleitung und Vertreter:innen der Lehrkräfte und Eltern, sondern bestenfalls auch Kommunikation auf Augenhöhe erleben. Allerdings können schulische Mehrheitsentscheidungen aufgrund der Drittelparität nur

---

7 Als Beispiele sind hier die mobile Beratung gegen Rechtsextremismus oder die Anlaufstelle für Diskriminierungsschutz an Schulen (ADAS) zu nennen.

8 Die Parität mit den Lehrkräften wurde unlängst durch eine Schulgesetzänderung und die Aufstockung um einen Platz für die pädagogischen Fachkräfte unter großem Protest der Landeschüler:innenvertretung aufgehoben.

dann maßgeblich beeinflusst werden, wenn es gelingt, ein Bündnis mit einem Teil der Erwachsenen einzugehen. Dies ist bei Maßnahmen zur Verbesserung der digitalen Infrastruktur sicherlich einfacher als bei dem Versuch, ein bestehendes Handyverbot zu kippen. Insgesamt befördern die Struktur der schulischen Gremien und das Verhalten von Lehrkräften und der Schulleitung die Reproduktion von Dominanzen, so dass z.B. die Vorschläge von Schülervertreter:innen häufig nicht so ernst genommen werden, wie es wünschenswert wäre. Die konkreten Partizipationserfahrungen ermöglichen es den Schülervertreter:innen, einerseits ihren Handlungsspielraum genauer zu erfassen und bestenfalls eine gewisse Frustrationstoleranz zu entwickeln, die für demokratische Prozesse hilfreich sein kann. Andererseits kann die Erfahrung von Selbstunwirksamkeit auch zu sinkender Motivation und zum Rückzug aus Mitbestimmungsprozessen führen (vgl. Elverich 2011). Die Voraussetzungen für positive Partizipationserfahrungen sind auf Seiten der Schüler:innen schwieriger, weil deren Ausgangssituation durch den jährlichen Wechsel der Klassensprecher- und Schülervertreter:innen von einer viel größeren Fluktuation geprägt ist als bei den Lehrkräften und deshalb in jedem Schuljahr viel Erfahrungswissen verloren geht. Hier sind systematische Fortbildungen notwendig wie sie von zahlreichen außerschulischen Trägern zur Schulung von Klassen- und Schülersprecher:innen sowie zur Projektplanung und jahrgangsübergreifenden Vernetzung angeboten werden. Auch die Begleitung der SV-Arbeit und von Aktivitäten im Schuljahresverlauf ist hilfreich für die Kompetenzentwicklung der Schülervertreter:innen. Diese Aufgabe sollte aufgrund der bestehenden Hierarchien und unterschiedlichen Interessen allerdings möglichst nicht von Lehrkräften, sondern von der Schulsozialarbeit oder außerschulischen Kooperationspartner:innen übernommen werden. Die Entwicklung demokratischer Handlungskompetenz erfolgt somit nicht automatisch durch die Ermöglichung von Partizipationserfahrungen, sondern geht mit dem Erwerb von politischem Wissen und der Reflektion von Erfahrungen in Hinblick auf ihren demokratischen Gehalt einher.

Klassenrat als Instrument der Demokratieentwicklung?

Im Zusammenhang mit Demokratieentwicklung in der Schule wird häufig auch der Klassenrat als ein Instrument genannt, das Mitbestimmung und positive Partizipationserfahrungen für alle Schüler:innen ermöglichen soll. So weist der fächerübergreifende Teil des Berliner Rahmenlehrplans darauf hin, dass der Klassenrat ein geeigneter Ort für Demokratiebildung sei, weil hier „demokratische Willensbildung und Entscheidungsfindung" (RLP Teil B, 26) erprobt werden kann. Der Klassenrat soll das Erleben von Demokratie als täglicher Praxis fördern, indem Schüler:innen dort Verantwortung für die Klasse übernehmen und Anerkennungs- und Selbstwirksamkeitserfahrungen machen. Die Verankerung des Klassenrats im Stundenplan allein führt jedoch nicht zwingend dazu, dass Jugendliche in diesem Rahmen positive und demokratieförderliche Erfahrungen machen. Dies hängt auch damit zusammen, dass die Idee des Klassenrats von den verantwortlichen Lehrkräften sehr unterschiedlich verstanden werden kann und dies sich auch in der Durchführung widerspiegelt.[9] Damit der Klassenrat ein Raum für positive Partizipationserfahrungen aller Beteiligten wird, sollte er nicht nur der Mehrheitsfindung dienen, sondern sich auch an den demokratischen Werten und Grundrechten orientieren. Hiermit ist z.B. die Anerkennung der Vielfalt von Interessen und Kompetenzen bei den Schüler:innen gemeint sowie ein Verständnis von Inklusion, das auch Minderheitenschutz beinhaltet. Wenn der Klassenrat per Mehrheitsentscheid einen Wandertag zur Eisbahn beschließt, würde diese Entscheidung z.B. den Mitschüler ausschließen, der im Rollstuhl sitzt und an der Aktivität nicht teilhaben kann. Auch der Grundsatz der respektvollen Kommunikation im Klassenrat ist nicht immer leicht zu realisieren. Das offene Setting des Klassenrats, der im Schulalltag z.B. in einer Stunde zwischen Mathe- und Englischunterricht von Schüler:innen selbständig geleitet werden soll, verlangt ein hohes Maß an Selbstdisziplin und Regeleinhaltung, das trainiert werden muss. Allein die Institutionalisierung des Klassenrats ist folglich nicht automatisch ein Garant für die Entwicklung demokratischer Handlungskompetenz und Schulkultur. Die Durchführung des Klassenrats im Sinne der schulischen Demokratieentwicklung erfordert vielmehr die Einsicht, dass die Umsetzung ein gemeinsamer Lernprozess aller Beteiligten ist. Die Schüler:innen lernen, was die Anforderungen an die verschiedenen Rollen (z.B. Moderation/Diskussionsleitung, Protokollant:in, Regelwächter:in, Beobachter:in) sind. Die Lehrkräfte lernen, sich zurückzuhalten und von der Lehrer:innenrolle in die Rolle des teilnehmenden Gastes zu wechseln. Sie müssen sich aber u.U. auch von der Vorstellung verabschieden, dass der Klassenrat (von Beginn an) ohne Lehrkraft funktioniert. Zu den Aufgaben der Lehrkräfte gehört es, nicht nur auf die Einhaltung demokratischer Werte zu achten, sondern auch den Handlungsspielraum klar zu umreißen, um keine falschen Hoffnungen

---

9 Auch Organisationen und Expert:innen, die Schulen bei der Einführung des Klassenrats unterstützen (z.B. DeGeDe, DGUV) unterscheiden sich in den Konzepten und setzen unterschiedliche Schwerpunkte bei der Durchführung.

bezüglich der Entscheidungsbefugnisse des Klassenrats zu wecken. Wenn der Klassenrat die Ziele erreichen und seinen Beitrag zur Demokratieentwicklung in der Schule leisten soll, gilt es die Erfahrungen mit dem Klassenrat regelmäßig nicht nur in den Klassen mit Hilfe von Beobachtungen durch die Schüler:innen selbst systematisch auszuwerten. Auch eine klassenübergreifende Reflexion der Klassenrats-Erfahrungen im Kollegium kann nicht nur helfen, die Durchführung zu verbessern, sondern auch die Chancen und Herausforderungen dieses Gremiums besser auszuleuchten. Angehende Lehrer:innen sollten zudem möglichst schon im Studium mit der Idee und den Anforderungen des Klassenrats vertraut gemacht werden. Auch eine Evaluation des Klassenrats kann zeigen, wie dieser von den Schüler:innen wahrgenommen wird und hilfreiche Erkenntnisse über die Einlösung des umfassenden Anspruchs bezüglich der Demokratieentwicklung bringen.

Fazit

Abschließend ist festzuhalten, dass SV-Arbeit und Klassenrat wichtige Elemente Politischer Bildung und Demokratieentwicklung in der Schule sind, die konkreten Partizipationserfahrungen allerdings auch begleitet und in Bezug auf die Einlösung der Ziele reflektiert werden müssen. Hinzu kommt, dass Schüler:innen durch die Teilnahme am Klassenrat oder anderen schulischen Gremien, nicht automatisch lernen, wie Demokratie funktioniert, sondern die Übertragbarkeit auf außerschulische Prozesse begrenzt ist. Wenn im Rahmen schulischer Demokratieentwicklung die demokratische Mitbestimmung im Schulalltag und damit das demokratische Miteinander im Nahbereich, die „Demokratie als Lebensform" (Himmelmann 2001) im Zentrum steht, lassen sich die konkreten Erfahrungen mit demokratischen Entscheidungsprozessen nicht eins zu eins auf den etatistisch-institutionellen Funktionsmechanismus von „Demokratie als Herrschaftsform" (ebd.) übertragen. Die Konzentration auf den schulischen Erfahrungsraum zur Demokratieentwicklung findet ihre Grenze, wenn es um die Entwicklung demokratischer Handlungskompetenz geht, die auch den Erwerb politischen Wissens umfasst (vgl. Massing 2002). Die Herausbildung eines komplexen Demokratieverständnisses erfordert folglich nicht nur die Teilnahme an demokratischen Entscheidungsprozessen, sondern auch die Reflexion der Erfahrungen vor dem Hintergrund politischer Kenntnisse und bestehender Machtverhältnisse. Das gezielte Fragen nach Überschneidungen und Unterschieden auf den verschiedenen Ebenen eines demokratischen

Systems im Rahmen der politischen Bildung kann schulische Partizipationserfahrungen einordnen helfen und hinsichtlich ihrer Übertragbarkeit auf gesamtgesellschaftliche Prozesse kritisch prüfen. Wenn diese Lernprozesse gelingen und die unterschiedlichen Ebenen von Demokratie erfasst werden, kann die Institution Schule tatsächlich ihren Beitrag zur gesellschaftlichen Demokratieentwicklung leisten und Schüler:innen auf dem Weg zu demokratischen und mündigen Bürger:innen begleiten.

Literatur

ACHOUR, Sabine/Meyer-Heidemann, Christian (2020): Politische Bildung als Unterrichts- und Schulprinzip. In: Achour, Sabine u.a. (Hg.): Wörterbuch Politikunterricht. Frankfurt/M.: Wochenschau Verlag.

ACHOUR, Sabine u.a. (2020): Orientierungs- und Handlungsrahmen zum Kompetenzerwerb für das übergreifende Thema Demokratiebildung (OHR). Online verfügbar unter: https://bildungsserver.berlin-brandenburg.de/fileadmin/bbb/themen/Demokratiebildung/Schulentwicklung_Demokratie/2020_12_15_OHR_Demokratiebildung.pdf.

DE SOUZA, Martins/Elverich, Gabi (2019): Respect Coaches – Gelingende Kooperation von Schule und außerschulischer Bildung zur Stärkung der Demokratiebildung. In: POLIS 2/2019, S. 14–18.

EDELSTEIN, Wolfgang/Fauser, Peter (2001): Demokratie lernen und leben. Gutachten zum Programm. Materialien zur Bildungsplanung und Forschungsförderung. Bonn: Bund-Länder-Kommission für Bildungsplanung und Forschungsförderung (BLK).

ELVERICH, Gabi (2007): „Demokratie erfordert Begleitung" – Potenziale und Herausforderungen Demokratischer Schulentwicklung aus der Sicht von Beteiligten. In: Projektgruppe der RAA/Hildebrandt, Marcus/Schütze, Dorothea (Hg.): Demokratische Schulentwicklung – Partizipations- und Aushandlungsansätze im Berliner BLK-Vorhaben „Demokratie lernen und leben" – Begleitheft zum Praxisbaukasten, S. 54–68.

ELVERICH, Gabi (2011): Demokratische Schulentwicklung. Potenziale und Grenzen einer Handlungsstrategie gegen Rechtsextremismus. Wiesbaden: Springer VS.

FEREIDOONI, Karim (2016): Diskriminierungs- und Rassismuserfahrungen im Schulwesen. Eine Studie zu Ungleichheitspraktiken im Berufskontext. Wiesbaden: Springer VS.

FEND, Helmut (2006): Neue Theorie der Schule. Einführung in das Verstehen von Bildungssystemen. Wiesbaden: Springer VS.

GEERLINGS, Jolien/Thijs, Jochem/Verkuyten, M.aykel (2017): Student-teacher relationships and ethnic outgroup attitudes among majority students. In: Journal of Applied Developmental Psychology, 52, S. 69–79.

GÖKBUDAK, Mahir/Hedtke, Reinhold/Hagedorn, Udo (2020): 4. Ranking Politische Bildung, Politische Bildung in der Sekundarstufe I und in der Berufsschule im Bundesländervergleich. Online verfügbar unter: https://pub.uni-bielefeld.de/download/2955456/2955502/Ranking_Politische_Bildung_2020.pdf (letzter Zugriff: 24.3.2022).

HAHN-LAUDENBERG, Katrin/Achour, Sabine (2020): Integration und Integrationsarbeit in der politischen Bildung. In: Decker, Oliver u.a. (Hg.): Handbuch Integration. Wiesbaden: Springer VS.

HIMMELMANN, Gerhard (2001): Demokratie lernen als Lebens-, Gesellschafts- und Herrschaftsform. Schwalbach/Ts.: Wochenschau Verlag.

HORMEL, Ulrike/Scherr, Albert (2004): Bildung in der Einwanderungsgesellschaft. Perspektiven der Auseinandersetzung mit struktureller, institutioneller und interaktioneller Diskriminierung. Wiesbaden: Springer VS.

KRÜGER, Heinz-Hermann/Pfaff, Nicolle (2002): (Rechte) jugendkulturelle Orientierungen, Beteiligungsformen und Wertorientierungen. In: Krüger, Heinz-Hermann u.a. (Hg.): Jugend und Demokratie – Politische Bildung auf dem Prüfstand. Eine quantitative und qualitative Studie aus Sachsen-Anhalt. Opladen: Leske + Budrich, S. 75–102.

KULTUSMINISTERKONFERENZ (2018): Demokratie als Ziel, Gegenstand und Praxis historisch-politischer Bildung und Erziehung in der Schule, (Beschluss der Kultusministerkonferenz vom 6.3.2009 i. d. F. vom 11.10.2018). Online verfügbar unter: https://www.kmk.org/fileadmin/Dateien/veroeffentlichungen_beschluesse/2009/2009_03_06-Staerkung_Demokratieerziehung.pdf.

MASSING, Peter (2002): Demokratie-Lernen oder Politik-Lernen? In: Breit, Gotthard/Schiele, Siegfried (Hg.): Demokratie-Lernen als Aufgabe der politischen Bildung. Schwalbach/Ts.: Wochenschau Verlag, S. 160–187.

SANDER, Wolfgang/Pohl, Kerstin (2022): Handbuch für politische Bildung. Schwalbach/Ts.: Wochenschau Verlag, 5. Auflage.

SCHUBARTH, Wilfried (2000): Pädagogische Konzepte als Teil der Strategien gegen Rechtsextremismus. In: Aus Politik und Zeitgeschichte B39/2000, S. 40–48.

DETLEF PECH

Unbekannt – Politische Bildung und Grundschule

Einordnung und Kontext

Vor gut 25 Jahren erschien das von Ingrid Prote und Siegfried George herausgegebene „Handbuch zur Politischen Bildung in der Grundschule" (George/Prote 1996). Es markiert in der Geschichte des Sachunterrichts und seiner Didaktik eine Art Wendepunkt. Denn es ist die erste umfassende Publikation, die die Frage der Politischen Bildung in der Grundschule nach zwei Jahrzehnten Stillstand wieder in den Mittelpunkt rückt. In diesem Band verdichtet u.a. Dagmar Richter die Geschichte von Heimatkunde, Sachunterricht und Grundschule dahin, dass diese nahezu als Verhinderung politischer Bildung zu lesen sei.

Mit Blick auf die Heimatkunde ist dies fraglos keine überraschende Feststellung. Die Heimatkunde war ein politisches Fach, in ihren Anfängen gar ein emanzipatives Fach, adressierte sie doch alle Kinder in der neuen Volksschule und sparte im Gegensatz zu ihren Vorläuferfächern auch naturbezogene Inhalte nicht aus. Sie war aber zugleich ein ideologisches Fach, mit affirmativer Ausrichtung. Nicht „Aushandlung" oder Reflexion standen in ihrem Zentrum, sondern eine Zugehörigkeit und ein Einfügen in eine fest umrissene Gemeinschaft. Oder, wie es im 1923 von Spranger gehaltenen, richtungsweisenden und auch nach 1945 noch mehrfach neu aufgelegten Vortrag „Zum Bildungswert der Heimatkunde" lautet: „Heimat ist erlebbare und erlebte Totalverbundenheit mit dem Boden. Und mehr noch: Heimat ist geistiges Wurzelgefühl." (Spranger 1949, 12). Diese Hinführung zu einem fraglosen Dazugehören und Einfügen war zentrales Moment der Heimatkunde – in der DDR bis 1990 trotz gleichzeitig zunehmender naturwissenschaftlich-technischer Ausrichtung. Während es in Westdeutschland immer wieder mit Verweisen auf die Entwicklungspsychologie – insbesondere auf Piagets Stufenmodell – Diskussionen darüber gab, dass Kinder in der Grundschule abstrakte Dimensionen von Politik und Geschichte nicht erfassen könnten, war die Setzung beider Dimensionen in der DDR-Unterstufe nicht hinterfragbar, da sie fundamental für die staatlich-antifaschistische Legitimationserzählung waren. D.h., ganz in der Tradition der Heimatkunde war nicht Politik Gegenstand des Unterrichts, sondern der Unterricht politisch ausgerichtet.

Mit der Einführung des Schulfaches Sachunterricht 1970 in Westdeutschland wurde das politische Lernen – ob hier auch von politischer Bildung zu sprechen ist, sei dahingestellt – nachdrücklich thematisiert. Bereits 1971 erschien das von Beck, Aust und Hilligen herausgegebene „Arbeitsbuch zur politischen Bildung in der Grundschule". Explizit wurde das Politische in den Vordergrund gerückt – beispielhaft sei nur die Überschrift des 7. Kapitels des Arbeitsbuches hier benannt: „Stände, Schichten, Klassen oder Wie Menschen daran gehindert werden, etwas zu werden/etwas zu erreichen/etwas zu bewirken". Es folgen gleich mehrere Bände, u.a. eine Monographie von Gertrud Beck 1972 oder auch ein Sammelband von Paul Ackermann 1973, die das politische Lernen in der Grundschule thematisieren. Die auf die Grundschule bezogenen Publikationen reihen sich ein in die Publikationen aus der Politikdidaktik – auch in ihrer Streitbarkeit. Doch während in der Politikdidaktik und der Politischen Bildungsarbeit 1976 mit dem Beutelsbacher Konsens ein Kompromiss erreicht wurde, der mit den Prinzipien des Überwältigungsverbots, des Kontroversitätsgebots und der Handlungsorientierung ermöglichte, das Politische zu thematisieren, „verschwand" das politische Lernen aus der Grundschule in Westdeutschland. Auch auf der wissenschaftlichen Seite gab es nur sehr vereinzelte Arbeiten. Stattdessen entwickelt sich unter der Überschrift der Kindorientierung eine Überformung des Politischen mit Inhalten des sozialen Lernens. Inwieweit gerade die Ansprüche des Beutelsbacher Konsens mit dem Überwältigungsverbot und Kontroversitätsgebot von Grundschullehrkräften als Überforderung erlebt wurde und die Distanz zum Politischen mitgeneriert hat, ist bislang nicht untersucht, wäre – angesichts der von Grundschullehrkräften bis heute formulierten Unsicherheiten – aber ein relevanter zu klärender Aspekt.

Eine Veränderung – zunächst indes nur auf der wissenschaftlichen Seite – deutet sich dann Mitte der 1990er Jahre an – eben nicht zuletzt mit dem bereits zitierten Handbuch. Eine Entwicklung, die sich parallel auch im Bereich des historischen Lernens in der Grundschule wiederfindet und eng korrespondiert mit neueren Erkenntnissen der Entwicklungspsychologie als auch veränderten gesellschaftlichen Kindbildern, die Kinder als Akteur*innen ihres eigenen Lebens betrachten, was nicht zuletzt in der UN-Kinderrechtskonvention zum Tragen kommt.

Seitdem lassen sich kontinuierlich Publikationen finden – wenngleich diese eher vereinzelt und zunächst auch kaum forschungsbasiert waren. Die kleine Monographie Dietmar von Reekens „Politisches Lernen im Sachunterricht" wird seit 2001 unverändert aufgelegt und stellt immer noch die Basisliteratur im Grundschullehramt dar. Analoges gilt für den 2007 von Dagmar Richter herausgegebenen Sammelband „Politische Bildung von Anfang an", der erstmals für einen grundschulbezogenen Band auch bei der Bundeszentrale für politische Bildung erschienen ist.

Erst in jüngster Zeit verändert sich die Situation – und dies auf allen Ebenen.

Bewertete Konzeptionen

Weißeno setzt sich 2003 mit der Begrenzung einer verkürzten Lebensweltorientierung in Ansätzen zum politischen Lernen in der Grundschule auseinander. Lebenswelt ist ein zentraler Begriff der Sachunterrichtsdidaktik. In einer ‚gemischten' Anknüpfung an die Lebensweltverständnisse von Husserl und Schütz/Luckmann verweist Lebenswelt auf die Zufälligkeit und Individualität von Erfahrungen, die deshalb zentral sind, weil jedes Lernen nur gelingen kann, wenn es möglich wird, Neues in einen Zusammenhang mit den eigenen Erfahrungen zu stellen (vgl. Kahlert 2002). Pointiert betrachtet sind Lebenswelten damit reflexiv nicht zugänglich und es bedarf der Impulse von außen, oder wie es Dagmar Richter (2002) in Anschluss an Habermas kenntlich macht, eine Auseinandersetzung mit den und eine Aufklärung über die Strukturen der Lebenswelten, um gesellschaftlich und fachlich tragfähige Konzepte zugänglich zu machen, und eine valide Deutung von Welt zu ermöglichen. Weißeno sieht eine Reihe von Ansätzen im Grundschulkontext, die bei einem Aufgreifen lebensweltlicher Erfahrungen stehen bleiben oder sie allenfalls in soziales Lernen überführen und dabei gar gesellschaftliche Themen entpolitisieren. Weißeno plädiert folglich für eine dezidierte Ausrichtung an der Politikdidaktik auch in der Grundschule – was bei der zweifellos berechtigten Kritik auch gelesen werden muss als fehlende Kenntnis der sachunterrichtsdidaktischen Konzeptionen.

2007 legt Massing dann eine noch explizitere und differenziertere Analyse des Diskussionsstandes – tatsächlich Diskussionstandes, denn mit sehr wenigen Ausnahmen gibt es bis zu diesem Zeitpunkt annähernd keine empirische Forschung – vor. Er sieht im Wesentlichen zwei Strömungen, jene die – wie es auch Weißeno schon skizziert hat – mit politischer Bildung eigentlich soziales Lernen verknüpft, dabei gar nicht zwingend die vielfach kritisierten Parallelisierungen von Sozialem und Politischem vornimmt, sondern dem Politischen schlicht die Relevanz für grundschulbezogenes Lernen abspricht, und jene, die das Politische selber zum Gegenstand von Unterricht machen will. Daneben führt er noch Ansätze an, die beides verbinden wollen würden, aber dann doch begrenzt bleiben auf das soziale Lernen.

Was indes oft übersehen wird: Analysen, wie Weißeno und Massing sie vornehmen, haben als Bedingung, dass es unterschiedliche Ansätze und Konzeptionen überhaupt gibt. D.h., dass im ersten Jahrzehnt des neuen Jahrtausends eine solche systematische Auseinandersetzung möglich ist, verweist darauf, dass ein Diskurs existiert. Nur ein Jahrzehnt zuvor, wäre es nicht möglich gewesen solche Texte zu schreiben, weil nichts vorlag, was hätte analysiert werden können. Zugleich ist es aber für den Stand der Diskussion um die politische Bildung in der Grundschule zu Beginn des Jahrtausends ebenso aussagekräftig, dass es zwei Politikdidaktiker sind, die diese Strukturierungen vornehmen – und keine Sachunterrichtsdidaktiker*innen.

Die Rückkehr des Politischen

Der Begriff Politik war über einen längeren Zeitraum nicht nur aus grundschulbezogenen Publikationen verschwunden, sondern auch aus den Lehrplänen. Was Lehrpläne betrifft, war der Begriff Politik sogar noch länger als im Fachdiskurs nicht existent, für den sich eben ab Mitte der 1990er Jahre ein Wandel beschreiben lässt. Bezüglich der Lehrpläne ist es erst das Kerncurriculum Sachunterricht in Niedersachsen im Jahr 2006, in dem erstmals nicht mehr Formulierungen wie „Zusammenleben der Menschen“ oder ähnliches die Dimension des Politischen verklausulieren, sondern „Politik“ als Begriff explizit enthalten ist.

Erst in jüngster Zeit finden sich in den Bundesländern Initiativen, die Politische Bildung auch in der Grundschule weiter stärken. Beispielhaft hierfür steht der KMK-Beschluss „Demokratie als Ziel, Gegenstand und Praxis historisch-politischer Bildung und Erziehung in der Schule“ aus dem Jahr 2018 oder die Verankerung von Demokratiebildung als übergreifende Aufgabe im Lehrplan Berlin-Brandenburg 2015.

Die politische Forcierung der politischen Bildung oder der Demokratiebildung – begrifflich klar sind die Ausrichtungen hier nicht – führt gegenwärtig gleich zu einer Reihe von Publikationen, aber auch zu Forschungsaktivitäten. Beispielhaft seien hier die Sammelbände von Toni Simon (2021) sowie von Susanne Gessner u.a. (2022) genannt, aber auch die Forschungsvorhaben von Thomas Goll (2022), der anknüpfend an das Literacy-Konzept die Frage danach stellt, inwieweit frühes politisches Lernen korrespondiert mit politischem Engagement im Erwachsenenalter, oder Andrea Becher und Eva Gläser (2022), die Vorstellungen von Schüler*innen rekonstruieren mit besonderem Blick auf das politische Basis- und Fachkonzepte. Dies kann indes nicht darüber hinwegtäuschen, dass es letztlich nur eine überschaubare Anzahl von Personen ist, die hier aktiv die Diskussion voranbringen. Manche Felder, die in der Politikdidaktik und im politischen Diskurs zentral verhandelt werden, sind mit Blick auf die Grundschule bislang annähernd unbeachtet geblieben. Ein Beispiel hierfür ist die Dimension der Rassismuskritik, wie Anja Seifert (2021) herausarbeitet.

Die Uneindeutigkeiten kommen auch im 16. Kinder- und Jugendbericht (2020) zum Tragen. Eine systematische Berücksichtigung der Grundschule – und hier insbesondere des Sachunterrichts und seiner Didaktik als zuständigem Fach – erfolgt nicht. Auf zwei Druckseiten (ebd.: 199–201) wird hier die Politische Bildung in der Grundschule abgearbeitet. Immerhin wird dabei explizit auf die Forschungsdesiderata verwiesen und betont, dass der zentrale Kenntnisstand als veraltet gelten muss. In der Systematik des Berichts ist die Grundschule nicht mitgedacht. Die Handlungsempfehlungen werden formuliert, „um das Fach zu stärken" – was explizit sekundarstufenbezogen ist. Und dies, obwohl derselbe Bericht in eben diesen Empfehlungen einen kleinen Absatz enthält, der den Handlungsbedarf mehr als klar zum Ausdruck bringt:

„Da das Potenzial der Grundschule und des Sachunterrichts in Bezug auf die politische Bildung und die Demokratiebildung nicht annäherungsweise genutzt wird, gleichzeitig aber die Bedeutung entsprechender Lernprozesse bereits im Kindesalter herausgestellt wurde, ist dieser Lernbereich sowohl in der Ausbildung der Lehrkräfte, in der Weiterqualifizierung und in der Praxis der Grundschule auszubauen und zu intensivieren." (ebd.: 235)

Präsenz des Politischen

Mit Blick auf abgeschlossene empirische Arbeiten der vergangenen Jahre sollen nur einige Erkenntnisse herausgegriffen werden. Einen besonderen Stellenwert hat dabei die Arbeit, die van Deth u.a. 2007 publizierten. In ihrer empirischen Erhebung schauten sie sich die Wissensbestände zu Politik von Schüler*innen in der ersten Klasse an. Festhalten konnten sie dabei, dass bereits ein Großteil der Kinder bspw. politische Parteien benennen konnte. Bedeutsamer mit Blick auf die Fragen der politischen Bildung erscheint indes, dass sie – in meinen Begriffen, da ich die in der Studie genutzte Begrifflichkeit nicht als gelungen ansehe – festhalten konnten, dass Kinder aus Familien mit Einwanderungsgeschichte bei der Einschulung über weniger Wissen zum politischen System in Deutschland verfügten als Kinder aus Familien ohne Einwanderungsgeschichte. Dies ist zunächst kaum überraschend. Aufmerksamkeit bedarf indes ihr Befund, dass die Differenz in den Wissensbeständen beider Gruppen während des ersten Schuljahres nicht kleiner wird, sondern größer. Einen analogen Befund kann Koch 2017 dann hinsichtlich des zeitgeschichtlichen Wissens am Beispiel des Nationalsozialismus für Kinder der vierten Jahrgangsstufe herausarbeiten. Auch hier verringert sich die Wissensdifferenz während des Schuljahres nicht, sondern wird größer. Und dies, obwohl sie zugleich feststellt, dass in der Gruppe der Kinder aus Familien mit Einwanderungsgeschichte das Interesse an deutscher Zeitgeschichte geringfügig höher ist als in der Gruppe der Kinder aus Familien ohne Einwanderungsgeschichte. Koch spricht von einer „doppelten Benachteiligung", da mit Kindern aus Familien mit Einwanderungsgeschichte seltener zuhause über politisch-historische Fragen gesprochen wird und umso mehr Kinder aus dieser Gruppe in einer Schulklasse sind, desto seltener werden politisch-historische Inhalte auch schulisch thematisiert.

Die Arbeiten von Katharina Kalcsics & Kathleen Raths (2013) stehen für eine Neuakzentuierung in der Sachunterrichtsdidaktik, indem sie aus dem Fach heraus mit klaren Bezügen in die Politikdidaktik sich empirisch den Vorstellungen von Kindern zu Politik, aber auch zu zentralen politischen Begriffen wie Macht nähern.

Der Arbeit von Anke Götzmann aus dem Jahr 2015 kommt der besondere Verdienst zu, nicht nur die Erhebung politischer Wissensbestände bei Kindern weiter zu systematisieren, sondern den internationalen Forschungsstand diesbezüglich aufzuschlüsseln und für den deutschen Fachdiskurs fruchtbar zu machen.

Einen neuen Akzent in der Diskussion setzt Nina Kallweit (2019) mit ihrer phänomenografischen Untersuchung zur Wahrnehmung politisch gedeuteter Phänomene durch Kinder. Zentral ist hier, dass sie herausarbeiten kann, dass insbesondere das Prozesshafte politischer Entwicklungen nicht von alleine wahrgenommen wird, als auch, dass ihr Augenmerk auf den wahrnehmbaren Akteuren liegt und bspw. politische Institutionen nicht als relevant wahrgenommen werden.

Outro I

Hinsichtlich des Kenntnisstandes, wie politische Bildung in den Grundschulen ausgestaltet wird, welche Kenntnisse Schüler*innen ebenso wie Lehrer*innen einbringen (können), sind Aussagen nur punktuell und überaus begrenzt möglich – und dies wird trotz einzelner Vorhaben, z.B. der Arbeit von Reichhart

(2018) sowie der in Kürze zu erwartenden Publikation von Gesine Bade, die in diesem Feld angesiedelt ist, zunächst auch so bleiben. Es trügt in der öffentlichen Diskussion der Eindruck, dass die Problematik schulischer Qualifikation eigentlich im MINT-Bereich, also in den Bereichen Mathematik-Informatik-Naturwissenschaften-Technik liege. Hintergrund ist quasi ein Übertrag, nämlich aus dem Problem, dass diese Fächer im Studium seltener gewählt werden und letztlich – auch politisch gewollt – deutlich umfassender erforscht wurden und werden. Mit Blick auf die Sachunterrichtsdidaktik haben wir Kenntnisse über die problematischen Wissensbestände von Lehrkräften und Lehramtsstudierenden in diesen Feldern. Es gibt eine ganze Reihe von Arbeiten zu möglichen sinnvollen unterrichtlichen Thematisierungen und die durchaus weiterhin vorhandenen Forschungslücken können explizit benannt werden. Mit Blick auf die gesellschaftswissenschaftlichen Dimensionen, egal worauf bezogen, ist der Forschungsstand indes – und dies seit Jahren weitestgehend unverändert – so, dass nicht einmal die Desiderate eindeutig benannt werden könnten – egal worum es konkret geht (vgl. Pech 2013). Die Notwendigkeit einer entsprechenden Forschung ebenso wie einer entsprechenden Diskussion, wenn politische Bildung gelingen soll, lässt sich leicht skizzieren. So schätzten 60,1 % der Sachunterrichtsstudierenden (N=208) an der Humboldt-Universität zu Berlin 2019 in einer kleinen Erhebung im Rahmen des vom Berliner Senat geförderten Vorhabens zur „Implementierung von Demokratiebildung in der ersten Phase der Lehrkräftebildung" ihren Informationstand bezüglich politischer Geschehnisse als „gering" oder „wenig" ausgeprägt ein und nur etwas über die Hälfte dieser Grundschullehramtsstudierenden sagt von sich, dass sie sich aktiv über aktuelle politische Fragen informieren. Weder über das Demokratieverständnis derjenigen, die politische Bildung in der Grundschule realisieren sollen, noch darüber wie politische Bildung an den Grundschulen aussieht oder die Lehrkräfte dafür qualifiziert sind, liegen gegenwärtig Erkenntnisse vor.

Outro II

Die gesellschaftliche Festschreibung eines Auseinanderfallens von Kindern und Politik lässt sich in nachdrücklicher Weise daran festmachen, was Kindern als Politisches präsentiert wird. Schon 2005 hat Gerd Strohmeier eine Analyse zur „Politik bei Benjamin Blümchen und Bibi Blocksberg" vorgelegt und nachdrücklich darauf verwiesen, dass gerade Politiker*innen durchgehend negativ dargestellt werden. Auch wenn ich den politischen Implikationen der Handlungen in diesen Kinderserien womöglich näherstehe als Gerd Strohmeier, so ist seine Analyse dahingehend, dass in diesen Serien ein eindeutiges Weltbild, wie ich es nennen würde, hergestellt wird und Kontroversität oder ein strukturierter politischer Aushandlungsprozess nicht existiert, völlig zutreffend. Angesichts des Konsenses in der Politischen Bildung hinsichtlich der Notwendigkeit von Kontroversität ist es dann fast überraschend, wie wenig Aufmerksamkeit solche Analysen, nochmal mehr, da es ja um junge Kinder geht, erhalten. Wer in Aussagen von Kindern hierarchische und autoritäre Beschreibungen von Mandatsträger*innen findet, kann für die Interpretation nicht selten auf die Darstellungen in eben diesen Kinderserien zurückgreifen (vgl. Pech 2006).

Doch ist eine Engführung, eine Beschränkung von Kontroversität und Aushandlung des Politischen kein Alleinstellungsmerkmal von Kinderserien. Denn wer sich den KMK-Beschluss „Demokratie als Ziel, Gegenstand und Praxis historisch-politischer Bildung und Erziehung in der Schule" anschaut, wird auch dort, eben genau entsprechende Relativierungen finden, z.B. indem soziales Handeln, wie Toleranz oder die gewaltfreie Konfliktlösung, als Gegenstand der politischen Bildung – und eben nicht des sozialen Lernens akzentuiert wird (KMK 2018, 4).

Literatur

ACKERMANN, Paul (Hg.) (1973): Politisches Lernen in der Grundschule. München: Kösel.

BECHER, Andrea/Gläser, Eva (2019): Politisches Wissen von Grundschulkindern – Die qualitative Studie „PoWi-Kids". In: Holzinger, Andrea u.a. (Hg.): Fokus Grundschule. Band 1: Forschungsperspektiven und Entwicklungslinien. Münster: Waxmann, S. 179–188.

BECK, Gertrud/Aust, Siegfried/Hilligen, Wolfgang (1971): Arbeitsbuch zur politischen Bildung in der Grundschule. Frankfurt/M.: Hirschgraben.

BECK, Gertrud (1972): Politische Sozialisation und politische Bildung in der Grundschule. Frankfurt/M.: Hirschgraben.

BUNDESMINISTERIUM für Familie, Senioren, Frauen und Jugend (Hg.) (2020): 16. Kinder- und Jugendbericht: Förderung demokratischer Bildung im Kindes- und Jugendalter. Deutscher Bundestag, Drucksache 19/24200. Berlin.

GEORGE, Siegfried/Prote, Ingrid (1996): Handbuch zur politischen Bildung in der Grundschule. Schwalbach/Ts.: Wochenschau.

GESSNER, Susanne/Klingler, Philipp/Schneider, Maria (Hg.): Grundlagen zur politischen Bildung im Sachunterricht der Grundschule (Arbeitstitel). Frankfurt/M. (i.D.): Wochenschau.

GOLL, Thomas (2022): Political Literacy von Kindern – Befunde, Implikationen, Herausforderungen. In: Becher, Andrea u.a. (Hg.): Sachunterricht in der Informationsgesellschaft. Bad Heilbrunn: Klinkhardt, S. 131–138.

GÖTZMANN, Anke (2015): Entwicklung politischen Wissens in der Grundschule. Wiesbaden: Springer VS.

KALCSICS, Katharina/Raths, Kathleen (2013): Was Kinder unter Politik verstehen. In: Wannack, Evelyne u.a. (Hg.): 4- bis 12-Jährige. Ihre schulischen und ausserschulischen Lern- und Lebenswelten. Münster: Waxmann Verlag, S. 241–247.

KAHLERT, Joachim (2002): Der Sachunterricht und seine Didaktik. Bad Heilbrunn: Klinkhardt.

KALLWEIT, Nina (2019): Kindliches Erleben von Krieg und Frieden. Eine phänomenographische Untersuchung im politischen Lernen des Sachunterrichts. Wiesbaden: Springer VS.

KOCH, Christina (2017): Wissen von Kindern über den Nationalsozialismus. Eine quantitativ-empirische Studie im vierten Schuljahr. Wiesbaden: Springer VS.

KULTUSMINISTERKONFERENZ (2018): Demokratie als Ziel, Gegenstand und Praxis historisch-politischer Bildung und Erziehung in der Schule. Online verfügbar unter: https://www.kmk.org/fileadmin/Dateien/veroeffentlichungen_beschluesse/2009/2009_03_06-Staerkung_Demokratieerziehung.pdf (letzter Zugriff: 3/2022).

MASSING, Peter (2007): Politische Bildung in der Grundschule – Überblick, Kritik, Perspektiven. In: Reichhart, Barbara 2018: Lehrerprofessionalität im Bereich der politischen Bildung. Eine Studie zu motivationalen Orientierungen und Überzeugungen im Sachunterricht. Wiesbaden: VS Verlag.

RICHTER, Dagmar (Hg.) (2007): Politische Bildung von Anfang an. Bonn: BpB, S. 18–35.

NIEDERSÄCHSISCHES Kultusministerium (2006): Kerncurriculum Sachunterricht. Hannover.

PECH, Detlef (2006): Gesellschaft gestalten als Bildungsauftrag des Sachunterrichts. In: Fischer, Hans-Joachim u.a. (Hg.): Der Bildungswert des Sachunterrichts (=Probleme und Perspektiven des Sachunterrichts Band 16). Bad Heilbrunn: Klinkhardt, S. 103–116.

PECH, Detlef (2013): Gesellschaftliche Bildung im Sachunterricht. In: Grundschulzeitschrift, H. 264, 03/2013, S. 16–19.

RICHTER, Dagmar (1996): Didaktikkonzepte von der Heimatkunde zum Sachunterricht – und die stets ungenügend berücksichtigte politische Bildung. In: George, Siegfried/Prote, Ingrid 1996: Handbuch zur politischen Bildung in der Grundschule. Schwalbach/Ts.: Wochenschau, S. 261–284.

RICHTER, Dagmar (2002): Sachunterricht – Ziele und Inhalte. Baltmannsweiler: Schneider.

RICHTER, Dagmar (Hg.) (2007): Politische Bildung von Anfang an. Bonn: BpB.

SEIFERT, Anja (2021): Sachunterricht zwischen Rassismuskritik und Differenzherstellung. In: Simon, Toni (Hg.): Demokratie im Sachunterricht – Sachunterricht in der Demokratie. Beiträge zum Verhältnis von Demokratie(lernen) und Sachunterricht(sdidaktik). Wiesbaden: Springer VS, S. 231–240.

SIMON, Toni (Hg.) (2021): Demokratie im Sachunterricht – Sachunterricht in der Demokratie. Beiträge zum Verhältnis von Demokratie(lernen) und Sachunterricht(sdidaktik). Wiesbaden: Springer VS.

SPRANGER, Eduard (1949): Der Bildungswert der Heimatkunde. Stuttgart: Reclam.

STROHMEIER, Gerd (2005): Politik bei Benjamin Blümchen und Bibi Blocksberg. In: APuZ 41, 2005, S: 7–15.

VAN DETH, Jan W./Abendschön, Simone/Rathke, Julia/Vollmar, Meike (2007): Kinder und Politik. Politische Einstellungen von jungen Kindern im ersten Schuljahr. Wiesbaden: Springer VS.

VON REEKEN, Dietmar (2001): Politisches Lernen im Sachunterricht. Baltmannsweiler: Schneider.

WEISSENO, Georg (2003): Lebensweltorientierung – ein geeignetes Konzept für die politische Bildung in der Grundschule? In: Kuhn, Hans-Werner (Hg.): Sozialwissenschaftlicher Sachunterricht. Konzepte, Forschungsfelder, Methoden. Herbolzheim: Centauraus, S. 91–98.

STEVE KENNER

Schulen als Bildungs-, Sozialisations- und Erfahrungsräume für Transformation und nachhaltige Entwicklung?

(Frustrations-)Erfahrungen politisch engagierter Jugendlicher

1. Hinführung

Die Vereinten Nationen diskutieren seit mehreren Jahrzehnten, wie ein gesellschaftlicher Wandel zu einem nahhaltigen Zusammenleben gelingen kann. Ausgangspunkt war der sogenannte Brundtland-Bericht. Nachhaltigkeit sei demnach die Ermöglichung, dass nicht nur heutige, sondern auch künftige Generationen ihre Bedürfnisse befriedigen könnten (Hauff 1987, 46). Als Reaktion auf den Brundtland-Bericht beschlossen 1992 insgesamt 172 Länder die „Agenda 21“ und damit erste Leitlinien für eine nachhaltige Entwicklung im 21. Jahrhundert. Bei der UN-Umweltkonferenz 2002 wurde gar die „Dekade der Bildung für eine nachhaltige Entwicklung“ ausgerufen. Abgelöst wurde die „Agenda 21“ im Jahr 2015 von der „Agenda 2030“ und den „17 Sustainable Devolpment Goals“ (Nachhaltigkeitsziele) der Vereinten Nationen. Die „Agenda 2030“ nimmt nicht nur ökologische Ziele in den Blick, sondern verbindet diese mit sozialen und ökonomischen Fragen und beschreibt deutlich die Zielstellung einer umfassenden gesellschaftlichen Transformation. Auch in diesem Beschluss der Vereinten Nationen wird Bildung eine wesentliche Funktion beigemessen. Hier heißt es: „Bis 2030 sicherstellen, dass alle Lernenden die notwendigen Kenntnisse und Qualifikationen zur Förderung nachhaltiger Entwicklung erwerben[.]“ (Vereinte Nationen 2015, 18) Doch wie kann es gelingen, dass (junge) Menschen tatsächlich notwendige Fähigkeiten und Fertigkeiten entwickeln und nicht nur Kenntnisse und Wissen lernen und reproduzieren? Nachhaltige Entwicklung bedarf innovativer Ideen auf allen Ebenen. Für das Gelingen der angestrebten „großen Transformation“ (WBGU 2011) braucht es nicht nur Wissen über globale und lokale Zusammenhänge sozialer, politischer, ökonomischer und ökologischer Entwicklungen, sondern vor allem Orientierungs-, Analyse-, Kritik-, Urteils- und Handlungsfähigkeit, um eine partizipative und demokratische Gestaltung des Transformationsprozesses zu ermöglichen. Es braucht *Young Citizens* (Kenner 2023; Kenner/Lange 2022) und *Change Agents* (Kristof 2010; WBGU 2011; Kenner/Nagel 2022).

In dem vorliegenden Beitrag wird der Frage nachgegangen, inwiefern die Schule als politischer Sozialisationsort zu verstehen ist. Die theoretischen Überlegungen werden im zweiten Teil des Beitrags angereichert durch empirische Erkenntnisse, basierend auf der Studie „Politische Bildung in Aktion" (Kenner 2021). Dabei werden Erfahrungsberichte politisch engagierter Schüler*innen als (Selbst-)Bildungserfahrung rekonstruiert, wobei für diesen Text die Frustrationserfahrungen und Barrieren im Fokus stehen, mit denen politisch engagierte Jugendliche in der Institution Schule konfrontiert sind.

2. Schulen als politische Erfahrungsräume

In einem ersten Schritt gilt es, sich der Frage zu widmen, welche gesellschaftliche Funktion die Schule als Institution übernimmt. Neben der Allokationsfunktion hat die Schule einen in den allermeisten Bundesländern verfassungsrechtlich verankerten demokratischen Bildungsauftrag (Kenner 2020), der vor allem darauf gerichtet ist, den Mündigkeitsbildungsprozess junger Menschen zu begleiten, sie zu befähigen, kritisch und reflektiert die gesellschaftlichen Verhältnisse zu analysieren, zu beurteilen und bei Bedarf handelnd zu verändern. Doch wird die Schule diesem Anspruch gerecht? Diese Frage wird an dieser Stelle nicht abschließend beantwortet werden können. Vermittlungsdidaktische Ansätze, Unterrichtsprinzipien und der Unterricht selbst sollen hier nur eine untergeordnete Rolle spielen. Ziel des vorliegenden Beitrags ist es, vielmehr der Frage nachzugehen, inwiefern die Schule auch (Frei-)Raum für politische Selbstbildungs- und Sozialisationserfahrungen schafft.

Es lohnt sich, zunächst empirische Erkenntnisse der Partizipationsforschung in den Blick zu nehmen. Die positive Wirkung von Erfahrungen im Kontext des sozialen Engagements und allgemeiner Partizipationserfahrungen auf das Handlungswirksamkeitsempfinden sind bereits gut erforscht (Youniss/Yates 1997; Reinders 2006; Quintelier/van Deth 2014). Dass der angestrebte Bildungsabschluss Einfluss auf das politische Interesse, Partizipationsbereitschaft und tatsächliches Engagement hat, ist ebenfalls weitgehend unbestritten (aktuell bspw. Sommer u.a. 2019 am Beispiel der Bewegung *Fridays for Future*). Für die Wirkung der Schule als Institution kommt Oliver Böhm-Kasper (2006) zu dem Schluss, dass die Auseinandersetzung mit Politik im Unterricht der einzige relevante schulische Prädiktor bei der Vorhersage politischen Interesses sei. Partizipationsmöglichkeiten im schulischen Alltag hätten hingegen kaum Einfluss auf das politische Interesse. Böhm-Kasper lässt in der Auswertung der Daten allerdings weitgehend außer Acht, dass es sich bei den erfassten Partizipationsformaten um unpolitische Teilhabe und nicht selten auch um Alibiteilhabe in der Schule handelt. Vor allem die Bedeutung realer politischer Partizipationserfahrungen für Sozialisations- und Bildungsprozesse im Kontext der Institution ist bis heute kaum erforscht. Das ist auch darauf zurückzuführen, dass Kindern und Jugendlichen der Freiraum für reale Handlungserfahrungen in der Schule nur selten zugestanden wird. „Children are undoubtedly the most photographed and the least listened to members of society." Dieses eindrückliche Zitat von Roger Hart (1992, 9) trifft auch auf die Schule zu. Bis heute haben Kinder und Jugendliche in der Schule nur wenige einflussreiche Mitbestimmungsmöglichkeiten (Stange 2010; Achour/Höppner/Jordan 2021). Besonders deutlich wird dies bei der (Nicht-)Ermöglichung politischer Handlungserfahrungen in der Schule. Während das Einüben repräsentativ-demokratischer Prozesse ohne allgemeinpolitisches Mandat (Palentien/Hurrelmann 2003, 12) in Form von Klassensprecher*innen und Schüler*innenvertretung sowie soziales Engagement (bspw. Müllsammelaktion) hoch angesehen sind, stoßen politische Initiativen von Schüler*innen oftmals auf Widerstand (Kenner 2021, 246ff). Argumentiert wird nicht selten mit dem vermeintlichen Schulfrieden, den es zu wahren gelte. Die zu erwartende Folge: Frustration und Verdrossenheit bei hochpolitischen Kindern und Jugendlichen die mit ihrem Engagement einen Beitrag zum gesellschaftlichen Wandel leisten wollen. Für sie ist die Schule daher nur bedingt ein Raum, in dem sie selbstbestimmte politische Sozialisationserfahrungen sammeln können, in dem sie sich als *Young Citizens* (Kenner 2023; Kenner/Lange 2022) ernst genommen fühlen und als *Change Agents* (Krsitof 2010; WBGU 2011; Kenner/Nagel 2022) wirken können. Doch was ist mit diesen beiden Konzepten gemeint und wieso sind sie für eine *politische* Bildung für nachhaltige Entwicklung relevant (Kenner/Nagel 2022), wenn diese einen Beitrag zur gesellschaftlichen Transformation leisten will? Dieser Frage wird im folgenden Kapitel nachgegangen.

3. Kinder und Jugendliche als *Young Citizens* und *Change Agents*

Der Wissenschaftliche Beirat der Bundesregierung Globale Umweltveränderungen (WBGU) hält eine „Große Transformation" für notwendig und nimmt dafür den Staat in die Pflicht, betont aber auch die Notwendigkeit einer aktiven Zivilgesellschaft und „erweiterten Partizipationsmöglichkeiten" (WBGU 2011, 217ff.) Um diesem Anspruch gerecht zu werden, darf sich eine repräsentative Demokratie nicht auf Partizipation als Wahlakt der Staatsbürger*innen beschränken und Staatsbürger*innen selbst nicht länger über den rechtlichen Status und die damit verbundenen Privilegien definieren, von denen nicht nur jene ausgeschlossen sind, die keinen deutschen Pass haben, sondern auch Kinder und Jugendliche, die ihre Stimme nicht bei Parlamentswahlen zum Ausdruck bringen können. Kinder und Jugendliche sollten daher als *Young Citizens* verstanden werden, die zwar keine Verantwortung für den Zustand der Welt tragen, aber eine Vorstellung von der politischen Welt haben – wie sie ist und wie sie sein sollte (Kenner/Lange 2022). Diese Vorstellungen sollten maßgeblich in Prozesse einer *politischen* Bildung für nachhaltige Entwicklung einfließen (Kenner/Nagel 2022).

Im Kontext Nachhaltigkeitsforschung wird ein weiteres Konzept diskutiert, das möglicherweise auch übertragbar auf politisch engagierte Kinder und Jugendliche ist. Hervorgehoben wir die Rolle sogenannter *Change Agents*. Das Konzept ist dabei nicht neu, geht auf die Forschung zu Schlüsselpersonen in der Psychologie und der Soziologie zurück und hat in der Praxis zunächst vor allem in der Organisationsentwicklung und der Betriebswirtschaft Einzug erhalten. *Change Agents* haben nach Kristof eine „überzeugende Veränderungsidee", sie sind vernetzt, „gewinnen wichtige Mitstreiter" und entwickeln „die Idee in Schritten gemeinsam weiter" (Kristof 2010, 38). Für ihr Buch „Wege zum Wandel" hat Kora Kristof (2010) Interviews mit vorwiegend männlichen Führungspersönlichkeiten aus Forschung, Wirtschaft, Politik und Zivilgesellschaft geführt. Kinder und Jugendliche gehörten nicht zu den Expert*innen, die angehört wurden. Und auch dem von Kristof (2010, 72ff.) formulierten Anforderungsprofil an *Change Agents* scheinen Kinder und Jugendliche kaum entsprechen zu können (u.a. „notwendige Machtbasis" und die „richtigen Kontakte" – Kristof 2010, 72). Dennoch: Auch Kinder und Jugendliche können auf der Mikroebene als Rollenvorbilder, der Mesoebene Schule in selbstbestimmten und selbstorganisierten politischen Lern- und Arbeitsgemeinschaften (WBGU 2011, 259f.) und auf der Makroebene als Führungspersönlichkeiten beispielsweise im Kontext von Klimabewegungen als *Change Agents* wirken. Das Interesse an politischen Fragen sowie die Bereitschaft zur Gestaltung der Gesellschaft ist bei jungen Menschen in den letzten 20 Jahre gestiegen. Zuletzt legte die repräsentative Jugendstudie der Vodafone Stiftung Deutschland offen, dass sich knapp Zweidrittel der jungen Generation für politische Fragen interessiert, einen gesellschaftlichen Wandel beeinflussen will, aber nur jede*r Dritte das Gefühl hat, tatsächlich etwas beeinflussen zu können (Vodafone Stiftung Deutschland 2022).

Kinder und Jugendliche sollten daher unabhängig von ihrem rechtlichen Status und vor allem unabhängig vom (nicht-zugestandenen) Privileg des Wahlrechts als *Young Citizens* (Kenner 2023; Kenner/Lange 2022) wahrgenommen werden, um als *Change Agents* (Kristof 2010; WBGU 2011) wirken zu können. Die „Große Transformation" (WBGU 2011) kann nicht konfliktfrei gelingen. Und wir müssen Kinder und Jugendliche auch nicht vor Konflikten bewahren. Der Wunsch nach Schulfrieden oder Konfliktfreiheit ist ein Indiz für eine adultistische Perspektive, weil Erwachsene den Kindern und Jugendlichen nicht zutrauen, Konflikte zivil zu bearbeiten und Resilienz zu entwickeln. Konflikthafte Aushandlungsprozesse sind aber konstitutiv für demokratische Gesellschaften (Mouffe 2007, 16), sie gehören wie Konsens und Dissens untrennbar zu einer nachhaltigen Gesellschaftsentwicklung.

Es gibt Kinder und Jugendliche, die bereit sind, in diesem (konflikthaften) Entwicklungsprozess eine entscheidende Rolle einzunehmen. Bereits heute beteiligen sich in der Klimabewegung und politischen Jugendinitiativen junge Menschen an der Gestaltung des gesellschaftlichen Transformationsprozesses und wirken als *Change Agents*, die Schule erleben sie dabei aber nicht als Raum, in dem diese Erfahrungen didaktisch und pädagogisch professionell begleitet werden. Im Gegenteil: Kritisch-reflexives politisches Denken und Handeln, so beschreiben es selbstbestimmt aktive Jugendliche in der von mir durchgeführten Studie „Politische Bildung in Aktion" (Kenner 2021), sei in der Schule nicht erwünscht.

4. (Frustrations-)Erfahrungen politisch engagierter Jugendlicher

4.1 Zur Studie

Für die Studie „Politische Bildung in Aktion" wurden im Erhebungszeitraum zwischen 2017 und 2019 auf Grundlage eines ethnografischen Feldzugangs politische Jugendinitiativen und politische Jugendbewegungen begleitet und interviewt. Teil des Samples der Studie waren politische Jugendinitiativen und Bewegungen im urbanen und im ländlichen Raum in allen Teilen der Bundesrepublik in einer Altersspanne zwischen 14 und 24 Jahren. Die Jugendlichen organisierten sich selbstbestimmt und selbstorganisiert und setzten sich für unterschiedliche politische Themen wie Globalisierungskritik, Umwelt- und Klimaschutz und gegen Rassismus ein. Im Folgenden werden kursorisch Erkenntnisse zu den

Frustrationsmomente der interviewten Jugendlichen bezüglich ihrer Erfahrungen mit politischer Partizipation im schulischen Raum rekonstruiert.

4.2 Erfahrung mit politischer (Selbst)Bildung in der Schule

Zu politischer Bildung haben die interviewten Jugendlichen ein ambivalentes Verhältnis. Als politisch interessierte Menschen, die auch bereit sind sich politisch zu organisieren, betonen sie den Wert politischer Bildung, sind aber frustriert darüber, welche Erfahrungen sie damit in der Schule sammeln. Die überwiegende Mehrzahl der Jugendlichen berichtet davon, dass sie Politikunterricht ausschließlich als Institutionenkunde und Vermittlung von Wissen wahrgenommen hat. Eine ernsthafte Auseinandersetzung mit kontroversen Inhalten, bei denen nicht nur simulativ unterschiedliche Standpunkte wiedergegeben und abgewogen wurden, sondern die individuelle Verortung und Positionierung bedeutsam war, fehlt ihnen. Beispielhaft sei hier folgende Aussagen von der Berufsschülerin Franziska aufgeführt:

> „Ich hatte ganz wenig Politikunterricht. Also, in der Grundschule gar nicht und in der fünften Klasse hatte ich dann zum ersten Mal Politikunterricht, aber nur eine Stunde in der Woche. [...] [M]an [hat] irgendwie zum Beispiel [ge]lernt, wie ist der Staat aufgebaut, was ist das Bundesverfassungsgericht, wie viele Richter sitzen da, und so. Ich musste ganz viele Sachen auswendig lernen, die aber eigentlich nicht besonders politisch sind, sondern irgendwie etwas zu tun haben mit Staatskunde oder so."

Ben ergänzt diese Perspektive um einen weiteren Aspekt, der erklären könnte, warum der Politikunterricht sich teilweise auf das Auswendiglernen beschränkt: „Mein Lehrer erzählt mir dann, dass es nicht die Aufgabe von Sozialwissenschaften in der Schule sei, politische Diskussionen zu fördern, sondern einfach Idealtheorien zu vermitteln." Diese Aussage kann sicher nicht als repräsentativ für Politikunterricht und die Überzeugungen von Lehrkräften der sozialwissenschaftlichen Fächer stehen, offenbart aber eine besondere Herausforderung.

Wenn die Jugendlichen selbst neue Handlungs- und Bildungsräume eröffnen, fühlen sie sich dabei von den Lehrkräften nicht gesehen: Ronja organisierte beispielsweise gemeinsam mit Mitschüler*innen eine Podiumsdiskussion zum Thema Klimawandel und Umweltschutz. Die Politiklehrkräfte hätten sich dafür kaum interessiert: „Aber die Lehrer juckt es überhaupt nicht, dass wir Podiumsdiskussionen der verschiedenen Parteien organisieren. Die gehen da auch nicht hin. Das ist null miteinander verbunden. Es ist nur Theorie, Theorie, Theorie, null Praxis."

Doch nicht nur die Inhalte des Unterrichts frustrieren die politisch interessierten Jugendlichen. Auch der Umgang mit ihnen. Aus den Erfahrungsberichten lässt sich rekonstruieren, dass vor allem in Bezug auf politische Bildung offenbar eine adultistische Perspektive noch immer verbreitet ist. Johannes beschreibt das wie folgt: „Ich hatte immer das Gefühl, dass wir Schüler so ein bisschen wie Kleinkinder behandelt wurden, […] so als wären wir sehr, sehr dumm und würden sehr wenig verstehen. Das hat mich unglaublich gestört." Noch deutlicher wird dies bei der Frage, ob sich junge Menschen politisch engagieren sollten und inwiefern Protest und damit verbundene Konflikte wertvolle Elemente demokratischer Gesellschaften seien. Franziska schildert dazu Folgendes:

> „In der Schule wurde mir immer nur beigebracht, dass Protest nicht nötig ist, weil wir ja in der Demokratie leben und dass es andererseits nichts bringt, stressig ist, nervig irgendwie. Dass dadurch vielleicht der Schulbetrieb gestört wird irgendwie und dass es unbequem ist."

Die Frustrationserfahrungen der Schüler*innen reichen von Desinteresse über Widerstand bis zu Repressionen aus Kollegium und Schulleitung, wenn sie sich selbstbestimmt im Umfeld der Schule politisch engagieren. Helge glaubt, diese Reaktionen sind darauf zurückzuführen, dass Erwachsene von einem Scheitern der politischen Aktion ausgingen, wenn sie von Schüler*innen selbst organisiert wird: „Ich glaube, die Schule sagt, dass es nicht funktionieren kann, wenn Schüler sich alleine engagieren." Mehrere Jugendliche berichten davon, dass ihnen unterstellt wird, sie würden sich nur politisch engagieren, um Unterrichtszeit zu verpassen oder die Schule gänzlich zu schwänzen. Franziska schildert folgende Erlebnisse: „An anderen Schulen war es dann oft so, dass einem gesagt wurde: Nein, mach erstmal dein Abitur, dann kannst du dich immer noch politisch engagieren." Auch Ronja hat diese Erfahrung gemacht und beschreibt den Widerstand von Lehrkräften gar als Diskreditieren des politischen Engagements:

> „Wir haben super viel Gegenwind von Lehrern bekommen, die angefangen haben, ohne, dass sie die Bewegung kannten […], gegen uns zu hetzten. Wir schwänzen, wir haben kein Hintergrundwissen und haben sich mit allem, was sie konnten, dagegengestellt. […] Wir haben viel faktenbasierte Redebeiträge zum Beispiel, wir machen viele andere Aktionen und da kommt zum Beispiel auch kein Engagement der Lehrer. Aber andererseits diskreditieren sie uns andauernd."

Bemerkenswert ist, dass die Jugendlichen die aus den Erfahrungsberichten rekonstruierbaren Frustrationserfahrungen häufig auf die hier exemplarisch dargestellten Situationen oder/und die fehlende Unterstützung durch Erwachsene beziehen und nur selten auf das Scheitern politischer Aktionen oder das Nicht-Erreichen politischer Ziele. Doch was sollte sich ändern? Und gehört politische Aktion in die Schule?

4.3 Gehört politische Aktion in die Schule?

Für die Studie wurden die Jugendlichen auch danach gefragt, ob politische Aktion als selbstverständlicher oder gar verpflichtender Teil schulischer Bildung etabliert werden sollte. Die Aussagen waren bemerkenswert, könnte man doch erwarten, dass politisch engagierte Jugendliche sich wünschen würden, dass politisches Engagement fest in der Schule verankert wird. Alle interviewten Jugendlichen wünschen sich, dass sich die Schule öffnet und Kindern und Jugendlichen (Frei-)Räume für eigene politische Handlungserfahrungen im Kontext formaler Bildung ermöglicht. Sie betonen aber auch, dass das nicht ausreichen würde. Es bräuchte eine Ausweitung der politischen Bildung und die Auseinandersetzung mit politischen Themen in allen Fächern. So fordert Lea beispielsweise, dass „man Politik mehr mit Schule verbinden [könnte], weil dann würden sich mehr engagieren, wenn man mehr Zeit in der Schule dafür verwenden würde." Die Jugendlichen fordern etwas, das Politische Bildung als Schul- und Unterrichtsprinzip beschreibt und bildungspolitisch längst in Schulgesetzen und Curricula Einzug erhalten hat, aber möglicherweise in der Praxis noch nicht angekommen ist.

Darüber hinaus beschreiben die Jugendlichen drei zentrale Aspekte, die aus politikdidaktischer Perspektive auch Frank Nonnenmacher (2010) als Voraussetzung dafür angeführt hat, dass reales politisches Handeln im Kontext der Schule gelingen kann: (1) eine fachlich fundierte Sachanalyse im Vorfeld und begleitend zu dem politischen Engagement, (2) Freiwilligkeit als geltendes Prinzip und (3) das Herstellen von Öffentlichkeit.

> „Politisches Engagement verpflichtend zu machen, würde, glaube ich, in vielen Fällen dazu führen, dass die Leute, sehr frustriert damit sind, gerade wenn sie andere Interessensfelder haben zum Beispiel. [...] Ich denke, dass man mit Verboten und mit Geboten, die man nicht umgehen kann, in vielen Fällen einfach das Gegenteil von dem bewirkt, was man eigentlich erreichen wollte."

Die interviewten Jugendlichen wünschen sich keine Verpflichtung zum Engagement, aber eine Stärkung jener Schüler*innen, die sich in der Schule für die Grundwerte unserer Gesellschaft stark machen wollen. So erklärt Lea: „[M]an kann die Leute, die sich für Politik interessieren, lauter machen, indem man Gelegenheiten gibt, dass sie lauter werden können und dass sie sich selbst dazu entwickeln können, dass sie ihre Meinungen vertreten können." Ihr Wunsch ist es seltener, mit den oben beschriebenen Frustrationserfahrungen konfrontiert zu werden, sondern sicherzustellen, dass politische Partizipation in der Schule für die interessierten Jugendlichen ein so selbstverständlicher Teil gelebter schulischer Bildungspraxis wird, wie die Badminton-AG oder der Chor.

5. Ausblick

Eine *politische* Bildung für nachhaltige Entwicklung muss Kinder und Jugendliche als politische Subjekte, als *Young Citizens* ernst nehmen und das Konflikthafte in gesellschaftliche Transformationsprozess nicht als störend, sondern konstitutiv für eine Demokratie verstehen. Es braucht (Frei-)Räume, selbstbestimmte politische Handlungserfahrungen sammeln zu können. Politisch engagierte Jugendliche wünschen sich Ermutigung und Freiraum. Nicht nur medial präsente Jugendliche wie Greta Thunberg können dann als *Change Agents* für nachhaltige Entwicklung Einfluss auf die politischen Diskurse und Perspektiven nehmen. Jede*r einzelne Jugendliche kann im sozialen Nahraum, der Schule, der Gemeinde, dem Viertel als *Change Agent* vor Ort wirken. Dafür braucht es aber Erfahrungsräume. Für Berlin konnten Sabine Achour, Anja Höppner und Anne Jordan in einer quantitativen Studie zeigen, dass für das Empfinden eines demokratischen Schulklimas vor allem auch das Vorhandensein realer demokratischer und politischer Erfahrungsräume (bspw. in Form von Vollversammlungen, Schüler*innen-Zeitung usw.) bedeutsam ist (Achour u.a. 2020, 167f.). Reinholdt Hedtke (2020) formuliert in seinem gleichnamigen Aufsatz das Ziel „Politik machen statt Politik spielen". Es brauche eine partizipative, emanzipatorische Praxis in der demokratischen Schule. Eine kritisch-emanzipatorische politische Bildung versteht Schulen auch als politische Erfahrungs- und Sozialisationsräume und hält mit einem politisch-partizipativen Charakter den Entpolitisierungstendenzen im Bildungssystem etwas entgegen. Wenn Schule nicht nur als Lehranstalt verstanden wird, sondern als politischer Bildungs-, Sozialisations- und Erfahrungsraum, dann kann die Schule ein Ort sein, an dem junge Menschen Ideen für einen gesellschaftlichen Wandel entwickeln, aber auch lernen diese Ideen in der Öffentlichkeit zu vertreten.

Literatur

ACHOUR, Sabine/Höppner, Anja/Jordan, Annemarie (2020): Zwischen status quo und state of the art. Politische Bildung und Demokratiebildung in Berlin. Berlin. Online: http://library.fes.de/pdf-files/dialog/16463.pdf (Zugriff: 21.04.22).

BÖHM-KASPER, Oliver (2006): Schulische und politische Partizipation von Jugendlichen. Welchen Einfluss haben Schule, Familie und Gleichaltrige auf die politische Teilhabe Heranwachsender? In: Diskurs Kindheits- und Jugendforschung, Band 1, 03/2006, S. 353–368.

EIS, Andreas (2019): Polarisierung der Gesellschaft – Entpolitisierung schulischer Politischer Bildung? In: POLIS, 03/2019, S. 7–10.

HART, Roger A. (1992): Children's participation: from tokenism to citizenship. In: Innocenti Essays, 04/1992. Florenz.

HAUFF, Volker (1987): Unsere gemeinsame Zukunft. Der Brudtland-Bericht der Weltkommission für Umwelt und Entwicklung. Greven.

HEDTKE, Reinhold (2020): Politik machen, statt Politik spielen. Plädoyer für eine politische Bildung in der Schule. In: Haarmann, Moritz Peter/Kenner, Steve/Lange, Dirk (Hg.): Demokratie, Demokratisierung und das Demokratische. Zugänge im Feld der Politischen Bildung. Wiesbaden, S. 139–154.

KENNER, Steve (2020): Politische Bildung – Bildungsaufgabe mit Verfassungsrang? In: Haarmann, Moritz Peter/Kenner, Steve/Lange, Dirk (Hg.): Demokratie, Demokratisierung und das Demokratische. Aufgaben und Zugänge der Politischen Bildung. Wiesbaden, S. 31–48.

KENNER, Steve (2021): Politische Bildung in Aktion. Eine qualitative Studie zur Rekonstruktion von selbstbestimmten Bildungserfahrungen in politischen Jugendinitiativen. Wiesbaden.

KENNER, Steve (2023 i.E.): Young Citizens in Aktion. Rekonstruktion von Bildungserfahrungen in politischen Jugendinitiativen In: Oberle, Monika/Stamer, Märthe-Maria (Hg.): Politische Bildung in der superdiversen Gesellschaft. Frankfurt/M.

KENNER, Steve/Lange, Dirk (2022): Young Citizens – Was ist das Politische an der politischen Bildung? In: Baumgardt, Iris/Lange, Dirk (Hg.): Young Citizens. Handbuch politische Bildung in der Grundschule. Bonn, S. 12–21.

KENNER, Steve/Nagel, Michael (2022) Große Transformation mit jungen Change Agents? Partizipative politische Bildung für nachhaltige Entwicklung als Antwort auf multiple Krisen der Gegenwart. In: Zeitschrift für Didaktik der Gesellschaftswissenschaften zdg, 2/2022, S. 99–116.

KRISTOF, Kora (2010): Wege zum Wandel. Wie wir gesellschaftliche Veränderungen erfolgreicher gestalten können. München.

MOUFFE, Chantal (2007): Über das Politische. Wider die kosmopolitische Illusion. Frankfurt/M.

NONNENMACHER, Frank (2010): Analyse, Kritik und Engagement – Möglichkeiten und Grenzen schulischen Politikunterrichts. In: Lösch, Bettina/Thimmel, Andreas (Hg.): Kritische politische Bildung. Ein Handbuch. Schwalbach/Ts., S. 459–470.

PALENTIEN, Christian/Hurrelmann, Klaus (2003): Schüler-Demokratie – ein Plädoyer für den Beginn längst fälliger Reformen. In: Dies. (Hg.): Schüler-Demokratie. Mitbestimmung in der Schule. Neuwied, S. 3–17.

QUINTELIER, Ellen/van Deth, Jan W. (2014): Supporting Democracy: Political Participation and Political Attitudes. Exploring Causality Using Panel Data. In: Political Studies, 01/2014, S. 153–171.

REINDERS, Heinz (2006): Freiwilligenarbeit und politische Engagementbereitschaft in der Adoleszenz. Skizze und empirische Prüfung einer Theorie gemeinnütziger Tätigkeit. In: Zeitschrift für Erziehungswissenschaft, 09/2006, S. 599–616.

SOMMER, Moritz/Rucht, Dieter/Haunss, Sebastian/Zajak, Sabrina (2019): Fridays for Future. Profil, Entstehung und Perspektiven der Protestbewegung in Deutschland. Berlin.

STANGE, Waldemar (2010): Partizipation von Kindern. In: Aus Politik und Zeitgeschichte: APuZ, 38/2010, S. 16–24.

VEREINTE Nationen (2015): Resolution der Generalversammlung. 70/1: Transformation unserer Welt: die Agenda 2030 für nachhaltige Entwicklung. Online: https://www.un.org/depts/german/gv-70/band1/ar70001.pdf (Zugriff: 21.04.22).

VODAFONE Stiftung Deutschland (2022): Hört uns zu! Wie junge Menschen die Politik in Deutschland und die Vertretung ihrer Interessen wahrnehmen. Düsseldorf. Online: https://www.vodafone-stiftung.de/wp-content/uploads/2022/04/Jugendstudie-2022_Vodafone-Stiftung.pdf (Zugriff: 21.04.22).

WISSENSCHAFTLICHER Beirat der Bundesregierung Globale Umweltveränderungen (WBGU) (2011): Welt im Wandel – Gesellschaftsvertrag für eine Große Transformation. Berlin. Online: https://www.wbgu.de/de/publikationen/publikation/welt-im-wandel-gesellschaftsvertrag-fuer-eine-grosse-transformation (Zugriff: 21.04.22).

YOUNISS, James/Yates, Miranda (1997): Community service and social responsibility in youth. Chicago.

ALEXANDER WOHNIG

Von der Förderung politischen Wissens und politischer Einstellungen zur politischen Handlungsfähigkeit? Eine Infragestellung des linearen Weges politischer Bildung

Einleitung: Politisches Handeln und politische Bildung

In der Geschichte von Pädagogik und Bildungstheorie sowie spezieller der Geschichte der politischen Bildung wird das Verhältnis von Handeln und Bildung immer wieder diskutiert. Vor allem mit Bezug zum amerikanischen Pragmatismus, insbesondere der philosophischen Theorie und Erziehungs- sowie Bildungstheorie John Deweys, wird Handeln als für Bildung produktiv begriffen und das Wechselverhältnis von Handeln und Bildung betont. Mit Blick auf die politische Bildung stellt sich jedoch die Herausforderung, dass politisches Handeln in das Feld des Politischen interveniert. Dies wird wahlweise als ‚gefährlich' (Scherb 2012), ‚indoktrinierend' (vgl. kritisch Nonnenmacher 2011) oder auch als ‚Ohnmacht erzeugend' (Hedtke 2015) beschrieben und kritisch beäugt respektive gar abgelehnt. Zu betonen dabei ist, dass dies für *politisches* Handeln gilt, das im Kontext politischer Bildung entsteht, nicht für soziales, karitatives Handeln. So ist die Tendenz zu beobachten, dass politische Bildung immer wieder auf die Aktivierung zu eben diesem sozialen und karitativen Handeln abzielt, u.a. in Initiativen der Bertelsmann Stiftung (2011), dem Lehr- und Lernkonzept des Service-Learnings (Seifert, Zentner, Nagy 2019) und der Bildung für Nachhaltige Entwicklung (BNE) (vgl. kritisch Pelzel, Butterer 2022). So wird in der erwähnten Publikation der Bertelsmann Stiftung zur Bearbeitung des Weltproblems Klimawandel der Bau von Krötenschutzzäunen vorgeschlagen; in Best-Practice-Beispielen des Service-Learnings kochen Jugendliche vegetarisch für Bedürftige, um „zu zeigen, dass eine gesunde, vollwertige Ernährung auch ohne teures Fleisch möglich ist" (Seifert 2016, 65). Verschiedene Gründe für diese Tendenz lassen sich benennen: Erstens sind die unterschiedlichen Logiken der zwei Felder, des Bildungsfelds und des Felds der Politik, ausschlaggebend. Während im Bildungsfeld vor allem die kognitive Aneignung von Gegenständen sowie die Anpassung an die gesellschaftlichen Werte, Normen und Verhältnisse im Vordergrund stehen, steht im politischen Feld die „legitime Durchsetzung der Sicht- und Teilungsprinzipien der sozialen Welt“ (Bourdieu 2001, 51) und damit der Kampf um Macht im Mittelpunkt. Dabei kann es im Modus des politischen Handelns immer auch zur Veränderung von (überkommenen) Wertstrukturen und Verhältnissen, die als ungerecht empfunden werden, kommen. Zweitens kann politisches Handeln, das wirklich eingreifend verändern will, Ohnmacht erzeugen, denn es stößt an die Grenzen „der überwältigenden Kraft des Bestehenden“ (Adorno 1971/1969, 147), vor der Lernende – vermeintlich – bewahrt werden sollen. Drittens ist sozial karitatives Engagement im Kontext der Aktivierungsgesellschaft, in der die Herstellung wohlfahrtsstaatlicher Güter in die Verantwortung der Einzelnen gelegt wird, erwünscht, während der politische Protest – etwa gegen den Ab- und Umbau des Wohlfahrtsstaates – von staatlich organisierter Bildung nicht gewollt ist (Wohnig 2017, 113–149). Viertens gilt politisches Handeln, das aus dem Schulunterricht erfolgt, potentiell als Ausweis eines indoktrinierenden Unterrichts – zumindest wird der Verdacht immer wieder geäußert (Nonnenmacher 2011). Teilweise wird daraus der Schluss gezogen, politisches Handeln könne nicht Ziel politischer Bildung sein, weil dies für den Themenbereich Internationale Beziehungen bedeuten könnte, dass Schüler*innen nach Afghanistan in den Krieg gehen müssten (Scherb 2012). Während dem vierten Aspekt, dem Vorwurf der Indoktrination, mit dem Hinweis auf politikdidaktische Überlegungen zur Legitimität und Freiwilligkeit politischen Handelns der Lernenden aus dem politischen Unterricht heraus argumentativ begegnet werden kann[1], sind die ersten drei Aspekte zentrale Diskussionspunkte für eine politische Bildung, die den Zusammenhang von Lernen und Handeln, von Bildung und Aktion nicht nur in der Theorie, sondern auch in der Praxis herstellen bzw. ermöglichen möchte. Im Folgenden nehme ich eine ebensolche Perspektive politischer Bildung ein. Dabei steht die Frage im Mittelpunkt, wie das Verhältnis von politischem Wissen, als ein zentraler Aspekt von Bildung und politischem Handeln (1) sowie von politischen Einstellungen, als mögliches Resultat von Wissen und politischem Handeln (2), in der politischen Bildung beschrieben werden kann. Anschließend wird sehr knapp politisches Handeln als Teil des Bildungsprozesses mit Bezug zu John Deweys Begriffen der Erfahrung und des Experiments beschrieben. Mithilfe exempla-

1 Siehe dazu etwa die Kriterien für eine solche Legitimität bei Nonnenmacher 2011, die beschreiben, dass keine Überwältigung zu politischem Handeln erfolgen darf, vielmehr solle die Teilnahme an politischen Aktionen, die aus dem Unterricht entstehen, für die Lernenden freiwillig sein.

rischer Einblicke in ein Modellprojekt politischer Bildung wird das Verhältnis von politischem Wissen, politischen Einstellungen und politischem Handeln abschließend (4) beschrieben als ein „Modus von Schleifen" statt linearer Wege.

1 Vom politischen Wissen zur politischen Handlungsfähigkeit: Die Erzählung eines linearen Weges politischer Bildung

Mit Blick auf die Ziele politischer Bildung (Wissen, Urteilen, Handeln; ausführlich s. u.) muss die Frage aufgeworfen werden, in welchem Verhältnis diese zueinander stehen: Gibt es ein Fortschreiten in Stufen oder Niveaus, wie bei Piaget/Inhelder (1972) und Kohlberg (1996) beschrieben? Entwickeln sich die Ziele also mit dem Alter der Lernenden – etwa, wie bei Gerhard Himmelmann beschrieben, von der Demokratie auf der Ebene der Lebenswelt zur Herrschaftsform (Himmelmann 2002), bei dessen Stufenmodell des Demokratie-Lernens die Herrschaftsform bis zur Sekundarstufe II nur einen quantitativen Inhaltsanteil von 5/18 (im Vergleich zu 13/18 für die Demokratie als Lebens- und Gesellschaftsform) aufweist (vgl. zur Kritik: Ahlrichs 2019, 99 f.)? Schließt sich das politische Handeln, z.B. das Wählen, dem Erwerb von sozialem und politische Wissen an. Gibt es also einen gradlinigen Weg vom Wissen zum Handeln?

Auffällig ist, dass in der politischen Bildung das Verhältnis von politischem Lernen und politischem Handeln linear gedacht wird. So beschreiben verschiedene politikdidaktische Konzepte und Konzeptionen diesen Weg, der in der Regel als Drei- respektive Vierschritt erfolgt (beispielhaft Gagel 2000; auch zu rekonstruieren in der politikdidaktischen Konzeption Frank Nonnenmachers, etwa in Nonnenmacher 1996). Als grundlegende Aufgabe politischer Bildung wird die Vermittlung politischen Wissens (in der schulischen politischen Bildung) bzw. das Schaffen von Lernsettings zur selbsttätigen Aneignung von politischem Wissen beschrieben. Dieses Wissen gilt als eine Art Basis für die folgenden Schritte. Dabei gilt es zu betonen, dass die Aneignung von politischem Wissen unabdingbar für eine gehaltvolle politische Bildung ist: Nur auf der Basis von Wissen kann ein fundiertes und reflexives politisches, gesellschaftliches und/oder ökonomisches Urteil gefällt werden. Die Fähigkeit, ein solches Urteil zu artikulieren und argumentativ zu vertreten, gilt als der Vermittlung bzw. der Aneignung politischen Wissens nachgelagert. Walter Gagel (2000, 27) fügt – in Anlehnung an Hanno Drechsler, Wolfgang Hilligen und Franz Neumann – zwischen diese zwei aufeinanderfolgenden Schritte einen weiteren ein: Das Erkennen der eigenen politischen und gesellschaftlichen Interessen und des eigenen politischen und gesellschaftlichen Standpunktes. Auf der Basis der Aneignung von Wissen sollen die Subjekte des Lernprozesses ihre eigenen Interessen (bspw. in der Auseinandersetzung mit dem Verhältnis von Ökonomie und Ökologie) erkennen und ihren eigenen Standpunkt (bspw. als Tochter einer Arbeiter*innenfamilie) reflektieren können. Wenn Wissen angeeignet, der eigene politische und gesellschaftliche Standpunkt reflektiert und die eigenen Interessen erkannt sind, lässt sich, so die Annahme, ein politisch fundiertes Urteil bilden, das verschiedene Standpunkte mit einbezieht, Widersprüche erkennt und reflektiert sowie die eigenen Interessen darin abwägen kann. Auf der Basis des Urteils wiederum kann die Frage nach Möglichkeiten der politischen Intervention in dem Gegenstandsbereich sowie – dies geht einen Schritt weiter – nach dem eigenen politischen Handeln gestellt werden (Nonnenmacher 1999, 134). In der Regel bedeutet dies, dass politische Partizipationsmöglichkeiten eruiert werden. So geben Schulbücher bspw. am Ende eines Kapitels Hinweise auf politische Partizipationsaktivitäten, wenn zum Thema Kommunalpolitik ein Schwimmbad geschlossen werden soll und Menschen dagegen protestieren (Müller-Mathis/Wohnig 2017). Politisches Handeln wird als theoretische, fiktionale oder simulierte Möglichkeit für den Abschluss eines gegenstandsbezogenen Lern- und Bildungsprozesses vorgesehen. Zusammengefasst: Der politische Lern- und Bildungsprozess wird in der Regel als ein linearer Prozess, von der Wissensaneignung/-vermittlung, über das Erkennen der eigenen Interessen und des eigenen gesellschaftlichen Standpunktes, die Fähigkeit zur politischen Urteilsbildung bis hin zur theoretischen Beschäftigung mit, Reflexion von und/oder Simulation politischer Partizipationsmöglichkeiten modelliert. Politisches Wissen und politische Urteilsbildung sowie die Fähigkeit zu politischer Partizipation bilden, so Gagel (2000, 27), das politische Bewusstsein, das am Ende eines linear gezeichneten Bildungs- und Lernprozesses steht. Wie sich jedoch die Fähigkeit zu politischer Partizipation ausbildet oder ausbilden kann, bleibt entweder unklar oder es wird angenommen, dass diese aus dem Wissen um Partizipationsmöglichkeiten entsteht.

2 Das Verhältnis von politischen Einstellungen und politischem Handeln: Von A nach B oder von B nach A?

Ein Blick in aktuelle Ergebnisse der Kultur- und Partizipationsforschung ermöglicht, das Verhältnis von politischem Handeln und politischen Einstellungen sowie Orientierungen zu beleuchten. Dabei steht die Frage im Raum, inwiefern das eine das andere mehr beeinflusst als das andere das eine[2]. Anders formuliert: Bilden politisches Wissen und politische Urteilsbildung sowie das Wissen um politische Partizipationsformen politische Einstellungen sowie Orientierungen aus, die wiederum zu realem Handeln führen?

Die Partizipationsforschung geht im konventionellen Ansatz – dem klassischen Attitude-Behaviour-Ansatz – davon aus, dass politische Orientierungen[3] das Verhalten von Menschen – auch verstanden im Sinne politischer Partizipation – bestimmen. Die These, dass der Einfluss von politischen Orientierungen (attitudes) auf politisches Verhalten höher ist als wiederum der Einfluss von politischem Verhalten auf politische Orientierungen, wurde und wird von prominenten Vertreter*innen der Politikwissenschaft – z.B. Gabriel Almond und Sidney Verba – unterstützt. Aufbauend auf dieser These formulierten beispielsweise Benjamin R. Barber und auch Robert Alan Dahl das rekursive Verhältnis von Demokratie und Partizipation: Demokratien ermutigen Bürger*innen zur Partizipation und diese Bürger*innen würden wiederum im Prozess der Partizipation in demokratischen Verfahren ihre demokratischen politischen Orientierungen stärken.

Ellen Quintelier und Jan W. van Deth (2014) weisen in einem für die Partizipationsforschung richtungsweisenden Aufsatz mit dem Titel *„Supporting Democracy: Political Participation and Political Attitudes. Exploring Causality Using Panel Data“* darauf hin, dass diese These keine empirische Evidenz habe. Die Hauptfrage, der die Autor*innen in ihrer quantitativen Studie nachgehen, ist, ob Partizipierende schon bestimmte politische Orientierungen haben, bevor sie sich engagieren, oder ob die Partizipation an sich sie zu ‚besseren Bürger*innen‘ hinsichtlich ihrer politische Orientierungen macht. Im Ergebnis können Ellen Quintelier und Jan W. van Deth feststellen, dass für jede der von ihnen angeführten Partizipationsform der Effekt von politischer Partizipation auf politisches Interesse höher ist, als der Effekt von politischem Interesse auf jede einzelne Partizipationsform. Deshalb könne festgehalten werden, dass politische Partizipation politische Orientierungen in einem höheren Maße stärkt, als dass politische Orientierungen zu politischer Partizipation führen: „Clearly, attitudes do have an impact on behaviour, but the reserve impact is much stronger“ (Quintelier/van Deth 2014,167). Die durch politisches Engagement

2 Ebenfalls mit Bezug zur Kultur- und Partizipationsforschung haben Achour/Gill (2020) diese Frage diskutiert.

3 Die Übersetzung von „attitude“ wird nicht einheitlich vorgenommen. Teilweise wird von Werten gesprochen, dann wieder von Einstellungen oder politischen Orientierungen.

entstehenden Effekte auf politisches Interesse, das Gefühl politischer Selbstwirksamkeit, politisches Selbstbewusstsein und die Normen der/des guten politischen und der/des guten sozialen Bürgers/Bürgerin, so die Conclusio, können stärker nachgewiesen werden, als die Effekte dieser attitudes auf politische Partizipation. In Anbetracht der Ergebnisse formulieren die Autor*innen, es müsste für eine Demokratie vielversprechender sein, auf ein Mehr an politischer Partizipation gerade bei jungen Menschen zu setzen, da diese Strategie zu einem Anstieg der Zustimmung zu demokratieaffinen Orientierungen beitragen würde. Quintelier und van Deth sprechen sogar von einem Zwang zu politischer Partizipation: „If young people are much more interested in direct opportunities for engagement, stimulating (or even 'forcing') them to become politically active will probably lead to engagement in other forms of participation as well as to more developed democratic political attitudes" (ebd., 168). Der Prozess einer ‚gelungenen' politischen Sozialisation i.S. der Demokratie werde vor allem durch politische Partizipation bestimmt. Daher sei deren Ermöglichung auch für Kinder und Jugendliche notwendig, diese notfalls sogar zu politischer Partizipation zu zwingen – ähnlich wie es mit sozialer Partizipation im Schulalltag an vielen Stellen getan wird (Sozialpraktikum, Service-Learning). Van Deth folgert daraus in einem anderen Aufsatz: „Die politische Bildung sollte daher einen Schwerpunkt auf tatsächliche Beteiligung und nicht auf die Entwicklung positiver Einstellungen legen." (van Deth 2017, 113). Eine allgemeine positive politische Orientierung und die Bereitschaft zu politischem Engagement bei Menschen reiche aber nicht aus, auch wenn dies als Fazit der bisherigen Kulturforschung angesehen werde. Vielmehr brauche es, unter Menschen einer Gemeinschaft, eine bestimmte Verteilung von politischen Orientierungen, sprich eine bestimmte politische Kultur. Dies verweist zwar auf Grenzen der politischen Bildung, jedoch sollte diese sich darauf konzentrieren, im Kinder- und Jugendalter politische Orientierungen und Verhaltensweisen positiv zu prägen, da diese oft bis ins Erwachsenenalter beibehalten werden. Dies könne geschehen, indem tatsächliche Beteiligung gefördert werde und nicht (nur) „die Entwicklung verheißungsvoller Einstellungen" (ebd.). Demokratie zu lernen sei möglich, „wenn politische Bildung bereits bei jungen Kindern anfängt und ein deutlicher Schwerpunkt auf politisches Handeln gelegt wird anstelle ausschließlich auf die Entwicklung günstiger Prädispositionen" (ebd., 114). Verbunden mit dem Argument, man könne vor dem Hintergrund der Forschungsergebnisse auch einen „Zwang zum politisch aktiv-Werden" pädagogisch vertreten, wirken diese Befunde im Abgleich zu Debatten in der (schulischen) politischen Bildung nahezu revolutionär.

3 Erfahrung und Experiment: Politisches Handeln als Teil des Bildungsprozesses

In der Debatte um politisches Handeln als Ziel politischer Bildung wird in der Profession der Politischen Bildung erstaunlich wenig Bezug auf die Ergebnisse der Studie sowie auf John Dewey als entsprechende theoretische Begründung genommen (eine Ausnahme ist Scherb 2014). Dahingegen weisen Demokratiepädagogik, Service-Learning und auch die sozialpädagogische Demokratiebildung eine intensive Bezugnahme zu dem amerikanischen Philosophen und Pädagogen auf. Letztere betont mit Dewey v.a. die Rolle der demokratischen Erfahrung und argumentiert, Demokratie sei über das Erfahren von Demokratie in Bildungsinstitutionen, Vereinen, Verbänden usw. zu erlernen (Ahlrichs u.a. 2021). Schließlich sei die „selbsttätige Aneignung und Verwirklichung von Selbstbestimmung und gesellschaftlicher Mitverantwortung" (Sturzenhecker 2020, 1265) Demokratiebildung. Dagegen begründen Demokratiepädagogik und Service-Learning-Protagonist*innen die Rolle des Handelns von Schüler*innen in Schule und Kommune im Kontext von Bildungsprozessen mit Dewey (etwa Himmelmann 2001, Seifert/Zentner/Nagy 2019). Mit Dewey kann auch der Begriff des Experiments eingeführt werden, welcher zur oben formulierten Forderung von echtem politischen Handeln und Partizipation passt: Erfahrung ist bei Dewey das Ergebnis des Experimentierens (Dewey 1916/2011, 354); sie „ist [die] Auseinandersetzung mit Situationen des Lebens, und wie alles Leben so ist auch das menschliche ein Prozess unablässiger und aber aktiver Anpassung an immer neue Situationen. Tätigkeit setzt Intelligenz voraus" (Oelkers 2009, 142). Die Reflexion der Erfahrung versorgt die Menschen, so fasst es Jürgen Oelkers in der Monografie zu Deweys Pädagogik zusammen, „mit sinnhaften Bedeutungen, die uns instand setzen, Prozesse zu lenken und von anschließenden Erfahrungen zu lernen. Ein intelligentes Wesen *reagiert* nicht nur auf seine Umwelt, sondern ist auch fähig zu *antworten*, also Probleme zu erkennen und sie aktiv zu lösen" (Oelkers 2009, 143; Hervorh. im Original). Im Experiment und im Experimentieren werden Erfahrungen gemacht, die Menschen wiederum durch die Fähigkeit, die Erfahrungen zu reflektieren, mit Bedeutungen von Welt versorgen. Anschließend daran können Menschen aktiv als Subjekte Welt gestalten und in den Lauf der Dinge eingreifen. In Deweys Worten: „Erfahrung [ist] in erster Linie nicht Sammlung von Kenntnissen, sondern ihrem Wesen nach praktisch […], nämlich eine Angelegenheit des Handelns und des Erleidens der Folgen, die sich aus dem Handeln ergeben. Die alte Theorie [d.h. die von Dewey verworfene] wird jedoch umgestaltet durch die Erkenntnis, daß das

Tun in bestimmter Weise geleitet werden kann, nämlich so, daß es alle Ergebnisse des Denkens in sich aufnimmt und zu einer zweifelsfreien, an der Wirklichkeit nachgeprüften Erkenntnis führt. Erfahrung ist dann nicht mehr bloß empirisch, sondern wird experimentell" (Dewey 1916/2011, 361). Politisches Handeln kann so als Teil des politischen Lern- und Bildungsprozesses, der Experimentcharakter besitzt, begründet werden.

4 Schleifen statt linearer Wege: Einblicke in ein Modellprojekt politischer Bildung

Es spricht einiges dafür, *erstens* den linearen Weg politischer Bildung, der das Ziel politische Partizipation in Theorie anvisiert[4], zu verlassen und den Lern- sowie Bildungsprozess, der politisches Handeln auch in seiner Form als reale Praxis begreift, als Schleife zu denken. *Zweitens* lassen sich einige Argumente finden, politisches Handeln im Kontext politischer Bildung als Experiment zu begreifen.

Das bedeutet, dass politisches Handeln von Bildungssubjekten nicht nur als theoretische Handlungsoption *nach* der politischen Wissensaneignung und Urteilsbildung begriffen, sondern als praktisches Tun in der politischen Bildung pädagogisch angeleitet und begleitet wird.

Die Möglichkeit zu politischem Handeln gibt den Bildungssubjekten *zum einen* die Gelegenheit der praktischen Verfügung über Wissen, indem sie ihr Wissen in den gesellschaftlichen Diskurs einspeisen und dort als politische Akteur*innen erscheinen können. Eine solche politische Bildung macht es sich zum Ziel, Gelegenheiten zu schaffen, um politisches Handeln zu erfahren und sieht ihre Aufgabe v.a. in der pädagogisch-didaktischen Begleitung, in der Reflexion realer Partizipationsprozesse. Das heißt, dass eine solche politische Bildung *zum anderen* Gelegenheiten der erfahrungsbasierten Wissensaneignung schafft, indem Reflexionsräume geöffnet werden. Dabei stehen nicht die Ziele des konkreten politischen Handelns im Vordergrund, sondern die Funktion des Handelns. Diese bezieht sich auf die Reflexion über die gesellschaftlichen und politischen Bedingungen des Handels. Die praktische Erfahrung wird so zum Ausgangspunkt und Gegenstand eines angeleiteten Bildungsprozesses. Damit verschwindet die politische Wirksamkeit (Wirken des politischen Handelns

---

4 Sehr viel weniger prominent wird das Ziel in der Profession als Praktisches beschrieben – vgl. dazu Wohnig 2021a.

im Sinne der verfolgten Ziele) eines praktisch verfolgten Zieles (z.B. Bekämpfung des Klimawandels) einer politischen Aktivität nicht, sie wird aber anders gewichtet und gerahmt, ähnlich einem Experiment in anderen Fächern oder Gegenstandsfeldern.

Das Modellprojekt „Politische Partizipation als Ziel der politischen Bildung"[5] bot solche pädagogisch und didaktisch angeleiteten und begleiteten Gelegenheiten[6]. Junge Menschen zwischen 11 und 23 Jahren aller Schulformen konnten in selbst gewählten sozialwissenschaftlichen Themenbereichen und Konflikten politisch handelnd intervenieren. Das didaktische Setting sieht dafür vor, dass die gewählten politischen, gesellschaftlichen und/oder ökonomischen Themen und Konflikte zunächst analysiert werden, d.h., dass den strukturellen Hintergründen der Phänomene im Sinne einer konfliktorientierten sozialwissenschaftlichen Didaktik (vgl. etwa Giesecke 1972, Nonnenmacher 1996, Wohnig 2017) nachgespürt wird, bevor die Bildungssubjekte politisch handelnd in die Phänomene intervenieren. Die angeeigneten vorläufigen Analyseergebnisse können so im Handeln angewendet werden. D.h. im deweyschen Sinne, sie werden handelnd und einwirkend sowie rückwirkend und erleidend erfahren (Dewey 1916/2011, 202). Gleichzeitig bildet das Handeln den Ausgangspunkt für eine Reflexion der Erfahrungen, in der die Notwendigkeit weiterer Analysen und Wissensaneignung aufscheint. Die „Anwendung eines Plans" (Dewey), im Sinne des Handelns selbst und der Reflexion des Handelns in Bezug auf den Plan, ergeben die Notwendigkeit, den Plan zu überdenken und zu überarbeiten: War unsere Handlungsform angemessen? Haben wir in der Analyse etwas (z.B. Interessen involvierter Akteur*innen, rechtliche Fragen usw.) übersehen? Sind uns im Handeln neue wichtige Aspekte (Akteur*innen, Handlungsformen, Begründungen/Urteile usw.) begegnet, die wir vorher nicht bedacht haben? Wieso war unser Handeln (nicht) erfolgreich? An welchen Kriterien lässt sich das messen? Die Ergebnisse dieser Analysen können durch erneutes politisches Han-

---

5 Das Modellprojekt wurde zwischen 2016–2019 von der Bundeszentrale für politische Bildung finanziert und war federführend angesiedelt am Haus am Maiberg/Heppenheim – Akademie für politische und soziale Bildung.

6 Aufgrund des Umfangs dieses Beitrages kann hier nicht auf die konkrete demokratie- und lerntheoretische sowie fachdidaktische Begründung und das methodische Vorgehen im Modellprojekt eingegangen werden. Daher sei auf zwei zentrale Publikationen verwiesen: In Wohnig 2022 findet sich eine ausführliche Begründung; in Wohnig 2023 findet sich das didaktische Konzept samt aller im Modellprojekt entwickelter und angewendeter Methoden. Mithilfe dieser Publikation lässt sich das Konzept in der schulischen und außerschulischen politischen Bildung durchführen.

deln ‚angewendet' und ‚erprobt' werden, woraufhin wiederum eine Reflexion erfolgt. Das Abwechseln von Handeln und Lernen – ebenso ein Motiv Deweys – kennzeichnet den als *Schleife* zu beschreibenden Bildungs- und Lernprozess. Der Weg wird nicht linear beschrieben – politisches Wissen und politische Einstellungen führen zu politischen Urteilen und zu der Fähigkeit des politischen Handelns –, sondern als eine sich immer wiederholende Schleife, in der das politische Handeln auch als Ausgangspunkt für die Wissensaneignung und das Bilden politischer Einstellungen begriffen wird.

Die empirische Beforschung des Modellprojektes in einem rekonstruktiven Setting (vgl. zu methodologischen Fragen: Mack/Wohnig 2019) zeigt, dass es dabei keine Rolle spielt, ob die Erfahrungen vor dem Hintergrund eines ‚objektiven' Erfolgsmaßstabes (bspw: das Handeln bewirkt konkrete politische, gesellschaftliche und/oder ökonomische Veränderungen) als ‚erfolgreich' gelten oder bewertet werden können. Die Reflexion von Abweisungen konkreter Handlungspraxen, von ‚Misserfolg' und ‚Scheitern' politischen Handelns, macht diese zum einen erklär- und damit auch bearbeitbar – das Handeln kann angepasst, die Bedingungen des ‚Scheiterns' können zum Ausgangspunkt neuer Bildungsprozesse gemacht werden. Zum anderen wird das Erscheinen in der Öffentlichkeit als politisches Subjekt von den Bildungssubjekten in dem Projekt als wichtiger erlebt, als der vermeintlich ‚objektive' Erfolg des Handelns (ausführlich in Wohnig 2021b). Mit einer solchen Perspektivierung ist politisches Handeln nicht nur – wie der Titel des Modellprojektes suggeriert – ein Ziel politischer Bildung, sondern auch der Weg zum Ziel selbst: Politische Bildung findet in der Reflexion des politischen Handelns statt. Politisches Handeln ist durch die politischen Handlungsphasen, die als Teil politischer Bildungsprozesse begriffen werden, selbst der Weg zum Ziel politischer Bildung.

Literatur

ACHOUR, Sabine/Gill, Thomas (2020): Back to the roots. Politisches Handeln nicht nur als Ziel, sondern als Weg. In: Henkel, Nicholas u.a.. (Hg.): Politische Bildung: vielfältig – kontrovers – global. Festschrift für Bernd Overwien. Frankfurt am Main: Wochenschau. S. 21–35.

ADORNO, Theodor W. (1971 [1969]): Erziehung zur Mündigkeit. In: Adorno, Theodor W.: Erziehung zur Mündigkeit. Frankfurt am Main: Suhrkamp.

AHLRICHS, Rolf (2019): Demokratiebildung im Jugendverband. Grundlagen – empirische Befunde – Entwicklungsperspektiven. Weinheim/Basel: Beltz.

AHLRICHS, Rolf u.a. (2021): Demokratiebildung im 16. Kinder und Jugendbericht – kritische Kommentare aus Sicht demokratischer Kinder- und Jugendarbeit. In: deutsche jugend 10, S. 426–440.

BERTELSMANN Stiftung (Hg.) (2011): Das Mitmachheft. Zivilgesellschaft gestalten! Sekundarstufe 2. Gütersloh: Bertelsmann Stiftung.

BOURDIEU, Pierre (2001): Das politische Feld: Zur Kritik der politischen Vernunft. Konstanz.

DEWEY, John/Oelkers, Jürgen (1916/2011): Demokratie und Erziehung. Eine Einleitung in die philosophische Pädagogik. 5. Auflage. Weinheim/Basel: Beltz.

GAGEL, Walter (2000): Einführung in die Didaktik des politischen Unterrichts. 2. Auflage. Opladen: Leske.

GIESECKE, Hermann (1972): Didaktik der politischen Bildung. 7. Auflage. München: Juventa.

HEDTKE, Reinhold (2015): Die Schule als Ort politischen Handelns. Über Widersprüche der Bildung zur Partizipation. In: Harles, Lothar/Lange, Dirk (Hg.): Zeitalter der Partizipation. Paradigmenwechsel in Politik und politischer Bildung. Schwalbach/Ts: Wochenschau. S. 120–129.

HIMMELMANN, Gerhard (2001): Demokratie Lernen: als Lebens-, Gesellschafts- und Herrschaftsform. Ein Lehr- und Studienbuch. Schwalbach/Ts.: Wochenschau.

HIMMELMANN, Gerhard (2002): Demokratie als Lebens-, Gesellschafts- und Herrschaftsform. In: Breit, Gotthard/Schiele, Siegfried (Hg.): Demokratie-Lernen als Aufgabe der politischen Bildung. Bonn: Wochenschau.

KOHLBERG, Lawrence (1996): Die Psychologie der Moralentwicklung. Frankfurt am Main: Suhrkamp.

MACK, Alexander/Wohnig, Alexander (2019): „Politische Partizipation als Ziel der Politischen Bildung“: Partizipierende Jugendliche – Partizipative Bildungssettings – Forschendes Lernen – Partizipative Forschung. In: Eck, Sandra (Hg.): Forschendes Lernen – Lernendes Forschen. Partizipative Empirie in Erziehungs- und Sozialwissenschaften. Weinheim/Basel: Beltz S. 175–191.

MÜLLER-MATHIS, Stefan/Wohnig, Alexander (2017): Wie Schulbücher Rollen formen. Konstruktionen der ungleichen Partizipation in Schulbüchern. Schwalbach/Ts: Wochenschau.

NONNENMACHER, Frank (1996): Sozialkunde – vom Schulfach zum Lernbereich. In: Ders. (Hg.): Das Ganze sehen. Schule als Ort politischen und sozialen Lernens. Schwalbach/Ts: Wochenschau. S. 182–197.

NONNENMACHER, Frank (2011): Handlungsorientierung und politische Aktion in der schulischen politischen Bildung. Ursprünge, Grenzen und Herausforderungen. In: Widmaier, Benedikt/Nonnenmacher, Frank (Hg.): Partizipation als Bildungsziel. Politische Aktion in der politischen Bildung. Schwalbach/ Ts.: Wochenschau. S. 83–99.

OELKERS, Jürgen (2009): John Dewey und die Pädagogik. Weinheim/Basel: Beltz.

PELZEL, Steffen/Butterer, Hanna (2022): Disrupting »disruptive ideas«? Nachhaltigkeit und Digitalisierung als offene Widerspruchsverhältnisse einer kritischen Lehrer*innenbildung. In: Siegmund, Alexander u.a. (Hg.): Bildung für nachhaltige Entwicklung und Digitalisierung als Beitrag für eine zukunftsorientierte Hochschulbildung. Wiesbaden.

PIAGET, Jean/Inhelder, Bärbel (1972): Die Psychologie des Kindes. Olten: Walter.

QUINTELIER, Ellen/van Deth, Jan W. (2014): Supporting Democracy: Political Participation and Political Attitudes. Exploring Causality Using Panel Data. In: Political Studies 1/2014, S. 153–171.

SCHERB, Armin (2014): Pragmatistische Politikdidaktik. Making It Explicit. Schwalbach/Ts: Wochenschau.

SCHERB, Armin (2012): Erfahrungsorientierter Politikunterricht in Theorie und Praxis. Der Pragmatismus als Grundlage politischen Lernens. Immenhausen: Barbara Budrich.

SEIFERT, Anne (2016): Bildung, die verändert? Transformatorische Bildungsprozesse im Kontext einer Bildung für nachhaltige Entwicklung. In: Bittner, Alexander u.a. (Hrsg.): Nachhaltigkeit erfahren. Engagement als Schlüssel einer Bildung für nachhaltige Entwicklung. München: Deutsche Bundesstiftung Umwelt. S. 53–66.

SEIFERT, Anne u.a. (2019): Praxisbuch Service-Learning. 2. Auflage. Weinheim/ Basel: Beltz.

STURZENHECKER, Benedikt (2020): Demokratiebildung in der Kinder- und Jugendarbeit. In: Bollweg, Petra u.a. (Hg.): Handbuch Ganztagsbildung. Wiesbaden: Springer VS. S. 1263–1273.

VAN Deth, Jan W. (2010): Kinder und Demokratie: Eine unterschätzte Beziehung. In: Lange, Dirk/ Himmelmann, Gerhard (Hg.): Demokratiedidaktik. Impulse für die Politische Bildung. Wiesbaden: Verlag für Sozialwissenschaften. S. 55–69.

VAN Deth, Jan W. (2017): Demokratie lernen? Politische Bildung aus Sicht der empirischen Kulturforschung. In: Oberle, Monika/Weißeno, Georg (Hg.): Politikwissenschaft und Politikdidaktik. Theorie und Empirie. Wiesbaden: Springer VS S. 103–117.

WOHNIG, Alexander (2017): Zum Verhältnis von sozialem und politischem Lernen. Eine Analyse von Praxisbeispielen politischer Bildung. Wiesbaden: Springer VS.

WOHNIG, Alexander (2021a): Zum Stellenwert der politischen Aktion in der politischen Bildung. In: Ders. (Hg.): Politische Bildung als politisches Engagement. Überzeugungen entwickeln – sich einmischen – Flagge zeigen. Frankfurt am Main: Wochenschau. S. 152–165.

WOHNIG, Alexander (2021b): Ungleichheit und politische Bildung. Das Schaffen von Gelegenheiten zu politischer Partizipation als Perspektive politischer Bildungsarbeit. In: heiEDUCATION Journal. Transdisziplinäre Studien zur Lehrerbildung 1/2021, S. 73–95.

WOHNIG, Alexander (2022): Politische Partizipation als Weg zum Ziel politischer Bildung. In: Wohnig, Alexander/Zorn, Peter (Hg.): Neutralität ist keine Lösung! Politik, Bildung – politische Bildung. Bonn: Bundeszentrale für politische Bildung.

WOHNIG, Alexander u.a. (2023, im Erscheinen): Soziale Praxis und politisches Handeln. Themen & Materialien. Bonn: Bundeszentrale für politische Bildung.

III. Kinder- und Jugendbildung

KATRIN REIMER-GORDINSKAYA

Möglichkeiten und Grenzen politischer Bildung in Kindertageseinrichtungen – Entwicklungspsychologische und kindheitswissenschaftliche Perspektiven im Dialog

Als die frühe Bildung im Jahr 2007 unter der damaligen Bundesfamilienministerin Ursula von der Leyen als Handlungsfeld ins Bundesprogramm für Vielfalt und Toleranz einbezogen wurde, gehörte ich zu den Skeptikerinnen. Wie viele andere in Wissenschaft und Praxis war ich der Auffassung, dass Kita-Kinder sich gesellschaftliche Zusammenhänge kognitiv kaum aneignen können, weil dazu abstraktes Denken notwendig ist und man unter Bezug auf Untersuchungen Jean Piagets (2010 [1970], 66) davon ausgehen könne, dass Kinder dazu etwa ab dem Alter von 11 Jahren fähig sind. Dementsprechend seien die Möglichkeiten politischer und insbesondere gesellschaftskritischer Bildungsarbeit mit jüngeren Kindern als äußerst begrenzt einzuschätzen (Reimer 2011, 303). Nachdem ich zwischenzeitlich zwei Bundesmodellprojekte in Kindertageseinrichtungen und Grundschulen geleitet und die entwicklungspsychologische Forschung aus kindheitswissenschaftlicher Sicht auf ihre Relevanz für diese Bildungsarbeit gesichtet hatte, stellte sich mir die Sache geradezu umgekehrt dar: Es seien nicht so sehr die Kinder, deren Fähigkeiten nicht dazu hinreichen, Gesellschaft zu begreifen. Vielmehr seien wir Erwachsene (noch) nicht in der Lage, eine geeignete Bildungspraxis zu gestalten, weil es, erstens, an einschlägiger entwicklungspsychologischer Forschung zur Aneignung von Gesellschaft durch Kinder mangelt; zweitens bedürfe es aus kindheitswissenschaftlicher Sicht vor allem der Überwindung jener Strukturen von Kindheit, die Kinder in diesem Aneignungsprozess systematisch behindern. Mittlerweile gehe ich von einer Synthese beider Auffassungen aus, die ich hier skizzieren will.

Dabei verstehe ich unter politischer Bildung nicht allein die Vermittlung und Aneignung von (affirmativem) Wissen über den Aufbau und die Funktionsweisen der parlamentarischen Demokratie (van Deth u.a. 2007) und die Ermöglichung von Partizipation in deren Institutionen und Lebenswelten (Richter et al. 2017). Vielmehr gilt es darüber hinaus im Sinne einer kritischen politischen Bildung (Lösch/Thimmel 2010), die systematische Einschränkung der Teilhabe und Mitbestimmung von Kindern und Erwachsenen im neoliberal regulierten Kapitalismus und der diesem entspringenden ‚Postdemokratie' (Colin Crouch) begreifbar zu machen und die Möglichkeitsräume gesellschaftlicher Handlungsfähigkeit angesichts dessen radikal zu erweitern.

Vor diesem Hintergrund möchte ich zunächst rekapitulieren, welchen Beitrag Jean Piagets *Theorie der geistigen Entwicklung* zur entwicklungspsychologischen Fundierung politischer Bildung mit Kita-Kindern (nicht) leisten kann (Teil 1). Anschließend gehe ich auf den begrenzten Stand der Forschung zum Gesellschaftsverständnis von Kindern ein und zeige auf, wie diese Forschung weiterentwickelt werden müsste und könnte (Teil 2). Danach skizziere ich dazu geeignete konzeptionelle Grundlagen sowie Grundstrukturen der Kindheit, die die gesellschaftspolitische Handlungsfähigkeit von Kindern in westlichen Gesellschaften einschränken und entsprechend überwunden werden sollten (Teil 3). Abschließend gehe ich am Beispiel eigener Forschungen zur Bezugnahme von Kita-Kindern auf Gesellschaft auf Möglichkeiten und Grenzen gesellschaftskritischer Bildungsarbeit in Kindertageseinrichtungen aus subjektwissenschaftlicher Sicht ein (Teil 4). Im Fazit wird deutlich, dass die Ausweitung der Teilhabe- und Mitbestimmungsmöglichkeiten von Kindern eine Voraussetzung der Entwicklung kritischer politischer Bildung mit und von Kindern darstellt – und umgekehrt: In dem Maße, wie Kinder ihre praktische, kognitive etc. Handlungsfähigkeit entwickeln, können sie die Überwindung gesellschaftlicher Machtverhältnisse aktiv mitgestalten.

1. Zur Bedeutung der Piaget'schen Theorie der geistigen Entwicklung für politische Bildung mit Kita-Kindern

Die jüngere Diskussion um die Förderung demokratischer Strukturen in Kindertageseinrichtungen und entsprechender Kompetenzen von Kita-Kindern bezieht sich vorwiegend auf die diesbezüglichen Rechte von Kindern und, insoweit entwicklungspsychologische Konzepte und Befunde in der Debatte noch eine Rolle spielen, auf die Ontogenese allgemeiner Voraussetzungen sozialen Handelns sowie moralischer Entscheidungsfähigkeit (Pauen/Goll 2021; Ruppin 2018; Richter u.a. 2017 u. 2018). Inwieweit Kita-Kinder kognitiv in der Lage sind, sich mit gesellschaftlichen Zusammenhängen und Widersprüchen als wesentlichem Inhalt (kritischer) politischer Bildung zu befassen, ist eine demgegenüber eher randständige Frage geworden, die in diesem Beitrag indes erneut aufgeworfen werden soll. Anknüpfungspunkt ist der Umstand, dass sich sowohl

Befürworter:innen (z.B. Dondl 2013, 85 ff.) als auch Skeptiker:innen (entsprechende Hinweise geben Brügelmann 2020, 11 u. Goll/Schmidt 2021, 8) politischer Bildung mit Kita- und Grundschulkindern (in)direkt auf Untersuchungen Jean Piagets beziehen, dessen Forschungen bis heute als zentrale Referenz für die Konzeptualisierung der Entwicklung der Kognition bzw. des Denkens in der frühen und mittleren Kindheit gilt (Schneider/Lindenberger 2018, 395 ff.). Insofern lohnt sich ein Rückblick auf dessen möglichen Beitrag zur Fundierung politischer Bildung in Kindertageseinrichtungen, wobei auch gängige Missverständnisse der Piaget-Rezeption benannt werden.

Mit der kritischen Psychologin Gisela Ulmann (2013, 8 f.) lässt sich festhalten, dass der Biologe Jean Piaget sich selbst insofern als Psychologe verstand, als er empirisch an bzw. mit Kindern forschte, um eine genetische Erkenntnistheorie zu entwickeln; dabei interessierte er sich für eine bestimmte Variante der Erkenntnis oder Intelligenz, nämlich formal-logische Kategorien und Operationen. Wie diese von Kindern in ihrer Auseinandersetzung mit der Welt gebildet werden, untersuchten er und seine Mitarbeiterinnen in zahlreichen Studien, in denen sie Kinder oftmals jenseits ihrer Lebenswelt experimentieren ließen und befragten. Gegenstand ihres Interesses waren dabei vor allem Kategorien wie Objekt, Raum, Kausalität und Zeit; gesellschaftliche Verhältnisse oder wenigstens die gesellschaftlichen Dimensionen dieser Kategorien standen nicht im Fokus. Im Zuge ihrer Forschung (re)konstruierten sie qualitative Entwicklungsstufen von der ontogenetisch frühesten Phase bis hin zu der o.g. Variante der Intelligenz. Der erste Schritt, den Kinder bzw. Säuglinge demnach vollziehen, ist, die durch ihre Aktivität vermittelte Fähigkeit zu entwickeln, Dinge nach ihrer Verwendbarkeit (z.B. saugbar vs nicht-saugbar) zu klassizifieren, der letzte die durch abstraktes Denken vermittelte Fähigkeit, Schlüsse aus allgemeinen und konkreten Sätzen (Alle Elemente a sind Teil der Klasse A; dies ist ein a, also ist es Teil der Klasse A) zu ziehen (ebd.: 14 f.). Zwischen dieser sensu-motorischen und formal-logischen Intelligenz liegen Formen der Erkenntnis, die zunächst noch an die Manipulation von Objekten gebunden sind, bevor sie das konkret-sinnliche Erleben als Voraussetzung der Erkenntnis überflüssig werden lassen. Dieser Übergang zur formal-logischen Erkenntnis ist bei Kindern im Alter von 11–13 vorgekommen und entsprechend dokumentiert worden. Diese empirischen Befunde sind in der Rezeption und Weiterführung Piagets allerdings zur Grundlage für die Konstruktion altersnormierter Entwicklungsstufen gemacht worden. Daher wurde – wie auch in meinem o.g. Fall – umgekehrt vom Alter auf (nicht) vorhandene Fähigkeiten geschlossen; zudem wird dabei oft noch unterstellt, es handele sich um universelle, nicht veränderbare Entwicklungsverläufe (vgl. kritisch dazu: Burman 2008; 235 ff.; Reimer-Gordinskaya 2017, 85 ff.).

Die Bedeutung dieser Forschungen Piagets für eine politische Bildung in Kindertageseinrichtungen liegt m.E. erstens darin, dass er sich als Konstruktivist für die Aktivität von Kindern beim Aufbau der formal-logischen Intelligenz interessierte und dass er zweitens den Beginn der entsprechenden Entwicklungszüge beim Säugling ansetzte. Insofern lässt sich die heute gängige Befürwortung ‚politischer Bildung von Anfang an' (DJI 2021) ganz allgemein mit ihm begründen. Indes lassen sich mit Piaget drittens nicht nur die Möglichkeiten einer solchen Praxis, sondern auch deren Grenzen in den Blick nehmen bzw. genauer: qualitative Differenzen im ontogenetischen Aufbau dieser Form der Erkenntnis. Denn auch wenn eine Linie der kritischen Auseinandersetzung mit Piagets Forschung vermittels alternativer Forschungsmethoden nachgewiesen hat, dass Kinder bereits in weit jüngeren Jahren als bei ihm festgestellt bspw. Perspektivwechsel (ab 2 Jahren) vornehmen und kausale Relationen (ab 3 Jahren) herstellen, bleibt es dabei, dass ihr diesbezügliches Denken dem von Erwachsenen zwar ähnlich, aber nicht mit ihm identisch ist (Schneider/Lindenberger 2018, 400ff.).

Um politische Bildung entwicklungsgemäß gestalten zu können, bedarf es genauer Beschreibungen dieser qualitativen Differenzen in Bezug aufs Gesellschaftsverständnis. Dazu liefert Piagets Forschung zur geistigen Entwicklung allerdings keine spezifischen Grundlagen, weil er sich für die Genese der Erkenntnis von Gesellschaft – als wesentlichem Gegenstand (kritischer) politischer Bildung – nicht annähernd so systematisch interessierte, wie für die Genese des formal-logischen Denkens, auch wenn die wenigen seiner partiell einschlägigen Studien teils instruktiv sind (s.u.). Seine Einsichten *in eine bestimmte Form* – nämlich der auf naturwissenschaftliche Kategorien und Operationen gerichteten – Erkenntnis als Aussagen über *die kognitive Entwicklung von Kindern schlechthin* aufzufassen, überschreitet jedenfalls den Geltungsbereich seiner Untersuchungen. Eine solche Rezeption ist auch längst überholt. So wurde in der Entwicklungspsychologie bereits in den 1970er Jahren die Vorstellung ventiliert, dass (nicht nur) die kognitive Entwicklung *bereichsspezifisch* verläuft und daher auch in den jeweils interessierenden Bereichen (engl. „domains") konkret untersucht werden muss; mittlerweile wird meist von einer Interaktion zwischen allgemeinen und bereichsspezifischen Prozessen ausgegangen (Jacobs/Gärdenfors 2017), wobei letzteren im Bereich der sozialen Wahrnehmung besondere Bedeutung beigemessen wird (Michael/D'Ausilio 2015).

Vor diesem Hintergrund erweisen sich die Untersuchungen Piagets zur Genese der formal-logischen Erkenntnis als ein mindestens in wesentlichen

Dimensionen *bereichsspezifischer* Ansatz, der durchaus heuristischen Wert für Forschungen zur Kognition in anderen Bereichen hat, aber keine selbstverständliche Geltung für den hier interessierenden Bereich der Genese gesellschaftlichen Denkens oder des Gesellschaftsverständnisses von Kindern beanspruchen kann. Zum Verständnis dieser Form des Denkens müssen wir auf entsprechende bereichsspezifische Untersuchungen zurückgreifen.

2. Gesellschaftsverständnis: Mangel kindlicher Kompetenz oder Blindstelle der Psychologie?

Dies ist allerdings leichter gesagt als getan. Schon der Blick in gängige Lehrbücher der Entwicklungspsychologie zeigt, dass zwar auch kulturpsychologische Perspektiven eingebracht werden, die für eine entsprechende Forschung besonders geeignet wären (s.u.), Forschungen zum Gesellschaftsverständnis von Kindern aber trotzdem Mangelware bleiben (Schneider/Lindenberger 2018). Zu den Ursachen dieser Blindstelle heißt es in der Einleitung zu einem in deutscher Sprache fast solitären Sammelband zum (dürftigen) Sachstand: „Die gegenwärtige Psychologie versteht sich kaum als Gesellschaftswissenschaft noch betrachtet sie Gesellschaft als einen wichtigen Gegenstand.“ (Kölbl/Mey 2014, 9). Und andere an diesem Band beteiligte Fachvertreter:innen halten fest, dass die Erforschung dieses Gegenstandsbereiches eine „Entwicklungsaufgabe der Entwicklungspsychologie“ (Greve/Sandhagen 2014, 189) darstellt. Immerhin lässt sich dabei an eine vor allem anglo-amerikanische Forschungstradition anknüpfen, während es im deutschsprachigen Raum lediglich wenige, eher unsystematische Forschungen zum Gesellschaftsverständnis von Kindern gibt (z.B. Wacker 1976; Fried u.a. 2004).

Bei der Durchsicht der vor allem anglo-amerikanischen Forschung (Barret/Buchanan-Barrow 2005) fällt auf, dass ‚Gesellschaft‘ in Sphären (Ökonomie, Recht, Politik) und Dimensionen gesellschaftlicher Verhältnisse (Geschlecht, Ethnizität etc.) differenziert wird. Die sinnvolle implizite Annahme ist demnach, dass Kinder sich nicht der Gesellschaft als ganzer, sondern einzelnen Bereichen nähern. Insofern wiederholt sich hier die bereits angesprochene Betrachtung bereichsspezifischer und allgemeiner Entwicklungsverläufe: „Das Gesellschaftsverständnis stellt sich aus entwicklungspsychologischer Sicht nicht als eine opake Einheit dar, sondern als ein Phänomen, das Binnendifferenzierungen unterliegt. […] Die Entwicklungspfade der jeweiligen Teilbereiche des Gesellschaftsverständnisses verlaufen nicht isoliert voneinander, sondern unterhalten

Beziehungen zueinander, darüber hinaus können bereichsübergreifende Aspekte ausgemacht werden." (Kölbl 2014, 22)

Nun hat die aufs Gesellschaftsverständnis bezogene entwicklungspsychologische Forschung damit zu kämpfen, dass ‚Gesellschaft' (auch in ihren eben genannten Facetten) ein ungleich komplexerer Gegenstand ist als bspw. ‚Kausalität' und dass die begriffliche und theoretische Erfassung dieser Gegenstandsbereiche zudem kontrovers ist: Ob man bspw. davon ausgeht, in einer sozialen Marktwirtschaft zu leben, deren Krisen exogene Ursachen haben oder meint, in einer (neoliberal formierten) kapitalistischen Produktionsweise zu leben, die endogene Krisen hervorbringt, macht einen großen Unterschied mit Blick auf die entwicklungspsychologisch zu untersuchende Auseinandersetzung von Kindern mit Gesellschaft (Markard 2014, 72ff.).

Es ist auch diese Komplexität und theoretische Mehrdeutigkeit des Gegenstandes, die Piaget davon abbrachte, sich mit Aspekten von Gesellschaft näher zu befassen. Insoweit er dies etwa gemeinsam mit der späteren Psychoanalytikerin Annemarie Sandler-Weil in „*The Development in Children of the Idea of Homeland and of Relations with other Countries*" getan hat, zeigt sich, dass er insbesondere jene Aspekte von Nation und nationaler Identität berücksichtigte, die sich quasi-naturwissenschaftlich fassen ließen. So wurde die Fähigkeit zur reziproken Perspektivübernahme als objektiv richtiges Verständnis des Verhältnisses eines jeweiligen Heimatlandes zu anderen Ländern konzipiert und einem Ethnozentrismus, in dem der (affektiv positive) Bezug aufs eigene Heimatland nicht hinreichend dezentriert werde, gegenübergestellt (Piaget/Weil 1951). Athanasios Marvakis (1995, 73 ff. u. 2020, 161 ff.) hat kritisch erstens darauf hingewiesen, dass dieses Kompetenzniveau nicht das ‚Ende' der hier relevanten kognitiven Entwicklung darstellt, weil Nationalismus mehr ist als die soziozentrierte Wahrnehmung von Intergruppenbeziehungen; und dass (dementsprechend) zweitens auch auf dem entwicklungspsychologischen Kompetenzniveau der Reziprozität nationalistische Einstellungen gebildet werden können – wie etwa in dem in den 1990er Jahren auch in Westdeutschland populär gewordenen Konzept des Ethnopluralismus. Allgemeiner formuliert bleibt festzuhalten, dass gesellschaftliche Verhältnisse wie Nationalismus nicht in ihren logischen oder quasi-naturwissenschaftlichen Gegenstandsaspekten aufgehen, sondern eben gesellschaftstheoretisch unter Einbezug ihrer politisch-ideologischen Konstitution gefasst und vor diesem Hintergrund in ihrer Ontogenese untersucht werden müssen.

Betrachtet man die Forschungsansätze im o.g. Sammelband „*Children's Understanding of Society*" (Barrett/Buchanan-Barrow 2005) unter diesem Gesichtspunkt, so fällt das Ergebnis gemischt aus. So meint etwa Webley (2005, 43), mit wenigen allgemeinen Hinweisen zum Thema ‚Ökonomie' auszukommen: Dieser Begriff sei ein „Label für den Teil der sozialen Welt, in dem es um den Erwerb, die Verwaltung und die Verteilung von Vermögen" gehe, was nicht-monetäre Praxen wie Hausarbeit und Geschenke sowie den direkten Tausch von Dingen umfasse. Die zunehmend richtige Erfassung von Konzepten wie Geld, Preis, Angebot und Nachfrage sowie ökonomischer Institutionen wie Banken wird auch im Einzelnen an ein eher affirmatives Alltagsverständnis dieser Gegenstände gebunden. Immerhin wird darauf hingewiesen, dass die in diesem Teilbereich dominante Forschungsrichtung der „ökonomischen Welt von Erwachsenen" (ebd.: 54) gilt, um dann auch Befunde über Kinder als ökonomische Akteur:innen (ebd.: 54 ff.) in geldvermittelten und nicht-geldvermittelten Praxen und eigenständigen Kinderwelten zu referieren und die systematische Berücksichtigung von Kindern in ökonomischer Theoriebildung einzufordern; auch hier bleiben die eigenen theoretischen Positionen indes undeutlich und eher affirmativ.

Eine vergleichsweise gesellschaftstheoretisch fundierte und kritische Konzeption präsentieren hingegen Emler/Dickinson (2005, 169 f.) in ihrer Darstellung des kindlichen Verständnisses sozialer Klassen und Berufsstrukturen: Grundlegend ist für sie die Annahme, dass für menschliche Gesellschaften als ökonomische Systeme jeweils spezifische Formen der Arbeitsteilung und Verteilung des aus Arbeit resultierenden Reichtums charakteristisch sind; diese beiden Strukturen manifestierten sich in kapitalistischen Gesellschaften in einem spezifischen Berufssystem aus bezahlter Lohnarbeit und unbezahlter Hausarbeit einerseits und Klassenunterschieden mit deutlichen sozialen Ungleichheiten andererseits, wobei die Reproduktion dieser Ungleichheiten in einem beträchtlichen Ausmaß auf Zustimmung beruhe. Vor diesem Hintergrund begründen sie eine entwicklungspsychologisch relevante Fragestellung bzw. Hypothese, nämlich wie bzw. dass die Reproduktion der kapitalistischen Ökonomie mit ihren sozialen Ungleichheiten auch über die Entwicklung eines bestimmten Verständnisses sozialer Klassen in der Kindheit und die Einarbeitung von Kindern in das stratifizierte Berufssystem funktioniert. Sie referieren dann Befunde zur kindlichen Wahrnehmung von Armut und Reichtum (als Ausdruck von Klassenunterschieden) (ebd.: 171 ff.), zu Überlegungen von Kindern zum Zusammenhang von Beruf, Einkommen und Status (ebd.: 174 ff.), über die Freiheitsgrade in der Berufswahl (ebd.: 177 ff.) sowie Erklärungen und Rechtfertigungen sozialer Ungleichheiten (ebd.: 179).

Mitzunehmen ist aus diesem Überblick, *dass* Kinder sich mit zentralen Konzepten, Institutionen und Strukturmomenten kapitalistischer Gesellschaften befassen (können). Zudem wird die Relevanz einer gesellschaftstheoretisch-kritischen Position, von der aus die Frage nach konformem und non-konformem Denken aufgeworfen werden kann, deutlich. Die Grenzen der referierten Forschung für eine Fundierung politischer Bildung zu bspw. Klassenverhältnissen in Kindertageseinrichtungen liegen darin, dass jüngere Kinder als Vorschulkinder meist nicht befragt wurden und dass die kognitive Auseinandersetzung von Kindern mit Gesellschaft nicht ausgehend von ihrer Lebenswelt und ohne Bezug zur Lage von Kindern in modernen Gesellschaften thematisiert wird – so auch dort, wo es um die Entwicklung des Verständnisses von politischen Institutionen und demokratischen Verfahrensweisen geht (Berti 2005). In gewisser Weise versetzt die kognitive Entwicklungspsychologie Kinder in ein abstrakt-theoretisches Verhältnis zur Welt, ohne Bezug zu ihrer Tätigkeit in einer jeweiligen Gesellschaft. Die gesellschaftliche Praxis von Kindern sollte indes der Ansatzpunkt sowohl für die Forschung zur Entwicklung des Gesellschaftsverständnisses von Kindern als auch für (kritische) politische Bildung mit ihnen sein, wie folgend argumentiert wird.

3. Vom Kopf auf die Füße: Materielle Voraussetzungen des gesellschaftlichen und politischen Denkens und Handelns von Kindern – Ansatzpunkte politischer Bildung

Wenngleich, wie nun etwas deutlicher geworden sein sollte, das Urteil von Kölbl/Mey (2014, 9) zutrifft, dass die entwicklungspsychologische Forschung zum Gesellschaftsverständnis von Kindern lückenhaft und verkürzt ist, weil die Psychologie insgesamt sich kaum als Gesellschaftswissenschaft versteht, so gilt dies nicht für die gesamte Disziplin. Vielmehr existieren – gerade auch in der Entwicklungspsychologie – kultur- und gesellschaftstheoretisch fundierte Strömungen, die die kognitive Entwicklung von Kindern sowohl kontextualisieren als auch vom Kopf auf die Füße stellen können. Eine dieser Strömungen ist die sowjetische, sogenannte kulturhistorische Schule (einführend: Kölbl 2006). Aus deren Reihen stammt auch eine einschlägige Auseinandersetzung mit Piaget, die aufschlussreich für die – m.E. notwendige – methodologische Umorientierung der entwicklungspsychologischen Forschung ist, wenn sie Grundlagen für eine politische Bildung mit Kita-Kindern entwickeln will.

So benennt Lev Vygotskij als zentrale Probleme von Piagets Ansatz „erstens das Fehlen der Wirklichkeit und zweitens das Verhältnis des Kindes zu dieser Wirklichkeit, d.h. das Fehlen einer praktischen Tätigkeit des Kindes“ (Vygotskij

1969, zit.n. Keiler 1991, 129). Und das Hamburger Entwicklungspsychologie-Paar Clara und William Stern wird von ihm zustimmend mit der Einschätzung zitiert, dass Piaget die Bedeutung der sozialen Situationen unterschätze, in denen Kinder in seinen Studien bestimmte Äußerungen machen, so dass bspw. das monologische Begleitreden keine für eine bestimmte Entwicklungsstufe gültige Universalie, sondern eben Implikat einer Situation sei, in der Kinder fast ausschließlich mit Spielen beschäftigt sind (ebd.: 132). Für Vygotskij sei, so Keiler, daran der zu Grunde liegende Gedanke wichtig gewesen, dass „das die kindliche Entwicklung bestimmende ‚soziale Milieu‘ ein dem gesellschaftlich historischen Wandel unterworfener Faktor ist“, also die „Historizität der menschlichen Psyche“ auch in der Kinder- bzw. Entwicklungspsychologie zur Geltung kommen müsse (ebd.: 133). „Entgegen der ‚Grundtendenz der ganzen modernen Kinderpsychologie‘, die auf der Suche nach dem ‚Ewig-Kindlichen‘ sei, bestehe die wirkliche Aufgabe der Psychologie darin, das ‚Historisch-Kindliche‘ aufzudecken (Vygotskij 1969, zit. n. ebd.). Mit der Historizität und somit Variabilität der gesellschaftlich vermittelten Kontexte, in denen Kinder ihr gesellschaftliches Denken entwickeln, befasst sich die Kindheitssoziologie.

Deren historische Forschung hat Grundstrukturen der modernen Kindheit freigelegt, vor deren Hintergrund sich die historisch-spezifische Lage von Kindern in westlichen Gesellschaften der Gegenwart verallgemeinernd umschreiben lässt. Für die Herausbildung von generationalen Verhältnissen in westlichen kapitalistischen Gesellschaften ist wesentlich, dass Kinder in die entstehenden Institutionen der Familie und des Bildungssystems verwiesen wurden. Zugleich wurden sie aus dem politischen System i.e.S. sowie der Lohnarbeit ausgeschlossen. Ersteres betraf alle Kinder, letzteres zunächst proletarische und auf dem Land arbeitende, nicht aber bürgerliche Kinder, wurde im Laufe des 20. Jahrhunderts dann aber ebenso weitgehend verallgemeinert wie der Einschluss ins Bildungssystem. Die Struktur der modernen Kindheit steht somit in einem wechselseitigen Konstitutionsverhältnis mit dem Politischen und Ökonomischen: Dass Kinder im politischen System i.e.S. nicht vorkommen, prägt das Politische, das umgekehrt Kinder als politische Nicht-Akteur:innen konstituiert; und in den Systemen der gesellschaftlichen Arbeitsteilung und der Verteilung des gesellschaftlichen Reichtums sind nicht nur Männer und Frauen, sondern auch Kinder auf eine Art und Weise positioniert, die umgekehrt diese Systeme prägt.

Die damit angedeuteten ökonomisch-generationalen Verhältnisse bestimmen das Ausmaß der gesellschaftlichen Handlungsfähigkeit von Kindern insoweit, als „die Form des individuellen Beitrags zur gesellschaftlichen Lebensgewinnung und die Möglichkeiten zur individuellen Existenzsicherung" von der „Organisation der gesellschaftlichen Arbeitsteilung ab[hängen]" (Holzkamp 1983, 193). Und insoweit der Zugang zu Erwerbsarbeit in kapitalistischen Gesellschaften die wesentliche Voraussetzung der individuellen Reproduktion darstellt, bedeutet der Ausschluss aus ihr eine massive Einschränkung der Handlungs- und Entwicklungsmöglichkeiten von Kindern. Ganz anders argumentier(t)en Befürworter:innen des Verbots von Kinderarbeit, das ihnen als Schutzmaßnahme und Bedingung einer glücklichen Kindheit und gelingenden Entwicklung von Kindern gilt. Dementsprechend ist das Verbot von Kinderarbeit historisch und aktuell in Politik und Zivilgesellschaft umstritten: Während die sozialdemokratische Mehrheit im 19. Jahrhundert so wie heute bspw. die International Labour Association (ILO) für das *Verbot von Kinderarbeit* votierte bzw. votiert, forderte Karl Marx (1875) und fordern erwerbsarbeitende Kinder im globalen Süden auch im 21. Jahrhundert *Schutz vor Ausbeutung* und den Zugang zu Bildung – sowie das Recht, in dieser Debatte überhaupt gehört zu werden (Liebel 2001, 251 ff.).

Dennoch gilt Kinderarbeit auch heute noch vielen als Relikt vergangener (schlechterer) Zeiten; dabei sind die Realität von und der dominante Umgang mit Kinderarbeit widersprüchlich. So ist (selbständige und unselbständige) Erwerbsarbeit von Kindern im Alter zwischen 11 und 18 Jahren auch in Europa durchaus weit verbreitet (ebd.: 172 ff.), von Kindern/Jugendlichen zur Ausweitung ihrer finanziellen Spielräume gewollt (ebd.: 178 ff.) und auch unter Erwachsenen allgemein akzeptiert; auch die unbezahlte Reproduktionsarbeit von Kindern/Jugendlichen im Haushalt (ebd.: 235 ff.) und in Kindertageseinrichtungen sowie ehrenamtliche Tätigkeiten von Kindern/Jugendlichen in Vereinen und Verbänden werden nicht als problematische Kinderarbeit thematisiert (ebd.: 239 ff.). Angesichts dessen sprachen Kindheitssoziolog:innen schon vor 20 Jahren von einer möglichen Veränderung dieses Strukturmoments moderner Kindheit (ebd.: 194). Dieser Trend könnte darin münden, Kindern, insoweit sie dies wünschen, geschützte, anregende und gut entlohnte Erwerbsarbeit zu ermöglichen und auch die von ihnen unbezahlt verrichtete Arbeit anzuerkennen, ohne dass dies auf Kosten ihrer (vor)schulischen Bildung geht.

Diese knappe Skizze bietet einen hinreichenden Einblick in die ‚Wirklichkeit' des ‚Historisch-Kindlichen' (Vygotskij, 1969, zit.n. Keiler 1991, 129), um die kognitive Entwicklung von Kindern *im Zusammenhang* mit ihrer darin verorteten Tätigkeit betrachten zu können. Wie gezeigt, wurden Kinder indes im Zuge der Durchsetzung der modernen Kindheit aus eben jenen Praxiszusammenhängen *entfernt*, die für die Gewinnung gesellschaftlicher Teilhabe und politischer Mitbestimmung zentral sind. Insofern befinden Kinder sich in einer Entwicklungssituation, in der sie *realiter* ein vermittelt-theoretisches und kein unmittelbar-praktisches Verhältnis zum Ökonomischen und Politischen haben. Das bedeutet nicht, dass Kinder sich kein *Wissen* über diese gesellschaftlichen Sphären aneignen (können). Ganz im Gegenteil tun sie dies ja ausweislich der bereits aufgeführten Studien (Berti 2005; van Deth u.a. 2007). Wohl aber dürfte deutlicher geworden sein, wie problematisch es ist, das gesellschaftliche Denken von Kindern unter Absehung dieser Entwicklungssituation zu konzipieren, empirisch zu untersuchen, in entsprechenden Phasenmodellen zu formalisieren und auf einer solchen Grundlage zu argumentieren, *Kinder* einer gewissen Alters- oder Entwicklungsstufe *könnten* dieses oder jenes nicht. Zutreffender wäre es festzustellen, dass es *Kindern in diesen generationalen Verhältnissen* systematisch *erschwert* wird, ökonomische und politische Verhältnisse kognitiv zu durchdringen. Umgekehrt gilt: Insoweit die entsprechenden Entwicklungsbehinderungen abgebaut werden, können Kinder – etwa in Kita-Parlamenten oder in der gemeinsamen Nutzung einer Kita-Kasse – politische und ökonomische Praxen (mit)gestalten und darin auch ihr gesellschaftspolitisches Denken leichter entwickeln.

Dabei liegt die Betonung auf *leichter*, nicht: *schneller*, wie in der anglo-amerikanischen Vygotskij-Rezeption der diesbezüglichen Konzeption der ‚Zonen der aktuellen und nächsten Entwicklung' (Kölbl 2006, 49 f.). Erstere beinhaltet „die psychischen Leistungen […], die ein Kind selbständig ohne jede Hilfe erbringen kann", letztere die Differenz zu den Leistungen, „die ein Kind unter Anleitung eines kompetenteren Erwachsenen oder Peers zu lösen imstande sei" (ebd.: 50). Dabei versteht Vygotskij wie Piaget unter Entwicklung nicht allein quantitative Zuwächse psychischer Leistungen, sondern insbesondere qualitative Veränderungen im gesamten Gefüge der psychischen Funktionen (ebd.: 48). Und solche qualitativen Entwicklungen würden „im Zuge der Veränderung der Beziehungen zwischen der Persönlichkeit des Kindes und seinem sozialen Milieu" oder kurz formuliert: „der ‚sozialen Entwicklungssituationen'" (ebd.) generiert.

Die Gestaltung solcher Entwicklungssituationen ist eine wichtige Voraussetzung für (kritische) politische Bildung in Kindertageseinrichtungen. Denn in ökonomische und politische *Praxis* eingebunden zu sein erleichtert sowohl die quantitative als auch qualitative Entwicklung des diesbezüglichen gesellschaftlichen Denkens: Erstens können Kinder bspw. grundlegende ökonomische Kategorien (z.B. Ware, Geld) und Zusammenhänge (Generierung von Einkommen durch Lohnarbeit etc.) *in Erfahrung* bringen, was Fachkräfte zum Anlass nehmen können, diese Kategorien und Zusammenhänge (auch kritisch) zu thematisieren; und zweitens werden sie (potenziell) mit *Widersprüchen* (z.B. dem Interessengegensatz zwischen Lohnarbeit und Kapital) konfrontiert, was sie dazu anregen kann, mit Fachkräften ‚hinter' die sinnlich wahrnehmbaren Interaktionen zu schauen und die ihnen zu Grunde liegenden gesellschaftlichen Produktionsverhältnisse zu begreifen. Damit ist allerdings eine sehr weit gespannte Entwicklungsperspektive benannt. Inwieweit eine entsprechende gesellschaftskritische politische Bildung in Kindertageseinrichtungen realisiert werden kann, soll abschließend unter Bezug auf die subjektwissenschaftliche Entwicklungstheorie, die in gewisser Weise an die sogenannte kulturhistorische Schule anschließt (Maiers/Reimer-Gordinskaya 2023), und am Beispiel eigener Forschungen (Reimer-Gordinskaya 2018) konkretisiert werden.

4. Möglichkeiten und Grenzen kritischer politischer Bildung in Kindertageseinrichtungen

In der subjektwissenschaftlichen Psychologie wird das praktische, kognitive, emotionale etc. Verhältnis zwischen den Einzelnen – hier: Kindern, Fachkräften, Eltern – und einer historisch je spezifischen Gesellschaft mit dem Begriff der *personalen Handlungsfähigkeit* gefasst. Dieser Begriff besagt, dass unser Handeln, Denken und Fühlen stets ein Handeln, Denken, Fühlen in bestimmten, gesellschaftlich vermittelten sozialen Interaktionen, Kontexten und Institutionen ist. So setzen bspw. die alltäglichen Interaktionen von Kindern und Erzieherinnen die Existenz der Institution der *Kindertageseinrichtung* und somit die berufsförmig organisierte Betreuung, Erziehung und Bildung der nachwachsenden Generation voraus, wobei diese Arbeit im vergeschlechtlichten System der gesellschaftlichen Arbeitsteilung vor allem Frauen zugewiesen wird und im Gesamtreproduktionsprozess dafür sorgt, dass möglichst alle Erwachsenen ihre Arbeitskraft weitgehend zur Verfügung stellen können. Die Existenz der Kinder ist ‚von Anfang an' in diesem Sinne gesellschaftlich vermittelt, allerdings besteht ein Widerspruch zwischen dieser objektiven Gegebenheit und ihrer subjektiven Repräsentation. Um die eigene Lage kognitiv, emotional etc. ‚einzuholen', entwickeln Kinder die Fähigkeit, ihre Umgebung nicht lediglich als *Umwelt*, sondern als *soziale Welt* zu begreifen. So *stellen* Kinder in unseren o.g. Projekt vielfach *fest*, *dass* sie in der Kita sind, während ihre Eltern oder Großeltern arbeiten und ältere Geschwister zur Schule gehen. Gedanklich bewegen sich diese Kinder also nicht lediglich in einer sozialen Welt interpersonaler Beziehungen, sondern demonstrieren ein Bewusstsein der institutionellen Einbettung ihrer

Existenz. Weitergehende Auseinandersetzungen mit diesen Gegebenheiten zeigen sich in Äußerungen, dass Erwachsene arbeiten *müssen* oder sie in Kita bringen, *damit* sie arbeiten können. Im ersten Fall tritt der Gedanke auf, dass das Handeln der Erwachsenen nicht gänzlich selbstbestimmt, sondern auch *fremdbestimmt* ist, im zweiten eine zwischen Intentionalität und gesellschaftlicher Funktionalität angesiedelte Annahme über den *Zusammenhang* zwischen der Verortung von Kindern in der Kita und der Arbeitstätigkeit der Erwachsenen. Noch einen Schritt weiter geht ein Kind, das eine Beobachterin *fragt*, *warum* sie arbeiten *muss*. Diese erklärt arbeiten zu müssen, um Geld zu verdienen und ihre Miete und sonstige Lebensmittel bezahlen zu können, wodurch dem Kind ein Einblick in den Zusammenhang zwischen dem Verkauf von Arbeitskraft und Gelderwerb ermöglicht wird. Die somit kognitiv repräsentierte Sozialität der Welt gilt es dann in Richtung ihrer gesellschaftlichen Vermitteltheit zu überschreiten, um letztlich *Gesellschaft* zu begreifen, die aktuell als eine neoliberal formierte kapitalistische Produktionsweise mit diversen Machtverhältnissen gefasst werden kann, die die Handlungsmöglichkeiten von Menschen insgesamt systematisch einschränkt. Dass und wie soziale Interaktionen und institutionelle Gegebenheiten in Kindertageseinrichtungen durch generationale, rassistische sowie Klassen-, Geschlechterverhältnisse vermittelt sind, ist andernorts exemplarisch dargestellt worden (www.ki-win.de/Praxisanalysen). An dieser Stelle kann festgehalten werden, dass das Denken von gesellschaftlichen Verhältnissen (bspw. dem Gegensatz von Kapital und Arbeit) nicht in der ‚Zone der nächsten Entwicklung' von Kita-Kindern liegt. Das bedeutet indes nicht, dass Kindern kein *kritisches* Denken (und Handeln) möglich wäre. Vielmehr lässt sich zeigen, dass Kinder im Rahmen der von ihnen kognitiv (re)konstruierten sozialen Welt bspw. altersbezogene oder Geschlechterstereotype zurückweisen und widerständig in den entsprechenden sozialen Hierarchien agieren. Die relativ größere Herausforderung liegt teilweise darin, dass *gesellschafts*kritisches Denken und Handeln auch für Erwachsene keine Selbstverständlichkeit sind, sondern gegen den Sog unmittelbarkeitsfixierter Wahrnehmung sowie ideologischer Diskurse entwickelt werden müssen. Insofern lässt sich als Aufgabe kritischer politischer Bildung in Kindertageseinrichtungen formulieren, ‚Entwicklungssituationen' so zu gestalten, dass Kinder ihr *sozial*kritisches Denken und Fachkräfte ihr *gesellschafts*kritisches Denken entwickeln und beides gemeinsam in emanzipatorische Praxen überführen können.

Fazit

In diesem Beitrag wurden Grundlagen und Perspektiven politischer Bildung in Kindertageseinrichtungen aus entwicklungspsychologischer und kindheitswissenschaftlicher Sicht thematisiert. Resümieren lässt sich: Die Debatte mit oder gegen Piagets Befunde darum, *ob* Kinder notwendige kognitive Kompetenzen mitbringen, geht an Piaget selbst vorbei, weil dieser danach fragte, *wie* Kinder ab dem Säuglingsalter ihr Denken entwickeln; auch die Alters*normierung* qualitativer Entwicklungsstufen stammt nicht von ihm selbst. Insoweit kann allgemein mit ihm für eine politische Bildung ‚von Anfang an' argumentiert werden. Die Grenzen seines Beitrags zur Fundierung früher politischer Bildung liegen darin, dass er sich vor allem mit der Genese formal-logischen Denkens befasste, sich kaum für das Gesellschaftsverständnis von Kindern interessierte und, soweit er dies am Beispiel von Nationalismus untersuchte, nicht gesellschaftstheoretisch konzipierte. Letzteres tut auch die vor allem anglo-amerikanische Forschung zum Gesellschaftsverständnis von Kindern eher alltagstheoretisch und nur teils gesellschaftskritisch. Außerdem geht sie dabei nicht von der konkreten Lebenswelt von Kindern aus. All dies systematisch zu tun, wäre indes wichtig für eine der Lebensrealität von Kindern angemessene Konzipierung dessen, was sie in ihrer Ontogenese unter welchem Umständen vollbringen (müssen) – und was frühe politische Bildung fördern könnte.

Mit der sogenannten kulturhistorischen Schule lässt sich eine entsprechende entwicklungspsychologische Perspektive eröffnen: So gilt es ‚Entwicklungssituationen', also das *Verhältnis* zwischen Kindern und ihrem historisch-spezifischen Kontext, in den Blick zu nehmen. Tut man dies mit der historischen Kindheitsforschung, so wird deutlich: In der Struktur der modernen Kindheit werden Kinder durch den Ausschluss aus der Erwerbsarbeit und vom aktiven/passiven Wahlrecht in ein abstrakt-theoretisches Verhältnis zum Ökonomischen und Politischen versetzt, was es ihnen zwar nicht verunmöglicht, aber erschwert, diese Gesellschaftsbereiche kognitiv zu durchdringen. Zutreffender als die Aussage, *Kinder* einer gewissen Alters- oder Entwicklungsstufe *könnten* bestimmte Formen gesellschaftlichen Denkens nicht realisieren, ist insofern die Feststellung, dass ihnen diese Entwicklung *in den gegebenen generationalen Verhältnissen* systematisch *erschwert* wird. Wird Kindern hingegen eine eigenständige ökonomische Teilhabe und politische Mitbestimmung ermöglicht, können sie ihr gesellschaftliches Denken in quantitativer und qualitativer Hinsicht leichter entwickeln.

Auch dann bleibt dies aber eine Entwicklungsaufgabe, die Kinder bewältigen, indem sie zunächst verstehen, nicht lediglich in einer bloßen Umwelt, sondern in einer sozialen Welt zu leben, um dann deren gesellschaftliche Vermitteltheit zu durchdringen und letztlich Gesellschaft zu begreifen. Aus der Perspektive kritischer Gesellschaftstheorie gilt es im Zuge dessen zudem, ideologische Denk- und Praxisformen zu hinterfragen. Dabei liegen das Begreifen der sozialen Welt sowie *sozial*kritisches Denken und widerständiges Handeln im Rahmen sozialer Hierarchien in der ‚Zone der nächsten Entwicklung' von Kita-Kindern. Die Binnendifferenzierungen der diesbezüglichen Entwicklung gilt es mit Blick auf unterschiedliche gesellschaftliche Teilbereiche für die Konzipierung früher Bildung genauer zu erforschen. Zugleich gehört es zur Aufgabe kritischer politischer Bildung in Kindertageseinrichtungen, *gesellschafts*kritisches Denken und Handeln der Fachkräfte zu fördern, damit diese angesichts der systematischen Einschränkung der gesellschaftlichen Teilhabe und politischen Mitbestimmung gemeinsam mit den Kindern grundlegende emanzipatorische Transformationsstrategien angehen können.

Literatur

BARRETT, Martyn/Buchanan-Barrow, Eithne (Hg.) (2005): Children's Understanding of Society. Studies in Developmental Psychology. Hove und New York: Psychology Press.

BERTI, Anna E. (2005): Children's understanding of politics. In: Barrett, Martyn/Buchanan-Barrow, Eithne (Hg.): Children's Understanding of Society. Studies in Developmental Psychology. Hove und New York: Psychology Press. S. 69–103.

BLUMER, Herbert (1973): Der methodologische Standort des Symbolischen Interaktionismus. In: Arbeitsgruppe Bielefelder Soziologen (Hg.): Alltagswissen, Interaktion und gesellschaftliche Wirklichkeit. Wiesbaden: Verlag für Sozialwissenschaften. S. 80–146.

BRÜGELMANN, Hans (2020): Grundschule als demokratischer Lern- und Lebensraum. Ein Forschungsbericht über soziales Lernen und politische Bildung von Kindern. Eine Expertise für das Deutsche Jugendinstitut. München: Deutsches Jugendinstitut.

BURMAN, Erica (2008): Deconstructing Developmental Psychology (2nd Edition). East Sussex: Routledge

DEUTSCHES Jugendinstitut (2021): Politische Bildung von Anfang an. Wie Kinder und Jugendliche Demokratie lernen und erfahren können. DJI-Impulse 1/2021. München: Deutsches Jugendinstitut.

DONDL, Jacob (2013): Politik-Lernen in der Grundschule. Überlegungen zur politischen Bildung anhand einer Studie zu demokratieorientierten Vorstellungen von Viertklässlern. Bad Heilbrunn: Klinkhardt.

EMLER, Nicholas/Dickinson, Julie (2005): Children's understanding of social class and occupational groupings. In: Barrett, Martyn/Buchanan-Barrow, Eithne (Hg.) (2005): Children's Understanding of Society. Studies in Developmental Psychology. Hove und New York: Psychology Press. S. 169–182.

FRIED, Lilian/Büttner, Gerhard (2004): Weltwissen von Kindern: Zum Forschungsstand über die Aneignung sozialen Wissens bei Krippen- und Kindergartenkindern. Weinheim und München: Juventa.

GOLL, Thomas/Schmidt, Ingrid (2021): Politische Bildung von Anfang an? Kindertageseinrichtungen und Grundschulen als Orte politischer Bildung und demokratischen Lernens. Bad Heilbrunn: Klinkhardt.

GREVE, Werner/Sandhagen, Petra (2014): Gesellschaftsverständnis erforschen – zu einer Entwicklungsaufgabe der Entwicklungspsychologie. Ein Kommentar. In: Kölbl, Carlos/Mey, Günter (Hg.): Gesellschaftsverständnis. Entwicklungspsychologische Perspektiven. Gießen: Psychosozial. S. 189–198.

HOLZKAMP, Klaus (1983): Grundlegung der Psychologie. Frankfurt/M.: Campus.

JACOBS, Ivo/Gärdenfors, Peter (2017): The false dichotomy of domain-specific versus domain-general cognition. In: The Behavioral and Brain Sciences, 40, S. 207.

KEILER, Peter (1991): Gegenständlichkeit, Sozialität, Historizität. Versuch einer Rekonstruktion der Feuerbach-Wygotski-Linie in der Psychologie. In: Forum Kritische Psychologie 27. Hamburg, S. 89–168.

KÖLBL, Carlos (2006): Die Psychologie der kulturhistorischen Schule. Vygotskij, Lurija, Leont'ev. Mit einem Nachwort von Alexandre Métraux. Göttingen: Vandenhoeck&Ruprecht.

KÖLBL, Carlos (2014): Wie entwickelt sich das Gesellschaftsverständnis? In: Kölbl, Carlos/Mey, Günter (Hg.): Gesellschaftsverständnis. Entwicklungspsychologische Perspektiven. Gießen: Psychosozial. S. 19–42.

KÖLBL, Carlos/Mey, Günter (Hg.) (2014): Gesellschaftsverständnis. Entwicklungspsychologische Perspektiven. Gießen: Psychosozial.

LIEBEL, Manfred (2001): Kindheit und Arbeit. Wege zum besseren Verständnis arbeitender Kinder in verschiedenen Kulturen und Kontinenten. Frankfurt/M.: IKO.

LÖSCH, Bettina/Thimmel, Andreas (Hg.) (2010): Kritische politische Bildung. Ein Handbuch. Schwalbach/Ts.: Wochenschau Verlag.

MAIERS, Wolfgang/Reimer-Gordinskaya, Katrin (2022, i.E.). Die subjektwissenschaftliche Perspektive. In: Wolfradt, Uwe u.a. (Hg.): Kulturpsychologie. Wiesbaden.

MARKARD, MORUS (2014): Gesellschaftsverständnis(se) und gesellschaftliche Widersprüche. Kommentar zu Anna Bandt. In: Kölbl, Carlos/Mey, Günter (Hg.): Gesellschaftsverständnis. Entwicklungspsychologische Perspektiven. Gießen: Psychosozial. S. 69–76.

MARVAKIS, Athanasios (1995): Der weiße Elefant und andere nationale Tiere. Entwicklungspsychologische Voraussetzungen nationaler Orientierungen. In: Forum Kritische Psychologie 35. Hamburg. S. 67—86.

MARVAKIS, Athanasios (2020): Nationalism and/or Developing Understanding of Society? In: Fleer, Marilyn u.a. (Hg.): Cultural-Historical and Critical Psychology. Common Ground, Divergences and Future Pathways. Perspectives in Cultural Psychology. Volume 8. Singapore, 155–171.

MARX, Karl (1875): Kritik des Gothaer Programms. MEW 19. Berlin: Dietz. S. 13–32.

MICHAEL, John/D'Ausilio, Alessandro (2015): Domain-specific and domain-general processes in social perception – A complementary approach. In: Consciousness and Cognition, 36, S. 434–437.

PAUEN, Sabine/Goll, Thomas (2021): Politische Bildung im Grundschulalter. Entwicklungspsychologische Voraussetzungen, empirische Befunde und Handlungsempfehlungen. In: Außerschulische Bildung, H.2, S. 11–17.

PIAGET, Jean & Weil, Anne-Marie (1951). The Development in Children of the Idea of Homeland and of Relations with other Countries. In: International Social Science Bulletin, Vol. III, No. 3, S. 561–578.

PIAGET, Jean (2010 [1970]): Meine Theorie der geistigen Entwicklung. Herausgegeben von Reinhard Finke. Weinheim und Basel: Beltz.

REIMER, KATRIN (2011): Kritische politische Bildung gegen Rechtsextremismus und die Bedeutung unterschiedlicher Konzepte zu Rassismus und Diversity. Ein subjektwissenschaftlicher Orientierungsversuch in Theorie- und Praxiswidersprüchen. Dissertation zur Erlangung des akademischen Grades Doktorin der Philosophie. Online verfügbar unter: https://refubium.fu-berlin.de/handle/fub188/6652 (Zugriff am 1.3.22).

REIMER-GORDINSKAYA, Katrin (2017): Mit Kindern in die Welt hinaus: Praxisforschung zur Ontogenese von Inklusion und Exklusion für eine wissenschaftlich fundierte Pädagogik der Vielfalt. In: Borke, Jörn u.a. (Hg.): Berufsfeld Kindheitspädagogik. Aktuelle Erkenntnisse, Projekte und Studien zu zentralen Themen der frühen Bildung. Köln, S. 83–98.

REIMER-GORDINSKAYA, Katrin (2018): Vorurteile und Diskriminierung in der Kindheit? Ansatzpunkte für eine subjektwissenschaftliche Kritik und Weiterentwicklung sozialpsychologischer Forschung und pädagogischer Praxis. Forum Kritische Psychologie – Neue Folge 1, S. 61–82

RICHTER, Elisabeth (2017): So machen Kitas Demokratiebildung. Empirische Erkenntnisse zur Umsetzung des Konzepts ‚Die Kinderstube der Demokratie'. Weinheim.

RICHTER, Elisabeth/Lehmann, Teresa/Sturzenhecker, Benedikt Richter (2018): Demokratiebildung in Kindertageseinrichtungen. In: Ruppin, Iris (Hg.): Kinder und Demokratie. Weinheim: Beltz. S. 73–95.

RUPPIN, Iris (2018): Kinder und Demokratie, Sozialkompetenz oder Demokratiefähigkeit. Zur Einleitung. In: Dies. (Hg.): Kinder und Demokratie. Weinheim: Beltz. S. 6–14.

SCHNEIDER, Wolfgang/Lindenberger, Ulman (Hg.) (2018): Entwicklungspsychologie. Mit Online-Material. Weinheim: Beltz.

ULMANN, Gisela (2013): Piaget verstehen – und re-interpretieren. In: Forum Kritische Psychologie 57, S. 69–76.

VAN Deth, Jan W. u.a. (Hg.) (2007): Kinder und Politik. Politische Einstellungen von jungen Kindern im ersten Grundschuljahr. Wiesbaden: Verlag für Sozialwissenschaften.

VYGOTSKIJ, Lev S. (1969): Denken und Sprechen. Frankfurt/M.: Fischer.

WACKER, Ali (Hg.) (1976): Die Entwicklung des Gesellschaftsverständnisses bei Kindern. Frankfurt/M.: Campus.

WEBLEY, Paul (2005): Children's understanding of economics. In: Barrett, Martyn/Buchanan-Barrow, Eithne (Hg.) (2005): Children's Understanding of Society. Studies in Developmental Psychology. Hove und New York: Psychology Press. S. 43–68.

INA BIELENBERG

Zum Wechselverhältnis von politischer Teilhabe und politischer Bildung

„Politische Bildung und politische Partizipation stehen in einem Wechselverhältnis. Einerseits motiviert die Beteiligung an politischen Aktivitäten zur politischen Bildung. Andererseits erweitert politische Bildung das Repertoire möglichen politischen Handelns." (BMFSFJ 2021, 528)

Mit diesem Statement bringt der 16. Kinder- und Jugendbericht das Verhältnis von politischer Teilhabe und politischer Bildung auf den Punkt und benennt die Kräfte, die wechselseitig aufeinander wirken. Gemeint ist das aktive Tun, d.h. die aktive Mitgestaltung politischer Prozesse auf der einen, das Erkennen eigener politischer Anliegen und die Aneignung von Wissen, Kompetenzen und Motivation, die zur Mitgestaltung befähigen, auf der anderen Seite: Ich mische mich ein und will mehr erfahren, brauche Handwerkszeug für mein Engagement, suche nach Antworten auf Fragen, die sich mir stellen und finde sie in der politischen Bildung. Ich erkenne die politische Dimension in meinen Anliegen durch politische Bildung, eigne mir Wissen an, sehe Potenziale und Möglichkeiten, meinen Anliegen Gehör zu verschaffen, und engagiere mich in der Konsequenz politisch.

Ist das Verhältnis von politischer Bildung und politischer Beteiligung damit ausreichend beschrieben? Das wäre ein recht kurzer Artikel, der zugegeben der hier zur Rede stehenden Beziehung nicht gerecht würde. Es lohnt sich, die einzelnen Bestandteile genauer zu betrachten, das Wechselverhältnis von politischer Beteiligung und politischer Bildung auszuleuchten und auf die Konsequenz für die politische Bildungspraxis einzugehen.

Politische Teilhabe

Demokratien sind grundlegend darauf angewiesen, dass die in ihnen lebenden Menschen sich für die Angelegenheiten des demokratischen Gemeinwesens nicht nur interessieren, sondern die Bereitschaft entwickeln, sich aktiv einzubringen. Diese aktive Teilnahme bzw. das aktive Beteiligtsein an demokratischen Prozessen und Entscheidungen wird als politische Teilhabe oder politische Partizipation beschrieben. Es gibt eine Reihe verfasster, gesetzlich garantierter und geregelter politischer Teilhabemöglichkeiten wie z.B. Wahlen, die Mitgliedschaft in Parteien oder die Übernahme politischer Ämter. Für viele Menschen haben aber gerade auch die nicht institutionalisierten Formen der Teilhabe eine große Bedeutung, weil sie für das demokratische Miteinander vor Ort und für die eigene Lebenswelt von besonderer Bedeutung sind. Sie sind näher dran an den eigenen Erfahrungen und Interessen und berühren ganz unmittelbar den eigenen Stadtteil, den eigenen Arbeitsplatz, den Spielplatz vor der Haustür. Mit diesen nicht institutionalisierten Formen der Teilhaben sind Beteiligungsformen gemeint wie z.B. die Mitwirkung in einer Bürgerinitiative, die Teilnahme an einer Demonstration oder das Engagement in einer sozialen Bewegung oder Organisation. Alle genannten verschiedenen Formen politischer Teilhabe basieren auf Freiwilligkeit und Diskursivität. Es geht um die Aushandlung von Interessen, die Anerkennung von unterschiedlichen Vorstellungen und Perspektiven, das Ringen um Ideen und das Finden von Kompromissen. Und mit dieser Beschreibung wird zugleich deutlich, dass die verschiedenen Beteiligungsformen, trotz ihrer in der Regel grundsätzlichen Offenheit für alle Interessentinnen und Interessenten, dann doch gar nicht so offen sind, weil sie nicht voraussetzungslos sind: Menschen müssen sich zuallererst berechtigt fühlen, sich einzubringen und teilzunehmen, sie benötigen Informationen, die sie verstehen, sie brauchen soziale Kompetenzen wie Team- und Kommunikationsfähigkeit, Empathie und Kompromissbereitschaft, um sich und ihre Anliegen einzubringen, sie sollten netzwerken und andere überzeugen können und anderes mehr.

Daher verwundert es auch nicht, dass bei näherer Betrachtung deutlich wird, dass sich in den Beteiligungsformen soziale, kulturelle oder ökonomische Unterschiede widerspiegeln, dass Alter, Herkunft und Wohnort bei der Frage, wer sich beteiligt, eine Rolle spielen, und, vor allem entscheidend: „Anders [als das Alter, I.B.] zu beurteilen ist das Gefälle in der Beteiligung von Menschen mit und ohne Hochschulbildung. Hier zeigen sich über alle Beteiligungsformen hinweg systematische Unterschiede, die als sozial induzierte politische Ungleichheit zu bewerten sind." (Weßels, 2021)

Nicht zu vergessen sind zudem die Hürden, die rechtlich kodiert, Gruppen von Menschen ausschließen. So werden durch das Festlegen des Wahlalters auf 18 Jahre Jugendliche von der Bundestagswahl ausgeschlossen ebenso wie Menschen ohne deutschen Pass, die grundsätzlich nicht an Bundes- oder Landtagswahlen teilnehmen können. Welche Möglichkeiten bieten sich vor diesem Hintergrund der politischen Bildung?

Politische Bildung

Zunächst gilt es zu klären, was unter politischer Bildung zu verstehen ist. Der 16. Kinder- und Jugendbericht hat sich ausführlich mit der „Förderung demokratischer Bildung im Kindes- und Jugendalter" auseinandergesetzt und eine tragfähige Beschreibung politischer Bildung zur Grundlage gemacht. Dort heißt es: „Politische Bildung ist ein von Subjekten – in diesem Kontext von Kindern und Jugendlichen – getragener Prozess der Herausbildung von Mündigkeit, der sich an demokratischen Grundwerten wie Menschenwürde, Gerechtigkeit, Gleichheit, Frieden, Solidarität, Emanzipation und Freiheit orientiert. Politische Bildung fördert das Vermögen, die politische Wirklichkeit im Hinblick auf die Durchsetzung demokratischer Prinzipien kritisch und reflektiert zu beurteilen. Sie entwickelt die Fähigkeiten zur politischen Partizipation und zur Gestaltung von Demokratisierungsprozessen. Im Unterschied zu anderen Formen politischer Erziehung ist politische Bildung damit weder affirmativ noch neutral." (BMFSFJ, 2020, 527)

Zweierlei ist in dieser Beschreibung besonders hervorzuheben. Zum einen macht der Terminus „ein von Subjekten getragener Prozess" deutlich, dass politische Bildung nicht als einseitiger Vermittlungsprozess funktioniert und funktionieren kann, bei dem Wissen mittels Expert*innen an „Ungebildete" weitergegeben wird, sondern es geht in der politischen Bildung um Aneignungsprozesse politischer Selbstbildung. Das Politische ist dabei nicht etwas abstrakt Fernes, sondern es findet sich in den eigenen konkreten Lebenssituationen wieder, es taucht in realen Konflikten und Problemen auf.

Zum anderen ist der zuweilen geforderten „Neutralität" politischer Bildung eine klare Absage erteilt, da politische Bildung ihrem Selbstverständnis nach an Demokratie und demokratischen Grundwerten ausgerichtet ist, sie somit normativ aufgeladen ist. Der Kern politischer Bildung ist Demokratiebildung, und Demokratie verstanden als dynamische und ständige Gestaltungsaufgabe von allen – ein prinzipiell unabgeschlossenes Projekt und eine gesellschaftliche Daueraufgabe. Demokratie muss also immer wieder neu gelernt und gestaltet werden. Damit wird politische Beteiligung oder Partizipation zum Schlüsselbegriff politischer Bildung, oder, wie Benedikt Sturzenhecker formuliert: „Partizipation ist die Praxis von Demokratie." (Sturzenhecker 2005, 30). Dabei geht die politische Bildung davon aus, dass Partizipation das Recht der in einer Demokratie lebenden Menschen ist, sich gleichberechtigt und frei an politischen Diskussionen und Entscheidungsprozessen zu beteiligen und die eigenen Interessen öffentlich einzubringen.

Demokratie ist also auf politische Mitwirkung angewiesen, politische Bildung kann wiederum Unterstützungsmöglichkeiten anbieten, diese politische Partizipation zu fördern. Was folgt aus dieser Bedingtheit von politischer Bildung und politischer Partizipation für die konkrete Bildungspraxis? Was muss beachtet werden, wo liegen Stolpersteine und welche Entwicklungspotenziale gib es?

Politische Bildung stärkt politische Teilhabe

Politische Bildung wird – sehr zu Unrecht – noch viel zu häufig mit dem Narrativ der trockenen Wissensvermittlung verbunden. Sich im Stuhlkreis sitzend per Foliensatz den Bundestag erklären zu lassen wird aber niemanden, auch den noch so politikinteressierten Teilnehmenden, dazu befähigen und motivieren, sein Recht auf politische Teilhabe einzufordern und zu nutzen. Demokratie lernt man nicht beim „Trockenschwimmen", sondern durch Tun. Der 16. Kinder- und Jugendbericht hat daher auch alle sozialen Räume, in denen politische Bildungsangebote stattfinden, nicht nur daraufhin untersucht, wo und wie Demokratie als Bildungsgegenstand vorkommt. Vielmehr hat er auch darauf geschaut, wie demokratisch die Räume selbst gestaltet sind bzw. gestaltet werden können – also Demokratie als Bildungsstruktur betrachtet. Und nicht zuletzt hat er analysiert, ob und wie Demokratie als Erfahrung politischer Selbstbildung möglich ist. Alle drei Dimensionen greifen ineinander und setzen voraus, die Teilnehmenden an Angeboten politischer Bildung als Subjekte ihres eigenen Lern- und Bildungsprozesses zu begreifen und sie als mögliche politische Akteure zu adressieren. Politische Bildung ist also gefordert, Bildungs(frei)räume zu schaffen, die ernsthaft mitgestaltet werden können und die von Wertschätzung gegenüber den Teilnehmenden geprägt sind. Politische Bildung muss die Selbstorganisation, die gemeinschaftliche Gestaltung und (Mit-)Verantwortung sowie demokratische Aushandlungsprozesse im Sinne von „Mitwirkung mit Wirkung" ermöglichen. Denn Beteiligung lässt sich nicht simulieren. Daher ist es notwendig, Settings und Formate der politischen Bildung laufend daraufhin zu überprüfen, ob und wie neue Partizipationsformen geschaffen werden können.

Aber: Partizipation als Struktur und Bildungsprinzip ist eine notwendige, aber noch keine hinreichende Voraussetzung für politische Bildungsprozesse. Beteiligung und Demokratieerfahrungen alleine führen noch nicht zu politischen Lernprozessen. Bleibt die pädagogische Perspektive und damit die Frage, was Teilnehmende durch Partizipationserfahrungen lernen können, aus, droht der Bildungseffekt zu verpuffen. Partizipationserfahrungen müssen reflektiert und eingebettet sowie nach ihren Lernmöglichkeiten zur Ausbildung der politischen Urteils- und Handlungsfähigkeit befragt werden, um Menschen dazu zu befähigen, ihre demokratischen Rechte in der Gesellschaft wahrzunehmen und zu verteidigen. Dies fordert die politischen Bildnerinnen und Bildner in besonderer Weise und verlangt ein Selbstverständnis als „Ermöglicher bzw. Ermöglicherin“ solcher Bildungsprozesse und keinesfalls als belehrender Experte oder belehrende Expertin.

Der letzte Punkt der Reflexion und Einbettung von Teilhabeerfahrungen verweist darauf, dass Partizipation selbst als Bildungsressource gesehen werden kann und sollte. Die selbstbestimmte Teilhabe begünstigt den Erwerb von sozialen Kompetenzen wie Teamfähigkeit, Dialogfähigkeit, Empathie oder Toleranz. Beteiligungsprozesse verlangen die Offenheit, gegensätzliche Meinungen und Differenzen auszuhalten und konstruktiv zur Lösung beizutragen, die im Dialog hergestellt werden muss. Die Erfahrung, Teil eines solchen Prozesses zu sein, trägt zur Stärkung und der Erfahrung von Selbstwirksamkeit bei.

Nicht umsonst wurden im 16. Kinder- und Jugendbericht auch Jugendkulturen und soziale Bewegungen als Räume politischer Bildung angesehen und analysiert. Ihnen wurde attestiert, als selbstinitiierte und selbstorganisierte Handlungsräume nachhaltige Bildungsprozesse zu öffnen: „Die Selbstorganisationspotenziale eröffnen in diesen Teilräumen Möglichkeiten, Demokratie unmittelbar zu erfahren, und machen sie für die Akteurinnen und Akteure erlebbar.“ (BMFSFS 2020, 291). Die Relevanz und das grundsätzliche Potenzial der politischen Subjektwerdung, Selbstaneignung und Handlungsfähigkeit werden im Bericht als „grundsätzlich unbestreitbar“ genannt. Allerdings fehlt auch hier, im Sinne der oben genannten notwendigen Reflexion der Erfahrungen, nicht der Hinweis darauf, dass „strukturelle und flächendeckende Angebote die bewegungsförmigen Prozesse der Selbstorganisation der jungen Menschen begleiten und unterstützen“ sollten, da dies „unmittelbar zur Stärkung von Individualität und eigenen Identitätsentwürfen beitragen und so mittelbar eine demokratische, vielfältige politische Kultur befördern.“ (ebd.: S. 291)

Fördernde Rahmenbedingungen schaffen

Was braucht eine politische Bildung, die im Kern Demokratiebildung ist und die mit dazu beitragen möchte, dass die Einladung und das Versprechen der Demokratie, teilzuhaben und mitzubestimmen, eingelöst wird, weil es ihr Ziel ist, Menschen genau dazu zu befähigen? Sie braucht Unterstützung von denen, die den politischen Rahmen setzen. Selbstverständlich ist eine auskömmliche Förderung wichtig, aber sie ist bei weiten nicht das einzige Kriterium. Engführungen in Förderprogrammen für die politische Bildung z.B. im Hinblick auf bestimmte Themen, die bearbeitet werden sollen oder eingeschränkte Zielgruppen, die erreicht werden sollen, sind nicht förderlich. Förderprogramme, die vornehmlich auf vermittlungs- oder wissensorientierte politische Bildungsangebote ausgerichtet sind, sollten immer als fachlichen Standard die partizipationsorientierte Perspektive mit aufnehmen. Und solche Förderprogramme, die vor allem auf die Ermöglichung von Partizipationsprozessen ausgerichtet sind, sollten die pädagogische Perspektive politischer Bildungsprozesse stärker aufgreifen und konzeptionell in den Richtlinien stärker verankern.

Wie oben dargelegt verlangt diese pädagogische Perspektive den Fachkräften der politischen Bildung eine besondere Expertise ab. Um diese zu unterstützen, wäre eine weitergehende Forschung zum Themenkomplex politischer Teilhabe wichtig. Hilfreich für die Bildungspraxis wäre es z.B., mehr über Lernprozesse in Beteiligungsformen und -formaten zu erfahren, um hieraus Handlungsempfehlungen ableiten zu können. Dabei sind stärker formalisierte Formen wie – im Hinblick auf junge Menschen – z.B. Kinder- und Jugendparlamente oder die Mitwirkung in politischen Parteien in den Blick zu nehmen, genauso wie stärker informelle Settings wie z.B. soziale Bewegungen (zu Kinder- und Jugendparlamenten siehe auch DKHW 2020). Hier noch gar nicht angesprochen, aber von zunehmend größerer Bedeutung und Wichtigkeit für politisches Engagement ist das Internet. Hier bedarf es intensiverer Forschung zum Engagement im Netz, zu seinem Verhältnis zu verschiedenen Öffentlichkeiten sowie zur Relevanz politischer Medienbildung.

Wer sich politisch engagiert und beteiligt, will ernst genommen werden. Im Hinblick auf den Handlungsbedarf von Politik ist daher zu fragen, wie es mit der rechtlichen Verankerung von politischen Teilhabemöglichkeiten beschaffen ist. Im Hinblick auf Kinder- und Jugendliche spricht sich der 16. Kinder- und Jugendbericht dafür aus, die verbindlichen Beteiligungsrechte von jungen Menschen zu stärken und auszubauen. Dazu gehört die Absenkung des Wahlalters auf allen Ebenen auf 16 Jahre und der Ausbau von Beteiligungsmöglichkeiten in Schulen und Hochschulen. Ein wichtiger Schritt wäre zudem die Verankerung der UN-Kinderrechte im Grundgesetz, um den Schutz, die Förderung und die Beteiligung von Kindern und Jugendlichen sicherzustellen. Denn die Kinderrechte bilden eine der zentralen rechtlichen Grundlagen für eine politische Bildung, die sich der Herausbildung eigenverantwortlichen und gemeinschaftsfähigen Persönlichkeiten verpflichtet sieht und politische Teilhabe und Betätigung bereits im Kinder- und Jugendalter unterstützt und zu ermöglichen hilft.

Ein weiteres Thema, das hier nur angerissen werden kann, ist die politische Beteiligung von Migrantinnen und Migranten. Obwohl sie zum Teil seit Jahren oder Jahrzehnten in Deutschland leben und das Zusammenleben mitprägen, dürfen sie z.B. nicht an Wahlen teilnehmen, da sie keine deutsche oder europäische Staatsbürgerschaft besitzen. Die rechtliche Gleichstellung allein, so urteilt u.a. Roland Roth, macht aber noch keine politische Gleichstellung aus. Er sieht auch hier insbesondere die politische Bildung herausgefordert: „Vielmehr ist es gleichzeitig nötig, migrationsspezifische Barrieren abzusenken. Dazu gehören u.a. entsprechende Sprachkompetenzen sowie Grundkenntnisse über das politische System des Aufnahmelandes sowie Zugang zu zentralen Organisationen der Politikvermittlung wie politischen Parteien und Verbänden, um eine faire politische Repräsentation ihrer Interessen zu erreichen.“ (Roth 2017, 243)

Aufgabe politischer Bildung: kritische Selbstreflexion

Die politische Bildung ist also gefordert. Sie kann, gerade im Hinblick auf das besondere Wechselverhältnis, das sie mit politischer Teilhabe verbindet, Bildungs(frei)räume schaffen für möglicherweise neue demokratische Erfahrungen. Sie kann das notwendige Wissen vermitteln, das gebraucht wird, um sich einzubringen. Sie kann die Aneignung von dafür notwendigen Kompetenzen unterstützen und die Motivation für politisches Engagement fördern. Dafür muss sie selbst partizipativ angelegt sein und muss den beschriebenen Raum für die Reflexion von Beteiligung und Demokratieerfahrungen öffnen. Die zentrale Aufgabe für die politische Bildung ist dabei, sich beständig selbst kritisch zu hinterfragen und zu reflektieren. Wer hat warum welche Bildungsgelegenheiten und wer nicht? Wer nimmt an Angeboten politischer Bildung teil bzw. wer wird nicht erreicht? Dies ist notwendig, um nicht selbst zu Ungleichheit und ungleichen Chancen auf politische Teilhabe beizutragen. Gelingt ihr dies, kann die politische Bildung tatsächlich einen Beitrag dazu leisten, politische Teilhabe und damit auch politische Gleichheit zu fördern.

Literatur

BMFSFJ (Hg.) (2020): Kinder- und Jugendbericht. Förderung demokratischer Bildung im Kindes- und Jugendalter. Online verfügbar unter: www.bmfsfj.de/bmfsfj/service/publikationen/16-kinder-und-jugendbericht-162238 (letzter Zugriff am: 23.1.2022).

DEUTSCHES Kinderhilfswerk (Hg.) (2020): Starke Kinder- und Jugendparlamente. Kommunale Erfahrungen und Qualitätsmerkmale. Berlin: Deutsches Kinderhilfswerk e.V.

ROTH, Roland (2017): Politische Partizipation von Migrantinnen und Migranten, in: Forum Wohnen und Stadtentwicklung. Online verfügbar unter: https://www.vhw.de/fileadmin/user_upload/08_publikationen/verbandszeitschrift/FWS/2017/5_2017/FWS_5_17_Politische_Partizipation_von_Migrantinnen_und_Migranten_R._Roth.pdf, (letzter Zugriff am: 23.1.2022).

STURZENHECKER, Benedikt (2005): Begründungen und Qualitätsstandards von Partizipation – auch für die Ganztagsschule, in: Jugendhilfe aktuell, Zeitschrift des LWL-Landesjugendamtes Westfalen, 2/2005.

WESSELS, Bernhard (2021): Politisches Interesse und politische Partizipation. Online verfügbar unter: https://www.bpb.de/kurz-knapp/zahlen-und-fakten/datenreport-2021/politische-und-gesellschaftliche-partizipation/330210/politisches-interesse-und-politische-partizipation/ (letzter Zugriff am 23.1.2022).

JANA RINGER

Beteiligung und Politische Bildung in der Offenen Jugendarbeit

Beteiligung und Politische Bildung sind zentrale Säulen in der pädagogischen Arbeit mit jungen Menschen in der Offenen Kinder- und Jugendarbeit[1]. Im vorliegenden Text wird sich anhand einer praktischen Perspektive den Bedingungen sowie den Möglichkeiten und Schwierigkeiten dieser beiden Handlungsschwerpunkte in der Offenen Jugendarbeit genähert. Die Erfahrungen und Überlegungen werden aus der Sicht der pädagogischen Leitung eines Jugendzentrums im Nordosten Berlins geschildert.

Bei diesem Jugendzentrum handelt es sich um das Unabhängige Jugendzentrum Pankow (JUP), das sich in freier Trägerschaft des Vereins JUP e. V. befindet. Im JUP bewegen sich überwiegend junge Menschen zwischen 15 und 25 Jahren auf circa 450 m^2, die sich über drei Etagen erstrecken. Hier finden sich neben dem JUP-Café, einem Tonstudio, einem Bandproberaum sowie einem Multifunktionsraum auch ein Offenes Atelier, eine Siebdruck-Werkstatt, Sporträume, eine kleine Bibliothek und eine Umsonst-Boutique, die der gesamten Nachbar*innenschaft zur Verfügung steht. Das pädagogische Team besteht aus der pädagogischen Leitung und zwei weiteren pädagogischen Mitarbeiter*innen mit insgesamt 1,6 Personalstellen. Das Team begleitet und berät junge Menschen, die das JUP auf vielfältige Weise nutzen und wird dabei durch Freiwilligendienstler*innen und Praktikant*innen unterstützt. Außerdem gibt es einen Offenen Bereich im JUP-Café und dem angrenzenden Tischtennis- und Kicker-Raum, der überwiegend von Schüler*innen des nahegelegenen Gymnasiums genutzt und ebenfalls vom pädagogischen Team betreut wird. Das Projekt „Offene Arbeit im JUP“ ist das größte Projekt des Vereins und bildet dessen Arbeitsschwerpunkt.

1 Der Bildungsauftrag der Offenen Kinder- und Jugendarbeit ergibt sich aus § 11 SGB VIII. In Jugendzentren, Aktivspielplätzen, abenteuerlichen Bauspielplätzen, Kinderbauernhöfen, in Sport-, Schüler*innen- oder Kinderclubs, in Mädchen*zentren, auf der Straße oder öffentlichen Plätzen unterbreiten Jugendsozialarbeiter*innen jungen Menschen unterschiedlichste Bildungs- und Beratungsangebote.

Das pädagogische Konzept im JUP ist an den Grundprinzipien der Offenen Kinder- und Jugendarbeit ausgerichtet: Diese reichen von Freiwilligkeit, Selbstbildung und Selbstbestimmung über individuelle und politische Emanzipation sowie Subjekt- und Prozessorientierung bis hin zu Prozess- bzw. Handlungsorientierung und die Adressierung aller Kinder und Jugendlichen. Die Bildungsschwerpunkte Beteiligung und Politische Bildung sind die Grundlage, um junge Menschen zu eigenverantwortlichem, gesellschaftlichem und politischem Handeln zu befähigen. Sie sind wichtige Pfeiler, um bei jungen Menschen eine kritische Beurteilung politischer Vorgänge und eine aktive Mitgestaltung zu fördern, damit sie zukünftig ihre Interessen, Bedürfnisse und Anliegen vertreten können. Zwar ist nicht jede Beteiligung Politische Bildung, aber jeder Beteiligungsprozess bietet die Möglichkeit für Politische Bildung.

Wie aber können junge Menschen zur Beteiligung motiviert werden und welche Bedingungen müssen erfüllt sein, damit sie ihre Bedürfnisse formulieren und sich möglichst gleichberechtigt beteiligen können?

Erfahrungsgemäß bringen sich junge Menschen ein, wenn sie erleben, dass ihre Bedürfnisse und Wünsche ernst genommen werden. Im Optimalfall treffen sie auf andere junge Menschen, die ähnliche Ziele und Interessen verfolgen und mit denen sie sich selbst organisieren können.

Hierbei ist ein möglichst selbstbestimmter Ansatz den durch Pädagog*innen vorgegebenen Inhalten oder einer Scheinbeteiligung vorzuziehen.

Damit möglichst viele junge Menschen durch die Jugendarbeit erreicht werden können, muss diskriminierungssensibel und reflektiert miteinander umgegangen werden. Es hat sich gezeigt, dass die Selbstorganisierung junger Menschen vor allem zu Beginn durch Personen begleitet werden sollte, die in Gruppen-Prozessen erfahren sind. Auf diese Weise können die gesellschaftlichen Machtverhältnisse und daraus resultierende Dominanzstrukturen besser miteinander verlernt werden. Es muss gemeinsam miteinander besprochen werden, wie der gemeinsame Raum möglichst diskrimierungsarm gestaltet werden kann, wie gemeinsam mit Fehlern und Verletzungen umgegangen wird und wie individuelle Unterschiede bei der Formulierung von Bedürfnissen angegangen werden können. Es ist wichtig, aufmerksam zu sein, wer am Sprechen beteiligt ist und wer nicht: Denn im Raum haben nicht alle die gleichen Voraussetzungen und deswegen ist es förderlich, etwa quotierte Redelisten[2] zu verwenden. Um

---

2 Je nach Personen-Konstellation im Raum kann hier nach Wenig-Redner*innen, FLINTA, Menschen mit Fluchterfahrung oder anderen Kriterien quotiert werden. Dies muss selbstverständlich mit allen besprochen werden.

das Verständnis bei allen Anwesenden zu erhöhen, muss thematisiert werden, dass nicht alle Menschen die gleichen Ressourcen, Möglichkeiten und Erfahrungen haben. Ziel dieser gemeinsamen Auseinandersetzung ist, dass sich junge Menschen zumindest sicherer in dem Raum fühlen und sie auch das sagen, was sie sagen wollen. Wichtig ist hierbei, dass die beschlossenen Grundsätze immer für alle im Raum befindlichen Personen und damit auch für die Pädagog*innen gelten. Durch diese Herangehensweise werden junge Menschen durch die Jugendarbeit erreicht, die andernfalls dieses Angebot nicht wahrnehmen.

Damit junge Menschen wissen, an wen sie sich bei zwischenmenschlichen, organisatorischen und finanziellen Fragen wenden können, ist eine klare Zuordnung der Pädagog*innen zu den einzelnen selbstorganisierten Projekten und Räumen im Jugendzentrum wichtig. Außerdem lassen sich junge Menschen bei Konflikten und Problemen erfahrungsgemäß von Pädagog*innen unterstützen, zu denen sie eine Beziehung aufgebaut haben. Deswegen ist eine intensive Beziehungsarbeit das A und O in einem Jugendzentrum. Förderlich für die individuelle Entwicklung und auch für den Gruppenprozess ist es, junge Menschen so zu begleiten, dass sie zukünftige Konflikte selber miteinander lösen können.

Um Beteiligung zu ermöglichen, sind gemeinsame Treffen wichtig, auf denen die neuesten Ideen, Wünsche, Projekte, Konflikte und Entscheidungen besprochen werden können. So erfahren junge Menschen, welche neuen Entwicklungen und Angebote es im Jugendzentrum gibt und erhalten einen möglichst niedrigschwelligen Zugang zu den einzelnen Projekten und auch zu Fragen rund um das Jugendzentrum.

Beteiligung kann im Jugendzentrum von einer Vollversammlung über digitale Umfragen in der Instagram-Story bis hin zum Mitentscheiden über inhaltliche Schwerpunkte des Jugendzentrums oder die Ausgestaltung der Räume reichen.

So wurde etwa bei uns im Haus ein Offenes Atelier eingerichtet, weil junge Menschen sich gewünscht haben, sich mehr künstlerisch betätigen zu können. Dafür benötigten sie einen neuen Projekt-Raum. Die jungen daran interessierten Menschen und das Team haben sich gemeinsam darauf verständigt, welche Entscheidungen in diesem Prozess zusammen gefällt werden müssen, wie etwa welcher Raum dafür genutzt werden kann und wie viel Geld zur Ausstattung des Raumes zur Verfügung steht. Die Gestaltung, Einrichtung und auch die Organisierung des Raumes haben die jungen Menschen dann eigenverantwortlich übernommen. Auf Vollversammlungen wurden weitere Ideen eingebracht und mit allen Anwesenden diskutiert. Argumente und Perspektiven wurden ausgetauscht zu der Fragestellung, ob etwa Bereiche für das Nähen und Malen eingerichtet werden sollen. Außerdem wurden immer wieder Menschen eingeladen, sich beim Aufbau des Offenen Ateliers zu beteiligen. Nach einer kleinen Eröffnungsfeier wird das Offene Atelier nun rege selbstorganisiert genutzt. Die Ausstattung des Ateliers verändert sich mit den verschiedenen Nutzer*innen des Raumes.

Politische Bildung kann in einem Jugendzentrum viele unterschiedliche Formen haben. Sie kann von Lesekreisen über Veranstaltungen zu aktuell-politischen Themen bis hin zu Malaktionen von Transparenten reichen. Dazu gehören auch, die gemeinsame Teilnahme am Gedenken an die Opfer des Nationalsozialismus oder anderen Demonstrationen, ein Rundgang zu jüdischem Leben im Prenzlauer Berg oder Gespräche im JUP-Café über den Krieg in der Ukraine. Bei uns im Haus finden sich auch junge Menschen zusammen, um sich gemeinsam gegen den Rassismus in der Gesellschaft zu engagieren. Dabei werden sie von Pädagog*innen bei ihrer Selbstorganisation mit Ressourcen und Know-how unterstützt. Die jungen Menschen, die das JUP nutzen, wissen zudem, dass in seinen Räumen ein diskriminierungsarmer Umgang miteinander angestrebt und möglichst viele Bedürfnisse von jungen Menschen erfüllt werden sollen. Alle Beteiligten versuchen gemeinsam, einen Raum zu gestalten, in dem sich möglichst viele junge Menschen wohl fühlen. Die dafür nötigen Aushandlungsprozesse sind Teil der politischen Bildungsarbeit im JUP. Es ist von großer Bedeutung über Themen wie Sexismus, Rassismus, Antisemitismus, Antiziganismus sowie auch über Trans- und Queerfeindlichkeit, Klassismus und Ableismus miteinander zu sprechen. Hier sind Formate wie Gespräche, Workshops, Veranstaltungen wichtige Lern- und Austauschräume, die das politische Lernen ermöglichen und auch das eigene konkrete Handeln verändern können. Zudem gibt es im JUP in mehreren Räumen Aushänge, die deutlich machen, dass das Jugendzentrum ein diskriminierungsarmer Raum sein soll und an wen die jungen Menschen sich wenden können, wenn sie etwas Unangenehmes erleben. Im letzteren Fall handelt das pädagogische Team betroffenenorientiert und parteilich und setzt bei den Bedürfnissen der Betroffenen an. Dabei wird auch berücksichtigt, wieviel Unterstützung sich die betroffenen jungen Menschen vom Team wünschen und ob bspw. ein Klärungsgespräch vorbereitet und begleitet werden soll. Auch nach einer Diskriminierungserfahrung sollen junge Menschen das JUP als ihren Raum sehen und möglichst nach diesen potentiellen Ohnmachtserfahrungen wieder Selbstwirksamkeitserfahrungen machen können. Dieses pädagogische Handeln hat dazu geführt, dass in den letzten acht Jahren der Offene Bereich und die Räume des JUP gleichberechtigter genutzt werden und sich nun auch FLINTA*[3] und junge Menschen mit Rassismuserfahrung hier wohler fühlen.

Im JUP wird den jungen Menschen und ihren Themen, Wünschen und Bedürfnissen möglichst viel Freiraum gegeben, damit junge Menschen lernen, dass sie nicht nur fremdbestimmt sind, sondern auch eine eigene Stimme haben und auch etwas bewirken können, wenn sie diese erheben. Beteiligung und Politische Bildung bieten Erfahrungen der Mit- und Selbstbestimmung und ermöglicht jungen Menschen diese auch in ihrem Sozialen Nahraum zu machen. Da sich Schule immer mehr zur Ganztagsschule entwickelt, ist sie zur zentralen Instanz des Aufwachsens geworden. Leider kann sie in ihrer jetzigen Verfasstheit diese Erfahrung nicht ausreichend vermitteln. Vielmehr erleben junge Menschen dort, dass ihr Handeln in einem vorgegebenen Rahmen stattfinden muss und individualistischen Ansätzen, die nicht im Erwartungshorizont stehen, entgegengewirkt wird.

Durch Beteiligung und Politische Bildung können junge Menschen überdies die Erfahrung machen, dass sie nicht alleine sind und sich gemeinsam gegen bestehende Verhältnisse zur Wehr setzen können. Jede positive Erfahrung der Selbstorganisierung kann dazu führen, dass junge Menschen ihre Interessen vertreten.

Während sich sonst junge Menschen nach Diskriminierungserfahrungen eher aus Offenen Räumen zurückziehen, wird durch betroffenenorientiertes und parteiliches Handeln und Beteiligung der Raum für Diversität und Solidarisierung geschaffen.

Doch die Offene Jugendarbeit steht auch vor einigen Problemen. Ein prozessorientiertes Vorgehen, bei dem junge Menschen beteiligt werden, benötigt immer mehr Zeit und Geld. Denn Prozessorientierung und Selbstorganisierung brauchen viel Beziehungsarbeit, zumindest am Anfang eine intensive pädagogische Begleitung und danach eine anlassbezogene Ansprechbarkeit, wenn die Offene Jugendarbeit die Chancengleichheit in den Prozessen und Teilhabemöglichkeiten für alle als ihr Ziel definiert. Aber ebenso wie anderen Bildungsbereichen fehlt es der Offenen Jugendarbeit an Geldern für mehr Personal.

Da die bezirkliche Finanzierung unzureichend ist, müssen auch im JUP zusätzliche Gelder akquiriert werden, um etwa historisch-politische Projekte zu realisieren. Leider setzen aber noch sehr viele Regularien bei Fördertöpfen auf eine Zielorientierung, die oftmals durch einen Produkterstellungszwang und Innovationsdruck geprägt ist. Durch die finanziell angespannte Situation im JUP

3 FLINTA bedeutet Frauen, Lesben, inter, nicht-binäre, trans und agender Personen.

können die selbst anvisierten Perspektiven nicht immer qualitativ und quantitativ realisiert werden.

Da junge Menschen einen unterschiedlichen Umgang mit der Freiheit des selbstorganisierten und zwangfreien Lernens haben, müssten außerschulische politische Bildungsangebote offener und auch regelmäßiger angeboten werden. So muss bei regelmäßigen Workshop-Angeboten bereits in der Konzeption davon ausgegangen werden, dass die Frequenz und Häufigkeit der Teilnahme der jungen Menschen ganz unterschiedlich sein wird. Diese Art der Binnendifferenzierung sollte zum Standard werden, ohne dabei die gruppenbildenden Prozesse aus den Augen zu verlieren. Auch das Thema Verbindlichkeit sollte mit allen besprochen werden, damit möglichst viele Antworten auf die verschiedenen Bedürfnisse im Lernraum gefunden werden.

Das JUP setzt sich nicht nur nach innen, sondern auch öffentlich für eine menschenrechtsorientierte Jugendarbeit ein. Dies wird u.a. durch Transparente, die Fassade und durch die Öffentlichkeitsarbeit des Jugendzentrums deutlich. Diese sichtbare politische Haltung hat rechte und antidemokratische Kräfte auf das JUP aufmerksam gemacht. Diese rechten Kräfte hetzen seit einigen Jahren u.a. gegen Träger sozialer Einrichtungen und demokratische Projekte, die sich für eine vielfältige und weltoffene Stadtgesellschaft einsetzen. So setzt sich die AfD etwa parlamentarisch beim JUP dafür ein, dass dem Jugendzentrum möglichst die Gelder gekürzt oder ganz gestrichen werden. Zu diesem Zweck formulieren sie parlamentarische Anfragen, um durch Unwahrheiten Skepsis über die regelkonforme Verwendung von Geldern zu erzeugen und sowohl die jungen Menschen als auch die Mitarbeiter*innen zu diffamieren. Durch „Skandalisierung" simulieren sie politische Arbeit. Zu Beginn war diese parlamentarische Anfrage-Welle, die seit 2018 politische Praxis rechter Parteien ist, noch sehr kraftraubend, da dieses Vorgehen zu dieser Zeit noch recht neu war und noch keine Erfahrung und Netzwerke bestanden haben. Das JUP ließ sich jedoch nicht einschüchtern und fuhr mit seiner menschenrechtsorientierten Jugendarbeit fort. Denn nur sie kann die Antwort auf solch antidemokratische Stimmen sein, die einen Nährboden für Gewalt bilden. Diesen Ideologien der Ungleichwertigkeit muss entgegengewirkt werden und die Offene Jugendarbeit leistet hierzu einen wesentlichen Beitrag.

Abschließend soll sich nun noch der Frage gewidmet werden, wie Beteiligung und Politische Bildung noch mehr Wirkmacht in der Offenen Jugendarbeit entfalten können.

Die Offene Jugendarbeit kann die formulierten qualitativen Ziele nur erreichen, wenn sie hinreichend finanziert wird. Viele Bezirke in Berlin kämpfen im Moment gerade wieder darum, dass keine Gelder in dem Bereich gestrichen werden. Die Wichtigkeit und das Potential dieser Arbeit für die gesamte Gesellschaft muss endlich von Politiker*innen anerkennt werden. Dies fällt vielen Politiker*innen schwer, weil sich in diesem Bereich nur schwer messbare Erfolge als Ergebnisse vorweisen lassen. Bisher ist die personelle und sachliche Ausstattung absolut unzureichend und erfüllt oftmals nicht die gesetzten Qualitätsstandards. Die Teams in den Jugendzentren müssten überdies ausreichend Geld für Weiterbildung und Supervision haben, um ihre Haltung und ihr eigenes Handeln immer wieder reflektieren zu können.

Für all dies braucht es weiterhin eine stabile parlamentarische demokratische Mehrheit, die eine menschenrechtsorientierte und emanzipatorische Bildungsarbeit unterstützt, wenn diese von rechten Kräften angegriffen werden.

Vor allem braucht es noch mehr Räume für junge Menschen, in denen sie von den gesellschaftlichen Zwängen befreit sind, wo sie sich selbst organisieren und ihre Interessen vertreten können.

HEIKE RADVAN

Der NSU-Komplex Verantwortung(sübernahme) Sozialer Arbeit?

Zehn Jahre nachdem sich die rechtsterroristische Gruppierung '*Nationalsozialistischer Untergrund*' (NSU) am 4.11.2011 nach einem missglückten Banküberfall selbst enttarnt, liegt eine Vielzahl an Veröffentlichungen zum *NSU-Komplex* vor. Im Sinne kritischer Ursachenforschung werden vor allem die Rolle des Verfassungsschutzes, der Polizei, von Medien, Politik(er*innen) und demokratischer Zivilgesellschaft thematisiert (zuletzt Schultz 2021). Bislang jedoch bleibt weitgehend unbeachtet, welche Rolle Soziale Arbeit[1] im Zuge der Entstehung des NSU in den 1990er Jahren inne hatte. Hieran anschließend frage ich nach ihrer Verantwortung und wie sich das damalige Handeln in der offenen Jugendarbeit fachlich erklären und einordnen lässt. Grundsätzlich argumentiere ich dabei aus einer kritisch-forschenden Perspektive nach möglichen Ursachen. Es geht mir weniger um einen verstehensorientierten Zugang zur damaligen Praxis und den theoretisch breit aufgestellten Konzeptionen (vgl. hierzu Bruns 2019[2]). Vielmehr versuche ich im Anschluss an eine Problembeschreibung, Fragen und Antworten zu benennen, die sich für gegenwärtige Soziale Arbeit daraus ergeben.

1 Soziale Arbeit ist ein Beruf und eine Wissenschaft, deren Akteure gesellschaftliche Veränderungen auf struktureller und individueller Ebene in Richtung sozialer Gerechtigkeit fördern. Menschenrechte, gemeinsame Verantwortung, die Achtung von Vielfalt gehören zu den grundlegenden Prinzipien der Profession (DBSH 2014). Professionelle der Sozialen Arbeit sind in verschiedensten Handlungsfeldern tätig, u.a. der Jugendhilfe, Schulsozialarbeit, Gemeinwesenarbeit. Geschichtlich gesehen, wurde Soziale Arbeit in Westdeutschland bis in die 1960er Jahre, in der DDR bis 1989 als Fürsorge bezeichnet.

2 In ihrer Masterarbeit thematisiert Lucia Bruns (2019) die Rolle Sozialer Arbeit für die Entstehung des NSU-Komplexes. Neben der differenzierten Darstellung der theoretischen Konzepte, die dem Ansatz der akzeptierenden Jugendarbeit zugrunde lagen, legt sie den Fokus auf die Frage, welche Thematisierungen es seit der Selbstenttarnung des NSU aus der Sozialen Arbeit gibt. Es ist die erste Forschungsarbeit, die sich diesen Fragen aus sozialarbeitswissenschaftlicher Sicht theoretisch fundiert und praxisbezogen widmet.

Warum *NSU-Komplex?*

Mit NSU ist das rechtsterroristische Netzwerk gemeint, das zwischen 2000 und 2010 für Morde an mindestens neun Gewerbehändlern türkischer, kurdischer und griechischer Herkunft sowie einer Polizistin deutscher Herkunft verantwortlich ist, ebenso für 43 Mordversuche, drei Sprengstoffanschläge und 15 Raubüberfälle (von der Behrens 2018, 201). ‚*Nationalsozialistischer Untergrund*' ist eine Selbstbezeichnung, welche die TäterInnen[3] in ihren menschenverachtenden Videos benutzten. In diesen verhöhnen sie die Opfer und beziehen sich positiv auf die nationalsozialistischen Verbrechen. Mittlerweile wird in kritischer Wissenschaft, Politik und Medien der Begriff *NSU-Komplex* verwendet. Damit soll die verkürzende These, beim NSU handele es sich um eine abgeschlossene (Terror)-Zelle, die aus drei Personen bestand und autark agierte, entkräftet werden. Denn tatsächlich gab es ein größeres Netzwerk an UnterstützerInnen, MittäterInnen und MitwisserInnen, die sich an der Vorbereitung und Durchführung der Taten beteiligten (Sanft u.a. 2014). Auch soll mit dem Begriff die Verantwortung von Verfassungsschutz, Ermittlungsbehörden und Justiz, aber auch von Medien und Zivilgesellschaft verdeutlicht werden. Rassistische Wahrnehmungen und Strukturen führten dazu, dass die TäterInnen trotz anderslautender Indizien im Umfeld der Opfer statt im extrem rechten Milieu[4] vermutet und gesucht wurden. Zudem wurde das Wissen migrantischer communities ignoriert, das durchaus wahrnehmbar war. So forderten mehrere tausend Menschen, vor allem aus migrantischen communities auf zwei Demonstrationen in Kassel und Dortmund im Jahr 2006 die Aufklärung der Morde (Defterli 2012), doch wurden diese Stimmen darüber hinaus nicht wahr- oder ernst genommen. Die hier deutlich werdende Segregation zwischen Menschen mit Rassismuserfahrungen und Mehrheitsgesellschaft hat dazu beigetragen, dass die folgenden Verbrechen des NSU nicht verhindert oder frühzeitiger aufgeklärt wurden. Diese Segregation findet sich strukturell und als Teil rassistischer Alltagspraxen in verschiedenen Bereichen

---

3 Grundsätzlich gendere ich mit dem Asterisk, um verschiedene geschlechtliche Selbstbeschreibungen und Körper sichtbar zu machen sowie gleichzeitig den Konstruktionscharakter der herrschenden Geschlechterbinarität zu betonen. Bei extrem rechts organisierten Personen verwende ich das Binnen-I, um die strukturelle sowie direkte personale Gewaltförmigkeit der extremen Rechten insbesondere mit Blick auf Heteronormativität, Heterosexismus und die ausgewiesene Feindlichkeit gegenüber Trans* Personen hervorzuheben.

4 In sehr wenigen Ausnahmen und nur kurzzeitig wurden extrem rechte Motive als Tathintergrund verfolgt.

unserer Gesellschaft bis heute. Aus ihr ergeben sich direkte Lehren bzw. Aufgaben – auch für Soziale Arbeit.

Die Rolle Sozialer Arbeit im NSU-Komplex

Aus heutiger Sicht lässt sich die Rolle, die Soziale Arbeit im Entstehungsprozess des NSU einnahm, zusammenfassend folgendermaßen beschreiben: In den 1990er Jahren waren neben den späteren RechtsterroristInnen Zschäpe, Böhnhardt, Mundlos mehrere Personen aus dem HelferInnennetzwerk Adressat*innen offener Jugendarbeit in verschiedenen ostdeutschen Bundesländern. Zunächst wurden die sozialarbeiterischen Angebote durch rechte Jugendliche als Anlauf- und Vernetzungsstelle genutzt. Später unterstützten die gefestigten Strukturen in Chemnitz die drei untergetauchten RechtsterroristInnen durch Wohnungen, gefälschte Papiere, Finanzierung. Die Rechtsextremismusexpertin Heike Kleffner verweist darauf, dass dem damaligen Team des Jugendclubs Piccolo in Chemnitz die Organisierung von Besucher*innen in extrem rechten „Vereinigungen wie Blood & Honour, die 88er, Hoonara und Junge Nationalisten durch informelle Quellen schon damals bekannt gewesen sei“ (Kleffner 2015). Angebote der Jugendarbeit ermöglichten die Vernetzung, Ideologisierung und Organisierung der rechten Szene; in einigen Fällen waren sie Ausgangspunkt für rassistische und antisemitische Straf- und Gewalttaten. So trafen sich Teile des NSU-Netzwerkes am 13.4.1996 im Winzerclub, einem Jugendklub in Jena, bevor sie eine Puppe mit einer Bombenattrappe an einer Autobahnbrücke platzierten. Die Puppe hatte eine Schlinge um den Hals, versehen mit einem Judenstern und der Aufschrift „Jude“. Am nächsten Tag sollte Ignatz Bubis, Vorsitzender des Zentralrats der Juden, die Brücke passieren (Kleffner 2018).

Fragen von Fachlichkeit

Das hier skizzierte Handeln in der offenen Jugendarbeit der 1990erJahre mag zuallererst aus einer kritisch-historischen Perspektive verwundern: So beteiligten sich Fürsorger*innen im Nationalsozialismus z.T. mit deutlich inhaltlicher Zustimmung und Überzeugung an der Ausgrenzung und Ermordung vor allem als „minderwertig“ oder „unwert“, „arbeitsscheu“ und „asozial“ Stigmatisierten und schufen u.a. durch Kategorisierungen die Voraussetzungen für die Deportation von Jüdinnen und Juden, Sinti*zze und Rom*nja. Die Beteiligung am Widerstand verblieb – zumindest mit Begründung aus der Profession – äußerst marginal (Amthor 2017). Heute definiert sich Soziale Arbeit – u.a. als Lehre aus der Mitverantwortung für die Verbrechen im Nationalsozialismus – als „Menschenrechtsprofession" (Silvia Staub-Bernasconi). Ziel ist die Schaffung sozialer Gerechtigkeit für alle, die Stärkung von Autonomie und Emanzipation, Ermöglichung von Vielfalt – Ziele und Inhalte, die einer extrem rechten Ideologie diametral widersprechen. Wie also lassen sich die hier benannten Probleme, die nicht unmittelbar nach den 1990er Jahren enden, fachlich erklären und einordnen?

Diese komplexe Frage soll zunächst mit einer Situation aus der Praxis beleuchtet werden: Thomas G. arbeitete in den 1990er Jahren als Sozialarbeiter mit Zschäpe, Mundlos und Böhnhardt im Jugendclub Winzerla in Jena. In seiner Erinnerung beschreibt er Zschäpe als „nettes Mädchen", das „nicht an Politik aber an den Jungs der Szene" interessiert gewesen sei (Frenzel 2011a). Gleichzeitig erzählt er über ein Gespräch, das er mit jungen Frauen im Club über deren Berufswünsche führte. Zschäpe sagte hier unmittelbar, „Erstmal müssen die Ausländer weg" (ebd.). Der Sozialarbeiter habe damals nicht interveniert, er bereut das aus heutiger Sicht (Frenzel 2011b). Gleichzeitig hält er an seiner Einschätzung des ‚netten, unpolitischen Mädchens Zschäpe' bis heute fest.

Thomas G. arbeitete in einem Jugendclub, der durch das *Aktionsprogramm gegen Aggression und Gewalt (AgAG)* gefördert wurde und den Ansatz der *akzeptierenden Jugendarbeit* anwendete. Das AgAG – von der damaligen Bundesfamilienministerin Angela Merkel und ihrem Ministerium von 1992–96 verantwortet – hatte das Ziel, neue Strukturen der Jugendarbeit in Ostdeutschland aufzubauen. Gleichzeitig war es ein Antwortversuch auf extrem rechte und rassistische Gewalt, die sich exemplarisch in den pogromartigen Übergriffen in Hoyerswerda (9/1991) und Rostock-Lichtenhagen (8/1992) zeigte.

Den Ansatz der „akzeptierenden Jugendarbeit" entwickelte der Erziehungswissenschaftler Franz Josef Krafeld in den späten 1980er Jahren in einem Bremer Stadtteil. Das Projekt arbeitete mit einer rechten Jugendgruppe, die durch Aggressivität und Übergriffe auffiel. Krafeld griff auf einen Ansatz aus der Suchtprävention zurück. Hier wurden die Probleme, die die Jugendlichen mitbrachten, ins Zentrum gestellt und bearbeitet – zunächst jedoch nicht die Probleme, die sie verursachten. Vor diesem Hintergrund mag einzuordnen sein, warum der Sozialarbeiter Thomas G. im angeführten Beispiel auf die rassistische Aussage von Zschäpe nicht reagiert. Neben Konfliktscheu und mangelnder Problemwahrnehmung als möglichen Gründen, mag ein verkürztes Verständnis pädagogischer Beziehung beigetragen haben. So wurde im Ansatz akzeptierender Jugendarbeit davon ausgegangen, dass eine kritische Auseinandersetzung über rechte Positionen dem Aufbau einer vertrauensvollen Beziehung widerspreche. Ursächlich scheint zudem das Rechtsextremismus-Verständnis: So werden „Rechtsorientierungen“ verstanden als „Symptome erheblicher Schwierigkeiten und Konflikthaftigkeiten der Lebensführung, deren Kern existentielle Instabilitäten, soziale Desintegration, Orientierungsverunsicherung, Ängste und politisch-soziale Ohnmachtsempfindungen ausmachen“ (Krafeld et al 1993, 35, zit. n. Bruns 2019, 28). Sozialpädagogische Arbeit – so die Idee und Zielsetzung – soll an diesen „Symptome[n]“ ansetzen. Jugendliche sollen neue Erfahrungen sammeln, in deren Folge ihre rechten Positionen weniger „subjektiv funktional“ (ebd.) würden. Krafeld bezieht sich mit seinem Ansatz auf das Desintegrationstheorem des Soziologen Wilhelm Heitmeyer (1994) und übersetzt dieses in die Praxis (vgl. Bruns 2019, 20–26). Heitmeyer verortet rechtsextreme Orientierungen als Folgen von Desintegrationserfahrungen infolge komplexer gesellschaftlicher Prozesse, wobei er sich u.a. auf die Analysen des Soziologen Ulrich Beck (1986) zur Risikogesellschaft bezieht. Im Desintegrationstheorem werden Probleme der Jugendphase in einen ursächlichen Zusammenhang mit extrem rechten Orientierungen gesetzt. In der akzeptierenden Jugendarbeit wird diese Theorie so ausgelegt, dass es wichtig sei, „den anderen ernst und wichtig zu nehmen, gerade auch in und mit seinem Anderssein. Es heißt, den Blick nicht auf politische Positionen und Verhaltensweisen zu fixieren, sondern bereit zu sein, sich als Personen zu begegnen, auch und gerade mit diesen Menschen, mit all ihrer oft so verqueren […] Suche nach erfolgreichen Wegen der Lebensbewältigung“ (Krafeld 1993, 312, zit. n. Bruns 2019, 30).

Bereits 1993 wird das Programm AgAG medial kritisiert, diese Kritik nimmt Ende der 1990er Jahre an Deutlichkeit zu, u.a. prägnant benannt als „Glatzenpflege auf Staatskosten“ (Buderus 1998). Die Fachdebatte hat u.a. durch die umfangreichen Veröffentlichungen der wissenschaftlichen Begleitung (Bohn/Münchmeier 1997) eine breite empirische Basis. Spätestens seit Ende der 1990er Jahre beinhaltet der Fachdiskurs eine differenzierte Kritik, die auf die Verantwortung Sozialer Arbeit für Demokratiestärkung abzielt (Lindner o.J.). Aus der Rückschau lässt sich kritisch formulieren, dass gerade die dezidiertere Kritik – die im aktuellen Diskurs präsent und selbstverständlicher formuliert wird – nur begrenzt unter einzelnen Pädagog*innen und Wissenschaftler*innen stattfand sowie durch antifaschistische Aktivist*innen formuliert, aber nicht rezipiert wird (ebd.).[5]

---

5 Lindner (o.J.) verweist darauf, dass Kritik oft durch antifaschistische Recherchen belegt und öffentlich gemacht wird. Dabei ging es nicht darum, die Arbeit mit diesen Adressat*innen

Als zentrale Kritikpunkte (vgl. Bruns 2019, 20–49) – an dieser Stelle stark kondensiert – werden benannt: (1) der Aufbau extrem rechter Strukturen und deren Dominanz über Räume und Infrastruktur. (2) Die einseitige Fokussierung auf Jugendliche, mit der eine Pädagogisierung eines gesamtgesellschaftlichen Problems einhergehe. So bleibe die gesamtgesellschaftliche Atmosphäre unbeachtet, die in den 1990er Jahren generationenübergreifend von einer Renationalisierung geprägt war sowie von Rassismen in der Asylrechtsdebatte. (3) Gleichzeitig wird der eingeschränkte Fokus auf rechte Jugendliche kritisiert.[6] Hiermit wurden demokratisch orientierte, nicht-rechte Jugendliche aus Räumen ausgegrenzt, blieben marginalisiert und nicht adressiert. Erst die öffentliche Debatte zu den ‚*Baseballschlägerjahren*' – initiiert vom Journalisten Christian Bangel – oder der biografische Roman von Manja Präkels (2017) machen im öffentlichen Diskurs breiter hörbar, welch massive Gewalt demokratisch orientierte Jugendliche in diesen Jahren erleben, wie alleingelassen sie von Lokalpolitik, Sozialarbeiter*innen, Medien, zum Teil den eigenen Eltern waren. Die Perspektiven der sehr verschiedenen Betroffenengruppen (extrem) rechter Gewalt – insbesondere der von Rassismus, Antisemitismus, Homo- und Transfeindlichkeit sowie Obdachlosigkeit Betroffenen – bleibt bis 2011 im öffentlichen wie auch im Fachdiskurs marginal. (4) Die Nähe einzelner Mitarbeitender zu extrem rechten Gruppen. In mehreren Fällen arbeiteten organisierte Nazis in geförderten Jugendeinrichtungen. Die Debatte spitzt sich zu, als ein Mitarbeiter des Instituts für Sozialarbeit und Sozialpädagogik (ISS) – u.a. zuständig für Evaluation und fachliche Beratung der Praktiker*innen –, darauf verwies, dass es nützlich sein könne, wenn mit diesen Adressat*innen Personen arbeiten, die geringe ideologische Differenzen zu den Jugendlichen einnehmen (Leif/Fromm 1992, 294). (5) Eine Verharmlosung und Entpolitisierung des Rechtsextremismus, u.a. durch die Idee einer Therapierbarkeit (Weber 1999, 13). (6) Ein wenig reflektierter Transfer eines Drogenprävention-Ansatzes. Offensichtlich wird bei der Übertragung der Wirkungsannahme nicht reflektiert, dass Konsumierende in vielen Fällen selbstverletzend agieren während in extrem rechter Ideologie

pauschal auszuschließen, es wurden durchaus fachliche Fragen verhandelt (exemplarisch AIB 1993: 13). Betrachtet man die Debattenverläufe übergreifend, so fällt auf, dass dezidiertere Kritiken zumeist in informelleren Rahmen publiziert sind (ZDK 1999, Norddeutsche Antifa-Gruppen (1997)).

6 Im Programm AgAG wurden vereinzelt Projekte gefördert, die sich an alternative, politisch links verortete Jugendliche richteten. Zu Verlauf und Wirken dieser Projekte gibt es bislang keine Forschung.

Gewalthandeln gegenüber „Anderen“ bereits strukturell angelegt ist. (7) Eine mangelnde fachliche Qualifikation von Personal und deren Arbeitsbedingungen.

Der (sozial)pädagogische Fachdiskurs über die Anwendung des akzeptierenden Ansatzes in der Jugendarbeit ebbt Mitte der 2000er Jahre ab.[7] Das AgAG als Programm zur Rechtsextremismusprävention gilt als gescheitert (Reimer 2013, 30). Gleichzeitig muss konstatiert werden, dass die systematische, wissenschaftlich fundierte Aufarbeitung der Erfahrungen aktuell erst beginnt (s. u.). Zugleich fällt auf, dass kritische Stimmen kaum gehört werden, die sich bereits in den 1990er Jahren zu Wort melden, wie z. B. Birgit Rommelspacher und Rudolf Leiprecht (Bruns 2020, 39–48). Dominant wird vielmehr ein Ansatz, der verständnisorientiert soziale Probleme von Jugendlichen fokussiert, während deren rechtsextreme Positionen und Handlungen zurückgestellt oder gar nicht bearbeitet werden.

Später Beginn einer kritischen Auseinandersetzung

Der aktuelle Forschungsstand zur Frage nach der Rolle Sozialer Arbeit im *NSU Komplex* ist überschaubar. Betrachtet man den Verlauf der Debatte, so fällt auf, dass das Problem nicht aus der Disziplin heraus angesprochen wird. Die Kritik wird zunächst von extern herangetragen. So verweist die Rechtsextremismusexpertin Heike Kleffner 2015 auf die Leerstelle im sozialarbeitswissenschaftlichen Fachdiskurs. Sie zitiert kritische Stimmen aus Disziplin (und Praxis): Barbara Schäuble problematisiert ein Defizit an Theoriebildung und kritischer Reflektion in der Arbeit mit extrem rechts orientierten Jugendlichen und einen Mangel an politischer Bildung in der Aus- und Weiterbildung. Albert Scherr konstatiert, dass eine „angemessene fachliche Auseinandersetzung mit dem *NSU-Komplex* in der Sozialen Arbeit bislang nicht statt[findet]“ (in: Kleffner 2015). Aus soziologischer Perspektive wird die Bedeutung der Jugendarbeit für die Entstehung des NSU hinsichtlich Vernetzung, Organisierung und Radikalisierung be-

---

7 Krafeld selbst revidiert einzelne Punkte seines Ansatzes, den er im Jahr 2000 in „gerechtigkeitsorientierte Jugendarbeit“ umbenennt. Die kritische Auseinandersetzung mit der Anwendung des Ansatzes wird vereinzelt fortgeführt. So kritisiert Michaela Köttig (2004) in ihrer Dissertation zu Hinwendungsmotiven junger Frauen in die extrem rechte Szene, die pädagogischen Praxen in einem Jugendclub, in dem der Ansatz der akzeptierenden Jugendarbeit angewendet wird. Sie rekonstruiert, inwiefern den Mitarbeiterinnen die ideologische Involviertheit der Jugendlichen in die rechte Szene verborgen bleibt und deren Gewalthandeln eher negiert wurde (ebd., 102).

nannt (Quent 2016; Karakayali u.a. 2017, 28). Zusammen mit Esther Lehnert (2016) diskutiere ich das Ausblenden einer geschlechterreflektierenden Perspektive und damit verbundene fachliche Problematiken. Im Anschluss an die Expert*innen der Mobilen Beratung in Berlin (VDK/MBR 2006) plädieren wir für eine Unterscheidung hinsichtlich der pädagogischen Erreichbarkeit von extrem rechts *orientierten* und *organisierten* Jugendlichen. Wir verweisen damit auf einen zentralen Fehler in der Praxis der Jugendarbeit: Extrem rechts *organisierte* Jugendliche, die als Kader ein weitgehend geschlossenes extrem rechtes Weltbilds im Sinne einer Überzeugung vertraten[8], waren zumindest in Gruppenkontexten für Pädagog*innen und deren kritische Perspektiven kaum erreichbar. Vielmehr nahmen sie Einfluss auf andere Jugendliche. Die daraus zu ziehende Konsequenz, neue Angebote, ggf. in der ausstiegsorientierten Einzelfallarbeit zu entwickeln und zu allererst die Zusammenarbeit mit diesen Jugendlichen in Gruppen zu beenden, scheint auch in der Gegenwart für viele Pädagog*innen eine irritierende Herausforderung. Erst in 2019 erscheint die erste thematisch vertiefende Arbeit zum *NSU-Komplex* und Sozialer Arbeit (Bruns 2019). Spätestens seit 2018 ist eine stärkere Thematisierung von Rechtsextremismus, auf Tagungen, in Veröffentlichungen sowie durch Thematisierung der Fachverbände zu beobachten (z.B. Leidinger/Radvan 2021). Drei Forschungsprojekte wenden sich aktuell der Rolle akzeptierender Jugendarbeit am Beispiel Sachsen, Berlin und Cottbus der 1990er Jahre vertiefend zu (Bruns/Lehnert 2022; Lindner o.J.; Schuhmacher/Zimmermann 2021; Nolde 2021). Auch wenn damit die Auseinandersetzung mit den Fehlern und Herausforderungen begonnen hat, zeigen nicht zuletzt Beispiele aus der aktuellen Praxis, inwiefern nach wie vor Bedarf besteht, hieraus zu lernen, Praxen zu hinterfragen und die Entwicklung einer entsprechenden professionsethischen Haltung zu stärken.

Fazit

Auf vielen Ebenen ist es bedeutsam, Schlussfolgerungen aus den beschriebenen Herausforderungen für die Soziale Arbeit zu ziehen, u.a. in Forschung, Lehre und Weiterbildung, in Bezug auf das professionsethische Handeln sowie die

---

8 Demgegenüber ist die pädagogische Arbeit mit extrem rechts orientierten Jugendlichen zielführend und geboten, da diese für Lernprozesse im Sinne des Irritierens und der Selbstreflektion über Einstellungen und politische Aussagen auch in der Gruppenarbeit erreichbar sind.

Notwendigkeit angemessener Ausstattung bzw. struktureller Förderung. Bislang bleibt ein Aspekt wenig beachtet: Wie im Artikel verdeutlicht, wird Soziale Arbeit frühzeitig von demokratischer Zivilgesellschaft, besonders nachdrücklich von antifaschistischen Gruppen auf Problematiken in der Anwendung des Ansatzes der akzeptierenden Jugendarbeit verwiesen. Auch in 2017 fordern zu allererst zivilgesellschaftliche Akteure auf dem *Tribunal NSU-Komplex auflösen* eine Verantwortungsübernahme Sozialer Arbeit durch eine fachlich angemessene Auseinandersetzung. In ihrer Geschichte wird Soziale Arbeit häufig durch soziale Bewegungen, durch Stimmen von außen kritisiert und hiervon ausgehend eine Veränderung in Richtung Emanzipation und Kritikfähigkeit in der Profession auf den Weg gebracht (Leidinger 2022). Eine Distanz gegenüber aktivistischen Gruppierungen lässt sich auch auf Seiten von Forschung ausmachen: Die daraus resultierende fehlende Rezeption kritischen, bewegungsorientierten Wissens begünstigt hier das Nichtwahrnehmen von Rechtsextremismus. Wissenschaft, auch Sozialarbeitswissenschaft ist nicht per se kritisch oder emanzipatorischer als die Mehrheitsgesellschaft, in der antirassistische und antisemitismuskritische Positionen (nicht nur) in den 1990er Jahren marginalisiert sind. Das Zitat des Mitarbeiters des ISS zeigt vielmehr inhaltliche Anschlüsse an öffentlich dominante Diskurse dieser Jahre. Dementsprechend wäre es notwendig, die Frage nach den Gründen für die folgenreiche Distanz zu aktivistischen Positionen in Profession und Disziplin Sozialer Arbeit selbstkritisch zu diskutieren. Es wäre wichtig, die besondere Expertise von antifaschistischen Gruppen bei diesem Thema ernst zu nehmen und Kooperationen mit Personen mit einem antifaschistischen Selbstverständnis nicht zu scheuen: etwa durch Vortragseinladungen und Rezeption ihrer Publikationen. Ein erster Schritt bestünde in einer kritischen Diskussion eines gesellschaftlich dominanten Extremismus-Verständnisses, mit dem politisch linke und rechte Akteure an gesellschaftlichen Rändern verortet und unzulässig parallelisiert werden, wobei eine verkürzte Analyse des Rechtsextremismus den Blick auf das Problem verstellt und sinnvolle Interventionen erschwert.

Literatur

AMTHOR, Ralph C. (Hg.) (2017): Soziale Arbeit im Widerstand! Weinheim: Beltz Verlag.

ANTIFASCHISTISCHES Infoblatt (AIB) (1993): Das Aktionsprogramm gegen Aggression und Gewalt. 21/1.1993. Online verfügbar unter: https://www.antifainfoblatt.de/artikel/das-%C2%BBaktionsprogramm-gegen-aggression-und-gewalt%C2%AB (Zugriff 19.4.22).

BECK, Ulrich (1986): Risikogesellschaft. Frankfurt/M: Suhrkamp.

BOHN, Irina/Münchmeier, Richard (1997): Dokumentation des Modellprojektes. Fünf Bände. Münster: Votum.

BUDERUS, Andreas (1998): Fünf Jahre Glatzenpflege auf Staatskosten. Jugendarbeit zwischen Politik und Pädagogik. Bonn: Pahl-Rugenstein.

BRUNS, Lucia/Lehnert, Esther (2022): Zur Entpolitisierung von Männlichkeiten im Kontext sozialpädagogischen Handelns mit rechten Jugendlichen Anfang der 1990er Jahre. In: ZRex – Zeitschrift für Rechtsextremismusforschung, 3/22 (i.E.).

DBSH (Deutscher Berufsverband für Soziale Arbeit) (2014): Deutschsprachige Definition Sozialer Arbeit. Online verfügbar unter: https://www.dbsh.de/profession/definition-der-sozialen-arbeit/deutsche-fassung.html (Zugriff: 10.4.22).

DEFTERLI, Sefa (2012): Kurzfilm zu den Schweigemärschen 2006 in Kassel und Dortmund, zusammengestellt von der Gruppe „was nun?!". Online verfügbar unter: https://pad.ma/CTC/editor/00:00:00,00:05:43.321#?embed=true (Zugriff: 2.3.22).

FRENZEL, Verena (2011a): Die dritte Seite: Ahnungen, Warnungen. In: Tagesspiegel vom 26.11.2011, Nr. 21168.

FRENZEL, Verena (2011b): Ahnungen, Warnungen. In: Potsdamer Neueste Nachrichten, S. 3. Online verfügbar unter: https://www.pnn.de/ueberregionales/ahnungen-warnungen/21897476.html (Zugriff: 15.6.21).

HEITMEYER, Wilhelm (1994): Das Desintegrations-Theorem. In: Heitmeyer, Wilhelm. (Hg.): Das Gewalt-Dilemma, Frankfurt/M.: Suhrkamp Verlag. S. 29–72.

KARAKAYALI, Juliane u.a. (2017): Der NSU-Komplex und die Wissenschaft. In: Dies. (Hg.): Den NSU-Komplex analysieren. Bielefeld: transcript. S. 15–36.

KLEFFNER, Heike (2015): Die Leerstelle in der Fachdiskussion füllen. Sozialarbeit und NSU-Komplex. In: APuZ, Aus Politik und Zeitgeschichte. Online verfügbar unter: https://www.bpb.de/apuz/212367/sozialarbeit-und-der-nsu-komplex?p=all_(Zugriff 2.3.22).

KLEFFNER, Heike (2018): (K)eine gespaltene Wahrnehmung: Antisemitismus und der NSU. Online verfügbar unter: https://www.nsu-watch.info/2018/09/keine-gespaltene-wahrnehmung-antisemitismus-und-der-nsu/(Zugriff 2.3.22).

KÖTTIG, Michaela (2004): Lebensgeschichten rechtsextrem orientierter Mädchen und junger Frauen: biografische Verläufe im Kontext der Familien- und Gruppendynamik. Gießen: Psychosozial.

LEIF, Thomas/Fromm, Rainer (1997 [1992]): Neonazis als Sozialarbeiter. Erziehung und Wissenschaft 10/92. Reprint in: Bohn, Irina u.a. (Hg.): Materialsammlung aus der öffentlichen Diskussion. Das Aktionsprogramm gegen Aggression und Gewalt; Band 3, Münster: Votum.

LEHNERT, Esther/Radvan, Heike (2016): Rechtsextreme Frauen. Analysen und Handlungsempfehlungen für Soziale Arbeit und Pädagogik. Opladen: Barbara Budrich.

LINDNER, Stefanie (o.J.): Jugendarbeit im Umgang mit Rechtsextremismus seit den 1990er Jahren – Eine Analyse der Handlungspraxis. Dissertationsprojekt an der BTU Cottbus-Senftenberg.

LEIDINGER, Christiane (2022): Protest. In: Bleck, Christian/Rießen, Anne van (Hg.): Soziale Arbeit – Adressierungen und Handlungsfelder. Stuttgart (i.E. 12/2022) Kohlhammer.

LEIDINGER, Christiane/Radvan, Heike (2021): Extrem rechte Studierende. Eine Herausforderung für Hochschulen am Beispiel Sozialer Arbeit. In: Politikum. Analysen-Kontroversen-Bildung, 4.2021, S. 56–61.

NOLDE, Kai (2021): Die Anfänge der (mobilen) Jugendarbeit mit rechten Cliquen in Sachsen. Zwischenbericht für die ReMoDe-Begleitforschung. Online verfügbar unter: https://www.mja-sachsen.de/remode/praxisforschung (Zugriff: 2.3.22)

NORDDEUTSCHE Antifagruppen (1997) (Hg.): Rosen auf den Weg gestreut. Kritik an der „Akzeptierenden Jugendarbeit mit rechten Jugendcliquen". Hamburg.

PRÄKELS, Manja (2017): Als ich mit Hitler Schnapskirschen aß. München: Verbrecher.

SANFT, Hilde u.a. (2014): Reihenweise Einzeltäter. Die Behörden verhindern die Aufklärung des NSU-Netzwerks. Online verfügbar unter: https://www.apabiz.de/2014/reihenweise-einzeltaeter (Zugriff: 2.1.22)

REIMER, Katrin (2013): Rechte Ideologie und Soziale Frage. In: Burschel, Fritz u.a. (Hg.): „Der Sommer ist vorbei ...". Vom Aufstand der Anständigen zur Extremismus-Klausel. Münster: Edition Assemblage. S. 29–50.

SCHUHMACHER, Nils/Zimmermann, Gillian (2021): „Großversuch" im Schatten der Gewalt. Online verfügbar unter: https://www.mja-sachsen.de/remode/praxisforschung (Zugriff: 3.3.22).

SCHULTZ, Tanjev (2021) (Hg.): „Nationalsozialistischer Untergrund" – Zehn Jahre danach und kein Schlussstrich. Stuttgart: Kohlhammer.

TRIBUNAL NSU-Komplex auflösen (2017): Wir klagen an! – Anklage des Tribunals 'NSU-Komplex auflösen'. Online verfügbar unter: https://www.nsu-tribunal.de/anklage (Zugriff: 3.3.22).

VDK/MBR (2006): Verein für Demokratische Kultur in Berlin e.V., Mobile Beratung gegen Rechtsextremismus in Berlin (Hg.): Integrierte Handlungsstrategien zur Rechtsextremismusprävention und -intervention bei Jugendlichen. Berlin. Online verfügbar unter: https://www2.mbr-berlin.de/wp-content/uploads/2012/08/MBR_HR_Jugendarbeit_Web.pdf (Zugriff: 8.1.21).

VON DER BEHRENS, Antonia (2018) (Hg.): Kein Schlusswort. Plädoyers im NSU-Prozess. Hamburg: VSA.

WEBER, Ilona (1999): Chancen und Grenzen des 'akzeptierenden Ansatzes' in der Jugendarbeit. In: Zentrum für Demokratische Kultur (Hg.): Keine Akzeptanz von Intoleranz, 1.99, Berlin: Juventa. S. 13–19.

ZENTRUM für demokratische Kultur (1999): Keine Akzeptanz von Intoleranz. Grenzen der akzeptierenden Jugendsozialarbeit mit rechtsextremen Jugendlichen. Bulletin – Schriftreihe des Zentrum Demokratischer Kultur, 1.99, Berlin: Juventa.

ROSA BRACKER, WIBKE RIEKMANN

Demokratie und politische Bildung in der Jugendverbandsarbeit

Einleitung

Seit langem nehmen Jugendverbände für sich in Anspruch 'Werkstätten der Demokratie' zu sein (exemplarisch DBJR 1999), wobei sie mit dieser Analogie weniger meinen, dass in Jugendverbänden Demokratie für einen Ort jenseits der Werkstatt produziert werde, als vielmehr, dass dort selbst Demokratie praktiziert und darüber demokratisches Handeln junger Menschen sowohl stabile Grundlage wie auch Feinschliff erhalte. Es laufen in diesem Bild die Ausübung und die Einübung demokratischen Handelns zusammen. Diesen Zusammenhang wollen wir im folgenden Beitrag näher betrachten und damit demokratietheoretische und bildungstheoretische Anforderungen im Begriff der Demokratiebildung aufeinander beziehen. Dies scheint uns deswegen geboten, weil Jugend(verbands)arbeit die meistfrequentierte *außerschulische* und insgesamt demokratischste Bildungsinstitution ist, bzw. sein kann. Damit wird die Möglichkeit eines entscheidenden Beitrags zur politischen Bildung deutlich.

Deliberative Demokratie und demokratische Partizipation von Kindern und Jugendlichen

Die vermehrten Diskurse über die Bedeutung der Demokratie haben einerseits dazu geführt, dass der Demokratiebegriff als ein Container fungiert, der zwar schnell für Erklärungen herangezogen wird, aber letztlich unklar bleibt, was gemeint ist. Wir betrachten Demokratievorstellungen vor dem Hintergrund ihres Ertrags für die Beschäftigung mit Bildung. Aus diesem Grund werden wir uns im Rahmen der partizipatorischen Demokratietheorie bewegen, die es mit ihrem weiten Demos-Begriff möglich macht, auch Kinder und Jugendliche in die Argumentation mit einzubeziehen. Da partizipatorische Demokratietheorien die Beteiligung von (allen) Menschen beinhalten, sind sie dafür prädestiniert, mit erziehungswissenschaftlichen Theorien und der Analyse von Lern- und Bildungsprozessen verknüpft zu werden. Die deliberative Demokratietheorie von

Jürgen Habermas zählt zu den partizipatorischen Demokratietheorien. Sie geht von einer aktiven Bürger:innenschaft aus, die in Diskursen in der Öffentlichkeit Meinungs- und Willensbildung betreibt. Habermas' grundsätzliches Verständnis von Gesellschaft gründet auf der Annahme, dass diese gleichzeitig aus den Sphären Lebenswelt und System besteht. Seine Diagnose der gesellschaftlichen Entwicklung ist die der Kolonialisierung der Lebenswelt: Aufgrund der zunehmenden Rationalisierung und damit Ausdifferenzierung des Systems kommt es zu einer erzwungenen Assimilation von Vorgängen der symbolischen Reproduktion der Lebenswelt an die systemischen Integrationsmechanismen. Dabei ersetzen rechtlich abgesicherte Vertragsverhältnisse die sozialen Beziehungen, und es kommt zu einer Bürokratisierung und Monetarisierung von Kernbereichen der Lebenswelt. Das Problem dabei ist, dass damit verständigungsorientierte Mechanismen zurückgedrängt und Kommunikation auf Medien wie Macht und Geld umgestellt werden (Habermas 1981, Bd.2, 534). Um der Kolonialisierung entgegenzuwirken, setzt Habermas auf den freien Diskurs sowie auf Institutionen, deren Bedeutung im Zusammenspiel von Zivilgesellschaft, politischem System und organisierter Öffentlichkeit liegt. Aus diesem Demokratieverständnis ergibt sich normativ die Forderung nach einer Gewichtsverschiebung im Verhältnis der drei Ressourcen Geld, administrative Macht und Solidarität. Es geht darum, Bedingungen herzustellen, die rationale Diskurse sichern, um die Herstellung von Öffentlichkeit und um die Möglichkeit einer gleichberechtigten und freien Rede aller Beteiligten. Die Zivilgesellschaft konkretisiert sich in Assoziationen, die ihr Handeln unter die Prämisse eines demokratischen Verfahrens stellen und damit die oben erwähnten rationalen Diskurse sichern.

Diese Öffentlichkeiten in freiwilligen Assoziationen konkretisiert Helmut Richter für die Sozialpädagogik in Jugendverbänden, die für Kinder und Jugendliche als Kerninstitution für Demokratiebildung betrachtet werden können (Richter 2019). Als wichtige Basis für die lebensweltliche Fundierung der Demokratietheorie greifen Richter et. al. zusätzlich auf John Dewey zurück, da dieser die Demokratie nicht nur als ein politisches, sondern vor allem auch als ein soziales Ideal konzipiert. Dewey konturiert wie kein anderer für die Disziplin der Sozialpädagogik im Rahmen einer politischen Theorie einen konstitutiven pädagogischen Kern (Richter u.a. 2016).

Auch der 16. Kinder- und Jugendbericht greift Dewey in der Konzeption der drei Analyseebenen von Demokratie auf. Demokratie wird hier als Bildungs-Gegenstand, als Bildungs-Struktur und als Bildungs-Erfahrung gerahmt (BMFSFJ 2020, 130f.). Es geht also zum einen um die Aneignung von

Wissen und Kompetenzen, darüber hinaus aber auch um die Gestaltung von Interaktionen und sozialen Beziehungen und – drittens – um Erfahrungen von Kindern und Jugendlichen als Bildungs-Subjekte und als aktive demokratische Akteur*innen. Es geht damit auch um die Partizipation von Kindern und Jugendlichen an gesellschaftlich relevanten Entscheidungen sowie ihre politische Einflussnahme. Die politische Partizipation unterliegt aber bis heute einem gesetzlich festgelegten Altersvorbehalt, denn Kinder und Jugendliche unter 18 Jahren (in einigen Bundesländern unter 16 Jahren) haben formell kein Recht auf politische Partizipation. Dabei formuliert die UN-Kinderrechtskonvention in § 12 das Recht von Kindern und Jugendlichen auf Mitbestimmung, und auch im SGB VIII ist mehrfach die Partizipation bei eigener Betroffenheit vorgesehen. Partizipation aber ist selbst zu einem Containerbegriff geworden. Stufenleitermodelle (zum Beispiel Straßburger/Rieger 2014) zeigen zwei Verständnisse von Partizipation. Einerseits werden Kinder und Jugendliche nur informell und situativ an Entscheidungen von Erwachsenen beteiligt, das heißt, die Erwachsenen geben die Entscheidungsmacht nicht ab, so dass hier von Scheinpartizipation gesprochen werden muss. Wenn Kinder und Jugendliche andererseits direkt an der Meinungsbildung und Entscheidungsfindung beteiligt werden, die Entscheidungsmacht also geteilt wird, kann von Mitbestimmung gesprochen werden. Diese kann dann auch als demokratische Partizipation präzisiert werden, wenn sie auf der Basis strukturell verankerter demokratischer Verfahren stattfindet (Richter/Riekmann 2021). Es geht also bei der Beschäftigung mit Partizipation und Demokratie in unseren Ausführungen immer um ein mehr an Demokratie, nicht nur um ein Einüben in eine bestehende Demokratie, an die man sich letztlich nur anpassen muss. Welche Rolle dabei die Jugendverbände als demokratische Institutionen spielen können, wird im Folgenden erläutert.

Jugendverbände als demokratische Bildungsinstitutionen

Die Jugendverbandsarbeit ist ein zentraler Teil der Jugendarbeit. Ihre Geschichte, Praxis und Aktivitäten bestanden und bestehen unabhängig gesetzlicher Förderbestimmungen und werden aktuell über die Paragraphen 11 und 12 des SGB VIII gesetzlich gerahmt. In § 11, Abs. 3 wird formuliert, dass zu den Schwerpunkten der Jugendarbeit die außerschulische Jugendbildung mit allgemeiner, politischer, sozialer gesundheitlicher, kultureller, naturkundlicher und technischer Bildung gehört. § 12 bezieht sich auf die eigenverantwortliche Tätigkeit der Jugendverbände. Beschrieben wird, dass die Jugendarbeit in den Verbänden von den Jugendlichen selbst organisiert, gemeinschaftlich gestaltet und mitverantwortet wird. Gemeinsam ist allen Verbänden die Gleichzeitigkeit von Geselligkeit und Sachorientierung. Um einen Überblick über die Verbandsvielfalt zu bekommen, lassen sich die Verbände nach verschiedenen Sachorientierungen clustern. Zum einen gibt es sportorientierte Jugendverbände, helfende Jugendverbände, die Pfadfinder*innenverbände, ökologisch orientierte Jugendverbände, politische Jugendverbände, die Gewerkschaftsjugenden, die Landjugend, die konfessionellen Jugendverbände sowie weitere kleinere Jugendverbände, die sich eigenen Sach-Themen widmen. Auf Bundesebene sind die Jugendverbände im Deutschen Bundesjugendring, auf Landesebene in Landesjugendringen und auf regionaler und kommunaler Ebene in Stadt- und Kreisjugendringen zusammengeschlossen. In den letzten Jahren dazu gekommen sind Verbände, die als migrantische Jugendselbstorganisationen (MJSO) bezeichnet werden können. Als Verein werden die Untergliederungen von Verbänden auf lokaler Ebene bezeichnet. Ein Verband hat mindestens einen übergeordneten Zusammenschluss aus mehreren lokalen Gruppen/Vereinen. Gemeinsamer Fluchtpunkt der Jugendverbandsarbeit bleibt das eigenverantwortliche Handeln in selbstorganisierten Strukturen zur Heranbildung einer eigenverantwortlichen kritischen Persönlichkeit, wie es auch die Paragrafen 11 und 12 des SGB VIII formulieren.

Die Möglichkeit, in der freien Zeit an der Jugendverbandsarbeit teilzunehmen, nimmt ein Großteil der Jugendlichen in Anspruch. Der 15. Kinder und Jugendbericht kommt auf der Basis der Auswertungen verschiedener empirischer Einzeldaten zu dem Ergebnis, dass insgesamt 67 % aller Zwölf- bis 25-Jährigen in Vereinen und Verbänden aktiv sind (BMFSFJ 2017, 386). Damit gehört die Zeit im Verein für die Mehrzahl der Kinder und Jugendlichen zum Alltagsleben dazu. Vor diesem Hintergrund muss als bildungstheoretische Lücke bezeichnet werden, dass diese große außerschulische Bildungsinstitution selten unter Bildungsaspekten betrachtet wird. Hinsichtlich der politischen Bildung muss vor allem auf die Bedingungen für demokratische Partizipation in den Verbänden geschaut werden. Um die Idee einer deliberativen Demokratie umzusetzen, müssen nach Richter (2016) Bildungsinstitutionen der Lebenswelt bestimmte Grundvoraussetzungen erfüllen:

- Freiwillige Mitgliedschaft,
- Ehrenamtliche Selbstverwaltung,
- Lokale Organisationsstruktur,
- Die Herstellung von Öffentlichkeit,

- Egalitäre Interaktionsformen und
- Mehrheitsentscheidungen (Rechte, Gremien, Verfahren).

Das Zusammenspiel der Prinzipien qualifiziert den Verein zu einem Bildungs- und Lebensort der Demokratie. Die freiwillige Mitgliedschaft ermöglicht es, eine gleichberechtigte Gemeinschaft von Personen herzustellen, die auf Basis der persönlichen Betroffenheit Entscheidungen trifft und umsetzt. Das ehrenamtliche Engagement der Mitglieder unterstützt eine Selbstverwaltung, die auf diskursiven Verständigungsprozessen beruht. Die lokale Organisationsstruktur sichert ab, dass auf Basis von demokratischen Entscheidungsprozessen gleichzeitig eine sozialräumliche Integration stattfindet. Das bedeutet, dass über ein Wirken in die Öffentlichkeit Einfluss auf politische Prozesse im Stadtteil oder der Gemeinde genommen werden kann. Die egalitären Interaktionsformen sichern im Gespräch ab, was sich schließlich auf der Basis von Mehrheitsentscheidungen in Rechten, Gremien und Verfahren niederschlägt: Der Vorrang des besseren Arguments auf der Basis diskursiver Aushandlungsprozesse (vgl. Richter u.a. 2016).

Auch auf Basis dieser Strukturprinzipien verstehen sich Jugendverbände selbst als Werkstätten der Demokratie (DBJR 1999). Ob dieses Potenzial allerdings ausgeschöpft wird, das heißt, die Vereinsprinzipien umgesetzt und im Verband mit Leben gefüllt werden, ist bisher nur wenig empirisch erforscht. Erste Ergebnisse in der Forschung mit Jugendverbänden deuten darauf hin, dass ein systematisches Verständnis der Vereinsprinzipien im Hinblick auf die Bedeutung für die Demokratiebildung nicht überall vorhanden ist (Riekmann 2011), und dass das hauptamtliche Personal der Jugendverbände stärker in demokratischen Bildungsprozessen qualifiziert und Jugendliche vermehrt in die kommunale Öffentlichkeit eingebunden werden sollten (Ahlrichs 2019). Darüber hinaus zeigen sich in der Empirie Herausforderungen zur Erreichbarkeit von Kindern und Jugendlichen durch das Bildungsangebot der Jugendverbandsarbeit.

Es lassen sich aber auch gesellschaftliche Exklusionsmechanismen in den Jugendverbänden feststellen. Hervorzuheben sind dabei rassistische und klassistische Exklusionen, die sich quantitativ darin niederschlagen, dass Jugendverbände insgesamt vor allem junge Menschen mit einem höheren Bildungsabschluss organisieren und junge Menschen mit eigener, familialer oder zugeschriebener Migrationsgeschichte nicht entsprechend ihrer Anzahl in der Bevölkerung in Jugendverbänden repräsentiert sind. Allerdings sind hier die Unterschiede zwischen den einzelnen Jugendverbänden sehr groß (Gadow/Pluto, 2014, 113). Jugendverbände müssen sich kritisch fragen, wen sie mit ihrem Angebot erreichen und wie ggf. Zugangsbarrieren abgebaut werden können.

Zusammengefasst besteht der Vorteil im Vergleich zur Institution Schule darin, wenn man sich dem Verein als Bildungsinstitution zuwendet, dass dieser von seiner Verfasstheit her demokratisch organisiert ist und so die strukturellen Voraussetzungen bereits existieren, um Demokratie und Bildung – und damit auch Bildungs- und Institutionentheorie – miteinander zu verbinden. Bildung kann eben nicht unabhängig davon betrachtet werden kann, in welcher Institution sie stattfindet.

Bildung als Wissen und Erfahrung

Um verstehen zu können, wie die demokratischen Strukturen bildend wirken können, bedarf es neben der demokratietheoretischen auch einer bildungstheoretischen Fundierung. Wir beziehen uns dabei zum einen auf das subjektwissenschaftliche Verständnis von Lernen im Anschluss an Klaus Holzkamp und zum anderen auf die kritische Bildungstheorie, wie sie zuerst von Heinz-Joachim Heydorn ausgearbeitet wurde. Beide Theorien sind an die vorgestellten demokratietheoretischen Überlegungen anschlussfähig, weil sie ebenfalls auf die gleichberechtigte Teilhabe aller an der Mitgestaltung gesellschaftlicher Verhältnisse zielen. Ziel der nun folgenden Argumentation ist die für die Jugendverbandsarbeit herausgearbeiteten Möglichkeiten demokratischer Handlungserfahrungen mit den Möglichkeiten politischer Bildungsprozesse zu verbinden. Ausgangspunkt für das Potenzial von Demokratiebildung sind Erfahrungen von Demokratie im Jugendverband. Diese Erfahrungen sollen hier zunächst lerntheoretisch aufgegriffen werden: Die subjektwissenschaftliche Fassung des Lernens ist – mit dem Begriff des expansiven Lernens – bildungstheoretisch anschlussfähig (vgl. Ludwig 2004) und berücksichtigt in Erfahrungen eingelagerte gesellschaftlichen Dimensionen, wie beispielsweise die Struktur und Funktion von Lernsituationen und -institutionen. Während defensives Lernen auf die Vermeidung von negativen Folgen gerichtet ist (etwa schlechte Benotungen), tritt expansives Lernen dann auf den Plan, wenn sich das (Lern-)Subjekt mit einem Handlungsproblem konfrontiert sieht, welches nicht allein durch Handeln, sondern durch Lernen (besser/leichter) lösbar erscheint (für die genauere Unterscheidung von expansivem und defensivem Lernen s. Holzkamp 1993, 190ff.). Lernen wird hier als expansiv qualifiziert, weil es die Handlungsfähigkeit des Subjektes (durch das Aneignen des Lerngegenstandes) erweitert. Diese personale Handlungsfähigkeit lässt sich verstehen als „Verfügung des Individuums über seine eigenen Lebensbedingungen […]" (Holzkamp 1985, 241). In hoch ausdifferenzierten Gesellschaften sind diese Lebensbedingungen immer gesellschaftlich geprägt, so dass die Fruchtbarkeit für politische und demokratische Bildung explizit einsichtig wird: Handlungsfähigkeit meint die Teilhabe am gesellschaftlichen Prozess, in welchem die gemeinschaftlichen Lebensbedingungen gestaltet werden. Dabei ist Lernen auf zweifache Weise gesellschaftlich vermittelt. Zum einen kommen in den zugrunde liegenden Handlungsproblematiken sachlich-soziale Bedeutungen zum Ausdruck, die sich dann im Lerngegenstand wiederfinden. Zum zweiten sind die Lernsituationen und -institutionen durch gesellschaftliche Bedingungen und Funktionen strukturiert. Gesellschaft – und so auch Demokratie – wird also über den Lern*gegenstand* und über die Lern*situation* vermittelt.

Wenn die (Lern-)Situation demokratisch strukturiert ist – beispielsweise keine Sanktionen drohen und die Lernenden über die Gestaltung des Lernens mitentscheiden können – und damit expansives Lernen ermöglicht wird, können wir dies an die Bedingungen von Diskursen in der Lebenswelt, wie im Anschluss an Habermas oben ausgeführt wurde, anschließen. Es geht dann um die gemeinsame Abwägung von Argumenten mit dem Ziel, die im Lerngegenstand eingelagerten gesellschaftlichen Verhältnisse zu verstehen. Lernen in solcher Art kooperativer Struktur kann somit auch verbunden werden mit Überlegungen zum ‚pädagogischen Diskurs' von Helmut Richter (2019). Er konzipiert den ‚pädagogischen Diskurs' in Abgrenzung zum praktischen und therapeutischen Diskurs als eine „freiwillige[n], angeleitete[n] Selbstreflexion auf der Basis wechselseitig [Pädagog:in/Zögling] unterstellter Mündigkeit" (ebd.: 43). Erklärungsbedürftig ist hierbei zweierlei. Zum einen ist mit ‚Selbstreflexion' für unseren Zusammenhang nicht das Reden über sich selbst gemeint, sondern der gemeinsame reflexive Bezug der Lernenden auf ihren Lerngegenstand – also den Versuch, die gesellschaftlichen Bedeutungen des Lerngegenstandes umfassend zu verstehen. Zum zweiten kommt der wechselseitigen Unterstellung von Mündigkeit in diesem Kontext eine besondere Bedeutung zu. Mündigkeit ist für die Vorstellungen von demokratischer Aushandlung nicht in Frage zu stellen, sondern Voraussetzung. Im pädagogischen – lernenden wie bildenden – Kontext lässt sich Mündigkeit nicht so einfach voraussetzen, da Pädagogik ja den Prozess von einem als ‚unmündig' unterstelltem Zustand in den der Mündigkeit bezeichnet. Dies wird häufig auch als ‚pädagogische Paradoxie' bezeichnet. Der ‚pädagogische Diskurs' versucht einen Ausweg aus dieser Paradoxie: Weil der Moment des Umschlages von Unmündig in Mündigkeit nicht angegeben werden kann, muss Mündigkeit von Anfang an unterstellt werden, so dass damit „von einem wechselseitigen Lernprozess auszugehen ist: eben weil es in einem Aufklärungsprozess nur Beteiligte gibt“ (ebd.: S. 41).

Diese Konzeption von pädagogischen Prozessen lässt sich wiederum verbinden mit der von Heinz-Joachim Heydorn entwickelten kritischen Bildungstheorie, die auf Entfaltung individueller und gesellschaftlicher Mündigkeit zielt. Heinz-Joachim Heydorn beschreibt Bildung als den Versuch, „den Menschen zum Menschen zu begaben“ (Heydorn 1970, 316). Mündigkeit ist dabei die „Selbstfindung des Menschen, der Prozeß seiner Habhaftwerdung, seines wahren Bewußtseins von sich selber“ und „Bildung ist ein entscheidendes Mittel dieses Prozesses“ (ebd.: 10f.). Mündigkeit ist hier mit der Bestimmung des Menschen durch den Menschen selbst bestimmt. Stederoth/Novkovic/Thole (2020) machen darauf aufmerksam, dass mit der Formulierung ‚der Begabung des Menschen zum Menschen‘ die Bildungsfähigkeit aller Menschen vorausgesetzt ist und, dass der Bildungsprozess gleichzeitig nicht technisch erzeugt werden kann, wohl aber anderer Menschen in Form von pädagogischen Impulsen braucht (vgl. ebd.: 1 f.). Hier lässt sich eine Verbindung zur oben dargestellten Konzeption des pädagogischen Diskurses ziehen, weil weder bei Bildung noch bei Mündigkeit das Moment der Realisierung benannt, wohl aber die Anwesenheit des Potenzials unterstellt werden muss. Bildung ist dann der Prozess der Realisierung von Mündigkeit. Dies führt zu einer bildungstheoretischen Kritik an gesellschaftlichen Bedingungen, die der Realisierung von Mündigkeit entgegenstehen. Der pädagogische Diskurs als zentrales Moment von Demokratiebildung wird an diese bildungstheoretischen Überlegungen anschlussfähig, weil Mündigkeit und Bildung in Demokratiebildung theoretisch vorausgesetzt und praktisch errungen werden müssen. Die Verbindung von Mündigkeit und Bildung macht aber darüber hinaus auch auf die gesellschaftliche Seite des Prozesses aufmerksam. Lässt sich eine deliberative Demokratie als eine gesellschaftliche Realisierung von Mündigkeit verstehen, so ist sie angewiesen auf die in Lerngegenständen eingelagerten gesellschaftlichen Handlungsmöglichkeiten. Zudem verweist expansives Lernen mit dem Ziel verallgemeinerter Handlungsfähigkeit auf die gleichberechtigte Teilhabe aller an der Verfügung über und Mitgestaltung der gesellschaftlichen Lebensbedingungen.

Der pädagogische Diskurs mit seinem Mündigkeitsbegriff als Konkretisierung deliberativer Demokratie, der Begriff der erweiterten Handlungsfähigkeit als Verknüpfung von expansivem Lernen und gesellschaftlicher Handlungsfähigkeit und der kritische Bildungsbegriff mit der Verknüpfung der Begabung des Menschen zum Menschen in individueller wie gesellschaftlicher Perspektive lassen uns also die Möglichkeiten demokratischer Bildungsprozesse in emanzipatorischer Perspektive erkennen: Mündigkeit voraussetzen, demokratische Erfahrungen ermöglichen, Gegenstände aufschließen, Prozesse reflektieren, um anhand von Kritik nicht realisierte Möglichkeiten von gesellschaftlicher Mitgestaltung sichtbar werden zu lassen.

Möglichkeiten und Herausforderungen von Jugendverbänden als Orte von Demokratie und politischer Bildung

Wir haben entfaltet, welche Möglichkeiten in Jugendverbänden für Demokratiebildung liegen. Dabei haben wir Demokratie als Deliberation, mithin als Diskurs einer als Zivilgesellschaft verstandenen Öffentlichkeit konzipiert. In dieser spielen die Vereinsprinzipien, die in Jugendverbänden Geltung haben, eine entscheidende Rolle. Sie ermöglichen Erfahrungen von Demokratie als Lebensform (in der Lebenswelt), indem Demokratie praktiziert wird. Diese Erfahrungen stellen eine notwendige, wenn auch nicht hinreichende, Bedingung für (politische) Bildungsprozesse dar. Für politische Bildung bedarf es darüber hinaus einer Explizierung von (Bildungs-/Lern-)Gegenständen. Diese lassen sich in mehrfacher Hinsicht qualifizieren: Sollen die Erfahrungen von Demokratie ihr Potenzial verallgemeinerter Handlungsfähigkeit entfalten, so sind sie zu reflektieren und auf Möglichkeiten und Behinderungen gesellschaftlicher Realisierung – über den eigenen Verband hinaus – zu befragen. Gesellschaftstheoretische Rahmungen helfen hierbei – theoretisch wie praktisch. Neben diesem Bezug benötigen Reflexionen demokratischer Erfahrungen Wissen um Entscheidungsformen auch innerhalb der eigenen Verfahren und Strukturen. Im Anschluss an den in Bildungsprozessen möglichen Überschuss menschlicher Möglichkeiten geht es mithin in politischer Bildung auch um Gegenstände, die ihrerseits in der Lage sind, inhaltlich über die aktuelle gesellschaftliche Realität hinauszuweisen.

In der aktuellen Realität von Jugendverbänden laufen diese Ansprüche und Bedingungen für politische Bildung bislang zu wenig zusammen. Jugendverbände führen auf der einen Seite explizite Veranstaltungen der politischen Bildung durch – die sich über ihre Gegenstände als solche qualifizieren und beispielsweise entsprechend des §11 SGB VIII/KJHG abgerechnet werden. Auf der anderen Seite haben Jugendverbände eine demokratische Organisationsstruktur. Eine fehlende Verknüpfung von demokratischer Erfahrung und entsprechendem Wissen kritisiert entsprechend der 16. Kinder- und Jugendbericht.

Er sieht Nachholbedarf in der „Reflexion und Einbettung“ der demokratischen Erfahrungen (BMFSFJ 2020, 541). Auch Ahlrichs und andere führen aus, dass „die wenigen verfügbaren Studien darauf hin[weisen], dass die theoretischen Potenziale zur Demokratiebildung in der Praxis der Jugendverbandsarbeit nicht umfassend realisiert werden“ (Ahlrichs u.a. 2021, 435). Für eine weitere Realisierung von Demokratiebildung in Jugendverbänden und somit ihrem spezifischen Beitrag zur politischen Bildung braucht es also einen starken und kritischen Blick auf die Erfahrungsmöglichkeiten und damit auch auf die Qualität der Gestaltung der verbandsinternen Demokratie, einen politischen Übergang in die (lokale) Zivilgesellschaft, Methoden und Strukturen der Reflexion von Erfahrungen, für die Stärkung der Handlungsfähigkeit und auch Bildungsthemen, die auf das Potenzial einer subjektiven wie gesellschaftlichen Realisierung von Mündigkeit verweisen.

Literatur

AHLRICHS, Rolf u.a. (2021): Demokratiebildung im 16. Kinder- und Jugendbericht – kritische Kommentare aus Sicht demokratischer Kinder- und Jugendarbeit. In: deutsche jugend. 69. Jg. H.10. Weinheim, S. 426–440.

AHLRICHS, Rolf (2019): Demokratiebildung im Jugendverband: Grundlagen – empirische Befunde – Entwicklungsperspektiven. Weinheim.

BMFSFJ (Hg.) (2020): 16. Kinder- und Jugendbericht. Förderung demokratischer Bildung im Kindes- und Jugendalter. Berlin: Bundesministerium für Familie, Senioren, Frauen und Jugend.

BMFSFJ (Hg.) (2017): 15. Kinder- und Jugendbericht. Bericht über die Lebenssituation junger Menschen und die Leistungen der Kinder- und Jugendhilfe in Deutschland. Stellungnahme der Bundesregierung zum Bericht der Sachverständigenkommission; Bericht der Sachverständigenkommission. Berlin: Bundesministerium für Familie, Senioren, Frauen und Jugend.

DBJR (Deutscher Bundesjugendring) (1999): Jugendverbände – Werkstätten der Demokratie zwischen Lagerfeuer, World Wide Web und AGENDA 21. Schriftenreihe des DBJR, Nr. 32.

GADOW, Tina/Pluto, Liane (2014): Jugendverbände im Spiegel der Forschung. Forschungsstand auf der Basis empirischer Studien seit 1990. In: Oechler, Melanie/Schmidt, Holger (Hg.): Empirie der Kinder- und Jugendverbandsarbeit. Forschungsergebnisse und ihre Relevanz für die Entwicklung von Theorie, Praxis und Forschungsmethodik. Wiesbaden: Springer VS. S. 101–192.

HABERMAS, Jürgen (1981): Theorie des kommunikativen Handelns. 2 Bände. Frankfurt/M.: Suhrkamp.

HEYDORN, Heinz-Joachim (1970): Über den Widerspruch von Bildung und Herrschaft. Frankfurt/M.: Europäische Verlagsanstalt.

HEYDORN, Heinz-Joachim (1972): Zu einer Neufassung des Bildungsbegriffs. Frankfurt/M.: Suhrkamp.

HOLZKAMP, Klaus (1985): Grundlegung der Psychologie. Frankfurt/M.: Campus.

HOLZKAMP, Klaus (1993): Lernen. Subjektwissenschaftliche Grundlegung. Frankfurt/M.: Campus.

RICHTER, Elisabeth u.a. (2016): Bildung zur Demokratie – Operationalisierung des Demokratiebegriffs für pädagogische Institutionen. In: Knauer, Raingard/Sturzenhecker, Benedikt (Hg.): Demokratische Partizipation von Kindern. Weinheim: Beltz. S. 106–129.

RICHTER, Helmut (2016): „Pädagogik des Sozialen: Bildungsbündnis in Demokratiebildung." Widersprüche: Zeitschrift für sozialistische Politik im Bildungs-, Gesundheits- und Sozialbereich 36(142), S. 47—59.

RICHTER, Helmut (2019): Sozialpädagogik – Pädagogik des Sozialen. Grundlegungen, Institutionen und Perspektiven der Jugendbildung. 2., bearbeitete Auflage. Wiesbaden: Springer VS.

RICHTER, Elisabeth/Riekmann, Wibke (2021): Jugendverbandsarbeit und Offene Kinder- und Jugendarbeit. In: Deinet, Ulrich u.a. (Hg.): Handbuch Offene Kinder- und Jugendarbeit. 5. komplett überarbeitete und erneuerte Auflage. Wiesbaden: Springer VS. S. 1693–1707.

RIEKMANN, Wibke (2011): Demokratie und Verein: Potenziale demokratischer Bildung in der Jugendarbeit. Wiesbaden: Verlag für Sozialwissenschaften.

STEDEROTH, Dirk u.a. (2020): Einleitung. In: Diess. (Hg.): Die Befähigung des Menschen zum Menschen. Heinz-Joachim Heydorns kritische Bildungstheorie. Wiesbaden: Springer VS.

STRASSBURGER, Gaby/Rieger, Judith (2014): Bedeutung und Formen der Partizipation – Das Modell der Partizipationspyramide. In: Diess. (Hg.): Partizipation kompakt. Für Studium, Lehre und Praxis sozialer Berufe. Weinheim: Beltz. S. 12–39.

MIRJAM BLUMENTHAL

Politische Kinder- und Jugendbildung in Auseinandersetzung mit Rechtsextremismus am Beispiel der SJD-Die Falken Neukölln

Auf der Feindesliste des NSU

Als die Falken Neukölln im Dezember 2011 die Nachricht vom Bundeskriminalamt erhielten, dass sie als Kinder- und Jugendverband auf der Feindesliste des NSU standen, gab es in den Gesichtern des haupt- und ehrenamtlichen Teams so viele unterschiedliche Gesichtsregungen, wie man sie sich kaum vorstellen kann: Wut, Ärger, Angst, Widerstand, Entschlossenheit, Trauer und vieles mehr.

Nach zwei schweren Brandanschlägen auf unser Verbandshaus im Jahr 2011, der letzte am 9. November 2011, nach Morddrohungen, Verfolgungsjagden und verprügelt werden, war das der sogenannte Tropfen auf den heißen Stein.

Jahrelang gehörten wir zu den Mahnenden gegenüber Politik und Gesellschaft, versuchten auf die wachsenden Bedrohungen aufmerksam zu machen. Und dann kommt ein Brief mit dieser Mitteilung und wir sollten uns „keine Sorgen machen". Doch was uns zum Beispiel von Bürger:innen entgegenschallte, waren Sprüche wie: „Wenn ihr ein wenig politisch leiser sein würdet, richten die Nazis auch nicht so viel Aufmerksamkeit auf euch", oder „So ist das halt, wenn links und rechts sich streiten".10 Jahre nach dem NSU zeigt sich, dass trotz aller Lippenbekenntnisse die parlamentarische Durchsetzungsfähigkeit fehlt und die Demokratie angreifbar ist wie kaum zuvor seit Gründung der Bundesrepublik.

Am Beispiel unseres Verbandes in Berlin-Neukölln möchte ich verdeutlichen, warum politische Bildung gegen Rechtsextremismus in erster Linie einer politischen Entscheidung bedarf. Nämlich der, wofür wir bilden wollen. Wenn wir gegen etwas sind, müssen wir gleichzeitig zeigen, erzählen und leben, wofür wir stehen. Sind wir gegen ein faschistisches Regime, muss die Antwort lauten, dass wir für eine lebendige, streitbare und wehrhafte Demokratie sind. Für uns heißt politische Bildung gegen Rechtsextremismus, politische Bildung für Demokratie! Alle demokratischen Grundwerte orientieren sich an den Menschenrechten. Wertegebundene politische Bildung muss einen besonderen Stellenwert einnehmen. Ich werde darlegen, was unsere Arbeit mit Kindern und

Jugendlichen für Demokratie auszeichnet, nachdem ich einige kurze Verständnisansätze zu unserem Neuköllner Verband gegeben habe.

Wer sind die Falken Neukölln?

Die Sozialistische Jugend Deutschlands – die Falken Neukölln sind ein politischer Kinder- und Jugendverband. Wir organisieren Gruppenarbeit im Stadtteil, Zeltlager in Form von selbstorganisierten Kinderrepubliken nach dem Vorbild des ehemaligen Neuköllner Stadtrats und Kinderfreunds, Kurt Löwenstein[1], Kinderwochenenden, politische Bildungsseminare, Gedenkstättenfahrten, Internationale Begegnungen und vieles mehr. Unsere Kindergruppen sind manchmal rote Detektiv:innen auf der Spur nach politischen Ungerechtigkeiten, um diese zum Thema zu machen. Manchmal sind sie aber auch ein wilder Haufen, der zusammen spielt mit dem Ziel, gemeinsam zu gewinnen und nicht einsam zu verlieren. Die Falken Neukölln arbeiten sehr traditionell in Gruppenstrukturen. Im besten Fall sind die heutigen Kreisvorstände vor vielen Jahren als Mitglied in einer Kindergruppe gestartet.

Unser Ziel ist es, Kinder und Jugendliche von klein auf zu Träger:innen dieser Gesellschaft zu machen. Demokratie soll durch eigenes Erleben erfahrbar werden. Wir bieten Kindern und Jugendlichen Handwerkzeug, um Demokratie zu gestalten und fördern die Fähigkeit, sich Wissen anzueignen, um das System zu verstehen und die vorhandenen Ungerechtigkeiten kritisch zu hinterfragen. Die Kinder lernen, eigene und kollektive Interessen zu vertreten, um das politische System weiter zu entwickeln und zu verändern. Kinder und Jugendliche sollen somit ihre soziale Stellung nicht schicksalhaft hinnehmen oder sich entlang einer unterschiedlichen Herkunft voneinander trennen lassen. Wir sind ein sozialistischer Bildungs- und Erziehungsverband in der Tradition der Arbeiterjugendbewegung (SJD 2011).

---

1 Kurt Löwenstein: 1885–1935, einer der bedeutendsten Pädagogen und Bildungspolitiker der Weimarer Republik, ehem. Stadtrat für Volksbildung in Berlin-Neukölln, Vorsitzender der sozialdemokratischen Reichsarbeitsgemeinschaft der Kinderfreunde, Entwickler wegweisender Konzepte für die Jugendverbandsarbeit.

Unsere Geschichte

Unsere über einhundertjährige Verbandsgeschichte hat uns gezeigt, dass wir für die Rechte der Kinder und Jugendlichen gemeinsam einstehen müssen. 1904 sind wir Teil derjenigen, die sich in den ersten Lehrlingsvereinen innerhalb der Arbeiterbewegung sammeln und emanzipiert dafür eintreten, Lebens- und Ausbildungsbedingungen zu verbessern. Die Arbeiterjugend begann sich zunehmend auch auf sozialem, wirtschaftlichem und kulturellem Gebiet zu bilden und eine politische Interessenvertretung aufzubauen. Während der Weimarer Republik entwickelten sich durch unsere Vorgängerorganisationen die „Sozialistischen Arbeiterjugend" (SAJ) und die „Kinderfreunde" ein reichsweites Netz, welches organisiert in Gruppen (später Rote Falken Gruppen) sozialistische Kinder- und Jugendarbeit organisierte. (Gerstenberg 2006)

Zu Beginn der 1930er Jahre nahmen die politischen Angriffe auf Aktivitäten der SAJ, Rote Falken und Kinderfreunde zu. Offensichtlich wollten die Nationalsozialisten nicht nur die politische, sondern auch die psychische und physische Vernichtung ihrer Gegner:innen erreichen. Einige Ortsgruppen stellten aus Angst um die Kinder die Arbeit von sich aus ein. Löwenstein selbst musste nach Angriffen von SA-Gruppen ins Exil fliehen. Andere, wie zum Beispiel die Hamburger Kinderfreunde führten noch 1933 ein illegales Kinderzeltlager mit über 300 Falken in Dänemark durch. (Gröschel 1986, 97) 1933 wurden wir von den Nazis reichsweit verboten, der Verband zerschlagen und die Funktionär:innen verhaftet oder ermordet, wenn sie es nicht ins Exil schafften. Bedeutend ist allerdings, dass kaum Mitglieder zu den Nazis übergelaufen sind. Viele weigerten sich, nationalsozialistischen Organisationen beizutreten. (ebd., 96)

Nach dem zweiten Weltkrieg erhielten wir von der sowjetischen Besatzungsmacht keine Genehmigung, den Verband offiziell wieder aufzubauen. Einige Berliner Falken wurden verhaftet, verschleppt und sind zum Teil bis heute spurlos verschwunden. (Werkentin 2008, 26) Während die FDJ unser blaues Hemd, den Falkengruß „Freundschaft" und unser rotes Tuch für ihre autoritären Zwecke missbrauchte, blühte in den westlichen Besatzungszonen die Verbandsarbeit wieder auf.

Ein großer politischer Schwerpunkt war die antifaschistische Arbeit. Die Westberliner Falken zählten zu den ersten, die Gedenkstättenfahrten an Orte nationalsozialistischer Verbrechen wie nach Bergen Belsen und nach Auschwitz durchführten. (Klatzek 2014)

Rechte Bedrohung als Kontinuität

Zeitzeug:innen berichten von rechten Überfällen auf Neuköllner Falken in den 70er Jahren. Kontinuierlich kam es zu Angriffen von Neonazi-Gruppen, z.B. wurde das Falkenauto 1993 von dem späteren V-Mann Piatto angezündet, Hakenkreuzschmierereien fanden sich an den Einrichtungen, Jagdszenen und Gewalt waren für uns politische Realität – eine Kontinuität, die wir im Laufe unserer Verbandsgeschichte immer wieder vorfinden.

Als wir schließlich im Dezember 2011 die Mitteilung vom Bundeskriminalamt erhielten, dass das Anton-Schmaus-Haus (ASH), das Verbandshaus der Sozialistischen Jugend Deutschlands – die Falken Neukölln, auf der Liste des NSU stand, hatten wir bereits zwei schwere Brandanschläge im selben Jahr auf das Kinder- und Jugendzentrum hinter uns. Mehrere Überfälle auf Gruppenleitende, Morddrohungen, Schmierereien und Hetze im Netz machten uns zu schaffen. Aber, während die Neonazis die Devise „Falken die Flügel brechen" an unseren Zaun schmierten, planten wir bereits die nächste Kinder- und Jugendkonferenz, um Kinder Demokratie leben zu lassen.

Die Bedrohung, die rechtsextreme Gruppen und Strukturen ausüben, wächst bundesweit stetig. Und an dieser Stelle sei besonders erwähnt, dass die Falken Neukölln weder mit der Sorge noch mit den Erlebnissen allein sind und wir solidarisch mit allen Betroffenen eng verbunden stehen. Einige unserer Funktionär:innen, unser Verbandshaus, welches gleichzeitig ein öffentliches Kinder- und Jugendzentrum ist, stehen seit Jahren unter Polizeischutz. Unser Holzbauzaun mit schönen, von den Kindern gemalten Bildern musste aus Sicherheitsgründen einem hohen Metallzaun mit Überkletterungsschutz weichen. Machen wir abends das Licht aus, gehen die Infrarotlichtkameras und das Alarmmeldesystem an. Demokratie hinter einem Sicherheitszaun, den paradoxerweise zum größten Teil die Kinder- und Jugendlichen selbst durch Spendeneinnahmen finanziert haben. Für 5 € ein Zentimeter Demokratie. Unser Motto: „Wir sind das Bollwerk gegen Nazis. Wir sind Demokratie!"

Wie sieht unsere Bildungsarbeit mit Kindern für Demokratie aus?

Sich zu entscheiden, für die Demokratie zu arbeiten, bedeutet, sich Neonazigruppen zum Feind zu machen. Sich in unserem Sinne sozialistisch[2] zu positionieren, macht allen deutlich, wo wir politisch stehen. Und damit machen wir uns automatisch angreifbar, und das nicht nur bei den radikalen, rechten Kräften.

Die Entscheidung, dass wir mit Kindern ab 6 Jahren arbeiten, heißt auch, dass wir für Kinder ab 6 Jahren politische Bildung anbieten. Deshalb ist das Wort Jugendbildung unserer Meinung nach nicht spezifisch genug für das, was wir machen. Wir haben auch keine Jugendfreizeiteinrichtung. Wir haben ein Kinder- und Jugendzentrum und sind ein Kinder- und Jugendverband. Wir betonen das nicht ohne Grund. Denn viel zu oft werden in unserer Gesellschaft die Kinder nur als Querschnittsthema gedacht.

Politische Bildung für Demokratie bedeutet für uns, **Stellung zu beziehen und Haltung zu zeigen.** Wollen wir, dass es Kindern möglich ist, den Verband entsprechend zu gestalten, müssen sie in die Lage versetzt werden, altersgerecht ihre Meinung zu vertreten. Für die Kinder sind die Forderungen nach längeren Grünphasen für die Fußgänger:innen an einer vielbefahrenen Kreuzung, nach drogenfreien Spielplätzen und einem Kinder- und Jugendparlament zutiefst politische Themen. Also stellten Neuköllner Kinder und Jugendliche diese Forderungen auf, weil sie bei uns gelernt hatten, dass Kinder Rechte haben und wie man diese öffentlich vertritt und einfordert.

Viele Kinder und Jugendlichen hingegen stellen solche Forderungen nicht, weil ihnen die Unterstützung eines sozialen Umfelds, einer politischen Gruppe, das Handwerkzeug, das Know-how dafür fehlt. Sie haben es nicht gelernt, aus der Wahrnehmung einer Ungerechtigkeit oder eines Missstandes eine Übersetzung in ein eigenes pro-aktives, politisches Handeln vorzunehmen. Dies kann wenig verwundern, da wenige nachhaltige Strukturen politischer Bildung existieren, die für die Kinder und Jugendlichen politische Praxis erfahrbar machen. Diese sind aber unabdingbar, um Wünsche und Forderungen zu artikulieren und

---

2 Wir erstreben das Ideal einer sozialistischen Gesellschaft. Darunter verstehen wir Folgendes: Dort gibt es Freiheit zur Entwicklung und Entfaltung der eigenen Persönlichkeit, jedoch nicht zur Ausbeutung, Unterdrückung auf Kosten anderer. Dort gibt es Gleichheit in der Chance dieser Entwicklung, nicht jedoch Konformismus und Unifomität.

Dort gibt es Solidarität als gelebte menschliche Beziehung, als gesellschaftliche Grundlage zur Gestaltung der Verhältnisse zwischen Individuen mit unterschiedlichen Fähigkeiten und Voraussetzungen, jedoch nicht als Mittel zur Durchsetzung gruppenegoistischer Interessen.

die Umsetzung auch anzugehen. Es ist schnell gesagt, „Ich will einen Spielplatz“. Aber was muss ich dafür tun? Wer hilft mir? Mit wem stehe ich hier zusammen?

Kompensieren, was die Gesellschaft vernachlässigt

Unser Verband kompensiert oft, was Auftrag der Gesellschaft ist: Kinder von klein auf zu ermächtigen, gemeinschaftlich nach demokratischen Regeln und Lösungen für Probleme zu suchen. Kinder zu Mitgliedern einer demokratischen Gesellschaft werden zu lassen, die kritisch hinterfragen, ob das, was politisch läuft, richtig ist.

Dafür müssen sie ihren eigenen Wertekompass bilden können. Dieser gibt ihnen die nötige Orientierung und dient als Entscheidungsgrundlage für ihr eigenes Handeln und Urteilen.

Doch wie sollen sich die Jugendlichen ihren persönlichen Wertekompass bilden? Anhand des Kurzfilms „Schwarzfahrer“ verdeutlichen wir in unserer Gruppenleiterschulung (JuLeiCa), wie herausforderungsvoll der Aufbau eines Wertekompass in unserer Gesellschaft für viele Kinder ist. Wir sehen minutenlang, wie ein Kind in der Straßenbahn einer rassistisch zeternden Dame zuhört. Wir erfahren, wie das Kind sieht und hört, dass seine Umgebung nicht einschreitet. Der Mann, der im Fokus der Hetze durch die Oma steht, wird allein gelassen. Das Kind wird durch die fehlende Reaktion der Mitfahrenden lernen, dass man wegsieht und nicht eingreift. Ein Handeln, das zu einer Vorbildfunktion werden könnte und damit das Verstehen, was ein aktiver demokratischer Wertekompass ist, lernt das Kind durch die Mitfahrenden nicht.

Die Teilnehmenden der Schulung lernen aus der Sicht des Kindes, was ihm eigentlich genommen wird. Sie erkennen auch bei sich Handlungshemmungen, die ihnen antrainiert wurden z.B. erzählen sie, dass sie mehr Meinungen hören, die Sinn und Zweck der streikenden Krankenhauskolleg:innen in Frage stellen, statt sich solidarisch zu zeigen. Sie haben erlebt, wie Schüler:innen gemobbt werden, haben sich aber selbst nicht getraut, einzuschreiten. Ungerechtes Verhalten durch Lehrer:innen gegenüber Mitschüler:innen wird unkommentiert gelassen aus Angst, selber zur Zielscheibe zu werden. Sexistische Anmache wird zum Teil gar nicht als solche wahrgenommen oder verharmlost und damit dethematisiert. Und das Schwierigste: Wenn das Bewusstsein da ist und gehandelt wird, steht man oft allein da. „Man wird eher dafür bewundert, Unfug anzustellen, als wenn man Schulsprecher:in ist.“ zitierte es einmal treffend ein Falkenmitglied, das auch Schülersprecher ist.

Sozialer Ungleichheit entgegentreten

Für mehr als die Hälfte der Neuköllner Kinder ist das Leben geprägt von tiefen sozialen Unterschieden. Hier lebt jedes zweite Kind in Armut. (Sozialbericht Neukölln 2016) Ihr soziales Umfeld ist davon geprägt, dass sie weder sozial noch kulturell, materiell oder finanziell teilhaben können. Die Kinder merken genau, dass ihre Eltern am Ende des Monats kein Geld mehr haben. „Das Erträumen in andere Lebenswelten, indem sie einfach im Fernsehen oder im Netz sehen, wie andere shoppen gehen, wird damit verlockender als die Welt zu retten“, so der Teilnehmende einer Jugendgruppenleiter:innenausbildung. Unsere Gesellschaft bringt ihnen bei, dass Konkurrenzkampf und Konsum so geil sind wie der Geiz.

Wir beobachten in der offenen Arbeit unserer Einrichtung bei Kindern, die neu zu uns kommen, eben solche Wertvorstellungen. Oft haben sich Egoismus und das Recht des Stärkeren herausgebildet, auch zunehmende Vereinzelung, die eine wachsende soziale Verwahrlosung mit sich bringt. Die konsumorientierten Werte dringen weit in Denken, Fühlen und Handeln der Kinder und ihrer Eltern ein. Elitenkultur für die Elite, teure Luxusfreizeit für wenige. Konsumterror für die Masse durch Abstumpfung und Appelle an niedere Instinkte.

Dem versucht die politische Kinder- und Jugendbildung der Falken Neukölln etwas entgegenzusetzen. Deutlich wird unsere Intention in einer Zeltlagerkonzeption aus dem Jahr 1981: „Wir schaffen uns unsere eigene Kultur auf Grundlage unserer Werte: Freiheit, Gleichheit, Solidarität. Unsere Kultur fördert in dieser dumpfen Gesellschaft Kreativität, Toleranz, Hilfsbereitschaft, Individualismus und Gemeinschaft, Freizeit mit anderen, für andere und mit ihnen auch für sich – der Mensch ist ein kommunikatives Wesen. Wir leben ein Stück Gegengesellschaft. Wir durchdringen damit alle Teile der Gesellschaft, Politik, Ökonomie, Freizeit, Erziehung, Kultur. Damit das Leben (wieder) lebenswert wird. Wir geben Raum und Möglichkeit, kreative, selbstgestaltete Freizeit zu leben.“ (SJD 1981, 7)

Wir beobachten, dass Kinder und Jugendliche von ursprünglich passiven Individuen, die im besten Fall konsumieren, sich berieseln lassen und zuschauen, zu aktiven Gestalter:innen werden. Ihre Fähigkeiten und ihr Wissen schaffen Selbstvertrauen. Selbstvertrauen ist ein wichtiges Instrument, um eigene Interessen besser zu vertreten, andere zu schützen und sich konstruktiv einzubringen. Diese Erkenntnis macht deutlich, dass das menschliche Zusammenleben auch anders gestaltet werden kann, als sie es tagtäglich auch negativ zum Beispiel in Teilen von Schule und Familie lernen. Diese Erkenntnis ist elementare Voraussetzung, um ein kritisches Bewusstsein zu entwickeln. Ist dieses Bewusstsein entwickelt und haben die Kinder und Jugendlichen demokratische Instrumente gelernt und damit die Fähigkeit zu gestalten, sind sie unseren Erkenntnissen nach weitaus eher in der Lage antidemokratischen Bestrebungen entgegenzuwirken.

Anders also als in ihrer Alltagswelt werden die Kinder und Jugendlichen nun von Beteiligten zu Entscheidungsträger:innen. Dies setzt das Vorhandensein und die Durchschaubarkeit intakter demokratischer Strukturen voraus. Gewohnt, über sich entscheiden zu lassen, oder konsumorientierte Angebote anzunehmen oder nicht, bedeutet dieser Weg für viele auch eine ungewohnte, große Anstrengung und Anforderung.

Politische Bildung: wie wir sie verstehen

1. Während die Politik und Verwaltung didaktische Lernkonzepte und das Erbringen von Abrechnungsvorgaben in der Jugendarbeit verlangt, in denen oft lediglich das Lernen und Vermitteln von Bildungsinhalten nachgewiesen werden muss, haben wir werteorientierte Konzepte, eingelagert in ein umfassendes Menschen- und Weltbild. Wir haben eine pädagogische Leitvorstellung, die in einer wertegebundenen Grundüberzeugung mit nachhaltigen Angeboten fest verwurzelt ist.
2. Während Regeleinrichtungen, wie z.B. Schulen, im Leistungskorsett feststecken und Kinder sich deshalb oft nicht trauen, ihre Meinung oder Kritik an Verfahren in der Schule zu äußern, können wir frei agieren. Wir verurteilen nicht, wir begleiten. Bei uns ist „Fehler machen" erlaubt. 'Fehler' sind Teil des Erfahrungsprozesses. Unsere Kinder lernen, wie sie im Leben laufen können und bekommen keine Benotung, die Lebensläufe bestimmt.
3. Lehrer:innen dürfen qua Bildungsauftrag nicht neutral sein. Sie sind laut Grundgesetz zur demokratischen Wertgebundenheit verpflichtet. Leider erfahren wir dies aus den Erzählungen unserer Teilnehmenden aber auch anders. Für uns kommt es gar nicht in Frage, nicht wertebasierend gegen die NPD oder die AfD zu argumentieren, wenn sie zum Beispiel rassistische Reden halten. Wenn es um Menschenrechte und Freiheit geht, geht es um den Schutz des Grundgesetzes. Alle Staatsdiener:innen müssen aktiv daran teilhaben, diese Demokratie zu verteidigen. Für Neutralität sollte hier kein Platz sein.
4. Es entsteht bei uns der Eindruck, dass das Angebot von kurzzeitigen Workshops, um Themen in Regeleinrichtungen und bei Trägern zu setzen, gestie-

gen ist. Diese sind oft wenig nachhaltig, weil politische Jugendbildung nicht nur aus theoretischem Input besteht. Auch wenn sie methodisch gut aufgearbeitet sind, verblassen die guten Ansätze in Kürze, weil die Lernprozesse keine nachhaltigen Effekte haben. Wo soll auch das Erlernte ausprobiert werden, wenn es keine Strukturen gibt? Es ist dann eher ein Abarbeiten von Themen. Wir können dann sagen, wir haben es mal besprochen. Aber, ob es hinterher auch wirklich angekommen ist und gelebt wird, ist bei den vorhandenen Angeboten ohne Beteiligungsstrukturen zu bezweifeln. Denn Werte müssen im praktischen Leben erfahrbar sein, um sie zu verstehen, zu verinnerlichen und für den eigenen Wertekompass für die eigene Handlung zu übernehmen. Hier haben viele Kinder- und Jugendverbände einen Vorteil gegenüber vorwiegend kognitiv arbeitenden Institutionen wie zum Beispiel Schule[3]. Wir reden nicht nur darüber, sondern wir handeln ganz praktisch. Wir sind im Vorteil gegenüber Schule und Seminaren, denn wir können Theorie mit praktischen Alltagserlebnissen und konkretem Erleben verbinden.

Das heißt für uns konkret in der Umsetzung:

Nach unserem Anspruch muss die Theorie der Gleichberechtigung der Geschlechter im praktischen Leben erfahrbar sein: Die Falken bearbeiten mit den Kindern und Jugendlichen zum Beispiel das Thema Gleichberechtigung. Wir reden nicht nur hinsichtlich von Gleichheit zwischen den Geschlechtern, oder der Gleichheit der Menschen hinsichtlich ihres Geburtsortes. Das gilt auch für den Anspruch, dass es keine Menschen geben darf, die „gleicher" sind, weil sie mehr Geld und Macht haben. Wir handeln auch praktisch danach. Hier muss sich unsere Theorie im Alltag beweisen und kongruent sein und im praktischen Leben erfahrbar sein. Es nutzt nichts, wenn wir sagen würden, wir sind für Gleichberechtigung, aber Mädchen machen den Küchendienst und die Jungs hacken das Holz, und zwar ausschließlich.

Kontinuität schafft Nachhaltigkeit. Während manche sich aktives politisches Engagement nicht zutrauen und das Gefühl haben, zu wenige Einfluss und zu geringe Erfolgschancen für politische Vorhaben zu besitzen, sich sogar zu jung fühlen (Sinus Jugendstudie 2020, 449), erleben wir genau das Gegenteil. Gerade die zuverlässige, langfristige Bindung, die unsere Gruppenarbeit mit sich bringt, das Verbindliche und damit auch Stärkende wird besonders geschätzt und prägt nachhaltig.

---

3 An dieser Stelle sei das Positivbeispiel Klassenrat, der Schüler:innen zur Verfügung steht, erwähnt. Mehr Informationen unter: https://www.derklassenrat.de/

Natürlich machen wir auch Projekte in der Gruppenarbeit. Aber es ist nicht der Ansatz: Heute mache ich mal Umweltschutz und morgen spreche ich über den Hunger in der Welt. Wir arbeiten kontinuierlich an Themen, die die Kinder sich wünschen, und sie betten sich in das Gesamtkonstrukt ein. Wir stellen alles, was wir machen, in den Gesamtzusammenhang unserer Werte. Dazu gehören auch die Methoden.

Projektförderung als Problem für dic politische Bildung

Umso problematischer ist für uns der politisch unterstütze Ansatz der Projektförderung innerhalb der öffentlichen Fördermittellogik. Überall werden Projekte gefördert, im Bund, Land und Bezirk, es gibt Integrationsmittel, Sozialmittel, Bildungsmittel etc. Ein Jugendlicher sagte mal: „Jedes Jahr wird eine neue Sau durchs Dorf getrieben, und brennt es irgendwo, kommen wieder neue Projekte". Das inzwischen breit aufgestellte System von Trägern und Verbänden reagiert zunehmend mit Skepsis, ist jedoch aufgrund der finanziellen Abhängigkeit in der ohnehin schon prekären Finanzierungslage gezwungen, zu nehmen, was kommt. Aber Kinder- und Jugendarbeit und politische Bildung dürfen kein Projekt sein. Mit der vorhandenen Förderlogik – ob auf Bundes-, Landes- oder Kommunalebenen – kommen immer neue Projekte. Auf antidemokratische oder menschenfeindliche Vorfälle wird versucht, mit Projekten zu reagieren. Und genau das ist unserer Ansicht nach falsch. Wir müssen agieren statt reagieren. Wollen wir als demokratische Gesellschaft die demokratische Deutungs- und Handlungshoheit behalten bzw. zurückgewinnen, müssen wir kontinuierlich und strategisch nachhaltige Arbeit wie zum Beispiel die Kinder- und Jugendverbandsarbeit fördern.

Literatur

BEZIRKSAMT NEUKÖLLN (2016): Sozialbericht Neukölln. Zur sozialen Lage der Bevölkerung 2016. Online verfügbar unter: https://www.google.com/url?sa=t&rct=j&q=&esrc=s&source=web&cd=&cad=rja&uact=8&ved=2ahUKEwii-a__k6_3AhUWgc4BHfK1D3gQFnoECAsQAQ&url=https%3A%2F%2Fwww.berlin.de%2Fba-neukoelln%2F_assets%2Fdokumente%2Fabteilung-gesundheit%2Fbericht_soziale-lage_2016-1-13.pdf&usg=AOvVaw0YK6xup_RS6VLdzieD-b0h

CALMBACH, Marc u.a. (2020): SINUS-Jugendstudie 2020. Lebenswelten von Jugendlichen im Alter von 14 bis 17 Jahren in Deutschland. Bonn: Bundeszentrale für politische Bildung.

SJD-DIE Falken (2011): Unser Selbstverständnis. Online verfügbar unter: https://www.wir-falken.de/ueber_uns/selbstverstaendnis/index.html (zuletzt abgerufen: 10.5.2022)

SJD-DIE Falken, KV Neukölln (1981): Zeltlagerkonzeption 1981, Berlin, Eigenverlag

GERSTENBERG, Günter (2006): Sozialistische Arbeiterjugend (SAJ). 1922–1933. In: Historisches Lexikon Bayerns. Online verfügbar unter: https://www.historisches-lexikon-bayerns.de/Lexikon/Sozialistische_Arbeiterjugend_(SAJ),_1922-1933#Vorgeschichte (zuletzt abgerufen: 10.5.2022)

GRÖSCHEL, Roland (1986): Zwischen Tradition und Neubeginn. Hamburg: ergebnisse Verlag.

KLATZEK, Barbara (2014): Denken und Gedenken. Ein Rückblick auf die Anfänge der Gedenkstättenfahrten in unserem Verband. Online verfügbar unter: https://www.wir-falken.de/showall/8162091.html (zuletzt abgerufen: 10.5.2022)

WERKENTIN, Falco (Hg.) (2008): Selbstbehauptung, Widerstand und Verfolgung: „Die sozialistische Jugend Deutschlands – Die FALKEN" in Berlin 1945 bis 1961. Berlin: Schriftenreihe der Berliner Landesbeauftragten für die Unterlagen des Staatssicherheitsdienstes der ehemaligen DDR.

IV. Politische Teilhabe in der postmigrantischen Gesellschaft

SEYRAN BOSTANCI

Partizipation und Inklusion in einer postmigrantischen Gesellschaft

Partizipation und Inklusion werden zunehmend als Leitziele pädagogischer Arbeit proklamiert. Bildungsinstitutionen werden angehalten, Kindern und Jugendlichen ein inklusives und partizipationsreiches Angebot zu machen. Die Umsetzung von Inklusion und Partizipation in pädagogischen Kontexten steht jedoch vor zahlreichen Herausforderungen. Eine davon ist, dass unsere postmigrantische Gesellschaft stark von inklusions- und partizipationsabwehrenden Mustern geprägt ist: Die Macht zu gestalten, Einfluss zu nehmen und handeln zu können sowie Zugänge zu Bildung, finanzieller Sicherheit, Gesundheit, Wohnen, Arbeit und Repräsentation sind ungleich verteilt. Diskriminierungsprozesse behindern oft, Partizipation und Inklusion in die Praxis umzusetzen. Inklusion kommt ohne Partizipation nicht aus und Partizipation wiederum nicht ohne Inklusion. Inklusion bedeutet „Teil-Sein" und Partizipation bedeutet „Teilhabe". Sie bedingen einander (Reitz 2014, 90). Beiden Prinzipien ist zudem eines gemein: Sie sind nicht ohne Weiteres in die pädagogische Praxis zu überführen. Sie brauchen eine ständige Reflexion und kritische Überprüfung, ob sie tatsächlich auch in der Arbeit mit Kindern und Jugendlichen, in der Zusammenarbeit mit Familien*[1] und im Team realisiert werden. Im folgenden Beitrag geht es um eine Reflexion von Partizipation und Inklusion in postmigrantischen Gesellschaften. Der folgende Text liefert aus einer intersektionalen, vornehmlich adultismus- und rassismuskritischen Perspektive Reflexionen und Impulse für eine partizipative und inklusive pädagogische Praxis in postmigrantischen Gesellschaften.

1 Unter Familien* werden über heteronormative Familienkonstellationen hinaus weitere diverse Familienkonstellationen hinzugezählt. Nähere Ausführungen zum Begriffskonzept von Familien* bei Cabral (2022).

Umgang mit Vielfalt in postmigrantischen Gesellschaften – Ein Fallbeispiel

Beginnen möchte ich mit einem Fallbeispiel zum Thema Umgang mit Vielfalt in einer Kita, welches medial eine große Aufmerksamkeit erlangt hatte. Eine Hamburger Kita hatte sich entschlossen, per Elternbrief die Empfehlung zu geben, bei der Wahl von Faschingskostümen darauf zu achten, dass keine diskriminierenden Vorurteile und Stereotype bedient würden. Obwohl alle unabhängig von ihrer Kostümwahl willkommen seien, heißt es in dem Elternbrief, wäre es wünschenswert, wenn niemand beispielsweise in „I-Kostümen[2]" oder als Scheich verkleidet erscheinen würde (Elbkinder, 2019). Private Akteure und öffentliche NGO's wie beispielsweise die Fachstelle Kinderwelten befürworteten diese Entscheidung der Kita, die mit dieser Aktion Diskriminierungserfahrungen von Kindern und ihrer Familien vorzubeugen versuchte. Zeitgleich konnte auch eine starke Ablehnung beobachtet werden. Die Hamburger Morgenpost (2019) betitelte dieses Ereignis polemisch unter dem Titel „Politisch korrekter Fasching. Hamburger Kita verbietet Indianer-Kostüme!". Daraufhin wurde die Meldung von weiteren Medien wie der BILD aufgegriffen und kontrovers diskutiert. Sie fand auch Eingang in die Aschermittwochs-Rede des bayerischen Ministerpräsidenten Markus Söder, der diese Empfehlung als „Quatsch" abtat (Welt, 2019).

Dieses Beispiel verdeutlicht, dass in der Gesellschaft kontroverse Debatten über den Umgang mit Diversität geführt werden. Solche Debatten verweisen auf Konflikte, in denen es vor allem um Privilegien und Machterhalt geht. Auseinandersetzungen über einen diskriminierungskritischen Umgang mit Vielfalt findet in einem gesellschaftlichen Klima statt, in dem das emanzipatorische Einfordern von Nicht-Diskriminierung zum Teil auf Abwehrhaltungen trifft. Die öffentlichen Debatten treffen auf Empörung über eine vermeintlich „übertriebene" politische Korrektheit und dem Gefühl einer Zensur auf der einen Seite, auf der anderen auf eine emanzipatorische Verteidigung des Rechts, nicht (rassistisch) diskriminiert zu werden. Die Abwehrhaltungen können unter anderem darauf zurückgeführt werden, dass Diskriminierungskritik Verhaltens-, Bewusstseins- und Strukturveränderungen erfordert und damit das Aufgeben

---

2 Der Begriff „Indianer" ist ein aus der Kolonialisierung Nord- und Südamerikas entstandener Begriff, der abwertend zur Bezeichnung der amerikanischen Erstbewohner*innen benutzt wird. Um diesen Begriff nicht zu reproduzieren und um dessen Konstruktionscharakter hervorzuheben, wird statt des Begriffs „I" verwendet.

von Privilegien und tradierten Ordnungsmuster. Kurzum: Die Gesellschaft fragmentiert sich zwischen jenen, die sich für die Vielfalt und der damit einhergehenden Pluralisierung der Gesellschaft aussprechen, und jenen, die sie abwehren und abwerten (Foroutan/Bostancı 2019, 19).

Es zeigt sich also, dass eine inklusive Gesellschaft nicht von allen Gesellschaftsmitgliedern der Bundesrepublik mitgetragen wird. Es lassen sich parallel zu diesen oben genannten Ereignissen Anti-Europa-, Anti-Gender-, Anti-LGBTIQ- sowie Anti-Elite-Diskurse und -Bewegungen beobachten. Etliche Studien zeigen, dass rassistische Haltungen und die Ablehnung kultureller Heterogenität in der Mitte der Gesellschaft zu finden sind (Decker u.a. 2014; Zick u.a. 2016; Zick/Küpper 2021). Deutlich werden solche Tendenzen beispielsweise in der Protestbewegung PEGIDA („Patriotische Europäer gegen die Islamisierung Europas"), auf die als Reaktion die Anti-Pegida Bewegung entstanden ist. Auch die Wahlergebnisse der AfD verdeutlichen, dass Teile der Bevölkerung die Diversität der Gesellschaft aktiv ablehnen (Foroutan/Bostancı 2019, 20).

Was kennzeichnet eine postmigrantische Gesellschaft?

Nach Foroutan meint das Präfix *post* nicht das *Ende* der Migration, sondern dass die Gesellschaft durch Migration in Vergangenheit und Gegenwart geprägt und beeinflusst wurde und wird, und dies auch in Zukunft so sein wird. Migration wird in dieser Perspektive als ein nicht abgeschlossenes Phänomen verstanden. Der Fokus richtet sich auf die sozialen und politischen Transformationen, die *nach* Beginn der Migration in der Gesellschaft stattfinden. Diese können Konflikte nach sich ziehen (Foroutan 2015a, 216). Postmigrantisch verweist, wie Foroutan festhält, auf stetige Hybridisierung und Pluralisierung von Gesellschaften (Foroutan 2018, 269). Auf diese Weise wird es obsolet, einzelne Mitglieder der Gesellschaft in beispielsweise Ausländer*innen, Migrant*innen etc. zu unterteilen. Vielmehr geht es darum, dass „Wir" der postmigrantischen Gesellschaft zu erfassen, indem die Gesellschaft als Ganzes in ihrem postmigrantischen Charakter begriffen wird. Eine postmigrantische Perspektive ermöglicht, über die Grunddualismen migrantisch – nicht-migrantisch hinaus, Migration nicht mehr als außergewöhnliches Phänomen zu betrachten, sondern sie als Teil der Lebenswirklichkeit und als Ausgangspunkt des Denkens und Handelns zu begreifen. Für Foroutan sind postmigrantische Gesellschaften, von

> „[…] Aushandlungen, Ambivalenzen, Antagonismen und Allianzen gekennzeichnet. Sie sind keine utopischen Gemeinschaften, in denen Rassismus und Ungleichheit überwunden sind. Vielmehr sind sie geprägt von Konflikten zwischen jenen, die unter Demokratie gleiche Rechte für alle Bürger verstehen und jenen, die Vorrechte nur für die jeweils eigene Gruppe beanspruchen." (Foroutan 2015b, 216)

Inklusions- und Partizipationsbemühungen in pädagogischen Kontexten finden in einem gesellschaftlichen Klima statt, das von Spannungsverhältnissen geprägt ist. Die Umsetzung von Inklusion und Partizipation ist somit sehr voraussetzungsvoll.

Was die oben beschriebene Kita ernstgenommen hat, war die Verantwortung, mit der gegebenen gesellschaftlichen Vielfalt verantwortungsvoll umzugehen und die Umsetzung des (Menschen)Rechts auf Diskriminierungsfreiheit. Im Zuge der allgemeinen Verpflichtung zur Inklusion ist es essentiell, dass Träger, pädagogische Fachkräfte, Kinder und Eltern sich an Aushandlungsprozessen um Ein- und Ausschlussprozesse beteiligen, dadurch Kompetenzen im Umgang mit Diversität erlernen und ausbauen. Es drängt sich die Frage auf, wie sich die Ansprüche auf Partizipation und Inklusion auf die pädagogische Arbeit übertragen lassen? Kann Inklusion als gesellschaftliche Zielsetzung hilfreich sein? Und falls ja, wie lässt sich inklusive Praxis in einer Gesellschaft etablieren, deren Alltagskultur stark durch Inklusionshemmnisse und partizipationsabwehrende Muster geprägt ist?

Inklusion – Der Schlüssel für Partizipation?

Zugang zu Bildungsinstitutionen ist das A und O von Inklusion und Partizipation. Allerdings zeigen zahlreiche Studien aus der Bildungsforschung, dass allein der Zugang nicht ausreichend barrierefrei ist, damit *alle* Kinder von den Bildungsangeboten profitieren können. Spätestens seit dem „Pisa-Schock" 2001 ist allgemein bekannt: Das Bildungssystem in Deutschland (re)produziert soziale Ungleichheiten (Baumert u. a. 2001).

Das Pendant zur Inklusion ist die Beteiligung. Es ist wichtig, dass Kinder und Jugendliche mitgestalten und mitwirken können. Damit alle Kinder und Jugendliche sich beteiligen können, brauchen sie die Botschaft: „Du bist hier wichtig! Deine Stimme ist ebenso wichtig wie die der anderen! Wir brauchen deine Gedanken, Ideen und Meinungen, damit unsere Entscheidungen besser werden!“ Inklusion ist gebunden an reale Möglichkeiten der Beteiligung und Einflussnahme. Es geht also bei der Inklusion nicht nur darum, die Türen einer Einrichtung zu öffnen. Dass alle „da“ sind, ist zwar eine wichtige Voraussetzung für inklusive Prozesse, ermöglicht sie aber nicht automatisch: „Dabeisein ist nicht alles“ (Kreuzer/Ytterhus 2008). Wird die Vielfältigkeit von Erfahrungen und Voraussetzungen nicht bewusst gestaltet, so kann es sein, dass sich entgegen des beabsichtigten respektvollen Umgangs untereinander diskriminierende Strukturen durchsetzen. Damit werden Normalitätsvorstellungen erhalten und weitergegeben, die Menschen in „normal“ und „abweichend“ oder „anders“ unterteilen. Die Rückmeldung, „anders“ zu sein, den herrschenden Normen nicht zu genügen, übersetzt sich als Botschaft, nicht dazuzugehören und erschwert Beteiligungsmöglichkeiten.

Das Potential des Inklusionsgedankens[3] ist das zugrundeliegende Gesellschaftsmodell, das sich von dem In- und Outgroup-Gedanken verabschiedet und somit auch von der dichotomen Unterscheidung in „Wir“ und „die Anderen“, die z. B. Teil von Integrationsansätzen bzw. Assimilationsparadigmen sind. Inklusion als Gesellschaftsmodell geht von einer diversen Gesellschaft aus, in der eine Unterteilung ihrer einzelnen Mitglieder in „wir“ und „die anderen“ überflüssig ist (Boban/Hinz 2003, 41). Damit einhergehend wird eine Überwindung diskriminierender kategorialer Unterscheidungen wie „einheimisch vs. migrantisch“, „Mann vs. Frau“ etc. angestrebt. Dabei geht es nicht darum, Kategorien und ihre Wirkmächtigkeit zu negieren, sondern sie als soziale Konstruktionen zu analysieren und zu dekonstruieren. Die zugrundeliegende Perspektive auf Gesellschaft ist, dass sie per se vielfältig ist. Damit entfällt eine Bewertung anhand von Normalitätskonstruktionen. Indem Verschiedenheit als normal angesehen wird, ist der inklusive Anspruch, jede*n Einzelne*n „als vollwertiges Mitglied der Gesellschaft [zu sehen,] unabhängig von Fähigkeiten und Unfähigkeiten“. (Hinz 2002, 356) Inklusion ermöglicht also allen Gesellschaftsmitgliedern Zugehörigkeit.

---

3 In diesem Artikel orientiere ich mich an einem erweiterten Inklusionsbegriffs. Kennzeichen dieses Inklusionsverständnisses ist es, dass sich Inklusion auf alle Diversitätsaspekte von Menschen richtet. Diese erweiterte Perspektive auf Inklusion steht in Deutschland oft einem engen Blick auf Inklusion gegenüber, der eindimensional „Behinderung“ als Heterogenitätsdimension fokussiert. Obwohl die internationale Bildungspolitik bereits seit spätestens Mitte der 1990er Jahre Forderungen nach inklusiver Bildung formuliert, welche die unterschiedlichen Voraussetzungen (weiter Inklusionsbegriff) aller Kinder von Anfang an berücksichtigen soll, wird im deutschsprachigen Raum oft ein enger Inklusionsbegriff verwendet (Bostanci 2021).

Inklusion kann als eine Verabschiedung vom Defizitblick auf einzelne Gesellschaftsmitglieder gesehen werden, was einen Perspektivenwechsel einfordert und Strukturen, Zugänge sowie Barrieren der Teilhabe in den Blick nimmt. Nicht die einzelnen Gesellschaftsmitglieder müssen sich an ein imaginäres undefinierbares „Wir" anpassen, sondern die Gesamtgesellschaft als Ganzes in ständigen Aushandlungs- und Reflexionsprozessen an die Bedürfnisse und Anforderungen der diversen Gesellschaft. Dadurch wird nicht nur die dichotome Unterteilung der Gesellschaft durchbrochen, sondern auch explizit die Barrieren zum Zugang abgebaut (Hinz 2009 172).

Inklusion ist nie umfassend erreicht. Es geht vielmehr um schrittweise Annäherungen beim Aufdecken von exkludierenden Mustern und bei der Gestaltung von kleinen Veränderungsschritten. Bei Inklusion geht es um den immerwährenden Reflexionsprozess und somit darum, (kleinschrittig) institutionelle Veränderungen mit dem Anspruch nach einer diskriminierungskritischen Transformation zu ermöglichen, die alle Diskriminierungsformen in ihrer Wechselwirkung und Verschränkung einschließt. Irreführend wäre es zudem, pädagogische Praxis in „gute und schlechte" oder in „richtige und falsche" Praxis einzuordnen. Denn es kann keine „gute Praxis" unter de facto vorhandenen diskriminierenden Strukturen geben (Goel 2016; Hazibar/Mecheril 2013)

Die Herausforderung besteht darin, dem Wunsch nach Harmonie und Kontrollsicherheit zu widerstehen und Unsicherheit und Zweifel auszuhalten. Dabei gilt es, eine pädagogische Praxis zu etablieren, die sich von dem Streben nach Eindeutigkeit und binären Denkmuster („Wir und die Anderen", „Jungen und Mädchen" etc.) loslöst, indem die Praxis flexibel und kreativ mit der in ihr inhärenten gesellschaftlichen Vielfalt umgeht und zeitgleich Diskriminierung versucht abzubauen. Damit rassistische, sexistische, klassistische, heteronormative, adultistische und weitere Diskriminierungsformen verlernt werden können, ist es wichtig, normalisierte Routinen und Verfahrensweisen, die nach Eindeutigkeit und Homogenität streben, zu reflektieren und zu verändern. Konkret bedeutet dies, Abschied zu nehmen von Praktiken des Gleichmachens, die sich in Haltungen und Aussagen zeigen wie: „alle Kinder und Jugendliche sind gleich". Im Endeffekt negieren solche Perspektiven auf Kinder und Jugendliche, dass sie aufgrund von Diversitätsaspekten unterschiedlich in der Gesellschaft bewertet werden („colorblindness") und einen unterschiedlichen Zugang zu Bildungsprozessen und somit zur Teilhabe haben.

Inklusions- und Partizipationsabwehrende Muster in der pädagogischen Arbeit erkennen

Es kommt häufig vor, dass Erwachsene Kinder und Jugendliche in ihren Möglichkeiten, sich zu beteiligen begrenzen, weil sie ihnen die Fähigkeit zur Partizipation absprechen. Das trifft besonders für bestimmte Gruppen von Kindern zu. Je jünger die Kinder sind, desto mehr wird ihnen Partizipation vorenthalten, mit dem Verweis darauf, sie seien für Beteiligung noch „zu jung". Dieses „partizipationsabwehrende Muster" (BJK 2009, 16) weist auf das spezifische Machtverhältnis zwischen Erwachsenen und Kindern hin und muss kritisch reflektiert werden. Dieses Machtverhältnis wird unter dem Schlagwort des Adultismus gefasst. Adultismus, abgeleitet vom englischen Wort adult (Erwachsene), beschreibt die vermeintliche Höherwertigkeit von Erwachsenen gegenüber Kindern. Es ist die Diskriminierungsform, die alle Menschen in ihrem Leben erfahren können. Adultismus kennzeichnet „eine gesellschaftliche Macht- und Diskriminierungsstruktur, die durch Traditionen, Gesetze und soziale Institutionen" produziert wird (Ritz 2008, 2). Auch wenn es sich manchmal nicht danach anfühlt, sind es am Ende des Tages oft Erwachsene, die Sicherheit, Verbindung und Autonomie für Kinder herstellen, Partizipation gewähren oder verwehren, indem sie den Tag planen, die Einrichtung gestalten, Vorschläge unterbreiten, ihr Wissen einbringen und darüber entscheiden, ob eine Verletzung wirklich schlimm ist oder nicht. Handlungs- und Gestaltungsmacht, Verfügungs- und Definitionsmacht liegen oft auf ihrer Seite (Liebel 2010).

Adultismus ist nicht die einzige Diskriminierungsform, die Einfluss auf Partizipationsmöglichkeiten hat: Er ist mit anderen Ungleichheitsdimensionen (z.B. Geschlecht, Klasse, Dis-Ability) verzahnt. Die bestehenden ungleichen Partizipationsmöglichkeiten von Kindern und Jugendlichen werden gestützt und immer wieder hergestellt durch etablierte oft diskriminierende Strukturen, in die wir alle hineinsozialisiert werden – in unterschiedlichen Rollen und Positionen. So bestehen z.B. Chancenungleichheiten aufgrund der Zuschreibungen an eine (vermutete) Herkunft, dem Aussehen, der Sprache, der Religion, dem Geschlecht, der Sexualität, dem Alter, Familienkonstellationen, ökonomischen Möglichkeiten und den körperlichen und geistigen Fähigkeiten von Menschen. Mit den Zuschreibungen gehen anhand der oben genannten Identitätsaspekte Auf- und Abwertungen einher, die Menschen in ungleiche Positionen bringen und die Qualität der Teilhabe in der Gesellschaft beeinflussen. Die Mechanismen, die Dominanz und (De-) Privilegierung aufrechterhalten, bleiben dabei oft unerkannt. Wer jedoch Ungleichheit abbauen möchte, kommt nicht umhin, Momente von Diskriminierungen wahrzunehmen und dabei Dominanz zu erkennen, die möglicherweise durch die eigene gesellschaftliche Position und der daraus resultierenden Praxis zur Aufrechterhaltung eines von Ungleichheit geprägten Systems beiträgt.

Eine inklusive Qualität von Partizipation besteht folglich darin, dass Dominanz- und Machtverhältnisse in pädagogischen Kontexten kritisch überprüft werden und eine besondere Aufmerksamkeit denjenigen sozialen Gruppen zukommt, die in unserer postmigrantischen Gesellschaft in besonderer Weise von Barrieren, Ausgrenzung oder Ausschluss betroffen sind. Partizipation ist immer in konkreten Machtverhältnissen angesiedelt und kann ohne deren Berücksichtigung weder analysiert noch verstanden werden. Eine bewusste Anstrengung ist vonnöten, um das, was sich aus dominanter Sicht nicht immer auf den ersten Blick erschließt, zu erkennen.

Wie kann Inklusion und Partizipation in Bildungseinrichtungen gelingen?

In meiner Dissertation mit dem Titel: „Bildung – Diskriminierung – Inklusion. Transformationsprozesse in postmigrantischen Gesellschaften" habe ich mich mit Gelingensbedingungen für Inklusionsprozesse in frühkindlichen Bildungseinrichtungen auseinandergesetzt. In einem komparativen Forschungsdesign habe ich anhand von Fallanalysen von drei Kitas, die sich auf einen inklusiven Organisationsentwicklungsprozess begeben haben, Bedingungen analysiert, die hilfreich für Inklusionsprozesse sind. Als zentrales Ergebnis lässt sich aus meiner Studie vor allem folgender Faktor für das Gelingen von Inklusion und Partizipation in Kitas festhalten: Eine wichtige Bedingung stellen institutionalisierte Lernräume für pädagogische Fachkräfte dar. Dafür braucht es Arbeitsbedingungen, die es erlauben, dass genügend Zeit für Reflexion im Team vorhanden ist. Pädagogische Fachkräfte erfüllen in ihrem Arbeitsalltag unzählige Aufgaben gleichzeitig und müssen oft spontan handeln. Sie brauchen Möglichkeiten des Rückzugs aus der unmittelbaren Arbeit mit den Kindern, um ihre pädagogische Praxis dahingehend zu reflektieren, inwiefern sie dazu beitragen, Kinder und Jugendliche Partizipationsmöglichkeiten zu öffnen oder diese begrenzen und beschneiden. Es braucht Räume, die ermöglichen, auch die gesellschaftlichen Verhältnisse zu verstehen, und zwar auf allen Ebenen, auf individueller, struktureller und historischer Ebene. Das eigene Erleben zu reflektieren, auf der aktuellen und biografischen Ebene, ist notwendig, um das Eingebunden-Sein in diese Verhältnisse nachvollziehen zu können. Fragen wie die Folgenden können dabei pädagogische Fachkräfte unterstützen, sich ihres eigenen soziokulturellen Hintergrundes und dessen Einflusses auf das berufliche Handeln bewusst zu werden:

> „Wer bin ich? Wie bin ich aufgewachsen? Was habe ich erlebt? Welche Erfahrungen – sowohl positive als auch negative – bringe ich mit? Welche Werte und Normen prägen meine aktuelle Lebenssituation? Welchen Einfluss hat all das auf mein fachliches Handeln?" (Richter 2017, 28)

Um die Fähigkeit zu erlangen, Diskriminierungen, Einseitigkeiten und Nicht-Repräsentation in der pädagogischen Arbeit zu erkennen und dafür zu sorgen, dass sie abgebaut werden, braucht es etablierte Räume, in denen es möglich ist, in einem fortwährenden Reflexions- und Aushandlungsprozess mit anderen die gesellschaftlichen Verhältnisse und das eigene Handeln zu hinterfragen, ohne dass es zu Zuschreibungen, Urteilen oder Kategorisierungen kommt. Es braucht Räume, in denen vielfältige Perspektiven in Bezug auf Diskriminierung Einzug finden. Oft wird es erst durch ein kritisches Gegenüber möglich, das eigene Handeln und Denken auf Einseitigkeiten und diskriminierende Momente zu überprüfen. Denn Diskriminierung passiert oft implizit und unbewusst. Dabei ist es notwendig – wenngleich wahrhaftig herausfordernd –, sich von Gewissheiten zu lösen und Uneindeutigkeiten und Unsicherheiten zuzulassen. Um den Mut zu entwickeln, eigene Selbstverständlichkeiten und Normalitätsvorstellungen infrage zu stellen, sich zu zeigen und sich zu positionieren, braucht es die Ermutigung in einer Gemeinschaft, in der die Erfahrung von Anerkennung und Zugehörigkeit gemacht werden kann. Es braucht Räume, in denen Verletzungen aufgrund von erlebter Diskriminierung – auch innerhalb dieser Räume – an- und ausgesprochen werden können und Gehör finden, und dann nicht mit Abwehr und Rechtfertigung reagiert wird, sondern mit Anteilnahme, Sensibilität und Bedauern. Es geht auch darum, den Blick zu öffnen und aufzudecken, wessen Perspektive nicht repräsentiert wird, nicht vorkommt und dadurch unsichtbar gemacht wird.

Die Reflexion über Adultismus kann dabei als ein weiterer zentraler Faktor in der Etablierung von Inklusion und Partizipation gesehen werden. Sie kann als eine Art Dosenöffner fungieren, um weitere Diskriminierungsformen in der pädagogischen Arbeit in den Blick zu bekommen. Eine intersektionale Perspektive auf Adultismus kann dienlich sein, um die Gleichzeitigkeit und Verschränkungen verschiedener Diskriminierungsformen, die wirksam sind, und somit als

Beteiligungsbarrieren in Erscheinung treten, tiefergehend zu analysieren.

Für das Gelingen von Inklusion und Partizipation gehört es auch dazu, eine Kultur der Fehlerfreundlichkeit zu pflegen – Fehler verstanden in dem Sinne, dass noch etwas fehlt. Es geht um Lerngemeinschaften, in denen der Realität Rechnung getragen wird, dass sich in jeder Gruppe die gesellschaftlichen Ungleichheiten abbilden und der Versuch unternommen wird, deren Wirkungsweisen zu minimieren, indem ein gemeinsamer Lernprozess des Verlernens von Dominanz und (De-)Privilegierung gegangen wird.

Wenn diskriminierungskritische Lerngemeinschaften es schaffen, in Verbindung zu bleiben bzw. verlorene Verbindungen immer wieder herzustellen, können sie gemeinsam die Kraft entwickeln, um Partizipations- und Inklusionsprozesse in ihren Einrichtungen zu gestalten. Somit können Bildungsinstitutionen dazu beitragen, die eingangs beschriebenen binären Spannungsverhältnisse in postmigrantischen Gesellschaften ein Stückweit aufzulösen.

Literatur

BAUMERT, Jürgen u.a. (2001): PISA 2000. Basiskompetenzen von Schülerinnen und Schülern im internationalen Vergleich. Deutsches PISA-Konsortium. Wiesbaden: VS Verlag für Sozialwissenschaften.

BOBAN, Ines /Hinz, Andreas (2003): Qualitätsentwicklung des Gemeinsamen Unterrichts durch den „Index für Inklusion". Behinderte in Familie, Schule und Gesellschaft, Heft 4/5, S. 34–45. Online verfügbar unter: http://www.jugendsozialarbeit.de/media/raw/boban_qualitaetsentwicklung.pdf (Zugriff am 19.4.22).

BOSTANCI, Seyran (2021): Bildung – Diskriminierung – Inklusion. Transformationsprozesse in postmigrantischen Gesellschaften. Dissertationsschrift, Humboldt Universität zu Berlin/ Grimmzentrum Berlin.

BJK/BUNDESJUGENDKURATORIUM (Hg.) (2009): Partizipation von Kindern und Jugendlichen – Zwischen Anspruch und Wirklichkeit. Stellungnahme des Bundesjugendkuratoriums. Online verfügbar unter: https://bundesjugendkuratorium.de/data/pdf/press/bjk_2009_2_stellungnahme_partizipation.pdf (Zugriff am 19.4.2022).

CABRAL, Fallon Tiffany (2022): On Growing (up with) Chilis – Zur Verhandlung von ‚Race`und Rasissmus in Familien* von BIPoC. Dissertation. Pädgogische Hochschule Freiburg. Un-veröffentlichtes Manuskript.

DECKER, Oliver u.a. (2014): Die stabilisierte Mitte. Rechtsextreme Einstellung in Deutschland 2014. Leipzig: Leipzig Universität.

ELBKINDER (2019): Stellungnahme Berichterstattung Verkleidung an Fasching. Online verfügbar unter: https://www.elbkinder-kitas.de/de/ueber_uns/aktuelles/pressemitteilungen/stellungnahme_z_berichterstattung_zu_verkleidung_an_fasching.html. (Zugriff am 19.4.2022).

FOROUTAN, Naika (2015a): Die postmigrantische Gesellschaft. In Die Einheit der Verschiedenen: Integration in der postmigrantischen Gesellschaft. Bundeszentrale für politische Bildung. Online verfügbar unter: www.bpb.de/gesellschaft/migration/kurzdossiers/205190/die-postmigrantische-gesellschaft. (Zugriff am 19.4.2022).

FOROUTAN, Naika (2015b). Konvivale Integration in postmigrantische Gesellschaften. In F. Adloff / V. M. Heins (Hg.), Konvivialismus. Eine Debatte. Bielefeld: Transcript, S. 205–216.

FOROUTAN, Naika (2018): Was will eine postmigrantische Gesellschaftsanalyse? Von emigrationszentrierten Diskursen hin zum Erkennen von Gleichheitskonflikten in pluralen Demokratien. In: N. Foroutan u.a. (Hg.), Postmigrantische Perspektiven: Ordnungssysteme, Repräsentationen, Kritik Frankfurt/M.: Campus Verlag, S. 269–300.

FOROUTAN, Naika/Bostancı, Seyran (2019): Inklusion in der postmigrantischen Gesellschaft. Politikum, 1, 18–25.

GOEL, Urmila (2016): Die (Un)Möglichkeit der Vermeidung von Diskriminierungen. In Diskriminierungskritische Lehre. Denkanstöße aus den Gender Studies. Geschäftsstelle des Zentrums für transdisziplinäre Geschlechterstudien der Humboldt-Universiät zu Berlin. Online vefügbar unter: https://www.gender.hu-berlin.de/de/studium/diskriminierungskritik-1/broschuere-der-ag-lehre-diskriminierungskritische-lehre-denkanstoesse-aus-den-gender-studies. (Zugriff am 20.2.2021).

HAZIBAR, Kerstin/Mecheril, Paul (2013): Es gibt keine richtige Pädagogik in falschen gesellschaftlichen Verhältnissen. Widerspruch als Grundkategorie einer Behinderungspädagogik. Zeitschrift für Inklusion, 3.Online verfügbar unter: https://www.inklusion-online.net/index.php/inklusion-online/article/view/23/23. (Zugriff am 18.6.2020).

HINZ, Andreas (2009): Inklusive Pädagogik in der Schule – veränderter Orientierungsrahmen für die schulische Sonderpädagogik!? Oder doch deren Ende??. In: Zeitschrift für Heilpädagogik, (2009) 5. S. 171–179. Online verfügbar unter: https://www.verband-sonderpaedagogik.de/zeitschrift/zfh-artikel.html?zfhid=34895. (Zugriff am 14.2.2022).

KREUZER, Max/ Ytterhus, Borgunn (Hg.) (2009): „Dabeisein ist nicht alles." Inklusion und Zusammenleben im Kindergarten. München: Reinhardt.

LANGHOFF, Shermin (2011): Die Herkunft spielt keine Rolle – „Postmigrantisches" Theater im Ballhaus Naunynstraße. In Dossier Kulturelle Bildung.Online verfügbar unter: http://www.bpb.de/gesellschaft/kultur/kulturelle-bildung/60135/interview-mit-sher-min-langhoff (Zugriff am 19.4.2022)

LIEBEL, Manfred (2010): Diskriminiert, weil sie Kinder sind: ein blinder Fleck im Umgang mit Menschenrechten. In: Diskurs Kindheits- und Jugendforschung 5, 3, S. 307–319. Online verfügbar unter: http://nbn-resolving.de/urn:nbn:de:0168-ssoar-354707. (Zugriff am 14.2.22).

REITZ, Sandra (2014): Zum Begriff der Inklusion: Eine menschenrechtliche Perspektive. In: Engagement macht stark. Zehn Jahre Woche des bürgerschaftlichen Engagements. Online verfügbar unter: https://www.engagement-macht-stark.de. (Zugriff am 19.4.2022)

RICHTER, Sandra (2017): Frühpädagogische Konzepte praktisch umgesetzt: Vorurteilsbewusste Bildung und Erziehung in der Kita. Berlin: Cornelsen.

RITZ, Manuela (2008): Adultismus – (un)bekanntes Phänomen: „Ist die Welt nur für Erwachsene Gemacht?". In P. Wagner (Hg.), Handbuch Kinderwelten. Vielfalt als Chance – Grundlagen einer vorurteilsbewussten Bildung und Erziehung (S. 128–136). Freiburg in Breisgau: Herder.

SCHLINK, Mike/Bromberg, Wiebke (2019): Politisch korrekter Fasching Hamburger Kita verbietet Indianer-Kostüme! Mopo. Online verfügbar unter: https://www.mopo.de/hamburg/politisch-korrekter-fasching-hamburger-kita-verbietet-indianer-kostueme--32163248. (Zugriff am 19.4.2022)

WELT (2019): Söder nennt Diskussion über Indianerkostüme in Hamburger Kita Quatsch. Online verfügbar unter: https://www.welt.de/regionales/hamburg/article189888605/Politischer-Aschermittwoch-Soeder-nennt-Diskussion-ueber-Indianerkostueme-in-Hamburger-Kita-Quatsch.html. (Zugriff am 19.4.2022)

ZICK, Andreas u.a. (2016): Gespaltene Mitte — Feindselige Zustände. Rechtextreme Einstellungen in Deutschland 2016. Bonn: Friedrich-Ebert-Stiftung.

ZICK, Andreas/Küpper, Beate (2020/21): Die geforderte Mitte. Rechtsextreme und demokratiegefährdende Einstellungen in Deutschland. Bonn: Friedrich-Ebert-Stiftung.

DENIZ NERGIZ

Integrations(bei)räte in Deutschland: Politische Teilhabe und Teilnahme in der Kommune

Die kommunalen Ausländer-, Migranten- und Integrations(bei)räte[1] gehören seit Anfang der 1970er-Jahre zu den wichtigsten kommunalen Akteuren der Integration. In diesen demokratisch legitimierten, partei- und ethnienübergreifenden sowie religionsneutralen Gremien setzen sich Menschen unterschiedlicher Herkünfte, Kulturen und verschiedenen Glaubens seit über vierzig Jahren für eine gleichberechtigte Einwanderungsgesellschaft ein. Entstanden sind sie aus dem Bedürfnis, Menschen ohne deutsche Staatsangehörigkeit in der Stadtgesellschaft eine politische Stimme zu geben und sie in das gesellschaftliche Leben der Kommune einzubinden. Der Rückblick auf ihre dynamische Entwicklung in Deutschland gibt im folgenden Beitrag Auskunft über das Potenzial, aber auch die anhaltenden und zukünftigen Herausforderungen für das kommunal verankerte Engagement für Migrant*innen.

Ein historischer Blick auf dynamische Vielfalt und politische Verantwortung in der Einwanderungsgesellschaft

Bereits in den 1960er-Jahren entstanden die ersten Initiativen für demokratische Konzepte zur politischen Vertretung von in Deutschland lebenden Ausländer*innen, da immer mehr Menschen mit Migrationsgeschichte in Deutschland lebten und die kommunale Politik auf der Suche nach Informationen und Zugangsmöglichkeiten war.

Aufgrund vermehrter Einwanderung, dauerhaft bleibender ausländischer Arbeitnehmer*innen und dem Nachzug von ihren Familienangehörigen, entstand zu dieser Zeit ein wachsender Informationsbedarf und die Notwendigkeit, in den kommunalen Verwaltungseinrichtungen eine kommunale Ausländer- und Integrationspolitik zu entwickeln, um auf die Bedarfe in der Stadtpolitik agiler reagieren zu können. Diese initiativen Bestrebungen führten 1971/72 zu den ersten Beiratsgründungen in Wiesbaden, Wiesloch-Walldorf und Troisdorf.

1 Für eine bessere Lesbarkeit nutzt dieser Artikel Integrationsbeiräte als übergreifende Bezeichnung.

Nun gab es zum ersten Mal in Teilen von Deutschland die Möglichkeit zur politischen Mitentscheidung für ausländische Einwohner*innen. Die Integrationsbeiräte haben von Anfang an eine doppelte demokratische Legitimation inne: Einerseits sind sie ein Gremium der kommunalen Selbstverwaltung; ihre Satzungen, ihre Zusammensetzung, ihre Rechte und Pflichten werden von den lokalen Stadt- oder Gemeinderäten beschlossen. Andererseits waren die Beiräte in der Anfangsphase politische Vertretung für Ausländer*innen, heute hat sich das auf alle Menschen mit Migrationshintergrund erweitert.

Die zunehmende Institutionalisierung und rasant wachsende Zahl der Beiräte führte in diesem Kontext in den 1980er-Jahren zur Etablierung der Direktwahl in der Bildung der kommunalen Gremien. Dies geschah v. a. vor dem Hintergrund, dass die Wahl der Beiräte das „noch fehlende" kommunale Wahlrecht für Ausländer*innen im Übergang dazu ersetzen sollte. Im Jahr 1990 kippte das Bundesverfassungsgericht mit seinem Urteil die Ausweitung des kommunalen Wahlrechts für ausländische Bewohner*innen. Demzufolge wandelte sich auch das Rollenverständnis der Beiräte nachhaltig von einem Übergangsgremium mehr und mehr zu einer Interessenvertretung, die Ausländer*innen eine politische Gestaltungsmacht in der Kommune ermöglichte. Kurz darauf erlangten jedoch EU-Bürger*innen das kommunale Wahlrecht.

Die aktive Arbeit der Beiratsmitglieder führte dazu, dass kurz darauf Landesverbände und -netzwerke gegründet wurden. Dies konnte zwar das fehlende Wahlrecht in den Kommunen für ausländische Bewohner*innen nicht ersetzen, führte jedoch durch eine zunehmende Institutionalisierung auch zu einer aufgewerteten politischen Interessenvertretung von Migranten*innen. Gerade mit diesem Schritt verdeutlichten sie, dass sie sich nicht in der Rolle des „Lückenbüßers" für ein fehlendes Wahlrecht sahen. Sie machten – zunächst auf Landesebene und später mit der Gründung des bundesweiten Zusammenschlusses (Bundesausländerbeirat) auf Bundesebene – deutlich, dass sie die gesellschaftspolitischen Entwicklungen und Veränderungen parallel zu den kommunalen Strukturen kritisch begleiten werden.

Entwicklungen: Aufgaben, Strukturen, Wahlen, administrative Verankerung

Seit der Konstituierung der ersten Beiräte Anfang der 1970er-Jahre hat sich inhaltlich und strukturell einiges verändert, was die Ausgestaltung der Beiratsarbeit betrifft. Dies geschah nicht zuletzt, weil sich auch die deutsche Einwanderungsgesellschaft fortlaufend transformiert und sich neue Chancen und Herausforderungen ergeben.

Eine wesentliche Änderung betrifft die Umbenennung von Ausländerbeiräten zu Integrations- und Migrationsbeiräten, die inzwischen in den meisten Kommunen stattgefunden hat, mit Ausnahme weniger Beiräte, die noch unter dem alten Titel firmieren. Die meisten davon sind in Hessen ansässig. Das mag für die eine oder den anderen zunächst banal erscheinen, ist es aber nicht: Die kommunalen Beiräte und auch ihre Landesverbände bearbeiten gesamtgesellschaftliche Belange, die über die Personengruppe, die als „Ausländer*innen" definiert wird, hinausgehen, wie z. B. Fragen von Rassismus und Rechtsextremismus. Sie vertreten die Belange aller Menschen mit Zuwanderungsgeschichte und im Fall von rassistischer Hetze z. B. auch die Belange deutscher Staatsbürger*innen, die anhand äußerer Merkmale migrantisch gelesen werden.

Hinsichtlich struktureller Faktoren, wie z. B. der Form der Konstituierung (direkte Wahlen von Kandidat*innen oder Organisationsvertreter*innen, Berufung von Mitgliedern oder Mischformen), gibt es weitreichende Unterschiede zwischen den jeweiligen Bundesländern und z. T. auch innerhalb der Bundesländer zwischen den Kommunen.

So ist die Einrichtung von Integrationsbeiräten in vier Bundesländern (Nordrhein-Westfalen, Hessen, Rheinland-Pfalz, Saarland) sogar durch das Landesrecht vorgegeben und damit auch normiert. Auch in Berlin gibt es landesrechtliche Verpflichtungen, die einen Integrationsausschuss für die jeweiligen Bezirke vorsehen. In anderen Bundesländern hingegen wird die Einrichtung von Integrationsräten optional gehandhabt oder die jeweiligen Kommunen können darüber frei entscheiden.

In Bezug auf ihre strukturelle Zusammensetzung unterscheiden sich die verschiedenen Integrationsräte darin, ob dies durch Direktwahlen, indirekte Wahlen, berufene Gremien oder Mischformen herbeigerufen wird. In Nordrhein-Westfalen und Rheinland-Pfalz wird mit Mischformen gearbeitet, indem wahlberechtigte Migrant*innen einen Teil der migrantischen Mitglieder des Beirats durch Direktwahlen wählen, der andere Teil wird aus Mitgliedern von Ratsfraktionen berufen.

Auch hinsichtlich ihrer Verankerung in der kommunalen Verwaltung sind Integrationsbeiräte unterschiedlich angesiedelt. Es zeichnet sich eine bunte Mischung an Ansiedlungsvarianten ab: von dem*der Oberbürgermeister*in bis hin zu Dezernaten oder Integrationsbeauftragen.

Ein weiterer Punkt, in dem sich die Beiräte unterscheiden, bezieht sich auf die Frage, wer wahlberechtigt ist, um diese zu konstituieren. In ihrer ursprünglichen Form waren dies ausländische Staatsangehörige, da diese von den Beiräten politisch vertreten wurden. Im Zuge weitreichender Veränderungen wie z.B. einer erleichterten Einbürgerung und anhaltender Zuzüge von (Spät-) Aussiedler*innen wurden vielerorts auch die Wahlberechtigten neudefiniert, was dazu führte, dass in vielen Kommunen auch Aussiedler*innen und eingebürgerte Migrant*innen wahlberechtigt wurden.

In einigen Kommunen kommt es zum Einsatz von Integrationsausschüssen statt der üblichen Integrationsbeiräte. Diese unterscheiden sich darin, dass die Integrationsausschüsse mehr Befugnisse hinsichtlich der Verbindlichkeit von Entscheidungen haben und somit laut ihrer Unterstützer*innen auch mehr bewirken können. Da solche Integrationsausschüsse jedoch mehrheitlich aus berufenen Mitgliedern des Rates bestehen, lautet die berechtigte Kritik an diesen, dass durch den Einsatz solcher Ausschüsse der einzige Weg der demokratisch legitimierten, politischen Teilhabeform in der Kommune – insbesondere für Drittstaatenangehörige – ausgehebelt wird.

Da Integration durch Partizipation vorangebracht wird, sind Integrationsbeiräte ein Ausdruck von erfolgreicher, identitätsstiftender Integration durch Teilhabe in Form von Engagement für die transkulturelle Bürgerschaft.

Die bundesweite Vernetzung: Der Bundeszuwanderungs- und Integrationsrat (vorher: Bundesausländerbeirat)

Eine wichtige und weitreichende Veränderung erfolgte zum Ende der 1990er-Jahre. Nachdem sich zunächst die kommunalen Beiräte zu Landesverbänden und Landesnetzwerken vereinten, wurde im Jahr 1998 ein bundesweiter Zusammenschluss dieser angestrebt: Die Gründung des Bundesausländerbeirats (BAB), der später zum Bundeszuwanderungs- und Integrationsrat umbenannt wurde.

Der Bundeszuwanderungs- und Integrationsrat (BZI) stellt die politische Interessenvertretung für alle Menschen mit Migrationsgeschichte in Deutschland dar und ist dabei in seiner Struktur politisch unabhängig sowie religions-, ethnien- und parteiübergreifend. Dabei verfolgt der BZI die Vertretung allgemeiner Interessen von Menschen mit Migrationsgeschichte in Deutschland, also anders als andere Organisationen der Interessenvertretung von Migranten*innen, nicht die speziellen kulturellen Bedürfnisse bestimmter durch ihre Herkunftsländer oder Religionsgemeinschaften definierter Gruppen. Vielmehr werden übergreifende und allgemeinere Ziele verfolgt, die sich auf gesamtgesellschaftliche Strukturen und Diskursordnungen beziehen: Veränderungen hinsichtlich von partizipativen Möglichkeiten für Migrant*innen, Unterstützung und Sensibilisierung in der Arbeit innerhalb von Beiräten, Behörden, politischen Gremien, Verwaltungen und Institutionen sowie das Aufzeigen von Hindernissen und strukturellen Problemen in Bezug auf migrantische Teilhabe, wie Diskriminierungen und Rassismus. Diesbezüglich steht der BZI mit Kompetenz und ausführlichen Informationen für politische und mediale Akteure, aber auch für die Fachöffentlichkeit zur Verfügung.

Die zentralen Aufgaben und Berufung des BZI bestehen in fortlaufender Qualifizierungsarbeit sowie strukturellem Empowerment der kommunalen Integrationsbeiräte und ihrer Mitglieder. Im Zuge von Professionalisierung und Erfahrungen aus den letzten 22 Jahren konnte dies auf unterschiedlichen Ebenen konzeptualisiert und umgesetzt werden: Bspw. durch unterschiedliche Qualifizierungs- und Empowerment-Projekte, Wissenstransfer (auch über die Nutzung von sozialen Medien und Homepages), aber auch durch die Unterstützungsarbeit seitens der ehrenamtlichen und zuletzt hauptamtlichen Geschäftsstelle für individuelle Probleme einzelner Beiräte. Der Bundesverband hat seine Forderungen und Positionen für eine offene Einwanderungsgesellschaft auch durch Medienarbeit, Stellungnahmen zu aktuellen Themen und legislativen Verfahren und repräsentativen Aufgaben aller Menschen mit Migrationsgeschichte auf der Bundesebene stets kundgetan.

Integrationsbeiräte – noch zeitgemäß?!

Immer wieder wird heutzutage das Existenzrecht von Integrationsbeiräten infrage gestellt und nach ihrer Zeitgemäßheit gesucht. Argumentiert wird dahingehend, dass trotz des wachsenden Anteils von Menschen mit Migrationsgeschichte innerhalb der Bundesrepublik nicht nur die Beteiligung an den Wahlen der Beiräte sinkt, sondern auch die Zahl der mögliche Kandidat*innen, die sich zur Wahl aufstellen lassen.

Dies lässt sich mit einem bloßen Blick auf die Zahlen auch nicht revidieren. Dennoch sollten die Hintergründe dieser Entwicklung beleuchtet werden, um aufzuzeigen, dass es sich hierbei nicht um Politikverdrossenheit oder mangelndes Interesse seitens der Menschen mit Migrationshintergrund handelt.

Um politische Prozesse ihrem Auftrag entsprechend begleiten zu können, sind Mitglieder der Integrationsbeiräte auf fundierte Kenntnisse über die Verwaltungsvorgänge und -prozesse angewiesen. Die wichtigsten Regelwerke, z.B. Gemeinde- bzw. Landkreisordnungen, Beiratssatzungen in den einzelnen Gemeinden und Landkreisen oder die Instrumente der politischen Arbeit (Anträge, Stellungnahmen, Anfragen, Empfehlungsschreiben) sind jedoch für viele Beiratsmitglieder Neuland. Für Mandatsträger*innen in Stadträten bieten Fraktionen ihnen ein gewisses Knowhow im Rahmen von Einführungsveranstaltungen. Die Geschäftsstellen leisten zusätzlich Unterstützung über die gesamte Amtsdauer. Ehrenamtlich arbeitende Gremien wie die Integrationsbeiräte können von diesen Maßnahmen jedoch nicht profitieren. Da die wenigsten gewählten Beiratsmitglieder fundiertes Hintergrundwissen zu solchen Dingen mitbringen, verringert sich ihre Möglichkeit z. B. in Ausschüssen oder Sitzungen, durch eine starke Beobachterrolle Einfluss auf politische Entscheidungsfindungsprozesse zu nehmen.

Ferner fehlen finanzielle und personelle Ressourcen, um erfolgreich und effektiv arbeiten zu können. Mit Ausnahme der Beiräte in den großen Städten können Beiratsmitglieder kaum auf gut ausgestattete Geschäftsstellen, mit Personal und Mittel für die Gestaltung der Integrationsarbeit vor Ort, zurückgreifen. Das verringert die Sichtbarkeit und Bekanntheit des Beirats und die politische Wirksamkeit der Forderungen und Anliegen der Beiräte. Die dadurch fehlende Einflussnahme bei politischen und verwaltungstechnischen Fragen seitens der Beiräte führt im Umkehrschluss zu resignierten Haltungen bei allen Beteiligten. Gleichzeitig schreckt das potenzielle Interessent*innen – vor allem diejenigen, welche noch nicht lange in Deutschland leben, wie z. B. Neueinwanderer*innen und Geflüchtete – davon ab, sich in diesen Gremien zu engagieren.

Und zu guter Letzt muss an dieser Stelle die Zunahme von rechtextremistischen Strömungen innerhalb der Kommunalpolitik angeführt werden. Diese führt zur Gefährdung von Menschen mit Migrationshintergrund und somit auch zu einer Abnahme der Bereitschaft zur Kandidatur für einen Beirat. Durch selbstinszenierende Provokationen in Form von öffentlichen Beiträgen und parlamentarischen Initiativen werden bestimmte soziale und politische Probleme rassistisch ausgeschlachtet und im rechtspopulistischen Jargon als konsensuale Werte und Meinungen verkauft. Menschenfeindliche Diskriminierungen werden zunehmend hingenommen und als politische Werte einer transformierten Gesellschaft dargestellt, ohne dass dies zu politischen Konsequenzen für die demokratiefeindlichen Akteure führt. Dies hat zunehmende Unsicherheiten und Ängste bei (möglichen) Mitgliedern der kommunalen Integrationsbeiräte zur Folge, die immer wieder Opfer von rechtsextremen Anfeindungen in der Öffentlichkeit und auf parlamentarischer Ebene werden.

Die obigen Ausführungen zeigen: Den Integrationsbeiräten kann anhand eines nicht selbstverschuldeten Rückgangs der Wähler:innenschaft und der Kandidaturen nicht die Existenzberechtigung abgesprochen werden. Dieser Entwicklung kann insbesondere mit strukturellen Veränderungen sowie mit günstigeren Rahmenbedingungen entgegengetreten werden. Denn obwohl sie nicht direkt dem Stadt-/Gemeinderat angehören, sind sie ein bedeutsames Beteiligungsinstrument der „kooperativen Demokratie" in der Kommunalpolitik. Integrationsbeiräte bringen die Perspektiven, das Wissen und die Erfahrungen von Migranten*innen in die Integrationspolitik und die Integrationsarbeit ein und leisten wertvolle Arbeit für die gemeinsame Gestaltung der Integrationsprozesse vor Ort. Insbesondere in Zeiten, in denen die Integration von Geflüchteten eine wichtige Aufgabe für unsere Gesellschaft darstellt, dienen diese Beiräte als zentraler Ankerpunkt in den Kommunen und Städten. Auf die in den Beiräten vorhandene geballte Expertise von Integrationserfahrungen kann und darf hierbei nicht verzichtet werden. Gleichzeitig kann der Raum für die positive Demokratieerfahrung und Wertevermittlung, den die Integrationsbeiräte bieten, insbesondere für Neuzuwanderer*innen richtungweisend sein.

Integrationsbeiräte sind für Drittstaatenangehörige der einzige Weg, über Wahlen demokratisch legitimiert, Einfluss auf das politische Leben in ihrer Kommune zu nehmen. Sie verfügen bislang in Deutschland nicht über das kommunale Wahlrecht und können nur über die Einbürgerung politische Ämter bekleiden. In dieser Hinsicht funktionieren die Beiräte für viele Menschen wie eine politische (Vor)Schule, die das politische Handwerk nahebringt und politischen Netzwerke ausbaut. Diese demokratisch legitimierte und institutionalisierte Partizipationsform ebnet den Weg und motiviert für ein weiterführendes (partei-)politisches Engagement, aber auch für die Einbürgerung. Das bestätigen die Biografien vieler (ehemaliger) Funktionär*innen des BZI und ehemaliger Beiratsmitglieder, die mittlerweile Mandate auf Landes- und Bundesebene oder in Gemeinderäten bzw. Stadtparlamenten tragen oder wichtige Ämter in der Verwaltung bekleiden. Gerade in Zeiten, in denen unser demokratisches Gemeinwesen für viele keine Selbstverständlichkeit mehr zu sein scheint, ist jeder Beitrag zu dessen Stärkung von höchster Bedeutung.

Unterstützung notwendig!

Einen Lösungsweg bieten Programme mit Fort- und Weiterbildungsmaßnahmen und Unterstützungsangebote (wie z. B. das vom BZI durchgeführte Projekte; *Hilfe ich bin im Vorstand*[2] im Rahmen von *BePart*, das Projekt Komm-

2 Mit der Projektaktivität „Hilfe ich bin im Vorstand!" Unterstützungsangebot für ehrenamtliche Vorstandsarbeit" hat der BZI in Berlin, Augsburg und Erfurt weiterbildende Seminare

PAktiv[3] sowie das allgemein politische Teilhabe aktivierendes Projekt Politik Akademie der Vielfalt[4]), die das politische und bürgerschaftliche Engagement in den Beiräten sichtbarer und wirksamer machen können. Dadurch können Repräsentant*innen in der Beiratsarbeit kohärenter und kompetenter auftreten, indem sie das Knowhow des politischen Handelns (Verfassen von Anträgen, Stellungnahmen und Sitzungsmodalitäten) besser beherrschen, mit Anfeindungen umgehen können und im Sinne ihres Auftrags agierend die kommunale Integrationspolitik mit ihrer Expertise unterstützen. So können sie neue Impulse für Vielfalt und Chancengleichheiten der Verwaltung und in der Politik anstoßen. Der BZI setzt solche Angebote um und will so die Beiräte sowohl intern als auch in ihrem externen Auftritt stärken, sodass künftig wieder das Existenzrecht und die Effizienz der Beiräte keine Frage, sondern Konsens werden.

Literatur

BUNDESZUWANDERUNGS- und Integrationsrat (2019) 20 Jahre BZI, Druckversion, online verfügbar unter: https://bzi-bundesintegrationsrat.de/wp-content/uploads/2019/11/BZI-2019_festschrift-final-edit.pdf [letzter Abruf: 7.10.2021).

BUNDESZUWANDERUNGS- und Integrationsrat: Über Uns, verfügbar unter: https://bzi-bundesintegrationsrat.de/ueber-uns/ (Zugriff: 7.10.2021).

BUNDESZUWANDERUNGS- und Integrationsrat: Über Uns, verfügbar unter: https://bzi-bundesintegrationsrat.de/ueber-uns/ (Zugriff: 7.10.2021).

GESEMANN Frank, Roland Roth (2015), „Integration ist (auch) Ländersache! Schritte zur politischen Inklusion von Migrantinnen und Migranten in den Bundesländern“ – Eine Studie des Instituts für Demokratische Entwicklung und Soziale Integration (DESI) für die Friedrich-Ebert-Stiftung, Forum Berlin.

HOSSAIN, Ninas, Caroline Friedhoff et. al (2016), „Politische Partizipation „light“ – Ausländerbeiräte und Integrationsräte“, S. 199–235. In Partizipation – Migration – Gender, Eine Studie über politische Partizipation und Repräsentation von Migrant_innen in Deutschland: Nina Hossain, Caroline Friedhoff, Maria Funder, Lars Holtkamp, Elke Wiechmann, Nomos.

HUNGER, Uwe; Candan, Menderes (2009) (Hg.): Politische Partizipation der Migranten in der Bundesrepublik Deutschland und über die deutschen Grenzen hinweg: Expertise im Auftrag des Bundesamts für Migration und Flüchtlinge, Münster.

zur ehrenamtlichen Vorstandsarbeit, politischer Lobbyarbeit von Migrantenorganisationen und zur Allianzbildung durchgeführt und zu diesen Themen eine Borschüre erstellt.

3 Gefördert durch die Beauftragte der Bundesregierung für Migration, Flüchtlinge und Integration (www.bzi-kommpaktiv.de)

4 Gefördert durch das Bundesministerium des Inneren, Heimat und Bau sowie der für Integration zuständige Ministerien der Länder Nordrhein-Westfalen und Rheinland-Pfalz (www.bzi-akademie.de)

KERSTING, Norbert (2020) Politische Repräsentation, und Integration. Zur Akzeptanz von Migrationsbeiräten. In: Egner B., Sack D. (eds) Neue Koalitionen – alte Probleme. Stadtforschung aktuell. Springer VS.

LÖHR, Tillman (Hg.) (2020) Kommunale Integrationspolitik: Strukturen, Akteure, Praxiserfahrungen. Lambertus Verlag.

MARIE L. Kehler, „Das ist Zwangsbeglückung", in FAZ, verfügbar online: https://www.faz.net/aktuell/rhein-main/alternative-zum-auslaenderbeirat-das-ist-zwangsbeglueckung-16537618.html [letzter Abruf 7.10.2021].

NERGIZ, Devrimsel Deniz (2001): „Gäste können nicht mitspielen", in: Oppong, Marvin (Hg.): Migranten in der deutschen Politik, VS Verlag für Sozialwissenschaften.

NERGIZ, Devrimsel Deniz (2014), I Long for Normality – A Study on German Parliamentarians with Migration Backgrounds, Springer VS.

ÖFINGER, Hans Gerd (2020), „Rückfall in migrationspolitische Steinzeit", *Neues Deutschland*, 7.5.2020, https://www.neues-deutschland.de/artikel/1136437.rueckfall-in-migrationspolitische-steinzeit.html.

OPPONG, Marvin (Hg.) (2011): Migranten in der deutschen Politik, VS Verlag für Sozialwissenschaften.

PACA, José (o.J.): Grußwort des Vorsitzenden des Ausländerbeirates der Landeshauptstadt Erfurt, verfügbar unter: https://www.erfurt.de/ef/de/leben/fuer/migranten/beirat/108712.html.

ROTH, Roland (2009), „Integration durch politische Partizipation und bürgerschaftliches Engagement", in Lokale Integrationspolitik in der Einwanderungsgesellschaft, S. 195–215, Frank Gesemann/Roland Roth (Hg.), Wiesbaden: VS Verlag für Sozialwissenschaften.

SAUER, Martina (2013) „Politische und zivilgesellschaftliche Partizipation von MigrantInnen in Deutschland", S. 365–382, in Dabeisein und Dazugehören, Brinkmann, Heinz Ulrich/Uslucan, Haci-Halil (Hg.), Wiesbaden: Springer VS.

SINANOGLU, Cihan (2019), Das Dilemma der BrückenbauerInnen: LokalpolitikerInnen mit Migrationshintergrund, Doktorarbeit, verfügbar unter: http://hdl.handle.net/21.11130/00-1735-0000-0003-C012-F [letzter Abruf 6.2.2021].

SCHÖNWÄLDER, Karen (2013): Immigrant Representation in Germany's Regional States: The Puzzle of Uneven Dynamics. In: West European Politics (36) 3, S. 634–651.

SCHÖNWÄLDER, Karen/Sinanoglu, Cihan/Volkert, Daniel (2011): Vielfalt sucht Rat. Ratsmitglieder mit Migrationshintergrund in deutschen Großstädten. Berlin: Heinrich-Böll-Stiftung.

SOFTIC, Damir (2016), Migranten in der Politik Eine empirische Studie zu Bundestagsabgeordneten mit Migrationshintergrund. Springer VS, Wiesbaden.

VICENTE, Miguel (2011), „Die Arbeit der Integrationsbeiräte in Deutschland", Forschungsjournal Soziale Bewegungen (24), 2, S. 38–43.

WILMES, Bernhard (2018), „Politische Partizipation von Migrantinnen und Migranten", bpb.de, 14.5.2018 [letzter Abruf: 1.10.2021].

TERESITA CANNELLA, LUCILLA LEPRATTI

BeVisible – Menschen und ihre politischen Interessen sichtbar werden lassen

„Trixiewiz“ ist als kleine Gruppe migrantischer Frauen* entstanden. Sie haben sich zusammengefunden, als sie feststellten, dass sie in Berlin Wurzeln schlagen wollten. Wurzeln schlagen bedeutet auch, die Gesellschaft mitzugestalten und zu verändern, um einen Platz darin zu finden, trotz aller Hindernisse und Schwierigkeiten. Mit kleinen Projekten, ohne finanzielle Förderung, haben wir begonnen, das aufzubauen, was wir als Ort der synergetischen Vernetzung begreifen. Dort entwickeln wir transnationale, intersektionale politische Bildungsarbeit und neue wirksame Formen der transnationalen politischen Partizipation. Wir schaffen (Selbst)Empowerment- und herrschaftskritische Räume, um Strategien gegen Rassismus und Diskriminierung zu entwickeln. Die ersten Projekte waren Bildungs- und Kulturangebote, Seminarreihen, Diskussionen, Konferenzen und Workshops, die zum Ziel hatten, einen Impuls für eine aktive Auseinandersetzung mit den Themen Migration, Flucht, Rassismus, Alltagsdiskriminierung und Diversität zu geben. Im Jahr 2015 führten wir zum Beispiel das Projekt „Weißensee MACHT Vielfalt“ durch, mit dem wir jegliche Art von gruppenbezogener Menschenfeindlichkeit und Diskriminierung sichtbar machen und bekämpfen wollten. Unser Ziel war die Sensibilisierung der Aufnahmegesellschaft, um ein transkulturelles Zusammenleben zu erreichen. Ebenso wollten wir Bürger*innen anregen, sich für eine vielfältige, gerechte und solidarische Gesellschaft einzusetzen sowie sich für Menschenrechte und Flüchtlingsschutz zu engagieren.

Die Ambivalenz des Sommers der Migration

Als migrantische feministische Organisation hatten wir bis etwa 2014 große Schwierigkeiten, überhaupt öffentliche Aufmerksamkeit und Finanzierung zu erhalten. Dies hat sich 2015/16 deutlich geändert. Einerseits sehen wir diese Entwicklung im Zusammenhang mit dem Diskurs um sogenannte „Wellen“ und „Fluten“ der Migration als problematisch, weil sie Migration als eine Krise oder einen Ausnahmezustand darstellt, für den es temporär Notstandsmaßnahmen einzuführen gilt. Das können wir auch daran sehen, dass öffentliche Gelder für Projekte rund um Flucht und Asyl in den letzten Jahren wieder reduziert worden sind. Die Argumentation dafür ist, dass die Geflüchteten, die 2015 kamen, sich inzwischen integriert hätten.

Die finanziellen Ressourcen boten die Möglichkeit, endlich größere Projekte umzusetzen und so ist auch BeVisible als Pilotprojekt in den Jahren 2015/2016 entstanden. BeVisible ist eine Schulung, die geflüchtete Menschen und Menschen mit Fluchterfahrungen zu Trainer*innen, Mediator*innen und Berater*innen in zivilgesellschaftlichen Initiativen, Organisationen und Institutionen ausbildet. Dabei setzen wir auf Empowerment, Qualifizierung und Partizipation der Teilnehmer*innen, die aufgrund ihrer persönlichen Erfahrungen, sprachlichen Kompetenzen und kultureller Sensibilität besonders dafür qualifiziert sind, wertvolle Beiträge in unsere transkulturelle und postmigrantische Gesellschaft einzubringen. Mittlerweile besteht das Projekt seit fünf Jahren und wird transnationaler und vernetzter. Sehr viele Migrant*innen- und Geflüchteten-Selbstorganisationen haben sich durch das politische Moment 2015, den sogenannten Sommer der Migration, entwickelt. Allerdings stehen Asylgesetzverschärfungen, die Zunahme der Bedeutung rechtsradikaler Parteien und eine Reihe von faschistischen Terroranschlägen für migrationsskeptische und feindliche Haltungen von Seiten der Mehrheitsgesellschaft. Flucht und Migration sind zu Themen geworden, über die sich die Gesellschaft definiert, aber auch gespalten wird. Ein bedeutendes Ereignis war die Kölner Silvesternacht. Feministische Argumente wurden für rassistische Motive und um gegen Migration zu agitieren, instrumentalisiert. 2019 und 2020 folgten die Anschläge in Halle und Hanau und vor einiger Zeit gingen Neo-Nazis als selbsternannte Grenzpatrouillen an die deutsch-polnische Grenze, um Migrant*innen auf der Fluchtroute über Belarus anzugreifen. In diesem politischen Klima ist es wichtiger denn je, dass migrantischen Organisationen zugehört wird. Begreift man politische Partizipation als breit gefächert und in der Vielfalt ihrer Erscheinungsformen, so erkennt man, wie auch migrantische und geflüchtete Menschen und Organisationen die Gesellschaft maßgeblich prägen. Sie tun dies in Hinblick auf gesellschaftliche Veränderung, Diskurs und Kultur. Darüber hinaus macht ein Großteil der Arbeit die Unterstützung, Beratung und der Empfang von Menschen aus, die neu nach Deutschland kommen – Migrant*innen und Geflüchtete. Die erhöhte Sichtbarkeit und der Stellenwert in der Gesamtgesellschaft, den sich Selbstorganisationen erkämpft haben, trägt mit dazu bei, dass sich immer mehr Menschen gestärkt fühlen, ihre Anliegen einzubringen.

In Reflektionen über und in Rückblicken auf 2015 wird oft nicht genannt, dass Migration und Asyl schon vorher eine große Rolle gespielt haben. Ein Blick in die jüngere Geschichte Berlins zeigt, welche anderen Momente im vergangenen Jahrzehnt aus migrantischer Perspektive einschlägig waren. Die politischen Kämpfe von Geflüchteten 2012–2014, die Besetzung des Oranienplatzes und der Gerhart-Hauptmann-Schule waren zum Beispiel sehr bedeutsame Ereignisse, auf die sich jede politische Intervention von Geflüchteten-Selbstorganisationen seither beziehen.

Beteiligung an und Mitgestaltung von Politik durch migrantische Akteur*innen

Migrant*innen, egal ob sie als Flüchtlinge anerkannt werden oder nicht, sind politische Subjekte. Migrieren ist nicht nur eine lebensverändernde Entscheidung, sondern in erster Linie auch ein politischer Akt. Die Frage ist also nicht, wie Menschen zur Mitgestaltung gebracht werden können. Sie haben ihr Leben bereits selbst in die Hand genommen. Vielmehr geht es darum zu hinterfragen, welche strukturellen Ausschlüsse und Hindernisse existieren. Zunächst einmal all derer, die überhaupt auf dem Weg nach Deutschland und Europa aufgehalten, abgeschoben, gefangen genommen, ermordet oder sterben gelassen werden. Und nach der Ankunft halten Exklusionen an: Isolation in unwürdigen Sammelunterkünften, die sehr oft und nicht zufällig an abgelegenen Orten und in Wäldern errichtet werden.

Es gibt zurzeit eine wichtige Kampagne für Legalisierung aller in Deutschland lebender Menschen, die keinen Aufenthaltsstatus haben: „Legalisierung Jetzt!". Diese Menschen sind komplett unsichtbar gemacht, ihre Rechte werden ihnen verwehrt. Sie organisieren sich trotzdem, finden Wege, damit ihre Stimme gehört werden kann, zum Beispiel durch solidarische Migrant*innen, die selber nicht illegalisiert leben. Viele der Menschen, die seit Jahrzehnten in Deutschland leben, verfügen trotzdem über kein Wahlrecht. Damit können sich Erfahrungen aus dem Herkunftsland reproduzieren: War eine Person politisch aktiv und war das der Grund, warum sie verfolgt wurde? Die Angst, in Deutschland wieder verfolgt zu werden, oder dass politische Aktivität hier den Aufenthaltsstatus beeinträchtigen kann, hat reale Gründe.

Selbst wenn der Versuch gemacht wird, marginalisierte Gruppen einzubeziehen, mitzudenken und Barrieren zu reduzieren, zeigen sich zusätzliche Ausgrenzungsmechanismen. Es gibt immer Menschen, die „an den Rändern" der

Gesellschaft leben: die Marginalisierten unter den Marginalisierten. Durch die Pandemie hat sich das auf besondere Weise gezeigt. Die Pandemie hat die Ungleichheiten in dieser Gesellschaft, den ungleichen Zugang zu Ressourcen und die damit verbundenen Benachteiligungen deutlich werden lassen und verstärkt. Viele Kinder hatten lange kaum Möglichkeit zu lernen, weil die Infrastruktur für die digitalisierte Schule noch lange nicht flächendeckend alle erreicht. Geflüchtete haben wertvolle Monate, wenn nicht Jahre, für die Verbesserung ihres jeweiligen Aufenthaltsstatus verloren. Frauen* und Kinder waren vermehrt häuslicher Gewalt ausgesetzt. Die Gruppen, die häufiger nicht gehört werden, oft ausgegrenzt und öffentlich als Opfer markiert werden, waren stärker betroffen. Wenn sie eingeladen werden, ihre Meinung und ihre Interessen zu äußern, dann sind zwei Szenarien zu beobachten: Entweder werden Migrant*innen und Geflüchtete immer wieder die gleichen Fragen gestellt, aber ihre Antworten werden nicht gehört. In diesem Fall geht es bei den Fragen für die Fragenden meist nur darum, bestimmte Diverstitätskriterien zu erfüllen oder sich als besonders inklusiv darzustellen. Bei dem anderen Szenario werden Migrant*innen und Geflüchtete auf eine Art und Weise einbezogen, dass ihre Interventionen fast unbemerkbar bleiben müssen. Die Entscheidungen, in denen sie einbezogen werden, sind oft oberflächlich und fast irrelevant. In anderen Fällen sind die Methoden der Einbeziehung so ausgelegt oder umgesetzt, dass die Interventionen der Partizipierenden die Institutionen nicht wirklich „stören“ können. Das Ergebnis kann sein, dass die so Einbezogenen die Motivation, sich einzubringen, verlieren.

Geflüchtete werden sehr oft nicht als gleichwertige Mitarbeiter*innen betrachtet, sondern als Freiwillige oder Ehrenamtliche. Dadurch wird ihre Perspektive und ihre Arbeit als weniger wertvoll angesehen. Menschen werden zwar mit Erfahrungen und persönlichen Berichten einbezogen, aber nicht als Expert*innen für ihr Wissen. Sie sind vor allem nicht in den Machtpositionen, wichtige Entscheidungen zu treffen. Wichtig ist unserer Meinung nach, Geflüchtete als politische Subjekte wahrzunehmen und nicht als passive homogene Gruppe, die bestenfalls punktuell durch einen besonders „integrierten“ Vertreter gehört wird. Geflüchtete Personen sind politische Subjekte, ob das die Mehrheitsgesellschaft anerkennen will oder nicht. Sie nehmen sich diese Räume bereits. Die Fragen sind: Hören wir zu? Sehen wir sie? Wenn geflüchtete Personen als Akteur*innen ernst genommen werden, dann können sie sich entfalten und in der Gesellschaft aktiv teilnehmen.

Menschen mit Migrations- und Fluchterfahrung haben nur begrenzte Möglichkeiten politisch aktiv zu werden und sich zu beteiligen. Aber trotzdem gibt es die Erwartungen der Gesellschaft – gerade an Geflüchtete, besonders an Jugendliche und Frauen*: Bleibt aktiv, nehmt teil, nehmt euer Leben in die Hand, seid flexibel. All das ist nicht möglich, wenn es strukturelle Hindernisse gibt. Beziehungsweise ist die Art und Weise, wie Menschen aktiv werden sollen, vorgegeben: Welche Ausbildungsplätze bekommen Geflüchtete, insbesondere geflüchtete Frauen*? Welchen Berufen sollen sie nachgehen, um ihre Chancen auf Aufenthalt zu verbessern und als „gut integriert" gesehen zu werden? Das sind gerade die Berufe, die am schlechtesten bezahlt werden, am wenigsten anerkannt sind (außer gelegentlich mit einer Runde Klatschen für die Pfleger*innen). Und warum das so ist, liegt an globalen Strukturen. Im Globalen Norden wird insbesondere Pflege- und Sorgearbeit bzw. Reproduktionsarbeit systematisch privatisiert und ist auf Arbeitskräfte angewiesen, die in diesen Bereichen ausgebeutet werden können, weil sie entrechtet sind. Da kommen migrantische Frauen* sehr gelegen.

Die nächste Bedingung zeichnet sich mit Blick auf die Bedeutung von Religion ab: Eine „gute" Beteiligung wird v.a. verstanden als eine säkulare, das heißt vor allem „nicht zu muslimisch". Das sehen wir in der Kopftuchdebatte und darin, dass muslimische oder auch einfach nicht-weiße Jugendliche viel eher Zielgruppen von Programmen gegen Radikalisierung sind als weiße deutsche junge Menschen. Sie stehen aufgrund einer zugeschriebenen Kultur oder Religion unter Generalverdacht und müssen sich immer wieder von Geschehnissen distanzieren, mit denen sie nichts zu tun haben oder in denen sie selbst potentielle Opfer sein könnten.

Es ist wichtig, gerade den Menschen, die an die Ränder der Gesellschaft gedrängt werden, gezielt Möglichkeiten zu verschaffen, in Gesellschaft, Politik und Bildung Räume einzunehmen. Dabei geht es darum, Plattformen anzubieten, Menschen ernst zu nehmen, aktiv zuzuhören, sich von den eigenen Kategorien und Projektionen zu lösen und auch etwas Bescheidenheit zu lernen.

Politische Bildung im Sinne von BeVisible

Um Teilhabe für alle möglich zu machen, ist es notwendig, dass Politik, Gesellschaft und Bildung die unterschiedlichen Kompetenzen, die Menschen mitbringen, anerkennen. Es ist notwendig, dass eine Auseinandersetzung mit Rassismen und anderen Machtstrukturen in allen Bereichen stattfindet. Machtstrukturen wirken in und durch alle Institutionen, davon ist die politische Bildung nicht ausgenommen. Im Gegenteil, es werden gerade hier die Machtstrukturen, wenn sie nicht erkannt und dekonstruiert werden, besonders wirksam reproduziert. Es braucht also eine Bildungspraxis, die demokratisch und reflexiv ist. In unserer Arbeit sind deswegen Selbst-Empowerment und Partizipation wichtige Bestandteile. Die Teilnehmer*innen von BeVisible bekommen die Möglichkeit, sich auszutauschen und gegenseitig zu stärken, ihre Ansätze und Ideen einzubringen, die Inhalte der Schulung weiterzuentwickeln und sich als Referent*innen und Trainer*innen einzubringen.

Sprache ist dabei selbstverständlich sehr wichtig. Wenn Deutsch gesprochen wird, dann sollte man sich eine Reihe von Fragen darüber stellen, wie die deutsche Sprache zugänglicher gemacht werden kann: Welche Begriffe werden verwendet? Wie schnell wird gesprochen? Wie deutlich wird gesprochen? Gibt es Erklärungen und Wiederholungen? All dies sind Optionen, die zur Verfügung stehen, um die deutsche Sprache weniger exklusiv zu gestalten. Und natürlich sollten auch andere Sprachen ihren Platz haben und verwendet werden, Englisch, wenn es hilfreich ist, aber eben nicht nur Kolonialsprachen. Wir bieten in unserer Schulung BeVisible immer die Möglichkeit an, sich in der eigenen Sprache ausdrücken. Es wird dann in der Gruppe übersetzt, manche Teilnehmer*innen übersetzen sich auch selbst, aber möchten vielleicht dennoch etwas Bestimmtes auch in der Muttersprache ausdrücken. So entsteht Vertrauen; Unsicherheiten und Schüchternheit werden geringer.

Ein weiterer wichtiger Ansatz, den wir in unseren Projekten verfolgen, ist die Schaffung von sogenannten Empowerment-Räumen. Wir führen zum Beispiel Seminare und Workshops durch, die sich nur an eine bestimmte Zielgruppe richtet, um bestimmte Machtverhältnisse zu verringern. Das heißt, eine Diskussion zum Thema Flucht und Rassismus findet unter Menschen statt, die von Rassismus betroffen sind und Fluchterfahrungen haben. Dabei ist es wichtig zu sehen, dass Migration nicht gleich Migration ist, und dass es auch Marginalisierungen in marginalisierten Gruppen gibt. Es gibt Unterschiede zwischen der 1. und der 2./3. Generation, es gibt aber auch Unterschiede zwischen Migrationen. Als Südeuropäerinnen erfahren wir Vorurteile und Diskriminierung, aber es ist ein ganz anderer Status als der von Menschen, die überhaupt nicht als Europäer*innen gesehen werden. Für Migrant*innen aus EU-Ländern gibt es zum Beispiel Europaschulen, da in denen Kinder ihre Muttersprache praktizieren und sich positiv darauf beziehen können. Kindern, die eine andere Muttersprache haben wie z.B. Farsi oder Arabisch, wird ein ganz anderes Verhältnis zu ihrer Sprache vorgeschrieben, direkt oder indirekt. Und sie erfahren ein ganz anderes Level von Diskriminierung. Auch Menschen, die nie migriert sind und in deren Familien Migration kein präsentes Thema ist, sind von Rassismus betroffen. Tendenziell wird auf diese Unterschiede keine Rücksicht genommen, wenn es zum Beispiel um Quoten geht, obwohl die Erfahrungen sehr unterschiedlich sind.

Der Begriff Empowerment wird schon seit einiger Zeit inflationär verwendet. Dabei steckt oft die Vorstellung dahinter, man könne Menschen empowern, oder man könne ihnen Empowerment geben, als seien wir leere Gefäße, die mit Empowerment und Wissen gefüllt werden müssen. Bei trixiewiz verstehen wir Empowerment als einen Prozess, der bei uns selbst anfängt und den wir nur selbstbestimmt und aktiv selbst erfahren können. Wir empowern uns selbst und empowern uns gegenseitig, deswegen sprechen wir von (Selbst)Empowerment. (Selbst)Empowerment und politische Bildung sind dabei keine getrennten Ansätze, sondern sie fließen ineinander und ermöglichen sich gegenseitig. Wir machen politische Bildung mit einer Haltung von (Selbst)Empowerment, das heißt, Wissen und Bildung begreifen wir nicht als Güter, die „von oben", das heißt von Institutionen, „nach unten", an die Menschen verteilt werden. Kritik an solchen Hierarchien und Machtstrukturen gehören zu unserem Verständnis von politischer Bildung. Unsere politische Bildung ist herrschaftskritisch, migrantisch, feministisch und anti-rassistisch!

Sichtbarmachung

Der Titel dieses Artikels spricht davon, Menschen und ihre Interessen sichtbar zu machen. Und tatsächlich, Sichtbarmachung ist eindeutig ein sehr wichtiger Pfeiler unserer Arbeit. Dennoch, trotz etlicher Initiativen, Kampagnen, langjähriger unaufhörlicher Arbeit von Migrant*innen- und Geflüchteten-Selbstorganisationen, hat sich strukturell in vielen Fragen fast nichts verändert. Es kann sehr ermüdend sein, ständig zu wiederholen, wie eine gerechtere Gesellschaft erreicht werden kann. Es wurden so viele Ansätze entwickelt, Kritiken formuliert, Vorschläge gemacht, aber die Strukturen basieren weiterhin auf Ausschluss und Differenzierung. Dagegen hilft auch die Sichtbarkeit nicht. Das zeigt sich daran, wie vulnerabel und prekär die Arbeit von Geflüchteten- und Migrant*innense lbstorganisationen bleibt und wie diese Prekarität aktiv reproduziert wird. Wir werden es immer wieder sagen: MSO und GSO brauchen strukturelle Förderung. Zu oft sind wir in unserer Arbeit zu einem großen Teil damit beschäftigt, die Scherben aufzusammeln und die Wunden zu versorgen, die das organisierte Vernachlässigen und Sterbenlassen der europäischen Migrationspolitik verursachen. Damit sich das ändern kann, müssen alle Lager und Abschiebegefängnisse sofort geschlossen werden, die Finanzierung von Frontex und Küstenwachen gestoppt und die Externalisierung der Außengrenzen angehalten werden. Alle Menschen müssen Zugang zu sozialen Rechten erhalten, unabhängig ihrer formellen Zugehörigkeit. Gesetze, die Menschen illegalisieren und Migration kriminalisieren, müssen abgeschafft werden, sichere Fluchtrouten müssen her und Betroffene müssen bei der Umsetzung neuer Gesetze maßgeblich einbezogen werden. Nur dann können wir anfangen, wirklich von einer gerechteren Gesellschaft zu reden.

TANNAZ FALAKNAZ, ANNA STAHL-CZECHOWSKA

„Und deshalb glaube ich, dass wir es zusammen schaffen können."

Über Mentoring-Programme zur Stärkung politischer Teilhabe von Frauen mit Migrationsgeschichte

Einführung

Deutschland 2021. Der neue Bundestag hat sich konstituiert. Wie der Mediendienst Integration darlegte, stieg die Zahl von Abgeordneten mit Migrationsbiografie im Vergleich zu 2017 um drei Prozentpunkte auf 11,3 % (Mediendienst Integration 2021). Mit Awet Tesfaiesus zieht erstmalig eine schwarze Frau in den Bundestag. Der neue Bundestag sei weiblicher, jünger – und eben auch diverser, lautet es. Doch bedeutet *diverser* auch repräsentativer? Menschen mit Migrationsbiografie[1] machen 26 % der Gesellschaft aus, sind aber in der Politik und als Mandatsträger:innen auf allen Ebenen stark unterrepräsentiert. In den kommunalen Parlamenten, wo die politische Karriere oft beginnt, wurden laut einer Erhebung (Pfeffer-Hoffmann 2017, 27) der Grünen-nahen Heinrich-Böll-Stiftung im Untersuchungszeitraum 2006 bis 2011 in 77 Großstädten nur 4 % Menschen mit Migrationsbiografie verzeichnet. Einer anderen Erhebung zufolge, bei welcher 691 Kommunen untersucht worden sind, lag die Zahl von Menschen mit Migrationsbiografie bei 2,6 %, bei den Frauen gerade mal ein Prozent.

Ähnlich sieht es bei kommunalen Führungspositionen aus. Von 337 Oberbürgermeister:innen haben lediglich vier eine Migrationsbiografie – darunter keine einzige Frau (Zeit Magazin 2020 und Mediendienst Integration 2022). Die Gründe für die Unterrepräsentanz weichen nur wenig von den Beweggründen ab, die auch Frauen ohne Migrationsbiografie daran hindern, sich einzubringen: Mangelndes Wissen und mangelnde Übersicht über Möglich-

1 Die Autorinnen dieses Beitrags verwenden den Begriff Migrationsbiografie. Anders als Migrationshintergrund geht der Begriff Migrationsbiografie verstärkt auf die Lebensrealitäten der Migrant:innen ein. Demnach ist Migration nicht nur etwas, das sich „im Hintergrund" des Lebens abspielt, sondern aktiver Tag des Alltages von Migrantinnen. Es ist etwas, das Migrant:innen in ihrer Biografie nach wie vor begleitet und ihren Weg prägt.

keiten zur politischen Partizipation und das Parteiensystem, fehlende zeitliche und persönliche Ressourcen, Parteistrukturen und -kulturen, die nicht für alle Menschen gleichermaßen ansprechend sind, fehlendes Interesse oder ein zu hoher Selbstanspruch. Gerade veraltete Parteistrukturen und -kulturen sind für Frauen oft weniger attraktiv. Dazu gehört die männlich dominierte Redekultur, familienunfreundliche Sitzungszeiten und Strukturen, durch die Frauen noch immer Sexismus ausgesetzt sind. Die EAF Berlin hat hierzu in Zusammenarbeit mit den Institut Allensbach eine eigene Studie zu „Parteienkulturen und die politische Teilhabe von Frauen“ durchgeführt und 800 Politiker:innen befragt (Lukoschat/Köcher 2021).

Bei Menschen mit Migrationsbiografie kommen hinsichtlich der Barrieren noch spezifische Faktoren hinzu: institutionelle Gründe, wie das fehlende passive und aktive Wahlrecht (12,6 % der erwachsenen Menschen mit Migrationsbiografie in Deutschland können nicht wählen), Erfahrungen mit Stereotypen, Rassismus und Hate Speech. Die meisten Parteien haben erkannt, dass eine funktionierende Demokratie auch davon abhängig ist, sie allen zugänglich zu machen. In einigen Parteien gibt es bereits eigene Parteigremien (Arbeitskreise, Arbeitsgemeinschaften, Netzwerke) für Menschen mit Migrationsbiografie in denen Menschen mit und ohne Migrationsbiografie zusammenkommen, über migrationspolitische Forderungen debattieren, Anträge diskutieren, aber auch die Möglichkeit bekommen, sich über ihre spezifischen Erfahrungen auszutauschen. Zu nennen sind hier Liberale Vielfalt (FDP), AG Migration und Vielfalt (SPD), Netzwerk Integration (CDU), LINKS*KANAX (Die Linke) und die AG Bunt-Grün (Bündnis 90/Die Grünen).

Viele Parteien haben eigene Mentoring-Programme zur Nachwuchsgewinnung eingerichtet. Laut der aktuellen Studie der EAF Berlin in Zusammenarbeit mit dem Allensbach Institut plädieren viele Parteimitglieder für die Fortführung und den Ausbau von Mentoring-Programmen von Frauen (Lukoschat/Köcher 2021, 73). Das mag wenig überraschen, denn schließlich erweisen sich Mentoringprogramme als ein wirksames Instrument.

Mentoring-Programme für Frauen mit Migrationsbiografie: Wie können sie davon profitieren?

Das Konzept des Mentoring findet sich in vielen Branchen wieder und ist ein anerkanntes Verfahren zum Wissensaustausch in Organisationen oder auch zur persönlichen Weiterentwicklung: Eine erfahrene Person (Mentor:in) gibt ihr

Wissen und ihre Erfahrung an eine noch unerfahrene Person (Mentee) weiter, unterstützt diese mit Kontakten oder Netzwerken. Mentoring-Programme haben sich in den letzten Jahren in vielen beruflichen, aber auch sozialen Kontexten (Huth u.a. 2017, 185) etabliert. Was aber zeichnet diese verschiedenen Formen der Kompetenzentwicklung, des Informations- und Erfahrungsaustausches sowie der Vernetzung aus? Was garantiert ein hochwertiges Mentoring-Programm?

Qualitätskriterien für das Mentoring hat die Deutsche Gesellschaft für Mentoring (DGM) festgelegt. Diese sind in Bezug auf die Mentoring-Beziehung: Freiwilligkeit, Hierarchiefreiheit und Vertraulichkeit. Jedes Mentoring-Programm sollte einen Zeitrahmen haben, in dem die Teilnehmer:innen ein selbst gestecktes Ziel erreichen. Neben persönlichen Gesprächen mit der Mentorin umfasst ein gutes Mentoring verschiedene weitere Zwischenschritte. Es umfasst Formate, die darauf abzielen, den Mentees und Mentor:innen Mentoring-Kompetenzen zu vermitteln, sowie Angebote zu Peer-Mentoring (Austausch unter den Mentees) und der Möglichkeit eines längerfristiges Netzwerk mit anderen Mentees und Mentor:innen zu bilden.

Mentoring-Programme für Frauen mit Migrationsbiografie legen den Fokus oft auf Arbeitsmarktintegration, weniger auf politische Teilhabe. In Deutschland gibt es kaum politische Mentoring-Angebote, die einen parteiübergreifenden Ansatz wählen. Noch seltener sind solche, die sich spezifisch an Frauen mit Migrationsbiografie richten. Die Mentoring-Programme *PolMotion-Bewegung der polnischen Frauen von agitPolska e.V.* und *Vielfalt in der Politik des Helene Weber Kollegs (HWK)* sind zwei bundesweite, parteiübergreifenden Programme. Beide werden im folgenden Kapitel genauer vorgestellt. Während *PolMotion* den Fokus darauf setzt, Frauen die Strukturen von Politik näherzubringen und sie für partei- und/oder zivilgesellschaftliches Engagement zu begeistern, geht es bei dem Mentoring-Programm *Vielfalt in der Politik* darum, bereits in Politik und/oder Parteien engagierte Frauen auf ihrem Weg zu einem Mandat zu begleiten.

Vom Protest zum Podest! – *PolMotion – Bewegung der polnischen Frauen*[2]

Im Jahr 2018 wurde hundert Jahre Wahlrecht für Frauen in Deutschland und in Polen gefeiert. Dieses Jubiläum war für den Verein agitPolska e.V. ein guter Anlass, um über die aktuelle Situation der Frauen in beiden Ländern zu disku-

2 Die in diesem Absatz enthaltenen Informationen stammen aus eigenen Texten von agitPolska e.V.

tieren und ein innovatives und nachhaltiges Projekt für und von Frauen aus der polnischen Community in Deutschland zu starten: *PolMotion – Bewegung der polnischen Frauen.* Finanziert wurde das Programm hauptsächlich von der Bundeszentrale für politische Bildung. Im Rahmen des Projektes wurde ein deutsch-polnisches Mentoring-Programm in den drei Regionen Berlin-Brandenburg, Hamburg/Bremen und Bayern (vor allem in München) durchgeführt. Jede der 35 Teilnehmerinnen wurde eine Mentorin aus Politik, Kultur oder Medien an die Seite gestellt, um dieser einen erleichterten Zugang zu politischem und kulturellem Engagement in Deutschland zu ermöglichen. Darüber hinaus wurden gezielte Fortbildungen angeboten beispielsweise zum Thema Medienkompetenz oder zur professionelleren Darstellung der eigenen Person. Die Fortsetzung des Mentoring-Programms, mit dem Ziel, mehr Frauen mit polnischer Migrationsbiografie für das politische oder gesellschaftliche Engagement vor allem auf der kommunalen Ebene zu gewinnen, fand als digitales Mentoring-Programm 2020–2021 mit zehn Tandems in Berlin statt und wurde zum größten Teil aus den Mittel der Senatsverwaltung für Integration, Arbeit und Soziales des Landes Berlin finanziert.

„Mein Hintergrund? – Ich will in den Vordergrund!" – Mentoring-Programm: *Vielfalt in der Politik* des Helene Weber-Kollegs

Das Helene Weber Kolleg ist die erste bundesweite, parteiübergreifende Plattform für Frauen in der (Kommunal-)Politik. Projektträgerin ist die EAF Berlin, gefördert wird das Programm vom Bundesministerium für Familie, Senioren, Frauen und Jugend (BMFSFJ). Das Programm begleitete bis Ende März 2022 in einem zweiten Durchgang engagierte Frauen mit Migrationsbiografie auf ihrem Weg zur Mandatsträgerin. Langfristiges Ziel ist es, aktiv und nachhaltig Diversität auf allen politischen Ebenen zu fördern. Hierzu wurden vierzehn Mentees mit Migrationsbiografie mit erfahrenen Mentorinnen gematcht. Die Mentorinnen sind Frauen mit Migrationsbiografie, die ein politisches Mandat innehaben. Das Programm lebt nicht nur von einem überparteilichen Ansatz, sondern auch davon, dass von der Kommunal- über die Kreis-, Landes- und Bundes-, bis hin zur europäischen Ebene Mandatsträgerinnen vertreten sind. Der Wissens- und Erfahrungsaustausch zwischen Mentorinnen und Mentees, sowie die Vernetzung und Sichtbarkeit von Frauen mit Migrationsbiografie sind wesentliche Ziele des Programms. Die Tandems trafen sich mindestens einmal im Monat zu zweit. Abgerundet wird das Programm durch Seminare und Angebote u.a. zu Storytelling in den sozialen Medien und Mikropolitik, die Oswald Neuberger (Neuberger 1995) als Arsenal alltäglicher und kleiner Machtmethoden beschreibt, mit denen innerhalb von Organisationen Macht aufgebaut und eingesetzt werde. Mikropolitische Kompetenzen können dabei helfen, eigene Interessen durchzusetzen und Macht als Mittel der Einflussnahme gezielt einzusetzen.

Was beide Programme gemeinsam haben, ist der Ansatz, Mentees und Mentorinnen mit Migrationsbiografie in Tandems zusammenzubringen und ihnen ein Rahmenprogramm anzubieten, bei welchem die Netzwerkbildung, die gegenseitige Unterstützung und der Austausch im Vordergrund stehen. Langfristig geht es darum, Frauen mit Migrationsbiografie in der Politik sichtbar zu machen und ihren Anteil in den Parlamenten zu erhöhen.

Mentoring Programme werden in Parteien gezielt genutzt, um unterrepräsentierte Gruppen für die Parteiarbeit oder für das politisch-gesellschaftliche Engagement zu begeistern und/oder zu ermutigen, mehr Verantwortung in den Parteien und in der Gesellschaft zu übernehmen. Diese Programme, u.a. zur parteiinternen Stärkung von Frauen oder Migrant:innen schaffen eine Plattform, auf welcher Austausch, Orientierung und Informationen im Vordergrund stehen. Programme, welche Frauen mit Migrationsbiografie gezielt ansprechen, also eine intersektionale[3] Perspektive einnehmen und dabei einen parteiübergreifenden Ansatz wählen, gibt es wenige. Dabei können Frauen mit Migrationsbiografie von Mentoring-Programmen wie *PolMotion* oder dem Mentoring-Programm *Vielfalt in der Politik* erheblich profitieren.

> „Ich möchte gerne mehr Verantwortung übernehmen und ein Mandat ausüben. Ich habe ständig das Gefühl, dass ich mich als Migrantin und als Frau stärker beweisen muss, damit ich dieselben Ziele erreichen kann, wie meine nicht-migrantischen Parteikolleg*innen. Ich habe in [der Partei] zwar Frauen, die mich unterstützen jedoch habe ich keine Bezugsperson mit Migrationsbiografie."
>
> – Mentee und Teilnehmerin des ersten Durchgangs im Mentoring-Programm *Vielfalt in der Politik*

---

3 Intersektionalität meint Formen der Unterdrückung und Benachteiligung anhand mehrerer Kategorien (Geschlecht, Sexualität, Alter, Herkunft etc.). Frauen mit Migrationsbiografie sind beispielsweise aufgrund zweier, sich überschneidender Kategorien noch stärker von Diskriminierung und Sexismus betroffen.

Die Rolle politischer Netzwerke und des Austausches untereinander

Netzwerke und Vernetzungsangebote sind das A und O des politischen Betriebs. Dass Frauen-Netzwerke nicht so strategisch nutzen, legt Doris Cornils dar. Cornils schildert: „Während Männer beim Aufstieg sich verbünden und gemeinsam in Führungspositionen aufsteigen, kämpfen sich Frauen allein durch männliche Monokulturen an die Spitze." (Cornils 2011) Es ist anzunehmen, dass dieser Kampf auch von Frauen mit Migrationsbiografie allein gekämpft wird. Dabei sind besonders für Frauen mit und ohne Migrationsbiografie eigene Räume, Vernetzung, Austausch, aber auch Förderung wesentlich, um politisch ein-, aber auch aufzusteigen. Der Austausch in großer Runde mit Mentorinnen und Mentees ist dabei genauso wichtig, wie das Schaffen eigener Räume für jeweils Mentorinnen und Mentees. Hier werden auch persönliche Fragen im geschützten Raum erörtert: „*Werden andere auch auf ihre Biografie reduziert? Wie gehen sie damit um? Wie handhaben die anderen Parteien das? Wie haben andere es geschafft, dass …*". Zu spüren: „*Da sind andere, die fühlen wie ich, die haben ähnliche Erfahrungen gemacht wie ich*[4]" kann beflügeln und empowern. So ist es nicht verwunderlich, dass in den Programmen der Austausch mit anderen Frauen und die Vernetzung, die dazu beiträgt, die strukturellen Hürden zu überwinden, neben der Selbstreflexion im Feedback und der Evaluationen als essentiell angesehen und immer wieder als motivierend beschrieben worden sind.

> „Das Mentoring-Programm gibt mir den Mut, mich als Frau mit polnischem Hintergrund in der Parteipolitik zu engagieren, weil ich im Programm sehe, dass es andere Frauen gibt, die für das gleiche Ziel kämpfen, nämlich die Zahl der Frauen und der Migrant*innen in der Politik zu erhöhen, und deshalb glaube ich, dass wir es gemeinsam schaffen können."[5]
>
> – Mentorin und Teilnehmerin bei PolMotion.
>
> „Ich denke, dass Repräsentation eine wichtige Rolle bei der Motivation für politische Arbeit ausmacht. Außerdem sind Lebenserfahrungen ausschlaggebend für Entscheidungen. Menschen mit Rassismuserfahrungen machen Erfahrungen in ihrem Leben, die von Menschen, die damit nicht konfron-

---

4 Die Fragestellungen und Erkenntnisse stammen aus dem Mentoringprogramm Vielfalt im Helene Weber-Kolleg und PolMotion.

5 Das Zitat erschien zuerst in der Zeitung Twoje Miasto Nr.67 Februar-März 2021 „Digitales Mentoringprogramm – zweite Staffel zieht Zwischenbilanz!" Stahl-Czechowska, Anna.

tiert sind, nur schwer nachvollziehbar sind, hinzu kommt die intersektionale Verschränkung der Perspektiven, welche verdeutlicht, dass Frauen mit Migrationsbiografien noch erweiterten Herausforderungen gegenüberstehen. Diese Erfahrungen werden in der momentanen Politik nur wenig widergespiegelt. Ich denke, die Solidarisierung und gegenseitige Unterstützung ist ausschlaggebend, um mehr Frauen mit Migrationsbiografie in die Politik zu bringen. Oftmals fehlt einem das Verständnis einer Frau, die sich politisch engagiert und Erfahrungen teilen und einen animieren kann."

> – Mentee und Teilnehmerin des ersten Durchgangs im Mentoring-Programm Vielfalt in der Politik

Um die Beziehung in den Tandems maximal zu fördern, sollte im Rahmen eines Mentoring-Programms auch unterstrichen werden, dass die Mentoring-Beziehung keine Freundschaft ist, sondern strategisch und beruflich genutzt werden soll. Dazu gehört auch, dass in den Tandemgesprächen nicht über Fachthemen gesprochen werden sollte. Schließlich geht es nicht darum, einen Fachantrag auszuformulieren und bestehende Gesetze zu diskutieren, sondern darum, strategische und persönliche Fragen stellen zu können.

Eine gute Tandembeziehung erfüllt so eine Schlüsselrolle für ein gelungenes Mentoring, bei welchem auch die Aufgaben- und Rollenverteilung zwischen Mentee und Mentorinnen klar benannt werden sollte. Der Austausch ist explizit gewünscht, führen sollte das Gespräch aber die Mentee (mit 60 % Redeanteil). So kann die Mentee reflektieren, Hürden und Herausforderungen benennen, Ziele definieren und Unterstützung von der Mentorin erhalten. Sind die Ziele klar und realistisch formuliert, können gemeinsam nächste Schritte markiert und anvisiert werden, um die Ziele zu erreichen.

> „Im Rahmen des Mentoring-Programms verfolgte ich zwei konkrete Ziele: Erstens wollte ich einer politischen Partei beitreten – der CDU – und zweitens wollte ich mich aktiv am politischen Leben dieser Partei beteiligen – so wie ich es in der Vergangenheit in Polen getan hatte. Das erste Ziel wurde bereits erreicht, das zweite ist in Arbeit. Dank der Gespräche mit meiner Mentorin hatte ich endlich den Mut, mich politisch zu engagieren, was ich schon seit vielen Monaten vorhatte. Das ist ein Meilenstein für mich und ich bin sehr stolz auf mich."[6] – Teilnehmerin von PolMotion.

---

6 ebd.

Einblicke in die Arbeit der Mentorinnen

Was macht eine Kommunalpolitikerin? Wie war der Weg meiner Mentorin zu ihrem Bundestagsmandat? Wie lässt sich mein Mandat auf europäischer Ebene mit anderen Verpflichtungen vereinbaren? Es gibt viele Fragen, auf die man auch nach vielen Jahren Parteiarbeit nicht ausreichend Antworten bekommt. Ein Mentoring kann hier gezielt ansetzen und an den Lebensrealitäten von Politikerinnen anknüpfen. Schließlich kann niemand so gut darlegen, welche Wege einem bevorstehen, wie eine Person, die diese bereits beschritten hat. Mentorinnen werden so zu Lotsinnen und zu Unterstützerinnen.

Die Erfahrung zeigt, dass auch politisch engagierte und interessierte Menschen häufig keine genaue Vorstellung von den Alltagen in Parlamenten haben: Wie geht man mit dem Fraktionszwang um? Was ist bei Ausschussverteilungen zu beachten? Wie baut man sich ein Netzwerk auf? Was ist, wenn man fürchtet, sein Netzwerk zu verlieren? Müssen Menschen mit Migrationsbiografie zwangsläufig in den Integrationsausschuss?

> „Ich würde gern systematischer an das Thema herangehen und ein Mandat in der Kommunalpolitik anstreben. Gern würde ich dabei von der Erfahrung und Know-How etablierter Politikerinnen profitieren und ihren persönlichen Werdegang kennenlernen."
>
> – Mentee und Teilnehmerin des ersten Durchgangs im Mentoring-Programm Vielfalt in der Politik

Eine Tandembeziehung ist auch dazu da, systematischer und strategischer voranzukommen. Mentees profitieren hier erheblich von den Erfahrungen der Mentorinnen. Aber auch für Mentorinnen sind Mentoring-Programme keineswegs nur eine Einbahnstraße.

Auch Mentorinnen profitieren

Der Aspekt der Vernetzung und des Austausches ist keineswegs ein Privileg, welches nur den Mentees in den Programmen zugutekommt. Plant man ein parteiübergreifendes Mentoring-Programm, steht man vor der Herausforderung, geeignete Mentorinnen zu finden. Neben einem generellen Mangel an geeigneten Frauen, fehlt es häufig an Zeit, da geeignete Mentorinnen häufig durch ihr politisches oder gesellschaftliches Engagement eingeschränkt sind. Dass sich dennoch immer wieder Mentorinnen finden, zeigt, wie wichtig es diesen Frauen ist, anderen den Weg zu ebnen und ihre Erfahrungen zu teilen. Um die Austauschmöglichkeiten auszuschöpfen, sollte auch der Mentorin möglichst oft ermöglicht werden, an Seminaren und Weiterbildungen teilzunehmen. In einigen Fällen haben auch Mentorinnen noch den Wunsch, auf Angebote wie Storytelling, Selbst-PR oder auch Mikropolitik zurückzugreifen.

Zu guter Letzt geht es aber auch um das Sichtbarmachen der Politikerinnen und Mentorinnen. Schließlich fungieren sie als Vorbilder, die andere Frauen inspirieren, sich zu engagieren.

> „Ich bin seit vielen Jahren in der Politik tätig und kann mir vorstellen, dass der Zugang zur Politik nicht einfach ist. Ich möchte dazu beitragen, diese Barriere zu überwinden, und mein Ziel ist es, dass mindestens eine Frau einer Partei beitritt. Das Mentoring-Programm bedeutet mir sehr viel, denn ich lerne nicht nur viele neue, starke Frauen kennen, sondern es gibt mir auch die Möglichkeit, mich als Person weiterzuentwickeln, indem ich meine Fähigkeiten als Mentorin neu erlerne oder vertiefe"
>
> – Mentorin und Teilnehmerin von PolMotion.

Die Überparteilichkeit: Nicht Parteien, sondern Strukturen verändern

Ein wesentlicher Vorteil der Überparteilichkeit eines Mentoring-Programms ist, dass aufgrund unterschiedlicher Wohnorte und damit Engagements in unterschiedlichen Verbänden, Konkurrenzsituationen weitestgehend ausgeschlossen werden. Mentee und Mentorin sind nicht im gleichen Kreisverband und konkurrieren bei der kommenden Kommunalwahl nicht um den Sitz im Stadtrat. Ein weiterer Vorteil ist, dass Mentees und Mentorinnen Einblicke in andere Parteien bekommen: Was läuft gut in anderen Parteien? Wo machen sich parteiübergreifend Hürden für Frauen mit Migrationsbiografie bemerkbar? Was können Lösungen sein, diese zu überwinden? Schließlich sind es Strukturen in der gesamten Parteienlandschaft, die sich verändern müssen. Die von uns beschrieben Programme können ermutigen, eigene Parteistrukturen zu verändern, gute Beispiele aus anderen Parteien zu übernehmen, aber auch um Agenda-Setting zu betreiben: Was sind Themen, die im Kontext der Parteiarbeit unbedingt mehr Beachtung bekommen sollten?

Digitale Mentoring-Programme: eine Chance für politisches Engagement und mehr Sichtbarkeit im Netz

Die globale Pandemie stellte Programme vor die Herausforderung, neue Formate auszuprobieren und digitales Mentoring anzubieten. agitPolska e.V. hat dazu ein Konzept entwickelt, in dem u.a. die Tandemtreffen mit Hilfe eines speziellen digitalen Tools stattgefunden haben, welches für Mentoring-Programme entwickelt wurde. Das Mentoring-Programm *Vielfalt in der Politik* des Helene Weber Kollegs wurde vorwiegend via zoom durchgeführt. Die Vorteile der digitalen Durchführung lagen u.a. in der vereinfachten, überregionalen Zusammenarbeit. Mentees und Mentorinnen konnten so auf mehr Vernetzungsformate und Angebote zurückgreifen. Ermöglicht wurde ebenso eine bessere Vereinbarkeit von Familie, Beruf und Ehrenamt. Frauen sind nach wie vor hauptverantwortlich für die Sorgearbeit in Familien und aus diesem Grund häufig nicht so mobil wie Männer. Gerade für Mentorinnen, die zeitlich sehr eingeschränkt sind, bleibt der Fahrweg erspart und Meetings können besser koordiniert werden. Während der digitalen Seminare wird der digitale Raum genutzt. Tweets und Instagramstorys von den Seminaren werden geteilt, andere Teilnehmerinnen markiert und erwähnt; der digitale Rahmen wird ganz im Sinne des Vernetzens und vermehrter Sichtbarkeit ausgeschöpft. Bei den unterschiedlichen Formaten wurden die Teilnehmenden, ihre Themen und ihr Engagement zudem anhand von Kacheln, Zitaten und Kurzbiografien vorgestellt und bekannt(er) gemacht.

Mehr sein

Überparteiliche Mentoring-Programme sind für Frauen mit Migrationsbiografie ein wichtiges Tool, um ihre politische Teilhabe zu stärken. Mentoring-Programme schaffen einen Raum, wo Frauen sich unter intersektionalen Aspekten austauschen und Lösungsvorschläge erarbeiten können. Es mag simpel klingen, doch der gemeinsame Austausch ist das stärkende Element in dieser Hinsicht und eines, das in Parteien längst noch nicht genug Beachtung findet. Erfolg und Qualität der Mentoring-Programme hängen auch davon ab, die Vielfalt der Vielfalt anzuerkennen. Es gilt, zu akzeptieren, dass Migrationsbiografien sich nicht per se ähneln. Teilnehmerinnen mit Migrationsbiografie haben unterschiedliche Bedarfe und Ziele. Sie eint aber, dass sie im Laufe ihrer Karriere oder vor Eintritt in der Partei teils ähnliche Erfahrungen gesammelt haben und vor ähnlichen Hürden und Fragen stehen. In den Programmen geht es darum, Frauen darin zu bestärken, selbst einen Teil beizutragen, die Politik vielfältiger zu machen.

Die Teilnehmerinnen der Programme *PolMotion* und *Vielfalt in der Politik* sind Frauen, die sich nicht auf ihre Migrationsbiografie reduzieren lassen wollen, die aber auch erkennen, dass es Frauen wie sie braucht – als Stadträtinnen, als

Oberbürgermeisterinnen, als role models. Dass einige der Mentees inzwischen selbst Mandatsträgerinnen sind und selbst Mentorinnen werden können, zeigt den Erfolg solcher Programme und ihre Wirksamkeit.

Braucht man unterschiedliche Mentoring-Programme für und mit Frauen mit Migrationsbiografie? Die Antwort lautet „Ja“, sie sind nötiger denn je. Wenn Parteien morgen nicht nur nach außen vielfältiger erscheinen, sondern auch tatsächlich vielfältig werden wollen, werden sie vermehrt auf Formate wie das Mentoring zurückgreifen. Wo Frauen mit Migrationsbiografie sind, können weitere begeistert werden. Denn immer, wenn es in den Mentoring-Programmen um Vorbilder ging, sind die Namen migrantischer Politikerinnen gefallen. So auch von der Vizepräsidentin und Mitglied des schleswig-holsteinischen Landtags, Aminata Touré, die auf ihrem Cover in ihrem Buch *Wir können mehr sein. Die Macht der Vielfalt* schreibt: „Manchmal scheinen die Herausforderungen, vor denen wir stehen, unfassbar groß. Man fragt sich, was für einen Unterschied macht es schon, wenn ich da auch mitmische? Aber ich glaube, dass es eben einen Unterschied macht. Dass jede Generation die Aufgabe hat, diese Gesellschaft mitzugestalten und zu verändern. Und dass jede*r das Recht dazu haben muss. Politik muss mehr sein. Wir müssen mehr sein“.

Literatur

AGITPOLSKA e.V. (2021): PolMotion – Bewegung der polnischen Frauen“ Politisches und gesellschaftliches Engagement fördern und sichtbar machen. Digitales Mentoring-Programm 2020/2021. Online verfügbar unter: https://agit-polska.de.

AGITPOLSKA e.V. (2019): Evaluierung des Projektes. PolMotion-Bewegung der polnischen Frauen 2018–2019.

CORNILS, Doris (2011): Konkurrenz unter Frauen. Warum gemeinsames Aufsteigen so schwer fällt. Online verfügbar unter: https://persoblogger.de/2021/05/31/konkurrenz-unter-frauen-warum-gemeinsames-aufsteigen-so-schwerfaellt.

DEUTSCHE Gesellschaft für Mentoring: https://www.dg-mentoring.de/.

GROSS, Torsten/Huth, Susanne/Jagusch Birgit/Klein, Ansgar/Neumann, Siglinde (Hg.) (2017): Engagierte Migranten. Teilhabe in der Bürgergesellschaft, Schwalbach/Ts.: Wochenschau Verlag.

HELENE-WEBER-KOLLEG: Vielfalt in der Politik. Mentoring-Programm für Frauen mit Migrationsbiografie. Online verfügbar unter: https://www.frauen-macht-politik.de/programme/mentoring-programm-vielfalt/.

HOSSAIN, Nina/Friedhoff, Caroline/Funder, Maria/Holtkampf, Lars/Wiechmann, Elke (2016): Partizipation-Migration-Gender. Eine Studie über politische Partizipation und Repräsentation von Migrant_innen in Deutschland. Baden-Baden: Nomos.

LUKOSCHAT, Helga/Köcher, Renate (2021): Parteienkulturen und die politische Teilhabe von Frauen. Eine empirische Untersuchung mit Handlungsempfehlungen. Berlin: EAF.

MAX-PLANCK-INSTITUT (2011): Vielfalt im Stadtrat. In: MaxPlanckForschung 3/2011. Online verfügbar unter: https://www.mpg.de/4622985/F001_Fokus_018-023.pdf

MEDIENDIENST Integration (2021): Mehr Abgeordnete mit Migrationshintergrund. Online verfügbar unter: https://mediendienst-integration.de/artikel/mehr-abgeordnete-mit-migrationshintergrund-1.html.

MEDIENDIENST Integration: Zahlen & Fakten. Integration. Politische Teilhabe. Online verfügbar unter: https://mediendienst-integration.de/integration/politik.html.

NEUBERGER, Oswald (1995): Mikropolitik: der alltägliche Aufbau und Einsatz von Macht in Organisationen. Stuttgart: Enke.

PFEFFER-HOFFMANN Christian (Hg.) (2017): Politische Teilhabe in der Einwanderungsgesellschaft. Berlin: Mensch und Buch Verlag.

STAHL-CZECHOWSKA, Anna (2021): Digitales Mentoring-Programm – zweite Staffel zieht Zwischenbilanz!. In: Twoje Miasto", Nr.67, Februar-März 2021.

STOLZ, Matthias (2020): Migranten als Bürgermeister. In: Zeit Magazin. Online verfügbar unter: https://www.zeit.de/zeit-magazin/2020/48/chancengleichheit-buergermeister-migrationshintergrund-frauen-deutschlandkarte.

TOURÉ, Aminata (2021): Wir können mehr sein. Die Macht der Vielfalt. Köln: Kiepenheuer & Witsch Verlag.

FILIZ KEKÜLLÜOĞLU, LENA STEENBUCK

Politische Teilhabe von Geflüchteten: Das „Modul politische Teilhabe"

Politische Teilhabe für Alle

Eine Demokratie lebt davon, dass allen Menschen ermöglicht wird, Politik aktiv mitzugestalten und an ihr teilzuhaben. Je mehr Menschen Selbst- und Fremdausschlüsse erfahren, desto gefährdeter ist die Demokratie und der gesellschaftliche Zusammenhalt. Wie stark die Demokratie einer Gesellschaft ist, misst sich auch an ihrem gerechten und inklusiven Umgang mit ihren Minderheiten und mit marginalisierten Gruppen. Dazu gehört auch deren gerechte Repräsentation in der Politik. Es ist der Anspruch von Demokratie, dass alle Menschen eingeladen sind, Politik mitzugestalten. In der Praxis sind politische Teilhabeprozesse allerdings durchzogen von – oftmals informellen oder unbeabsichtigten bzw. institutionellen – Ausschlüssen, Barrieren und Hürden. Von diesen sind insbesondere Menschen mit Fluchterfahrung unverhältnismäßig stark betroffen – also Menschen, die ihr bisheriges Leben hinter sich lassen mussten, weil es in ihren Herkunftsstaaten Kriege gibt, sie ihre Stimmen gegen Diktaturen erhoben oder sich für Menschenrechte eingesetzt haben und deswegen politisch verfolgt werden oder schlichtweg menschenunwürdigen Lebensbedingungen entgehen wollen. Somit haben wir es mit einer Kluft zwischen demokratischen Idealvorstellungen und realen institutionellen Diskriminierungen zu tun. Es gibt verschiedene Wege, diese Kluft zu verkleinern. Die Ausstrahlungskraft von Vorbildern wie Menschen mit eigener Fluchterfahrung in unterschiedlichen politischen Gremien ist hierbei nicht zu unterschätzen. Ferner muss der Staat die Verantwortung übernehmen und Formen schaffen, Menschen mit Fluchterfahrung politisch teilhaben zu lassen und somit den normativen Anspruch von Demokratie anhand von Teilhabemöglichkeiten für alle zu realisieren. Ein Beispiel dafür wird in diesem Beitrag vorgestellt: Das „Modul Politische Teilhabe" ist eine Initiative der Senatsverwaltung für Bildung, Jugend und Familie und der Berliner Landeszentrale für politische Bildung, das als niedrigschwelliges Peer-to-Peer-Angebot Menschen mit Fluchterfahrung im Rahmen der landesfinanzierten Deutschkurse an den Berliner Volkshochschulen ab Winter 2021 zur Verfügung gestellt wird.

Das „Modul Politische Teilhabe"

Die Idee für das „Modul Politische Teilhabe" ist im Zuge der partizipativen Erarbeitung des „Gesamtkonzeptes zur Integration und Partizipation Geflüchteter" im Laufe des Jahres 2018 entstanden und wird dort als eine der Maßnahmen angeboten. An der Ideenentwicklung waren neben der Senatsverwaltung und der Berliner Landeszentrale für politische Bildung auch das Servicezentrum der Berliner Volkshochschulen und zahlreiche Akteur:innen aus der Zivilgesellschaft und (Selbst-)Organisationen beteiligt. So wurde sichergestellt, dass nicht der Staat selbst Bedarfe für sogenannte Zielgruppen festlegt und vorgibt, sondern dass Expert:innen in eigener Sache und Aktive in dem Feld der Beteiligung von Menschen mit Rassismus- und Fluchterfahrung ihre Bedarfe selbst definieren konnten.

Der Anspruch, dass Betroffene selbst entscheiden, was sie benötigen, um sich politisch zu engagieren, setzt sich auch in der Konzeption des Moduls fort: Im Rahmen dieses niedrigschwelligen Angebots können die Teilnehmenden der Deutschkurse ihre eigenen Interessen in Hinblick auf gesellschaftliches Engagement zum Ausdruck bringen, sich mit ihren Diskriminierungserfahrungen, aber auch dem politischen System und Fragen zu Menschenrechten auseinandersetzen und Ideen für Empowerment entwickeln. Ein solches Format ermöglicht eine Mitgestaltung der Kursinhalte und Abläufe seitens der Kursteilnehmenden. An dieser Darstellung wird der Kontrast zu den sogenannten Orientierungskursen des Bundesamtes für Migration und Flucht deutlich: In die Konzeption der Orientierungskurse fließen die Perspektiven der Menschen mit Fluchterfahrung nicht ein und es wird vom Bund unidirektional vorgegeben, welche Pflichten und Rechte geflüchtete Menschen haben und wie sie sich in die hiesige Gesellschaft integrieren (sollen). Im Land Berlin wird bewusst ein dialogischer Bildungsansatz verfolgt, der an den Interessen der Teilnehmenden orientiert ist und an ihren politischen und sozialen Erfahrungen anknüpft, die die Menschen in Deutschland oder in einem anderen Land gesammelt haben. Bei dem Projekt ist berücksichtigt, dass "Geflüchtete" keine homogene Gruppe sind, sondern dass es sich selbstverständlich um sehr unterschiedliche Menschen mit sehr diversen Erfahrungen, Perspektiven und Bedarfen handelt.

Um dieser Vielfalt der Menschen gerecht zu werden, wurden der Konzeption von Materialien umfangreiche Fragebogen-Umfragen unter den Kursteilnehmenden vorangestellt und die Auswertung des Fragebogens unter anderem auch von Menschen vorgenommen, die selbst Fluchterfahrung haben. So konnten die politischen Themen und Handlungsfelder eruiert und offengelegt werden, was die Teilnehmenden in den Kursen im Alltag bewegt, belastet oder interessiert und welche Themen davon sie gern im Kurs behandeln würden. Diese Ergebnisse waren handlungsleitend für die Material-Entwicklung. Die Module werden von politischen Bildner:innen durchgeführt, die selbst Flucht- oder Migrationserfahrung haben. Sie wissen aus ihrer eigenen Biographie, was es bedeutet, auf der Flucht sein zu müssen und welche Herausforderungen es in Deutschland für geflüchtete Menschen gibt.

Zu diesen Herausforderungen gehören auch die oft komplexen und widersprüchlichen Erwartungen, der Aufnahmegesellschaft: Es wird „Integration" und Teilhabe von Geflüchteten gefordert. Es sind aber nur wenige Möglichkeiten geschaffen worden, an Willensbildung und Entscheidungsprozessen mitzuwirken oder auf die dafür notwendigen Ressourcen zurückgreifen zu können. Es wird Engagement gefordert und gleichzeitig das vielfältige Engagement von Menschen mit Fluchterfahrung unsichtbar gemacht. Es werden Instrumente zur Mitbestimmung angeboten, die aber meist de facto keine Gestaltungsmacht besitzen. Zusätzlich gibt es unzählige weitere Hürden auf dem Weg zu politischer Teilhabe, auf die Menschen mit Flucht- und Migrationserfahrung stoßen.

Wenn aber ganze Teile der Bevölkerung von politischer Teilhabe ausgeschlossen werden, muss es Ziel von politischer Bildung sein, „das Fachwissen um die Grenzen der Demokratie sowie um Demokratiedefizite in der Migrationsgesellschaft zu erweitern, indem die nationalstaatlichen Begrenzungen von Demokratie und zugleich die Grenzen eines nationalstaatlich gefassten Verständnisses von Demokratie und die damit verbundenen Ausschlussmechanismen thematisiert und kritisiert werden." (Massing 2021, 35)

Grundannahmen des Angebotes

Auch wenn es selbstverständlich erscheinen mag, ist es doch wichtig zu betonen, dass folgende Grundannahme die Entwicklung der Angebote maßgeblich beeinflusst hat: Die Teilnehmenden sind handelnde, wissende, selbstbestimmte, politische Subjekte und werden als solche angesprochen. Sie sollen nicht belehrt werden. Vielmehr wird ihnen ein Angebot der politischen Bildung und des Austausches im demokratischen Sinne gemacht.

Themen

Die Interessenschwerpunkte aus der vorangestellten Bedarfsanalyse und die beschriebene Herangehensweise wurden in didaktische Konzepte umgesetzt. Die Ergebnisse der Bedarfsanalyse zeigten deutlich, dass die Angebote der politischen Bildung nah an die Lebensrealität der Teilnehmenden anknüpfen müssen, damit ausgehend von konkreten Unterstützungsbedarfen im Alltag komplexe, gesellschaftliche Fragestellungen und Kontextualisierungen entstehen. Vier Themenkomplexe bildeten sich heraus: Wohnen, Geschlechtergerechtigkeit, Empowerment zur Mitbestimmung, Meine Rechte bei Diskriminierung.

Bei allen Konzepten stehen das Wissen und die Erfahrungen der Teilnehmenden im Mittelpunkt. Es ist gewährleistet, dass sich alle Teilnehmenden in den 90 Minuten, die für die einzelnen Themen zur Verfügung stehen, aktiv einbringen können. Hierzu werden inklusive Methoden eingesetzt, beispielsweise soziometrisches Aufstellen und der Einsatz von Icons und Bildern. Auch Übersetzungen werden zeitlich eingeplant und im gesamten Verlauf wird darauf geachtet, dass unterschiedliche Sprachen als Ressource anerkannt werden.

Der didaktische Aufbau zeigt anhand der Lebensrealitäten unterschiedliche Ebenen auf, denn „Teilhabe [wird] nicht allein durch Recht und Politik gewährleistet, vielmehr basiert sie auf gesellschaftlichen Ressourcen der Selbstorganisation und Solidarität." (Taam 2017, 209)

Die staatlichen Ebenen werden ebenso wie zivilgesellschaftliche Strukturen in der Nachbarschaft beleuchtet und anhand dessen werden konkrete Wege zur politischen Teilhabe aufgezeigt. Ausschlaggebend ist, dass nicht auf Nischenplätze verwiesen wird. Hierbei unterstützt ein Team von politischen Bildner:innen mit Fluchterfahrung, die als Role-Models fungieren. Sie können aus individueller Erfahrung über Self-Empowerment und über eigene Wege der politischen Teilhabe berichten. Außerdem können sie unterschiedliche Handlungsoptionen aufzeigen. Indem individuelle Bedarfe und Fragestellungen als Gesprächsanlass dienen und sich daraus Zugänge zu Gesellschaft, Politik und öffentliche Diskurse ergeben, setzt das didaktische Konzept die Qualitätsansprüche der politischen Bildung um.

Dies lässt sich an dem Themenkomplex „Wohnen" verdeutlichen. Für die Teilnehmenden stehen die Schwierigkeiten bei der Wohnraumsuche im Vordergrund. Konkrete Fragen nach Unterstützung dürfen deshalb nicht außen vor bleiben, da die Angebote sonst nicht die Erwartungen der Teilnehmenden treffen. Aus diesem Grund werden vorhandenes Wissen und Erfahrungen abgerufen und auf Hilfsangebote von staatlicher und zivilgesellschaftlicher Seite hingewiesen. Es geht aber im Sinne der politischen Bildung über Hilfestellungen bei der Alltagsbewältigungen hinaus. Es werden unterschiedliche Wohnformen vorgestellt, vulnerable Gruppen und Ausschlussmechanismen diskutiert und strukturelle Benachteiligungen thematisiert. Des Weiteren werden zivilgesellschaftliche Initiativen, deren Einflussmöglichkeiten und Erfolge ebenso präsentiert, wie staatliche Maßnahmen und Handlungsoptionen beleuchtet und deren unterschiedliche Bewertungen in der Gesellschaft abgebildet.

Die besondere Schwierigkeit von Menschen mit Fluchterfahrung gerät hier, wie bei allen anderen Themenkomplexen auch, nicht aus dem Blick. Die Einordnung, dass es sich nicht um individuelle Problemlagen handelt, sondern insbesondere um strukturelle Benachteiligungen, soll zum einen zur Entlastung führen, aber auch eigene Interessen als legitim erkennen und Möglichkeiten der Einflussnahme und Interessensvertretung finden lassen.

Um den Ansprüchen des Spracherwerbes gerecht zu werden, wurden bei der Erarbeitung der Konzepte zahlreiche fachliche Expertisen auch aus dem DaZ/DaF-Fachbereich (Deutsch als Zweitsprache/Deutsch als Fremdsprache) eingeholt, die Konzepte in einem aufwendigen Prozess mit DaZ-Expert:innen abgestimmt bzw. von ihnen überprüft.

Das didaktische Material dient dem Team der politischen Bildner:innen als Arbeitsgrundlage zur Durchführung. In der Erprobung wird dieses durch sie stetig überprüft und prozesshaft angepasst. So ist sichergestellt, dass es weiterentwickelt wird und sich den Anforderungen und Bedürfnissen der Teilnehmenden und des Teams stetig anpasst. Die Erkenntnisse aus diesem Prozess werden auch in weiteren Planungen, Projekten und Materialentwicklungen berücksichtigt.

Fortbildungen der Bildner:innen

Teil der Vorbereitung auf die Praxis waren unterschiedliche Fortbildungsangebote und regelmäßige Treffen der politischen Bildner:innen sowohl untereinander als auch mit einer Mitarbeiterin der Berliner Landeszentrale für politische Bildung. Fortbildungen zu politischer Bildung sowie DAF/DAZ legten eine gemeinsame Wissensgrundlage. Hierbei spielte die Vermittlung von Grundlagenwissen eine wichtige Rolle. Es bestand auch bei diesem Schritt der Anspruch, den Bedarfen und Fragestellungen der Bildner:innen gerecht zu werden und einen gemeinsamen Lernprozess zu gestalten. In die Erstellung der Konzepte wurden die Ideen und entwickelten Ansätze des Teams aufgenommen.

Die Teilnahme an Fortbildungen und die Erarbeitung der Methoden wurde vergütet. So wurde gewährleistet, dass alle Bildner:innen die nötigen Ressourcen aufbringen können und damit eine kontinuierliche Zusammenarbeit gewährleistet. Teilweise verfügen die Bildner:innen über Praxiserfahrungen im Bereich der politischen Bildung, dies war aber keine Voraussetzung. Um allen Beteiligten den Einstieg in das Tätigkeitsfeld der politischen Bildung zu ermöglichen und um unterschiedlichen Erfahrungsständen gerecht zu werden, wurde der Praxis deshalb der gemeinsame Vorbereitungsprozess vorgeschaltet.

Herausforderungen und Chancen auf institutioneller Ebene

Die gemeinsame Erarbeitung der Konzeption und die Erstellung der Materialien des „Moduls Politische Teilhabe für Menschen mit Fluchterfahrung" war insofern eine neue Herangehensweise, als dass dies konsequent gemeinsam mit den Menschen, für die das Modul gedacht ist, erfolgte. Diese Herangehensweise bedeutete, sich auf einen langwierigen Prozess einzulassen und auch Umwege und Verzögerungen als notwendige Bestandteile zu akzeptieren. Die Chance des Angebots besteht darin, der Stadtgesellschaft zu verdeutlichen, dass die Berliner Verwaltung auch eine lernende Institution sein kann und marginalisierte Menschen im Blick hat. In einer wachsenden und diversen Stadtgesellschaft wie Berlin ist die Symbolkraft sowie der Beitrag zur demokratischer Teilhabe solcher Landesprogramme nicht zu unterschätzen. Die im Projekt gewonnenen Erkenntnisse sollen in weitere Projektplanungen einfließen und auf institutioneller Ebene ihre Wirkung entfalten.

Literatur

MASSING, Peter (2021): Grenzen der Demokratie unter den Bedingungen äußerer und innerer Globalisierung. In: Achour, Sabine/Gill, Thomas (Hg.): Politische Bildung und Flucht – ein Paradigmenwechsel?!. Frankfurt/M.: Wochenschau Verlag, S. 28–37.

TAAM, Marwan Abou (2017): Teilhabe und Beteiligung von Menschen mit Migrationshintergrund als notwendige Bedingung für eine moderne pluralistische Gesellschaft. In: Diehl, Elke (Hg.): Teilhabe für alle?! Lebensrealitäten zwischen Diskriminierung und Partizipation. Bonn: BpB, S. 206–230.

V. Aufsuchende politische Bildung

RAIKO HANNEMANN, NELE RATHKE, HEINZ STAPF-FINÉ

Ungleiche Teilhabechancen im Spätkapitalismus – die Bedeutung prekärer Lebenslagen für Demokratieentwicklung und aufsuchende politische Bildung

Überlegungen auf Basis empirischer Forschungen im Osten Berlins

Soziale Determinanten und Haltungen zur Demokratie

In diesem Beitrag werden Überlegungen zu Herausforderungen für politische Bildung unter spätmodernen Bedingungen angestellt und in den Kontext zu prekären Lebenslagen, Demokratieentwicklung und Teilhabeansprüchen gesetzt. Basierend auf empirischen Forschungen im Osten Berlins werden zunächst verschiedene Haltungen zur Demokratie erörtert und in Beziehung zu sozialer Ungleichheit und Teilhabe gesetzt. In einem nächsten Schritt wird die Frage nach verschiedenen Formen von Wissen und daraus resultierenden Erwartungen an das demokratische System gestellt. Abschließend werden Konsequenzen für (aufsuchende) politische Bildung erörtert.

In den empirischen Untersuchungen unserer Forschungsgruppe (Stapf-Finé 2019b) wurden Typen von Haltungen zur Demokratie entworfen. Diese lehnen sich an das Typenmodell über Einstellungen zur Demokratie an, welche vom *Deutschen Jugendinstitut München* in den 1990er und 2000er Jahren entwickelt worden sind (de Rijke u.a. 2006)[1]. Zum einen wurde nach der Haltung zum Ideal der Demokratie gefragt, wobei hier die Haltungen zu folgenden Elementen demokratischer Beteiligung abgefragt wurden: Möglichkeit zur aktiven und passiven politischen Beteiligung, zum Entzug von an Repräsentant:innen verliehener politischer Macht, Mehrheitsentscheidungen sollten sich nicht gegen einzelne Gruppen der Bevölkerung richten. Hohe Zustimmungswerte zu

1 Die Forschungsgruppe des Deutschen Jugendinstituts München untersuchte in den 1990er und 2000er Jahren in einem Jugendsurvey in drei Wellen (1992, 1997, 2003) die Einstellungen von Jugendlichen und jungen Erwachsenen zur Demokratie in West- und Ostdeutschland (de Rijke u.a. 2006).

diesen Demokratie-Idealen ermöglichten es, demokratie-affine von weniger demokratie-affinen Befragten zu unterscheiden. Die Zufriedenheit mit der Umsetzung der Ideale der Demokratie und die Bereitschaft zu politischer Beteiligung bestimmten über die Zuordnung zu folgenden Gruppen:

- „Zufriedene Demokrat:innen": Sie stehen zum Ideal der Demokratie und sind mit der Verwirklichung zufrieden
- „Kritisch-Politische": Sie identifizieren sich ebenfalls mit dem Ideal der Demokratie, sind aber mit der Umsetzung unzufrieden und bereit, durch Partizipation zu deren Verbesserung beizutragen
- „Kritisch-Unpolitische": Sie unterscheiden sich von der letztgenannten Gruppe durch ein geringes Politikinteresse und/oder sind kaum oder nur gering engagiert
- „Distanzierte": Sie lehnen Demokratie als Regierungsform eher ab

Die Befragung wurde 2018 im Berliner (Ost-)Bezirk Marzahn-Hellersdorf unter 2000 zufällig ausgewählten Einwohner:innen vorgenommen. Der Rücklauf betrug 363 Fragebögen, bezüglich demografischer Variablen erwies sich die Stichprobe als repräsentativ. Hinsichtlich der erläuterten Typologie ergab sich folgende Verteilung: 27,2 % zufriedene Demokrat:innen, 30,9 % kritisch-politische Demokrat:innen, 17,9 % Kritisch-Unpolitische und 24 % Demokratiedistanzierte. Menschen mit einer hohen Zufriedenheit mit der Demokratie bilden gemeinsam mit kritisch-politischen Demokrat:innen die stärksten Stützen des demokratischen Systems. Die Kritisch-Politischen bringen hinsichtlich der Verwirklichung von demokratischen Versprechen und Teilhabechancen jedoch eine kritischere Haltung mit, bilden somit die in einer Demokratie notwendige kritische Öffentlichkeit. Ungleich schwerer ist es jedoch, Kritisch-Unpolitische oder Demokratiedistanzierte bspw. mit Maßnahmen der ‚klassischen' politischen Bildung anzusprechen.

Bereits die quantitativen empirischen Untersuchungen lassen den Schluss zu, dass Haltungen und Einstellungen zur Demokratie stark davon abhängen, in welchem Maß die gelebte Demokratie als institutionelle Wirklichkeit ihre Versprechen nach (sozialer) Sicherheit und Teilhabe, aber auch respektvoller Anerkennung einhält.

Prekäre Lebenslagen und ,Wissen' in der umgesetzten Demokratie der Gegenwart

In quantitativen Untersuchungen zu politischem Handeln und Einstellungen, wie wir sie auch in unserer Forschungsgruppe in Marzahn-Hellersdorf durchgeführt haben, wird u.a. häufig versucht, einen Zusammenhang zwischen Demokratieeinstellungen und -verhalten einerseits und sozioökonomischer und/oder soziokultureller Herkunft andererseits nachzuweisen. Neben der Erfassung von ,klassischen' sozialstrukturellen Parametern, wie Haushaltseinkommen, Vermogen oder Berufsstand, werden auch Bildungsabschlüsse in Fragebögen erhoben, um eine mögliche Korrelation zwischen Milieusozialisation und Bildungsstand einerseits und politischen Einstellungen anderseits zu beschreiben. Dabei besteht jedoch u.a. die Gefahr, Scheinkorrelationen zwischen individueller Bildung (und intellektueller Fähigkeiten) und Demokratieüberzeugungen zu ,entdecken', die etwa eine ,geringe Bildung' mit einer geringen Bereitschaft zur Teilnahme an ,Mit-Mach'-Angeboten in der demokratischen Ordnung nahelegten. Dabei vermögen es zum einen (zertifizierte) Bildungsabschlüsse kaum, Aussagen über die Qualität und Quantität individueller Wissensressourcen oder gar intellektueller Fähigkeiten zu treffen. Zum anderen ist zu bedenken, dass formale, zertifizierte und metrifizierte Bildungsabschlüsse zugleich die soziale Macht haben, Individuen eine Statusposition im hierarchischen „sozialen Raum" (Bourdieu 1987) zuzuweisen. In qualitativen Studien bspw. über das kulturelle und politische Bewusstsein von Menschen mit einem Hauptschulabschluss wird deutlich, dass Hauptschul-Absolvent:innen in sehr rationaler Einschätzung ihrer (geringen) Teilhabechancen und gesellschaftlichen Anerkennung kaum Erwartungen an die gesellschaftlichen Institutionen und damit an politische Entscheidungsprozesse, denen sie entsprechend fern bleiben, entwickeln (können) (Wellgraf 2012).[2]

Der Zusammenhang zwischen Verhältnis zur Demokratie und formalem ,Bildungshintergrund' ist – wenn überhaupt – vermittelt und komplex. Er basiert weniger auf einer lernwissensmäßigen ,Qualifikation' zum demokratischen Bürger als vielmehr auf realen Zugangschancen zu den Entscheidungsinstitutionen und Prozessen der freiheitlich-demokratischen Grundordnung der

---

2 Gemeint ist hier z.B. der skeptische, widerständige und ironische Umgang mit staatlichen Institutionen wie Schulen oder mit staatlichen Dokumenten wie dem Schulzeugnis. Stefan Wellgraf zeigte in seiner Studie ferner eindrücklich, wie Hauptschüler:innen ironisch-sarkastisch die diskursiven Vorgaben der „legitimen Kultur" (Bourdieu 1987, 411) (Habitus, Geschlechterrollen etc.) infrage stellen (Wellgraf 2012, 99 ff.).

BRD. Biografische Erfahrungen und aufgeschichtetes Alltagswissen über die geringe Zugänglichkeit bzw. Erreichbarkeit politischer Institutionen und die geringe Bereitschaft und Fähigkeit der tragenden Eliten (Hartmann 2013), die Interessen dieser Menschen wahrzunehmen und ihre Repräsentanz in den Institutionen zu ermöglichen, dämpft zumindest bei Menschen in prekären Lebenslagen und/oder mit ostdeutschen Hintergründen[3] nachvollziehbarer Weise die Erwartungen an die Demokratie als bundesdeutsche Wirklichkeit auf allen gouvernementalen und administrativen Ebenen. Hinzu kommt das Problem des Versagens von gesellschaftlicher Anerkennung deprivierter Gruppen im Rahmen politischer Öffentlichkeit und demokratischer Kultur (und durch die die Eliten in Kultur und Politik tragenden Milieus). Dies ist etwa dann der Fall, wenn in herrschenden Diskursen und veröffentlichter Meinung bestimmte Lebensstile und Habitusformen, die als nicht (mehr) akzeptabel gelten, der genannten Personengruppe(n) im Sinne einer Markierung zugeordnet werden. Das betrifft bspw. ein unterstelltes unökologisches Konsumverhalten (Billigtextilien, Fleischkonsum etc.), kulturell inadäquate Sprechweisen oder ein angeblich geringes Maß an Arbeitsmotivation (Reckwitz 2019). Mit Formen der Nicht-Anerkennung oder gar Herabwürdigung von Menschen mit geringen bzw. prekären Lebensressourcen sind die Betroffenen in den Medien konfrontiert, in Behörden oder auch in der Begegnung mit Menschen aus anderen (meist mittleren) Klassenlagen (Jones 2013).

Es ist nach unserer Auffassung und Beobachtung weniger ein individueller Mangel an ‚Demokratie- und Politikwissen' als vielmehr die sozioökonomische Herkunft, die kulturelle, ökonomische und symbolische Benachteiligung und damit die ungleichen Teilhabechancen, die ein Fernbleiben von Beteiligung erklärlich werden lassen. Dass Menschen mit niedrigen Bildungsabschlüssen sich resigniert (und auch selbstverständlich) aus gesellschaftlichen, soll heißen öffentlichen Prozessen herausnehmen oder chancenlos am politischen System ‚abprallen', hat kaum mit geringen intellektuellen Fähigkeiten oder ‚falschen' Wertehorizonten zu tun, sondern mit realistischer individueller Erwartungshaltung, was man sich vom System versprechen darf. Ein klassischer, individualistischer Bildungsbegriff geht daher fehl, welcher ‚Wissen' versteht als bloße Aufstapelung von Faktenwissen etwa über die Funktionsweise politischer Prozesse und Institutionen oder über (potentiell zur Verfügung stehende) individuelle Partizipationsmöglichkeiten und Verhaltensnormen.

---

3 Dies trifft auch auf (post-)migrantische Erfahrungen zu, welche hier jedoch nicht näher beleuchtet werden, weil sie nicht Gegenstand unserer Studien waren.

Je nach biografischer Lebenserfahrung (mit Politik und Sozialität) und gegenwärtiger Lebenswirklichkeit müssen Menschen anhand ihrer Ressourcen zur Bewältigung des Alltags und der für sie bestehenden Lebensrisiken mit Wissen haushalten. Dies gilt im besonderen Maße für Menschen in prekären (ökonomischen, kulturellen und sozialen) Lebenslagen. Im Rahmen einer „Wissensökonomie des prekären Lebens" (Hannemann 2022a) sind diese Menschen gezwungen, einen Großteil ihrer Tageszeit, ihrer psychischen und körperlichen Kräfte sowie ihrer Wissensakkumulationskapazitäten und -anwendung in die Bewältigung eines anstrengenden Lebensvollzugs zu investieren. In einer lebensweltlich orientierten, teilnehmenden Beobachtung im Rahmen unseres Forschungsprojektes (ebd.) wurde deutlich, dass die Nicht-Beschäftigung mit und die Nicht-Aktivität an politischen Prozessen aus der Sicht einer „Wissensökonomie des prekären Lebens" zutiefst rational ist. Ohne sozioökonomische Absicherung und sichere Zukunftserwartungen an ein stabiles und sicheres Leben sind keine Ressourcen frei (Zeit, Energie etc.) oder vorhanden (finanzielle Mittel, die richtigen sozialen Kontakte etc.) für politisches Engagement und Politik-Lernen.

Beim Haushalten mit knappen Ressourcen ist zudem eine rationale Einschätzung der Wirksamkeit von eigener Handlung und dem Wert des Wissens, um Wirksamkeit erzielen zu können, besonders wichtig. Persönliche Erfahrungen mit Nicht-Wirksamkeit, Nicht-Beachtung oder gar Ablehnung und Aggression der sozialen Welt über den persönlichen Nahraum hinaus, bis hin zur Politik, erzeugen den Eindruck, dass das Mit-Machen ‚vergebene Liebesmüh' und sinnlose Ressourcenverschwendung ist (ebd.). Eine Teilnahme am, ein Engagement im oder zumindest eine emotionale Identifikation mit dem ‚System' scheint aus subjektiver Perspektive nicht sinnvoll. Forschungen sowohl zur Unterrepräsentanz ökonomisch Benachteiligter und ihrer Kinder unter den (handlungsmächtigen) Akteur*innen in Politik, Wirtschaft, Justiz, Verwaltung, Wissenschaft, Kultur, Medien etc. (Hartmann 2013) als auch zur Nichtbeachtung von Interessen unterer Klassenlagen in politischen Entscheidungsprozessen in der bundesdeutschen Demokratie (Elsässer u.a. 2017) bestätigen diese subjektive Rationalität auf demokratietheoretisch fatale Weise. Aus sozialräumlich-lebensweltlicher Perspektive zeigt sich dies nicht zuletzt auch in der geografischen Anordnung von Orten der Demokratie im zutiefst hierarchisierten städtischen Raum (Bourdieu 1997). Allein die bloße Platzierung von Orten des politischen und gesellschaftlichen Einflusses in den Zentren (z.B. Berlin-Mitte) exkludiert, weil sie für kapitalarme Menschen, die aufgrund der (Miet-)Marktgesetze an der Peripherie verortet werden, räumlich, zeitlich, habituell und ökonomisch zu weit entfernt liegen (Hannemann 2022a).

Ein ostdeutscher urbaner Sozialraum als (prognostisches) Beispiel spätmoderner Demokratieentwicklung

Vor dem spezifischen historischen Kontext des Ostberliner Bezirks Marzahn-Hellersdorf, in dem unsere Forschungsgruppe ihre Studien durchführte, ist zudem zu bedenken, dass ein erheblicher Bevölkerungsteil Erfahrungen der ökonomischen Prekarisierung, der kulturellen und politischen Entwertung und zudem eine Ablehnung ihrer ostdeutschen Biografien bzw. ihrer ostdeutschen Erfahrungswissensbestände aus einer ‚falschen Gesellschaft' gesammelt hat. In biografischen Interviews mit Bezirksbewohner:innen mit ostdeutschem Hintergrund verschiedener Generationen konnten Prozesse individueller und kollektiver Entfremdung vom (institutionellen) Gemeinwesen Marzahn-Hellersdorf und der real existierenden bundesdeutschen Demokratie insgesamt beschrieben werden (Hannemann 2019a/b). Biografische Erzählungen, die die Nachwendezeit, insbesondere die 1990er Jahre als Zeit des rapiden Abstiegs oder zumindest des persönlichen und einsamen Überlebenskampfes schildern, sind häufig verknüpft mit subjektiven Abstandspositionierungen zu politischen Beteiligungsprozessen im Bezirk und darüber hinaus. Insbesondere bei ehemaligen Mitgliedern der einstigen ‚sozialistischen Dienstklasse' und ‚Intelligenzija' der DDR-Gesellschaft (und ihren Kindern) besteht ein teils selbstgewählter teils erzwungener physischer Abstand zu den Institutionen der Demokratie, während eine hohe Identifikation mit der Demokratie als Idee und ein ausgeprägtes Interesse am politischen Geschehen besteht: Nicht-Handeln (können) und ausgeprägtes demokratisches Bewusstsein konstituieren den „ostdeutschen Citoyen" (Hannemann 2019b). Er steht dem institutionalisierten Gemeinwesen, mit dem angesichts negativer persönlicher Erfahrungen mit der ‚umgesetzten Demokratie' keine Selbstwirksamkeitserwartung verbunden wird, interessiert, aber doch fremd gegenüber (ebd.). Die kollektive und zugleich individuelle Erfahrung der Ohnmacht gegenüber einer so empfundenen naturgewaltartigen Transformation, in der es der bundesdeutschen Demokratie als Staats-, Gesellschafts- und Lebensform (lange) nicht gelang, die betroffenen und damals vielfach sich engagierenden Menschen gestaltend einzubeziehen, ihre Erfahrungen konstruktiv und ihr Wissen wertschätzend in neue öffentliche demokratische Wissens- und Lernprozesse einwirken zu lassen, versetzte viele Menschen mit ostdeutscher Biografie in eine seltsam beteiligt-unbeteiligte Position (ebd.). So unterschiedlich die Vorwende-Biografien der 1989/90 Erwachsen-Gewesenen gewesen waren – ob staatsnah oder staatskritisch – so egalisierend wirkte vielfach die Erfahrung der Ohnmacht gegenüber einem (westdeutschen) Staats-

und Gesellschaftssystems, an dem sich viele teils mit großer Euphorie gestaltend einbringen wollten – doch ohne Erfolg. Man war außen vor im eigenen Gemeinwesen, das „einer exogenen Top-down-Transformation nach dem Vorbild der alten Bundesrepublik im Sinne einer Blaupause" (Kollmorgen 2009, 92) unterworfen war. Die Entfremdungserfahrung ist auch in Alterskohorten feststellbar, deren Geburten kurz vor oder nach 1990 lagen und deren Sicht auf das institutionalisierte Gemeinwesen teilweise von eigener Ohnmachtserfahrung der Nachwendewirrungen und/oder derjenigen älterer ostdeutscher Generationen geprägt wurde (Hannemann 2019a). Nicht zu unterschätzen ist zudem, dass der vor allem nach 1990 gewachsene Vertrauensverlust gegenüber den mit eigener Stimme ‚unerreichbaren' (Rosa 2021) staatlichen, politischen und kulturellen Institutionen einherging mit einem rasanten Prozess der „Dissoziation" (Hannemann 2022a) und Entsolidarisierung innerhalb der ostdeutschen Bevölkerung. Der ökonomische Überlebenskampf der Einzelnen in einer vielfach als staatlich ungeordnet stattfinden den Konkurrenz um zu wenige Arbeitsplätze und gute Positionen führte zweifelsohne zu einem teilweisen Vertrauensverlust der Einzelnen gegenüber ihren Mitmenschen. Vertrauen gegenüber Mitbürger:innen jedoch ist in einer demokratischen Ordnung essentiell.

In Marzahn-Hellersdorf greifen bei einem nicht unerheblichen Teil der Bevölkerung beide Kontexte ineinander: ostdeutsche Umbrüche und Entfremdungserfahrungen sowie prekäre Lebenslagen (bei älteren Menschen häufig das Ergebnis der ökonomischen Prekarisierung in der Nachwendezeit). Sie vermengen sich zu einem Erfahrungswissen, das eine geringe Erwartung an das demokratische System begründet. Dies und mangelnde gesellschaftliche Anerkennung sowie nicht selten zudem noch wirkende Alltagseindrücke im prekären Leben führen zu einem passiven und aktiven Fernbleiben der hier beschriebenen Bevölkerungsgruppen. Das sich gegenseitig verstärkende Zusammenspiel aus durch Erfahrungen gespeister geringer bis keiner subjektiver Teilnahmebereitschaft an politischen Prozessen, diskursiver kultureller Entwertung („Prolls", „Ossis") und abnehmender Erwartung an die Partizipationsbereitschaft dieser Bevölkerungsteile auf Seiten der ‚aktiven Demokrat:innen' beschreibt einen eskalatorischen Prozess der Entdemokratisierung, der Sorge machen muss. In Ostdeutschland ist dabei vielfach in radikaler Weise vorweggenommen worden, was in anderen Teilen des Landes und Europas unter einer Politik neoliberaler Provenienz an künftigen Entwicklungen zu befürchten ist.

Der Blick auf Marzahn-Hellersdorf hat jedoch auch gezeigt, dass – neben einer Würde und Sicherheit garantierenden Sozialpolitik – *eine* Reaktionsmöglichkeit auf einen solchen eskalatorischen Prozess in einer sozialräumlichen

Demokratieentwicklung liegen könnte, welche auf eine lokale (Neu-)Solidarisierung und bewusste Vergemeinschaftung durch demokratische und inklusive Nachbarschaftsorganisierung setzt (Hannemann 2022b). Ein Schlüssel könnte hier sogar in der ostdeutschen Erfahrung der organisierten Hausgemeinschaften liegen, welche trotz aller Ambivalenz und Ambiguität in einem nichtdemokratischen DDR-Staat Erfahrungen der Solidarität und des gesellschaftlichen Zusammenhalts (teilweise auch in subtiler Widerborstigkeit und Eigensinnigkeit gegen das Herrschaftssystem) ermöglichten (Hannemann 2019a, 2022b). Vertrauen ist nur durch das alltägliche Erfahren – und Lernen – von Kooperation und Verantwortung den Mitmenschen und dem Gemeinwesen gegenüber (wieder) aufzubauen. Zugrunde zu legen ist ein „prozessorientierter" Begriff von Demokratie (Stapf-Finé 2022), der die lebensweltliche Alltagserfahrung einbezieht. Dabei könnte der Ostberliner Bezirk hier auch – bei der Umsetzung eines solchen Ansatzes[4] – eine positive Entwicklung der Demokratieentwicklung als Blaupause vorwegnehmen, vorleben und ein Beispiel geben.

Konsequenzen für (aufsuchende) politische Bildung

Wenn politisches und soziales Vertrauen sowie Teilhabeerwartungen demnach stark mit der sozialen Frage sowie Erfahrungen in Bezug auf Enttäuschung und Unerreichbarkeit hinsichtlich demokratischer Prozesse zusammenhängen, müssen wir uns Folgendes fragen: Wie können diese Erwartungen und dieses Vertrauen (wieder) hergestellt werden und welche Rolle spielt politische Bildung dabei? Es gilt demnach, an Strukturen anzusetzen, die einerseits soziale Sicherungsversprechen erneuern und andererseits Räume schaffen, in denen Menschen positive Erfahrungen hinsichtlich Selbstorganisierung, Gemeinschaft, Partizipation und politischer Selbstwirksamkeit erleben, um genau diese Sicherungsversprechen einzufordern. Politische Bildung kann hier an verschiedenen Stellen ansetzen, die im Folgenden dargestellt werden.

Zunächst ist mehrfach beschrieben worden, dass Kindertagesstätten und Schulen in Bezug auf das Erlernen von Demokratie besondere Orte sind, da sie als milieu-übergreifende Sozialisationsorte sowie Orte des Demokratieerfahrens fungieren *könnten* (zu Schule siehe z. B. Erdsiek-Rave/John-Ohnesorg

---

4 Zu konkreten Details eines solchen Ansatzes, bei dem insbesondere engagierte Wohnungsbaugesellschaften und -genossenschaften eine zentrale Rolle spielen, siehe Hannemann 2022b.

2015, zu Kita z.B. Hansen u.a. 2011; Goll/Schmidt 2021). Auch wenn dies in bestimmten Settings funktioniert, ist dennoch anzumerken, dass das Kita- und Schulsystem soziale Macht- und Herrschaftsverhältnisse tendenziell reproduziert. Daraus ergibt sich, wie Engartner formuliert, dass „die gesellschaftliche Heterogenität […] durch schulische Homogenität unterhöhlt [wird]“ (Engartner 2020, 47), da Kitas und Schulen oft einem bestimmten Milieu zugeordnet werden können.

Demokratie zu erfahren und zu erlernen, wird demnach in Kitas oder Schulen unterschiedlich intensiv ermöglicht. Wie bei einer Studie mit Schüler:innen in Marzahn-Hellersdorf untersucht wurde, entstehen Demokratieverständnisse durch Praxis-Erfahrungen mit Partizipation im Alltag (Rathke 2021). Wenn Demokratie nicht erfahren wird, auch und besonders auf emotionaler Ebene, bleibt es tendenziell ein abstraktes Konstrukt. Werden Teilhabeerwartungen enttäuscht (z.B. durch Adultismus, Klassismus, Rassismus, Sexismus etc.), entstehen weder ein auf Prozesse fokussiertes Demokratieverständnis noch positive Assoziationen mit diesem System, da auf einen Erfahrungsschatz zurückgegriffen wird, der auf wenig Vertrauen in demokratische Prozesse fußt.

In der Erwachsenenbildung können sozialräumliche und aufsuchende Ansätze (siehe Wallentin/Rathke in diesem Band) Menschen erreichen, die wenige bis keine Teilhabeerwartungen (mehr) haben. Ähnlich wie in der Kinder- und Jugendbildung sollten sich diese Bildungsangebote hinsichtlich der Habitus-Sensibilität beziehungsweise der umfangreichen Milieu-Kenntnis auszeichnen, um genau die eben beschriebenen Reproduktionen von Herrschaftsverhältnissen und enttäuschten Teilhabeerwartungen zu vermeiden. Hierzu zählt insbesondere die Analyse der jeweiligen alltäglichen Verständnisse, Praxen und Strategien von Bildung. Das heißt, wir müssen in der Bildungspraxis die Frage nach der Deutungshoheit, was genau Bildung ist, stellen. Wichtig erscheint hier zudem die Unterscheidung zwischen formaler Bildung und politischem Wissen (vgl. z.B. Schnaudt 2020). Schafft es die aufsuchende politische Bildung, einerseits die eigenen Vorstellungen von Bildungspraxen und -strategien zu hinterfragen und andererseits Menschen zu ermutigen, sich trotz der widrigen Umstände zu organisieren und politische Forderungen zu formulieren, ist es wiederum immens wichtig, dass auf Seiten von Politik und Verwaltung diese Prozesse nicht ins Leere laufen oder in Scheinpartizipation münden, sondern dass Teilhabe in ganzem Umfang ermöglicht wird. Dazu müssen Vertreter:innen von Politik und Verwaltung die eigene Reproduktion der bestehenden Sozialstruktur reflektieren, zum Beispiel hinsichtlich der Erfahrungsvielfalt in bezahlten Positionen, Sprache, Arbeitskonditionen und ähnlichen milieu-spezifischen Aspekten.

Politische Bildung, will sie sich Personenkreisen zuwenden, die bisweilen als „schwer erreichbar" bezeichnet werden, muss den Charakter einer transformativen politischen Bildung bekommen, die es den Zielgruppen ermöglicht, ihre Teilhabeansprüche an Politik, Gesellschaft und Kultur durchzusetzen. Wenn im Ergebnis mehr soziale Gerechtigkeit erreicht wird, stärkt dies das soziale Vertrauen, was der demokratischen Kultur sicher zuträglich ist.

Literatur

BOURDIEU, Pierre (1987): Die feinen Unterschiede. Kritik der gesellschaftlichen Urteilskraft. Frankfurt/M.: Suhrkamp.

BOURDIEU, Pierre (1983): Ökonomisches Kapital – Kulturelles Kapital – Soziales Kapital. In: Kreckel, Reinhard (Hg.): Soziale Ungleichheiten (Soziale Welt, Sonderband 2). Göttingen: Scwartz, S. 183–198.

BOURDIEU, Pierre u.a. (1997): Das Elend der Welt. Zeugnisse und Diagnosen alltäglichen Leidens an der Gesellschaft. Konstanz: UVK.

DEWEY, John (2018): Democracy and Education. Vachendorf: Perennial Press.

ELSÄSSER, Lea/Hense, Svenja/Schäfer, Armin (2017): „Dem deutschen Volke"? Die ungleiche Responsivität des Bundestages. In: Zeitschrift für Politikwissenschaft 27. S. 161–180.

ENGARTNER, Tim (2020): Ökonomisierung schulischer Bildung – Analysen und Alternativen. Berlin: Rosa Luxemburg Stiftung.

ERDSIEK-RAVE, Ute/John-Ohnesorg, Marei (Hg.) (2015): Demokratie lernen – eine Aufgabe der Schule?!. Schriftenreihe des Netzwerk Bildung. Berlin: Friedrich-Ebert-Stiftung.

FISCHER, Karsten/Huhnholz, Sebastian (2010): Vertrauen und Sozialkapital. Konturen einer politischen Debatte. In: Bude, Heinz/Fischer, Karsten/Huhnholz, Sebastian: Vertrauen, die Bedeutung von Vertrauensformen für das soziale Kapital unserer Gesellschaft. Bad Homburg von der Höhe: Herbert-Quandt-Stiftung. S. 16–39.

GOLL, Thomas/Schmidt, Ingrid (2021): Politische Bildung von Anfang an? Bad Heilbrunn: Verlag Julius Klinkhardt.

HANNEMANN, Raiko (2019a): Demokratieverhältnis zwischen lebensgeschichtlicher Erfahrung und (bezirklichen) Beteiligungsbedingungen. In: Stapf-Finé, Heinz (Hg.): Demokratienähe und -distanz. Das Forschungsprojekt Demokratieferne Einstellungen in einer Kommune. Berlin: Logos, S. 117–185.

HANNEMANN, Raiko (2019b): Der ostdeutsche Citoyen. Beobachtungen zu Tiefenstrukturen der Demokratieentwicklung in Marzahn-Hellersdorf. Generationen, Erfahrungen, Erkenntnisschranken. In: Sozialer Fortschritt, Jg. 68, Heft 8/9 (August/September), S. 701–731.

HANNEMANN, Raiko (2022a): „Ick wusst nich ma, dit wa sowat wie eene Bürjermeesterin habm." ‚Unerreichbarkeit' zwischen prekären Lebenswelten und Institutionen der Zivilgesellschaft und kommunalen Politik. In: Brodowski, Michael/Stapf-Finé, Heinz (Hg.). Sozialen Zusammenhalt stärken. Entstehung von demokratiefernen Einstellungen und Möglichkeiten sozialräumlicher Demokratieentwicklung. Leverkusen: Barbara Budrich. S. 59–142.

HANNEMANN, Raiko (2022b): Mehr Raum für Nachbarschaft. Hausgemeinschaften und engagierte Wohnungsunternehmen als (potentielle) Schlüssel-Ressourcen sozialräumlicher Demokratieentwicklung. In: Brodowski, Michael/Stapf-Finé, Heinz (Hg.). Sozialen Zusammenhalt stärken. Entstehung von demokratiefernen Einstellungen und Möglichkeiten sozialräumlicher Demokratieentwicklung. Leverkusen: Barbara Budrich. S. 223–256.

HANNEMANN, Raiko u.a. (2017): Demokratienähe und -distanz. Zwischenbericht mit Empfehlungen an die Politik. Online verfügbar unter: https://www.ash-berlin.eu/fileadmin/Daten/_userHome/158_stapf-fineh/Zwischenbericht.pdf [letzter Zugriff: 20.9.2021].

HANSEN, Rüdiger/Knauer, Raingard/Sturzenhecker, Benedikt (2011): Partizipation in Kindertageseinrichtungen: so gelingt Demokratiebildung mit Kindern! Bonn: Bundeszentrale für Politische Bildung.

HARTMANN, Michael (2013): Soziale Ungleichheit. (K)ein Thema für die Eliten? Frankfurt/M.: Campus.

JONES, Owen (2013): Prolls. Die Dämonisierung der Arbeiterklasse. 2. Aufl. Mainz: Andre Thiele.

KOLLMORGEN, Raj (2009): Umbruch ohne Revolution? Beitritt statt Transformation? Zur Deutung des ostdeutschen Wandels seit 1989 im mittelosteuropäischen Kontext. In: Berliner Debatte Initial, 20(2009)4, S. 90–103.

RATHKE, Nele (2021): Informelles und formales Lernen im Kontext von Demokratielernen und -erleben an Sekundarschulen im Bezirk Marzahn-Hellersdorf. Eine qualitativ-explorative Studie. In: Brodowski, Michael/Stapf-Finé, Heinz (Hg.). Sozialen Zusammenhalt stärken. Entstehung von demokratiefernen Einstellungen und Möglichkeiten sozialräumlicher Demokratieentwicklung. Leverkusen: Barbara Budrich. S. 143–186.

RECKWITZ, Andreas (2019): Das Ende der Illusionen. Politik, Ökonomie und Kultur in der Spätmoderne. Berlin: Suhrkamp.

RIJKE, Johann de u.a. (2006): Wandel der Einstellungen junger Menschen zur Demokratie in West- und Ostdeutschland – Ideal, Zufriedenheit, Kritik. In: Diskurs Kindheits- und Jugendforschung. Heft 3/2006, S. 335–352.

ROSA, Hartmut (2021): Unverfügbarkeit. 3. Aufl. Berlin: Suhrkamp.

SCHNAUDT, Christian (2020): Politisches Wissen und politisches Vertrauen. In: Tausendpfund, Markus/Westle, Bettina (Hg.). Politisches Wissen in Deutschland: Empirische Analysen mit dem ALLBUS 2018. Politisches Wissen. Wiesbaden: Springer Fachmedien, 127–164.

STAPF-FINÉ, Heinz (2019a): Ursachen für die Entstehung antidemokratischer Haltungen. Ausgewählte quantitative Ergebnisse. In: Sozialer Fortschritt, Heft 8–9, S. 679–700.

STAPF-FINÉ, Heinz (2019b) (Hg.): Demokratienähe und -distanz. Das Forschungsprojekt Demokratieferne Einstellungen in einer Kommune. Berlin.

STAPF-FINÉ, Heinz (2022): Beitrag zu einer prozess- und ergebnisorientierten Demokratietheorie. In: Brodowski, Michael/Stapf-Finé, Heinz (Hg.). Sozialen Zusammenhalt stärken. Entstehung von demokratiefernen Einstellungen und Möglichkeiten sozialräumlicher Demokratieentwicklung. Leverkusen: Barbara Budrich. S. 347–378.

WELLGRAF, Stefan (2012): Subversive Praktiken von Berliner Hauptschülern. In: Nebulosa – Zeitschrift für Sichtbarkeit und Sozialität 02/2012, S. 96–111.

NELE RATHKE, ANNETTE WALLENTIN

Wie weit weg ist Politik? Aufsuchende politische Bildung als Chance

Ein Praxisbericht

Aufsuchende politische Bildung im Sozialraum

Ansätze einer aufsuchenden politischen Bildung sind seit circa fünf Jahren vermehrt im fachlichen Diskurs und in der Bildungspraxis angekommen. An die Alltagsbeobachtung, dass politische Bildung in ihrer klassischen Form nur bestimmte Zielgruppen erreicht, schließt sich eine vertiefte Analyse zu den Gründen dieser exkludierenden Wirkung an. Schnell wird klar: Die Nicht-Teilnahme an Angeboten der klassischen politischen Bildung hängt auch eng zusammen mit einer Nicht-Teilnahme an den verschiedenen Möglichkeiten der politischen Teilhabe.

In diesem Beitrag gehen wir zunächst auf die Hintergründe der aufsuchenden politischen Bildung ein: warum begeben wir uns auf die Suche nach neuen Ansätzen? Anschließend stellen wir zentrale Aspekte von aufsuchender politischer Bildung dar, die wir anhand der Bildungspraxis in vier Berliner Bezirken illustrieren. Vertiefend gehen wir auf die Rolle der politischen Bildner:innen und die Dimensionen des *Aufsuchenden* ein, um abschließend Möglichkeiten und Aufgaben der aufsuchenden politischen Bildung zu skizzieren.

Hintergründe: Warum aufsuchende politische Bildung im Sozialraum?

Mit seiner Untersuchung der Ursachen für politische Distanz prägte besonders Prof. Dr. Helmut Bremer (Universität Duisburg-Essen) die Fachdebatte: Was hält Menschen davon ab, zur Wahl zu gehen? Was hält sie davon ab, sich politisch zu äußern? Wie kommt es dazu, dass Menschen von sich sagen, dass sie sich nicht für Politik interessieren? Bremer benennt verschiedene Ausschlussmechanismen des politischen Feldes, unter dem er Verantwortliche in Parteien ebenso versteht wie Akteur:innen der politischen Bildungsarbeit. Dieses politische Feld agiert nach Bremers Analyse als eigener „Mikrokosmos“ mit eigenen Regeln, einer eigenen Sprache und eigener Kultur. Die Eigenheiten des politischen Feldes – wie auch der politischen Bildung – sind anschlussfähig an verschiedene soziale Milieus, während sie auf andere soziale Milieus dagegen fremd und wenig einladend wirken. Fremd- und Selbstausschlüsse von der politischen Sphäre sind die Folge. Bremer unterscheidet zwischen habitueller, kultureller und räumlicher Distanz zum politischen Feld (Bremer 2008).

An der letztbenannten geografischen Ferne setzt eine sozialräumlich aufsuchende politische Bildung an: Sie überwindet räumliche Entfernungen zu Angeboten der politischen Bildung, indem sie politische Bildung dezentral anbietet, nicht nur in der Landeshauptstadt, sondern auch in ländlichen Gemeinden, nicht nur am zentralen Ort in der Stadt, sondern auch in ihren Stadtteilen und Vierteln und schließlich nicht nur im Seminarraum oder Tagungshotel, sondern ebenso auch in der Gaststätte, im Vereinsheim, im Nachbarschaftshaus oder vor dem Supermarkt. Es geht darum, Menschen in ihrer bekannten Umgebung zu erreichen. Das mögen für die klassische politische Bildung dann häufig ungewöhnliche Bildungsorte sein, auf die es sich erst einmal einzulassen gilt. Für die Menschen im Stadtteil sind es aber vertraute Orte, die ihnen einen „Heimvorteil" sichern.

Definition: Was ist aufsuchende politische Bildung im Sozialraum?

Wir beschreiben hier fünf zentrale Aspekte von aufsuchender politischer Bildung im Sozialraum:

1. **Geh-Struktur:** Namensgebender Aspekt der aufsuchenden politischen Bildung im Sozialraum ist ihre Verortung im Sozialraum, ihr Arbeiten in Stadtvierteln und alltäglichen Lebensumfeldern von Menschen, wie eben beschrieben.
2. **Orientierung an der Lebenswelt:**_Aber auch die habituelle und kulturelle Distanz zur politischen Sphäre will mit dem Ansatz der aufsuchenden politischen Bildung bearbeitet und möglichst überwunden werden. Bei der Themenauswahl setzt aufsuchende politische Bildung deshalb programmatisch an der alltäglichen Lebenswelt der Menschen vor Ort an und entwickelt aus Alltagserfahrungen die überindividuellen, gesamtgesellschaftlichen und somit sehr wohl politischen Themen, die dahinterstehen. Die Teilnehmenden von Angeboten der aufsuchenden politischen Bildung werden eingeladen, die Relevanz politischer Fragestellungen für ihren eigenen Alltag wahrzunehmen und gleichzeitig werden sie darüber informiert, welche Einfluss- und Beteiligungswege ihnen offenstehen.

3. **Zusammenarbeit mit Brückenpersonen:** Um das Vertrauen der Menschen zu gewinnen, ist auch die Kooperation mit Einrichtungen und Initiativen im Sozialraum wichtig. Dort finden sich Brückenpersonen wie Gemeinwesenarbeiter:innen, Vereinsvorstände oder Integrationslots:innen etc., die einerseits für eine Zusammenarbeit bei einer politischen Bildungsaktion zu gewinnen sind und die andererseits den engen Kontakt zu den Menschen vor Ort haben. Wenn der schon lange bekannte Stadtteilarbeiter des Mehrgenerationenhauses, mit dem die Kinder mittwochs immer Fußball spielen, zu einer Veranstaltung der politischen Bildung einlädt, dann ist das etwas Anderes, als wenn eine unbekannte Landeszentrale für politische Bildung einlädt. Zudem können die Brückenpersonen den politischen Bildner:innen wichtige Informationen über die Menschen vor Ort und deren Lebensumstände geben – eine zentrale Voraussetzung für die Lebensweltorientierung der Angebote.
4. **Gesprächsanlässe inszenieren:** Ein zentraler didaktischer Ansatz der aufsuchenden politischen Bildung ist es, Gesprächsanlässe zu inszenieren. Methodisch stehen entsprechend kommunikative Methoden im Vordergrund. Zum einen soll so von der eigenen Lebenswirklichkeit ausgehend das Sprechen über gesellschaftliche und politische Themen eingeübt werden. Zum anderen bieten Formate, in denen Menschen dazu eingeladen sind, anderen von sich und ihren Erfahrungen zu berichten, Bestärkung und Ermutigung zur Teilhabe.
5. **Inklusive Medien und Methoden:** Um auch Menschen mit eingeschränkten kognitiven Voraussetzungen und/oder noch geringen deutschen Sprachkenntnissen entgegenzukommen, finden häufig Elemente einer inklusiven Pädagogik Eingang in die politische Bildung (Leichte Sprache, Kommunikation über Bilder, bedachter Einsatz von Methoden, die viel Schrift erfordern).

Praxisbeispiel: Das Modellprojekt „Gleiche politische Teilhabe"

In einer Kooperation der Bundeszentrale für politische Bildung in Kooperation mit der Berliner Landeszentrale für politische Bildung wird derzeit eine solche aufsuchende, sozialräumlich orientierte politische Bildung modellhaft in vier Berliner Bezirken erprobt und strukturiert ausgewertet. Das Modellprojekt findet statt im Rahmen der ressortübergreifenden Strategie „Nachbarschaften stärken – Miteinander im Quartier", seine Laufzeit ist von Dezember 2020 bis Ende 2024.

Aufbau und Setting des Modellprojektes

Ausgewählt wurden vier ganz unterschiedliche Sozialräume (Gebiete des städtebaulichen Förderprogramms „Sozialer Zusammenhalt“) mit ihren spezifischen Problemlagen: Ost- und Westberlin, Stadtzentrum und Stadtrand, Sozialräume mit unterschiedlichen Bevölkerungszusammensetzungen. Als vor Ort umsetzende Partner:innen wurden Träger gefunden, die nicht klassisch aus der politischen Bildung kommen, sondern eher in den Tätigkeitsfeldern der Sozialen Arbeit, Stadtteilarbeit und Demokratieförderung zu finden sind.

Folgende Sozialräume und die dort arbeitenden Träger nehmen am Modellprojekt teil:

Kosmosviertel (Berlin-Treptow-Köpenick): Kleine Großsiedlung am südlichen Stadtrand. Umsetzender Träger ist der Verein Offensiv ‘91 e.V. (Tätigkeitsfeld: Gemeinwesenarbeit, Demokratieförderung).

Falkenhagener Feld (Berlin-Spandau): Großsiedlung am westlichen Berliner Stadtrand. Das Projekt wird umgesetzt von outreach gGmbH (Tätigkeitsfeld: Straßen- und allgemeine Sozialarbeit)

Wedding (Berlin-Mitte): Die drei Quartiere Soldiner Quartier, Badstraße und Brunnenviertel liegen am äußeren Rande des Berliner Zentrums. Träger ist hier der Verein Fabrik Osloer Straße e.V. (Tätigkeitsfeld: Stadtteilarbeit)

Gropiusstadt (Berlin-Neukölln): Großsiedlung am südlichen Berliner Stadtrand. Hier wirkt der Integrationsverein ImPULS e.V. aufsuchend politisch bildend (Tätigkeitsfeld: Integrations- und Begegnungsarbeit)

Die bisherige Bildungspraxis in den Sozialräumen

Gezielt wurden als Partner:innen für die Umsetzung vor Ort Träger ausgewählt, die sich mit den Gegebenheiten in den Sozialräumen gut auskennen und schnell einen Zugang zu den Menschen finden, die dort leben. Seit März 2021 entwickeln die beauftragten Träger unterschiedliche Formate einer aufsuchenden politischen Bildung in ihren Sozialräumen. Bislang wurden die folgenden Maßnahmen erprobt (Auswahl):

Ansprache im öffentlichen Raum: Gespräche vor dem Supermarkt und auf den großen Plätzen, Nachbarschaftsgespräche auf einem Kiezrundgang, Gespräche hoch zu den Balkonen der Großsiedlung.

„Polit-Snacks“: Kleine Bildungsmodule in den Gruppenangeboten eines Stadtteilzentrums zu demokratischen Einflusswegen.

Politische Kiezspaziergänge: Jenseits der üblichen touristischen Stadtspaziergänge bieten persönliche und individuelle Sichten auf das eigene Viertel und andere Gegenden Berlins Einblicke in unterschiedliche Lebenswelten, die hier zusammenleben.

Begegnungs-Möglichkeiten: Beim gemeinsamen Kochen, Spielen, Singen oder Filmsehen kommen die Menschen ungezwungen und beiläufig auf das zu sprechen, was sie im Alltag bewegt.

Besuch politischer Orte im Bezirk und in Berlin.

Offene Gesprächsgruppen: Einladen zu regelmäßigen offenen Gesprächsgruppen im Stadtteilzentrum, bei denen die aktuellen Themen im Umfeld der Menschen einen Ausgangspunkt bieten für die Suche nach Einflusswegen.

Ausstellungen im öffentlichen Raum: Zuletzt zum Gedenken an den rechtsterroristischen Anschlag in Hanau 2020.

Veranstaltungen mit Vertreter*innen von Politik und Verwaltung zu den Kiezthemen im Stadtteilzentrum.

Storytelling: Einladung an die Menschen im Quartier, ihre Geschichten zu erzählen. Geschichten- und Foto Werkstatt, Veröffentlichung dieser Geschichten und Fotos über Social-Media und vor Ort.

Erste Erkenntnisse der wissenschaftlichen Begleitung des Modellprojektes „Gleiche politische Teilhabe"

Das Modellprojekt legt Wert auf einen regelmäßigen Erfahrungsaustausch der umsetzenden Projektkolleg:innen untereinander und weitergehend einen Austausch mit der fachlichen community. Um die Praxiserfahrungen sammeln und sichten zu können, wurde dem Modellprojekt eine wissenschaftliche Begleitung an die Seite gestellt.

Was bedeutet es, aufsuchende politische Bildner:in im Rahmen des Modellprojektes zu sein?

Das Verständnis der eigenen Rolle als Bildner:in zeichnet sich als besonders relevant für die Bildungspraxis ab. Im Rahmen einer Fokusgruppendiskussion und einer Dokumentenanalyse wurde der Frage nachgegangen, was es bedeutet, aufsuchende politische Bildung als Bildner:in zu praktizieren. Auch wenn jede:r Bildner:in ein eigenes Verständnis von aufsuchender politischer Bildung hat, das sich wiederum vermutlich im Verlaufe des Modellprojektes verändern wird, zeichneten sich Überschneidungen ab.

Beziehungsarbeit zeichnet sich als besonders relevant in der alltäglichen Praxis der aufsuchenden politischen Bildung ab. Deutlich wurde, dass aufsuchende politische Bildung nur dann entstehen kann, wenn ein geschützter Raum etabliert wird, in dem Menschen sich öffnen können. Der Raum sollte sich derart sicher anfühlen, dass Menschen bereit sind, sich selbst zu reflektieren. Außerdem findet sich ein bestärkendes und unterstützendes Element in der Rolle der Bildner:innen. Im Rahmen von Erwachsenenbildung stellt die Beziehungsarbeit ein wenig erforschtes Feld dar, wird jedoch von vielen Praktiker:innen als äußerst wichtig wahrgenommen (vgl. Schreiber u.a. 2021). Die Forschungsgruppe um Schreiber et. al. plädieren zum Thema Beziehungsarbeit als Bildungsaufgabe für eine Sichtbarmachung von Prozessen der Beziehungsgestaltung in Lehr-Lern-Arrangements und eine institutionelle und gesellschaftliche Anerkennung dieser Prozesse (ebd.).

Ein weiterer Aspekt der Bildungspraxis im Rahmen des Modellprojekts ist die **Subjektorientierung**. Eine Bildnerin des Modellprojekts stellt dies wie folgt dar: „Im Kopf habe ich so viele Ideen, aber auch Sorgen. Ich möchte nicht für sie [die Nutzer:innen, Anm. d. A.] sprechen, sondern einen Empowerment-Prozess machen". Da in ihrem Projektkontext viele Menschen von Klassismus und Rassismus betroffen seien, betont sie: „Ich möchte nicht mein Interesse aufdrücken". Zentral ist hier sowohl die Subjektorientierung als auch die **Reflexion der eigenen Rolle, Vorstellungen und Interessen**.

Besonders prägend für die Praxis der aufsuchenden politischen Bildung im Rahmen des Modellprojekts ist, mittels der Bildungspraxis ein Gefühl von **Zugehörigkeit** bei den Nutzer:innen entstehen zu lassen. Interessant ist, dass die Reflexion bezüglich der Verbindung von Emotionen und politischer Bildung bis vor wenigen Jahren entlang der Trennlinie von (erwünschter) Rationalität/Kultur und (unerwünschter) Emotionalität diskutiert wurde. Anja Besand, Sozial- und Erziehungswissenschaftlerin, führt an: „Die Beschäftigung mit der emotionalen Seite des eigenen Bildungsprozesses bildet so etwas wie den blinden Fleck der politikdidaktischen Diskussion in der Bundesrepublik." (Besand 2014, 376). Sie stellt die These auf, dass Emotionen Zugänge und Ausgangspunkte von Bildungsprozessen strukturieren und konkludiert: „Insbesondere im Umgang mit Zielgruppen, die in den vergangenen Jahren mit dem Begriff der ‚Bildungsferne' beschrieben wurden, muss sich die politische Bildung Gefühlen der Marginalisierung, des Ausgeschlossenseins stellen" (ebd.: 381). Diese Analyse steht in direkter Verbindung zu der Herangehensweise der Bildner:innen im Rahmen des Modellprojekts, die Zugehörigkeitsgefühle als Fokus ihrer Arbeit formulieren und methodische Schritte nach diesem Ziel ausrichten.

Als Motivationen der Bildner:innen im Rahmen des Modellprojekts werden eigene Diskriminierungserfahrungen oder die Auseinandersetzung mit den eigenen Privilegien genannt. Eine Verbindung zu den Anforderungen der **Habitus-Sensibilität** in Prozessen der aufsuchenden politischen Bildung kann hier gezogen werden (vgl. Sander 2014; Bremer 2020), da die eigenen Erfahrungen eine Sensibilität gegenüber den lebensweltlichen Erfahrungen potenziell Teilnehmender ermöglichen könnte. Relevant in diesem Zusammenhang ist zudem der **Abbau von Barrieren der eigenen Angebote.** So fragt eine Bildnerin: „Wie offen sind wir eigentlich?" und bezieht sich damit auf die unbewussten Ausschlussmechanismen, die dazu führen können, dass Menschen die Angebote nicht wahrnehmen. Eine andere Bildnerin, die vorher im universitären Kontext tätig war, nannte als Motivation den eigenen akademischen Habitus abzulegen und „politische Bildung zugänglicher [zu] machen", indem Barrieren identifiziert werden. Bestandteil dieser Arbeit ist auch der Abbau von Hierarchien, der sich in „niedrigschwelligen Angeboten" und einem Peer-to-Peer-Fokus ausdrückt.

Zu reflektieren ist, dass die Projektverantwortlichen bis zum jetzigen Zeitpunkt wenig konkrete Erfahrungen in der politischen Bildung gesammelt hatten. Die im Modellprojekt mitgebrachten Kompetenzbereiche sind die Politikwissenschaft, Soziale Arbeit, Kulturmanagement, Germanistik, Kunst und Aktivismus im Kontext von Migrant:innenselbstorganisation. Es lässt sich die These aufstellen, dass die aufsuchende politische Bildung insbesondere im **transdisziplinären Setting konstruktiv zu realisieren ist**, da der Austausch zwischen verschiedenen Expertisen und persönlichen Erfahrungshintergründen eine Schlüsselrolle spielt. Dies muss durch eine formale Ausbildung in Bildungsberufen nicht gewährleistet sein. Deutlich wird aber, dass für die aufsuchende politische Bildung eine Praxis der Bildner:innen erforderlich ist, die auf Kompetenzen im Bereich **Beziehungsarbeit, Subjektorientierung, Habitus-Sensibilität** und **Peer-to-Peer** fußt.

Wo findet sich das Aufsuchende in der alltäglichen Praxis der Modellprojekte?

Im Rahmen des Modellprojekts werden die verschiedenen Dimensionen des Aufsuchenden in den jeweiligen Bildungspraxen exploriert, um ein gemeinsames Verständnis zu schärfen.

Thematisch ***aufsuchend***: Eine weit verbreitete Strategie scheint zu sein, dass Bildner:innen die potenziellen Teilnehmenden thematisch aufsuchen. Dies wird in der Definition als Orientierung an der Lebenswelt beschrieben. So berichtet ein Projektverantwortlicher, dass ein Jahr nach dem rassistischen Anschlag in Hanau zunächst Diskussionen und Gesprächsrunden und dann auch Aktionen auf der Straße zum Thema Rassismus stattfanden. Er gestaltete den Prozess so, dass er zunächst das Thema einführte und dann fragte, was das für jede:n Einzelne:n bedeute. Hier wird die Verbindung der individuellen Ebene mit der kollektiven Ebene im Rahmen eines Themas deutlich. Für die Bildner:innen relevante Fragen seien hier: „Was sind ihre Themen und Fragestellungen? Was wissen sie? Was beschäftigt sie? Welche Themen davon sind politisierbar?" (Wallentin/Groß 2017, 9). Zu diesem Aspekt zählt auch das Aufsuchende im Sinne von Beratung, das heißt, es wird ausgehend von alltäglichen Herausforderungen der Kontakt gesucht. In der Planung der Projekte aufsuchender politischer Bildung bedeutet das thematisch Aufsuchende zudem ein partizipatives Design der Angebote und Methoden, bei dem potenzielle Nutzer:innen von Anfang an mit einbezogen werden.

Sozialräumlich ***aufsuchend:*** Ebenfalls oft genannt ist das sozialräumlich aufsuchende Element oder auch die Gehstruktur. Demnach sei die Strategie, dort hinzugehen, wo potenzielle Nutzer:innen ihren Alltag gestalten. Dies reiche vom Spielplatz über den Blumenladen, die Bäckerei, das Zuhause, den Kiosk, die Kirche, die Kita oder die Schule hin zur Werkstatt, dem Arbeitsplatz oder einfach „sich vor Netto stellen und sagen ‚hallo, ich bin wieder da, wie geht's euch heute' und dann einladen". Es findet sich bei allen Standorten des Modellprojektes ein starker Fokus auf die Gehstruktur.

In bestehenden Formaten ***aufsuchend:*** Eine weitere Dimension von *aufsuchend* ist das Andocken an schon bestehende Gruppen oder Formate. So finden in einem Projekt sogenannte „Polit-Snacks" statt, kleine Einheiten politischer Bildung mit schon bestehenden Gruppen. Dies kann als eine Kombination aus *aufsuchend* in bestehenden Formaten und sozialräumlich aufsuchend gesehen werden. Demnach könnten Bildner:innen analysieren, wo sich Menschen gruppenförmig zusammenfinden und dann als Gast auftreten (vgl. Wallentin 2016). Wäre zum Beispiel ein Verein in der Gastgeber:innenrolle, sei dies eine ganz andere Voraussetzung für die Beziehung. Außerdem bekämen die Bildner:innen so eine gute Einschätzung davon, in welchem Kontext sich das Projekt bewege.

Über bestehende Beziehungen ***aufsuchend:*** Demnach könnten Bildner:innen der aufsuchenden politischen Bildung über sogenannte Brückenpersonen oder Vertrauenspersonen einen Zugang zu potenziellen Nutzer:innen finden. Die für aufsuchende politische Bildung so wichtige Beziehungsarbeit könnte damit vereinfacht werden, da bereits Vertrauensverhältnisse bestehen. Die Vertrauenspersonen könnten zudem eine Habitus-Sensibilität (vgl. Sander 2014), das heißt ein tiefes Verständnis der sozialen Situation der Nutzer:innen wie zum Beispiel

Alltagskultur, Werte und Einstellungen, bei den Bildner:innen prüfen und gegebenenfalls erweitern. Die Beziehungsarbeit der Bildner:innen im Modellprojekt gründet sich zunächst vornehmlich darauf, sichtbar zu sein und eine Verbindung auf Basis von vorherigen guten Erfahrungen aufzubauen. Grundlegend dafür sei die Zeitlichkeit, also eine auf Dauer angelegte Beziehung.

***Aufsuchend* in der Art der Kommunikation:** Sprache als Habitus beziehungsweise Milieu-Merkmal sollte im Rahmen aufsuchender politischer Bildung immer reflektiert werden. Es stehen dabei kommunikative Methoden im Vordergrund, da so Gesprächsanlässe inszeniert werden. Kompetenzen wie Leichte Sprache sind unabdingbar. In der Praxis der Modellprojekte wird deutlich, dass der Anspruch ist, aufsuchende politische Bildung unterhaltsam, witzig und alltagsnah zu gestalten. Hier spielt auch der eigene Erfahrungshintergrund der Bildner:innen eine wichtige Rolle, da die für eine aufsuchende Kommunikation unabdingbare Habitus-Sensibilität, wie eben beschrieben, daraus erwachsen kann.

Aufgaben und Möglichkeiten der aufsuchenden politischen Bildung

Aufsuchende politische Bildung füllt eine Lücke in der partizipativen Demokratie, da die zunehmende soziale Ungleichheit die politische Teilhabe von immer mehr Menschen erschwert. Eine partizipative Demokratie braucht jedoch alle Perspektiven auf gesellschaftliche Zustände. Aufgaben des aufkommenden theoretischen und praktischen Feldes der aufsuchenden politischen Bildung sind daher das explorative Erkunden von neuen Formaten, Methoden und Strategien der politischen Bildung und eine daraus sich stetig weiterentwickelnde Definition des Aufsuchenden. Denn die Möglichkeiten sind groß: aufsuchende politische Bildung schafft ein transdisziplinäres Feld zwischen Gemeinwesenarbeit, politischer Bildung, anderen Feldern der Sozialen Arbeit, Kunst- und Kulturarbeit und weit darüber hinaus. Dadurch eröffnet sich die Möglichkeit, der sozialen Realität von potenziellen Nutzer:innen zu begegnen und auf vielfältige Weise Alltagsthemen zu politisieren.

Literatur

BESAND, Anja (2014): Gefühle über Gefühle. Zum Verhältnis von Emotionalität und Rationalität in der politischen Bildung. In: ZPol Zeitschrift für Politikwissenschaft, Band 24 Ausgabe 3, S. 373–383.

BREMER, Helmut (2008): Das „politische Spiel“ zwischen Selbstausschließung und Fremdausschließung“. In: Außerschulische Bildung Heft 3/2008, S. 266–272.

BREMER, Helmut (2020): Bildungseinrichtungen als öffentliche Räume. Perspektiven in der politischen Erwachsenenbildung. In: Heinrich-Böll-Stiftung (Hg.): böll.brief, Öffentliche Räume #7.

SANDER, Tobias (Hg.) (2014): Habitus-Sensibilität. Eine neue Anforderung an professionelles Handeln. Wiesbaden: VS.

SCHREIBER, Marc u.a. (2021): Intellektueller Output 1 „Studie – Wissenschaftliche Hintergründe sowie Befragung von Expert:innen und Praktiker:innen“. Studie im Rahmen des Projekts „Bildner:innen der Zukunft – Beziehungsarbeit als alltägliche Bildungsaufgabe“, Strategische Partnerschaften in der Erwachsenenbildung (KA204) im Rahmen von Erasmus.

WALLENTIN, Annette (2016): Niedrigschwellige politische Bildung – Erfahrungen in der Bildungsarbeit mit Migrantinnen und Migranten in sozial benachteiligten Lebenslagen. In: Außerschulische Bildung 1/2016, S. 49–52.

WALLENTIN, Annette/Groß, Anna (2017): Politische Bildung in der Grundbildung. Eine Materialsammlung für die Praxis. Berlin: Landeszentrale für politische Bildung.

ANN-SOFIE SUSEN

Mitreden und mitmischen: Diskursive Beteiligung im lokalen Raum

Ein Beispiel aus der Praxis

Ein Stadtteil mitten in Berlin. Die Bemühungen einer Initiative zur Verkehrsberuhigung im Wohngebiet führen zu einem ersten Erfolg. In einigen vom Durchgangsverkehr stark belasteten Straßen werden vom Bezirksamt Poller aufgestellt, die die direkte Durchfahrt für Autos unmöglich machen. Dagegen regt sich Unmut, eine weitere Initiative ruft doppeldeutig zum Protest gegen die „Pollerisierung" im Kiez auf.

Ein halbes Jahr nachdem die Poller installiert worden sind, findet im Auftrag des Bezirksamts eine Informationsveranstaltung im Stadtteil statt, die vom „Kiezbüro Samariterviertel" der Stiftung SPI konzipiert, organisiert und durchgeführt wird und auf großes Interesse bei den Anwohnenden und Gewerbetreibenden stößt. Am Veranstaltungsabend zeigt sich schnell, dass der Saal der örtlichen Musikschule zu wenig Plätze für alle Interessierten der Veranstaltung fasst; in der näheren Umgebung ist er jedoch der größte Raum, der öffentlich zur Verfügung steht. Viele der Anwesenden müssen stehend teilnehmen. Im Saal sind acht Stuhlkreise angeordnet, der erste Teil der Veranstaltung dient der Information und der Beantwortung von Fragen durch das Bezirksamt, im zweiten Teil sollen die Teilnehmer:innen in kleineren Gesprächskreisen Kritik, Anmerkungen, Verbesserungsvorschläge und Ideen sammeln.

Die Stimmung ist angespannt. Immer wieder werden Beiträge und Äußerungen von Zwischenrufen und Unmutsbekundungen begleitet. Es zeigt sich schnell, dass der Saal gespalten ist, in Befürworter: innen und Gegner: innen der verkehrsberuhigenden Maßnahme. Beide Lager trennen aber nicht allein ihre Ansichten, sie unterscheiden sich darüber hinaus deutlich in ihrem Habitus, im Kleidungs- und Kommunikationsstil. Beide Milieus repräsentieren den Stadtteil: Auf der einen Seite die Alteingessenen und Gewerbetreibenden, auf der anderen Seite die Neuzugezogenen aus der Kreativszene mit akademischem Hintergrund. Im Alltag treffen sie nur punktuell aufeinander, enge Kontakte und Verbindungen bestehen nicht. Doch an diesem Abend sitzen und stehen alle dicht beieinander. Als der Leiter des Straßen- und Grünflächenamtes deutlich macht, dass die Poller voraussichtlich nicht mehr entfernt werden, verlassen einige der Gegner:innen wütend den Saal. Die Mehrheit aber bleibt und nimmt das Angebot an, Fragen zu stellen, Meinungen zu bekunden und sich anschließend in Gesprächskreisen auszutauschen und Kritik und Verbesserungsvorschläge auf vorbereiteten Stellwänden festzuhalten. Spürbar entspannt sich die Stimmung als alle in den Gesprächskreisen zusammenfinden und sich die konfrontative Raumaufteilung – oben auf der Bühne die Verantwortlichen und unten auf den Stühlen die Anwohnenden – zumindest vorübergehend auflöst. Überall werden die Köpfe über Moderationskarten zusammengesteckt, es wird gelacht, gehüstelt, Stühle werden gerückt. Keine Zwischenrufe mehr, sondern konzentrierte Arbeitsatmosphäre. Menschen, die sich auf der Straße kaum Beachtung schenken, obwohl sie Tür an Tür wohnen, sprechen miteinander, hören zu, zollen einander Respekt und entwickeln konkrete Ideen. Nicht immer ist man sich einig, aber alle hören einander zu. In der Schlussrunde der Veranstaltung bemerkt ein Teilnehmer, der zuvor als entschiedener Gegner der bezirklichen Maßnahmen aufgetreten ist, dass es trotz aller Meinungsverschiedenheiten gut gewesen sei, einander zu begegnen und die jeweiligen Positionen besser kennenzulernen und zu verstehen. Obwohl klar ist, dass die Diskussion damit nicht beendet ist und dass die Kiezbewohner:innen weiterhin geteilter Meinung sein werden, gehen die meisten doch mit einem Zugewinn nach Hause: (1) Mit mehr Sachinformationen, (2) mit einem erweiterten Verständnis politischer Entscheidungsverfahren, (3) mit der Kenntnisnahme verschiedener Perspektiven, Haltungen und Ansichten und (4) mit dem Gefühl, dass es gut war, sich aufeinander einzulassen und zu begegnen. Manch eine:r lernt bei diesen Gelegenheiten auch erstmalig seine:ihre kommunalen politischen Vertreterinnen und Ansprechpartner:innen kennen.

Dieses Beispiel und viele weitere Erfahrungen aus der Praxis zeigen, dass sich Menschen für Veränderungen in ihrem Nahumfeld interessieren und zwar unabhängig davon, ob sie den Veränderungen eher ablehnend oder befürwortend gegenüberstehen, und wie wichtig öffentliche Begegnungs- und Kommunikationsräume für ein demokratisches Gemeinwesen in diesem Zusammenhang sein können. Doch sind solche Zusammenkünfte mehr als singuläre Begegnungen unterschiedlicher Menschen aus einem Sozialraum, die danach wieder getrennte Wege gehen? Können solche Austauschformate langfristig Wirkung entfalten, Lernanlass und Reflexionsraum sein? Welche Chance liegt für Akteure der politischen Bildung und/oder der Gemeinwesensberatung in der Initiierung oder Begleitung solcher Kommunikationsprozesse? Und was braucht es, damit konflikthafte Situationen zur Chance für ein Gemeinwesen werden können?

Gesellschaftliche Hintergründe

Die großen globalen und gesamtgesellschaftlichen Fragen und damit verbundene Transformationsprozesse finden meist früher oder später ihren Ausschlag auch auf lokaler Ebene. Seien es klimapolitische Auseinandersetzungen, die am Ende in Verkehrspollern zur Zurückdrängung des motorisierten Individualverkehrs wie im obigen Beispiel münden, seien es Flucht- und Migrationsbewegungen, die zu einem verstärkten Zuzug von Migrant:innen in einem Stadtteil führen oder seien es globalisierte Wirtschaftsmärkte, neue ökonomische Entwicklungen und die Digitalisierung, die das Gesicht ganzer Regionen verändern. Zuletzt war es eine weltweite Pandemie, die das öffentliche Leben zeitweise zum Erliegen brachte und den räumlichen Bewegungsradius sowie Begegnungsfrequenzen erheblich einschränkte, aber gleichzeitig zu einem Bedeutungsschub des lokalen Raums beitrug.

In der Region und im lokalen Raum erleben Menschen gesellschaftliche Krisen und Transformationsprozesse direkt vor ihrer eigenen Haustür in ihrer unmittelbaren Umgebung. Und nicht selten stehen Bürger:innen diesen Veränderungen skeptisch bis ängstlich gegenüber. Das liegt manchmal weniger an den konkret geplanten Maßnahmen als solchen, als an der diskursiven Aufladung dieser. Entsprechend werden manches Mal Negativfolgen hineinprojiziert, die einer nüchternen Betrachtung häufig nicht standhalten oder auch die den Veränderungen innewohnenden Chancen verkennen. Hinzu kommt, dass der eigentliche Gegenstand der Transformation meist nicht lokal verhandelt und beschlossen wurde, die Konsequenzen aber Auswirkungen auf den lokalen Raum haben. Dies kann zusätzlich Gefühle der Ohnmacht provozieren. Wenn Menschen also um die gesamtgesellschaftliche Tragweite lokaler Veränderungen wissen und sich dabei gleichzeitig nicht als handelnde, gar gestaltende Subjekte erleben, kann dies Unmut und Proteste, aber auch gesellschaftlichen Rückzug und im schlimmsten Fall Radikalisierungen evozieren. Dies hängt nicht zuletzt davon ab, so meine These, welche diskursiven, sie zur Konfliktaustragung befähigende Angebote vor Ort gemacht werden, können doch beteiligungsorientierte Dialoge frühzeitig auf solche Entwicklungen reagieren und ihnen möglicherweise den Nährboden entziehen.

Konzeptionelle Überlegungen: Wie und wieso?

Doch nicht selten bleiben solche Kommunikationsangebote aus, weil sie gesetzlich nicht vorgesehen sind oder sich niemand richtig zuständig fühlt. In den hier zugrunde gelegten Beispielen wird keine konventionelle Konfliktlösung im Sinne einer gemeinsamen Entscheidung, Einigung oder Kompromissfindung angestrebt, sondern vielmehr ein Austausch über die Sachlage, aber auch die damit verbundenen Befindlichkeiten und Meinungen. Im Prinzip werden Kommunikationsschritte nachgeholt, die der Entscheidung vorausgehen sollten: 1. Verstehen 2. Verständnis entwickeln 3. Einverständnis oder Ablehnung formulieren (vgl.: Pörksen/Schulz von Thun 2020). Dies erklärt zum Teil auch, warum sich Politik und Verwaltung häufig nicht zuständig sehen für offene Informations- und Kommunikationsangebote, denn politisch wurde ja in der Regel bereits entschieden. Zu vermuten ist, dass die etablierten demokratischen Beteiligungsverfahren an einigen Stellen nicht mehr dem Austauschbedarf und dem Partizipationsanspruch der Bürger:innen genügen. Wenn dennoch jenseits der gesetzlich vorgeschriebenen Verfahren Beteiligungsangebote gemacht werden, geschieht dies oft erst aufgrund des öffentlichen Drucks oder der Sorge, dass Populist:innen den Unmut in ihrem Sinne instrumentalisieren könnten. Legislative und Exekutive können allerdings nur aus ihrer Funktion und Sicht heraus kommunizieren, sie können zum „Verstehen und Verständnis“ beitragen, sie können aber keine Kommunikationsprozesse über- und allparteilich moderieren.

Hier kommen andere (meist lokale und regionale) Akteure ins Spiel: Das könnten z.B. Bildungsträger, Bibliotheken, Beratungsteams oder andere sozialräumlich orientierte Einrichtungen sein. Voraussetzung ist jedoch, dass überhaupt ein Kommunikationsbedarf vor Ort erkannt wird und, dass sich die genannten unterschiedlichen Akteure in der Verantwortung sehen, ein Kommunikations- und Begegnungsangebot zu entwickeln oder zu unterstützen. Oft hängt dies von zufälligen Faktoren ab, dem Engagement der Akteure vor Ort, ihrem Aufgabenprofil und Selbstverständnis.

In die konzeptionellen Überlegungen für einen öffentlichen Austausch müssen verschiedene Faktoren einbezogen werden, um geeignete Formate zu finden: Denkbar sind niedrigschwellige Kommunikationsplattformen im öffentlichen Raum, kleinteilige Dialogformate, Großgruppenveranstaltungen, biografische Salons, themenzentrierte Workshops und Seminare, Fokusgruppen, sozialräumliche Mediationsverfahren usw.. Ziel jedweder Formate sollte sein, einen öffentlichen Austausch und Multiperspektivität zu fördern sowie im besten Fall Ambiguitätstoleranz und Konfliktfähigkeit zu üben und nicht zuletzt Wissen für ein erweitertes Urteilsvermögen zu vermitteln.

Öffentliche Räume

Ziel sollte es sein, diskursive Räume im lokalen Raum zu öffnen und zu gestalten, nicht zuletzt um Menschen auch zwischen den Wahljahren zur (diskursiven) politischen Beteiligung zu ermuntern und Kompetenzen zu stärken, die ein Nachdenken und Reflektieren von Politik und Gesellschaft jenseits polarisierter, populistischer und oft auch verhärteter Positionen ermöglichen. Darüber hinaus brauchen Sozialräume gerade in konflikthaften Situationen Kommunikations- und Begegnungsorte, um eine friedliche Konfliktaustragung zu ermöglichen und das Miteinander vor Ort zu erhalten. Insbesondere in urbanen, von Diversität geprägten Gegenden, in denen Menschen räumliche Enge durch soziale Distanz kompensieren, sollte die Ermöglichung des Miteinanders nicht aus dem Blick geraten.

Es ist noch nicht ausgemacht, in welche Richtung sich der öffentliche Raum in Zukunft entwickeln wird. Um die Jahrtausendwende entstanden viele halböffentliche kommerzialisierte Räume (z.B. Shopping-Malls oder halböffentliche Plätze und Straßenzüge mit Gastronomie und kostenpflichtigen Vergnügungsstätten), die nunmehr aufgrund des wachsenden Internethandels und der Zunahme mediengestützter Kommunikationswege einen ökonomischen Bedeutungsverlust verkraften müssen. Vormals außerhäusliche Aktivitäten (Arbeiten und Einkaufen) werden in die eigenen vier Wände und häuslichen Aktivitäten (Kochen und Speisen) in die halböffentlichen Räume der Gastronomie verlegt. Ob aufgrund dieser Entwicklung der öffentliche Raum insgesamt einen Funktionsverlust erleiden wird oder ob der lokale Nahraum an Bedeutung zuungunsten zentral gelegener urbaner Räume gewinnen wird, ist noch nicht ausgemacht.

Neuausrichtung und Zielformulierung

Kommunikationsangebote entstehen also nicht von selbst: Sie sind in der Regel anlassbezogen, es braucht Akteure in unterschiedlichen professionellen Rollen (politisch Verantwortliche, qualifizierte Prozessbgleiter:innen, Moderator:innen, lokale Multiplikator:innen usw.) und es braucht Orte der Begegnung, die allseitig bekannt, akzeptiert und halbwegs attraktiv sind.

Aus der Beratungspraxis wissen wir, dass bei vielen der oben genannten Akteure und Einrichtungen bereits ein Umdenken in Richtung „aufsuchender“ Angebote stattgefunden hat. Inklusion wird nicht mehr nur als Idee, sondern als Auftrag begriffen. Zunehmend stellen sich Einrichtungen der politischen

Bildung, Stadtteilzentren oder öffentliche Bibliotheken die Frage: Wer nimmt unsere Angebote eigentlich nicht wahr und warum? Wer sucht unsere Orte auf und wer nicht? Welche Barrieren bestehen und müssen beseitigt werden? Wie können „die Fehlenden" aufgesucht, angesprochen und schließlich erreicht werden? Gleichzeitig stehen Angebote manches Mal merkwürdig unverbunden nebeneinander, am ehesten sind es soziale Akteure und Anbieter, die sich bspw. in Sozialraumrunden zur Vernetzung wiederfinden. Um aber gemeinsam und zügig auf sozialräumliche gesellschaftspolitische Konfliktlagen reagieren zu können, braucht es ein Mindestmaß an Vernetzung und eine Verständigung darüber, wer in seiner Rolle was leisten kann, wer sich für was verantwortlich fühlt und welche überregionalen Ressourcen angefragt werden können und zur Verfügung stehen (z.B. Mobile Beratungsteams, Konfliktmoderator:innen etc.).

Je nach Konfliktthema und je nach der spezifischen Expertise der Akteure, sind verschiedene Kommunikationsangebote denkbar: Die örtliche Volkshochschule könnte zu einer Diskussionsveranstaltung und weiteren Dialogen oder Seminaren einladen, die Bibliothek einen begleiteten Themenschwerpunkt organisieren, die Kirchengemeinde ein Begegnungscafé anbieten, soziale und kulturelle Einrichtungen ein Happening mit öffentlichen Raum initiieren, Politiker:innen eine Bürgersprechstunde einrichten. Dem oben dargestellten Beispiel ging eine einwöchige Befragung von Anwohner:innen voraus. Hierzu wurde ein Ladenlokal in einer Einkaufspassage angemietet, wo alle eingeladen waren, ihre Anliegen unbürokratisch auf vorbereiteten Stellwänden zu vermerken und mit Nachbar:innen niedrigschwellig ins Gespräch zu kommen. Ergebnis waren zahlreiche vollgeschriebene Brownpaper, welche wichtige Hinweise enthielten, was die Menschen vor Ort bewegt und welche Veränderungen sie sich wünschen.

Ziel sollte also sein, durch Kooperationen und Netzwerke anlassbezogene aufeinander abgestimmte Kommunikationsangebote im Sozialraum zu machen, die Expertise zur Verfügung stellen, Begegnungen unterschiedlicher Menschen und Sichtweisen sowie eine diskursive Beteiligung an gesellschaftlichen Debatten zu ermöglichen. Nicht zuletzt mit Blick auf die Verlagerung vieler Debatten in die sozialen Medien und die damit einhergehende diskursive Verengung sind sozialraumbezogene Akteure umso mehr gefordert, hier attraktive Alternativangebote zu kreieren, die Menschen ins direkte Gespräch von Angesicht zu Angesicht bringen und bei denen aktuelle ortsbezogene Anlässe Berücksichtigung finden. Dabei müssen die spezifischen lokalen Bedingungen beachtet werden, denn nicht jeder Sozialraum ist gleich: Wo sind Kommunikationsknotenpunkte auszumachen? Wie können diese genutzt werden? Welche Bevölkerungsgruppen treffen dort aufeinander? Mit welcher Frequenz und welcher Intensität? Hier kann eine Sozialraumanalyse mit dem besonderen Fokus auf Begegnungsräumen unterstützen. Gefragt werden muss aber auch: Welche Gruppen fehlen und warum? Wie können diese erreicht und einbezogen werden? Hier kann eine diversitätssensible Perspektive hilfreich sein, die nicht nur zielgruppenspezifische Bedarfe ins Auge fasst, sondern darüber hinaus Lebenslagen in modernen Gesellschaften in ihrer Komplexität erfasst. Nutzbar kann hier der Begriff der Intersektionalität aus der Antidiskriminierungsbewegung und Forschung gemacht werden, der auf die gesellschaftliche Dimension von Persönlichkeitsmerkmalen verweist, indem er auf den komplexen – und eben nicht additiven – Zusammenhang zwischen Merkmalen, Zuschreibungen und gesellschaftlichen Positionierungen aufmerksam macht. Eine solche Sicht sensibilisiert auch für die manchmal holzschnittartigen Zuschreibungen von „Bevölkerungs- oder Interessengruppen“, die ja in sich meist auch wieder divers sind und heterogene Statushintergründe haben (siehe auch die obige Beschreibung der sich gegenüberstehenden Lager in diesem Text). Wenn diese Heterogenität insbesondere von den prozessbegleitenden Akteuren nicht gesehen wird, kann dies zur weiteren Polarisierung von sich gegenüberstehenden Lagern führen, da der Blick für die Grau- und Zwischentöne bzw. die uneindeutigen Farben und Laute fehlt. Doch es sind genau die Unentschiedenen und Indifferenten, die die diskursiven Verhärtungen verflüssigen können.

Hinzu kommt, dass sich die großen Fragen unserer Zeit vermutlich nicht mehr allein über die Bildung von Interessenlagern und politische Mehrheiten lösen lassen. Zum einen sind diese in einer diversen und ausdifferenzierten Gesellschaft immer schwieriger zu organisieren. Zum anderen braucht es ein Verständnis, dass unterschiedliche Interessenlager durchaus thematisch fokussiert, punktuell und temporär übereinkommen können. Voraussetzung hierfür ist aber das Verstehen des anderen, das Ernstnehmen seiner Beweggründe und der wohlwollende Blick auf Schnittmengen und mögliche Allianzen. Hierzu bedarf es guter Kommunikation – im Großen (wie bei Koalitionsverhandlungen) wie auch auf im Kleinen (im „Kiez“, Stadtteil, Sozialraum).

Um es am obigen Eingangsbeispiel noch einmal zu verdeutlichen: Auch wenn sich rund um die Diskussion der Straßenpoller zwei Lager identifizieren ließen, bilden diese doch in ihrer Gesamtheit ein Kontinuum. Unter ihnen fanden sich kompromisslose Gegner:innen der Maßnahme ebenso wie radikale Befürworter:innen, dazwischen aber eben auch viele, die sich zwar zu einem der Lager eher hingezogen fühlten, die aber durchaus anerkennen, dass die Konsequenzen nicht alle gleichermaßen trifft und die Meinungen darüber berechtigterweise auseinander gehen können. Und selbst die „Hardliner" wissen darum, dass moderner Straßenverkehr die Bedarfe aller Verkehrsteilnehmenden gleichermaßen schützen muss und Autofahrer:innen hier keine Sonderansprüche geltend machen können bzw. dass auf der anderen Seite Autos ebenso ihre Berechtigung haben und eine autofreie Stadt unter den derzeitigen Bedingungen kaum realisierbar ist. Die Maßnahme selbst bleibt für alle Seiten eine unzulängliche. Keine Maßnahme würde jedoch Stillstand und allein den Erhalt des Status Quo bedeuten. Eine Konfliktlösung liegt also eher in der Reflexion der dem Konflikt zugrunde liegenden Haltungen und einem pragmatischen Umgang mit den verkehrspolitischen Konsequenzen und Maßnahmen und weniger in der Aufrechterhaltung der Polarisierung, die weder der einen noch der anderen Seite den Umgang dauerhaft erleichtert. Und nicht zuletzt kann die persönliche Begegnung auch dabei helfen, gegenseitige Vorurteile zu revidieren, die häufig mit Zuschreibungen und diskursiven Verhärtungen einhergehen. Debatten in sozialen Medien stellen einen großen Fundus an Belegen für die Beobachtung dar, dass Vorurteilen eine wichtige Funktion in polarisierten Konflikten zukommt: Sehr häufig wird mit persönlichen Unterstellungen und klischeehaften Zuschreibungen „argumentiert", die kaum als solche reflektiert werden, aber wichtige Verstärker der Lagerbildung sind. Solche Zuschreibungen werden in der direkten Begegnung zum einen allein aus Gründen der Höflichkeit viel seltener geäußert, zum anderen wird ihnen auch schneller gekontert – sei es durch sachliche Richtigstellung, sei es durch die Brechung von Bildern durch ein unerwartetes, nicht klischeebestätigendes Verhalten.

Ausblick

Akteuren der politischen Bildung und angrenzender Professionen bietet sich dabei die Möglichkeit, Konflikte und gesellschaftliche Auseinandersetzung als Lernanlass zu begreifen und diese zum Lerngegenstand zu machen. Allerdings beinhaltet das Einlassen auf sozialräumliche Kontexte und Konfliktlagen auch die Reflexion darüber, dass soziale Kommunikationsprozesse kaum steuerbar sind. Genau genommen sind es nur die Rahmenbedingungen und die damit verbundene Aufgabe, einen diskursiven Raum zu öffnen und zu erhalten. Das ist keine der politischen Bildung prinzipiell fernliegende Herausforderung, doch „klassische" Bildungsarrangements sind meist deutlich programmatischer und strukturierter ausgerichtet und damit leichter steuerbar und risikoärmer bezüglich eines möglichen Kontrollverlustes, der der Komplexität sozialer Prozesse immer inhärent ist. Insbesondere Konflikte, in denen Dimensionen gruppenbezogener Menschenfeindlichkeit wirksam sind, können großen Schaden anrichten, wenn sie entgleiten und nicht mehr „eingefangen“ werden können. Gleichsam ist das hiermit evozierte non-formale Lernen am „echten Leben“ umso wirkungsvoller, hat es seinen Praxistest in der Durchführung doch schon bestanden. Wobei hier nicht in Abrede gestellt werden soll, dass etablierte Formate und Angebote politischer Bildung ihren eigenen Wert haben und hier nicht gegeneinander stehen.

Vielleicht kann sich politische Bildung an der einen oder anderen Stelle systemische Beratungsansätze zunutze machen, die in hohem Maße auf Selbststeuerungsprozesse vertrauen und eher begleitenden, denn vermittelnden Charakter haben und die die Prozessverantwortung übernehmen, aber die Verantwortung für die Problemlösung bei den Beratungsnehmenden belässt. In der systemischen Beratungspraxis wird gerne die „Wunderfrage“ eingesetzt, die in etwa lautet: Stellen Sie sich vor, Sie gehen heute Abend zu Bett und über Nacht geschieht ein Wunder. Woran erkennen Sie am nächsten Morgen, dass ein Wunder passiert ist?

Mit Blick auf lokale Räume der Begegnung und des Austauschs stelle ich mir vor, dass nach einer solchen Wundernacht jeder Stadt- und Ortsteil über einen attraktiven öffentlich nutzbaren, zugänglichen, multifunktionalen und variablen Raum verfügt, der partizipativ gestaltet und genutzt wird und sozusagen das Herzstück eines Sozialraums darstellt. Meine Tochter hat vor einiger Zeit ihre Traumschule als Turm entworfen: Eine Schule, die nicht nur Klassenräume, sondern auch eine öffentliche Bibliothek, einen Tauschladen und attraktive Sporträume beherbergt. Im Inneren des Turms befindet sich eine Art Amphitheater. Viele Berliner Ortsteile sind mit ihren Stadtteil- und Familienzentren gar nicht schlecht aufgestellt. Aus eigener Erfahrung weiß ich jedoch, dass größere Bürgerversammlungen meist in Rathaussälen, Schulmensen oder Turnhallen stattfinden. Sie alle sind nicht für Bürgerdialoge auf Augenhöhe entworfen und gebaut worden. Perspektivisch wären interdisziplinäre Teams aus Stadtplanerinnen, Architekten, Sozialwissenschaftlerinnen, politischen Bildnerinnen und anderen sozialräumlichen Akteuren gefragt, die mit Beteiligung der Bürger und Bürgerinnen solche Orte entwerfen könnten, die auch jenseits politischer Konfliktlagen Menschen milieuübergreifend ansprechen, einladen und genutzt werden und der Begegnung und Kommunikation dienen. Wenn Politik und Verwaltung solche Pläne dann auch noch umsetzen würden, wäre wohl wirklich ein Wunder geschehen.

Zum Weiterlesen

Die Autorin leitet das Mobile Beratungsteam Berlin der Stiftung SPI, das Kommunikationsstrategien im Rahmen von vorurteilsbasierten Konfliktlagen entwickelt, die zur Versachlichung, Pluralisierung und Entpolarisierung von Konflikten beitragen sollen. Erprobt und entwickelt wurde der konzeptionelle Ansatz „Community Communication" in Kooperation mit kommunalen Akteuren bspw. im Zuge der Einrichtung von Flüchtlingsunterkünften oder einem Moscheebau. Der Ansatz fokussiert dabei weniger formale Partizipationsverfahren, die in vielen Konfliktfällen auch nicht vorgesehen sind, sondern kommunikative Beteiligungsmöglichkeiten, um möglichst viele Sichtweisen in die diskursive Bearbeitung von lokalen teilweise vorurteilsbasierten Konfliktlagen zu integrieren.

Literatur

PÖRKSEN, Bernhard; Schulz von Thun, Friedemann (2020): Die Kunst des Miteinander-Redens. Über den Dialog in Gesellschaft und Politik. München: Hanser. S. 90–98.

Links

https://www.stiftung-spi.de/projekte/mbt

https://www.mbt-berlin.de/

Ebenfalls angesiedelt in der Stiftung SPI sind das erwähnte Kiezbüro Samariterstraße und neu das bundesweit ausgerichtete Kommunale Konfliktmanagement.

https://www.stiftung-spi.de/projekte/samariterkiez/

https://samariterkiez.de/kiezbuero/

https://www.stiftung-spi.de/projekte/kokoma/

Zeitungsartikel zum geschilderten Fall

https://www.tagesspiegel.de/berlin/streit-um-neue-poller-im-samariterkiez-verkehrsberuhigung-in-friedrichshain-sorgt-fuer-diskussionen/25172792.html

https://www.berliner-zeitung.de/mensch-metropole/buerger-streiten-ueber-poller-im-samariter-kiez-li.76421

VI. Blick in die Zukunft

THOMAS GILL

Solidarität in Zeiten der Differenz – Perspektiven der politischen Bildung

Unsere Gesellschaft driftet sozial und politisch auseinander. Dies ist auch für die politische Bildung in dieser Form eine neue Herausforderung. Die seit den 80er Jahren zunehmende Individualisierung hat einerseits zur größeren individuellen Freiheit zum Auslebens dessen, was uns unterscheidet, was die Differenz zwischen uns ausmacht, geführt. Andererseits scheint der soziale Zusammenhalt, das Mindestmaß an sozialer Gleichheit, auf das Demokratie angewiesen ist, brüchig zu werden. Es überrascht, dass in dieser Situation der Begriff der Solidarität – im Sinne des „für-einander-Eintretens" – bisher in den Debatten der politischen Bildung kaum eine Rolle spielt. Der folgende Beitrag geht zunächst kurz auf den gesellschaftspolitischen Kontext ein, umreißt dann den Begriff der Solidarität als politisches Konzept und nennt abschließend auf dieser Grundlage Perspektiven für die politische Bildung.

Zeiten der Differenz: eine kurze Kontextualisierung

Die aktuellen gesellschaftlichen Herausforderungen sind nicht neu, sondern über 500 Jahre alt und gerade deshalb so herausfordernd. Rassismus, Sexismus, Kapitalverhältnis, Ableismus, Adultismus etc. sind ebenso wie Globalisierung, Rationalisierung, Veränderung von Kommunikation tief in die Geschichte der Neuzeit eingeschrieben. Gleiches gilt für die Aufspaltung von Privat und Öffentlich, von Ökonomie und Politik, von Produktion und Reproduktion und die Umkehr von Zweck und Mittel – in der Lesart: andere Menschen sind mir nicht Zweck, sondern nur Mittel: Die Aufspaltung von Gebrauchswert- und Tauschwertproduktion. An der aktuellen Debatte in Bezug auf Rassismus lässt sich verdeutlichen, was dies bedeutet: Rassismus ist ein gesellschaftliches Problem und wir sind ein Teil davon. Diese Verstrickung lässt sich nicht auflösen, aber wir können uns dazu kritisch verhalten, vor allem auch bezogen auf uns selbst. (Gill 2021b, 24 f.)

Es gibt einen Unterschied zwischen der Frage von sozialer Ungleichheit im Sinne von Ausbeutung einerseits und Diskriminierung bzw. Ausgrenzung andererseits. Diese liegen auf verschiedenen Ebenen. Verschoben hat sich in den letzten zwei Jahrzehnten die Schwerpunktsetzung, weg von Fragen der Gleichheit hin zu Fragen der Differenz, verschiedene Formen von Identitätspolitik sind die Konsequenz. Auf die Frage, wie die Kritik beider, von Ungleichheit und Diskriminierung, miteinander zu verbinden ist, gibt es keine einfachen Antworten. Jeder Versuch der eindeutigen Antwort, die jeweils auf einen Teilaspekt fokussiert, verursacht vielfältige Ausblendungen. Die politische Aufgabe ist es, das notwendige Maß an sozialer Gleichheit, auf das eine Demokratie angewiesen ist, mit einer Politik der Anerkennung von Unterschiedlichkeit bzw. Differenz zu verbinden. Adorno schreibt dazu: eine solche „emanzipierte Gesellschaft […] wäre […] die Verwirklichung des Allgemeinen in der Versöhnung der Differenzen", (Adorno 2003, 116).

Wenn eine Perspektive auf Solidarität, die verbindet, eingenommen werden soll, dann müssen die Folgen von über 40 Jahren neoliberaler Mobilmachung in den Blick genommen werden. Die Vereinzelung, die Entsolidarisierung, die Auflösung von traditionellen (wie Kirchen) oder auch politisch geschaffenen Bindungen (wie Parteien und Gewerkschaften) und die Umverteilung von Einkommen und Eigentum sind nicht einfach so passiert, sondern waren Teil einer politischen Strategie, die sich selbst als neoliberal bezeichnet. Die Mobilmachung des Individuums erfolgt zur optimalen Verwertung seiner selbst. Diese Strategie verhält sich passgenau zu politischen Initiativen, die eine stärkere Anerkennung von „Minderheiten" intendieren, und zum „progressiven Neoliberalismus" (Nancy Fraser) zu zählen sind: Gender Mainstreaming, Diversity Mainstreaming, mehr Frauen in Aufsichtsräte, Kampagnen zur Partizipation. Welches die dahinterliegenden Intentionen sind, wird deutlich, wenn von Begabungsreserven und Humankapitel gesprochen wird, alle sind in die Verwertung einzubeziehen, restlos.

In den letzten Jahren nehmen die Versuche zu, der Politik der sozialen und politischen Spaltung etwas entgegenzusetzen. Dies ist höchst voraussetzungsvoll, gerade weil die politische Stimmung und der herrschende politische Diskurs verschiedene gesellschaftliche Gruppen ständig gegeneinander in Stellung bringen. Was bisher gelungen ist, ist die Schaffung von kurzfristigen, punktuellen Allianzen, wie zum Beispiel das Bündnis #unteilbar (welches sich inzwischen wieder aufgelöst hat), die vor allem auf Abwehr orientiert sind. Eine positiv gewendete, gemeinsame, verbindende, gar solidarische Praxis in einer „Gesellschaft der Vielfalt" ist bisher nur theoretisch in Sicht – und auch dies eher nur fragmentarisch. Sicher kann dies auch nicht von einer zivilgesellschaftlichen Initiative alleine geleistet werden.

Die Kämpfe um Anerkennung und Gleichheit finden vor dem Hintergrund sich kumulierender Mehrfachkrisen statt: Finanzwirtschaft, Repräsentation,

Klima, Corona, Krieg etc. Krise heißt nicht, dass die gesellschaftliche Entwicklung auf einen grundlegenden Wandel zusteuert, auch wenn unsere Form der Produktion und des Konsums, mithin unserer Lebensweise ganz grundlegend auf dem Prüfstand zu stehen scheint. Aber: Geschichte ist ohne Gewissheit, es kommt wesentlich auf die kollektiven Entscheidungen der Menschen selbst an, welche Entwicklung Gesellschaft nimmt.

Solidarität als politisches Konzept

Der erste Schritt für eine Perspektive der verbindenden Solidarität ist die Wiederaneignung des Begriffs, der seine Bedeutung als politischer Begriff weitgehend verloren hat. Die politische Bühne des bürgerlichen Zeitalters betritt die Solidarität im Begriff der Brüderlichkeit. So ausgrenzend „Brüderlichkeit" für viele Gruppen klingt, so war es auch gemeint: Wer sich für Frauenrechte engagierte, wurde einen Kopf kürzer gemacht und die dritte bürgerliche Revolution, die Haitianische, wurde aus dem kollektiven Gedächtnis der Weltgeschichte getilgt. Die Frage des Gemeinwohls und des Verbindenden war zwar nie völlig aus den demokratietheoretischen Debatten, an denen sich die pluralistische Demokratie orientiert, verschwunden, der Schwerpunkt lag aber eindeutig auf Freiheit und Gleichheit.

Solidarität als politisches Konzept bringen nicht die Bürger*innen, sondern die Arbeiter*innen ein und greifen dabei auf handwerkliche Traditionen zurück (Karakayali 2014, 112 f.). Ab Mitte des 19. Jahrhunderts wird unter der Fahne der Solidarität auf Grundlage gleicher Erfahrungen für gleiche Interessen gestritten. Dass auch dies zu Ausblendungen führt, ist offensichtlich: Das solidarisch seiende Subjekt ist vor allem der weiße männliche Industriearbeiter, der vielleicht noch den Brüdern (!) in den anderen europäischen und auch überseeischen Ländern die Hand reicht. Die Bildsprache der internationalen Arbeiterbewegung zeigt dies sehr deutlich.

Die gesellschaftliche Konstellation hat sich heute grundlegend geändert, Solidarität kann angesichts der gesellschaftlichen Fragmentierung und der zunehmenden Bedeutung von Differenz nicht mehr (ausschließlich) auf Gleichheit der Erfahrungen und der Interessen beruhen. Wie dies praktisch aussehen könnte, lässt sich an der weltweiten Südafrika-Solidarität der 80er Jahre zeigen, auch wenn diese nicht frei von Paternalismen war. Die weißen, (nicht nur) europäischen Unterstützer*innen des Befreiungskampfes der Schwarzen Menschen in Südafrika haben mit diesen weder die Erfahrung geteilt, noch hatten sie die gleichen Interessen und häufig konnten sie auch politisch nichts mit dem damals eher kommunistisch ausgerichteten ANC[1] anfangen. Ausgangspunkt der Solidarität war die Erkenntnis der eigenen Komplizenschaft mit den Menschenrechtsverletzungen gegenüber den Schwarzen Menschen in Südafrika. Diese Komplizenschaft beenden zu wollen, war die Motivation für den Warenboykott und der Kampf gegen die Investitionen z.B. der deutschen Großkonzerne. Der Erfolg dieser Politik lag darin, dass unter anderem diese Solidaritätspolitik die Eskalation eines Bürgerkriegs verhindert und einen relativ friedlichen Übergang in Südafrika ermöglicht hat. Womit nicht die tiefen Widersprüche des Übergangs und des heutigen Südafrika schöngeredet werden sollen.

Die Südafrika-Solidaritätsbewegung verweist auf den entscheidenden Punkt: die Solidarität mit jenen, deren grundlegenden Rechte – ihre Menschenrechte – verletzt werden. Und in der Tat lässt sich zeigen, dass in der Entwicklung der modernen Menschenrechte ein Ansatzpunkt für eine neue Politik der Solidarität finden lässt. Der ehemalige Direktor des Deutschen Instituts für Menschenrechte, Heiner Bielefeldt, hat sich zunächst die vier Grundfreiheiten Roosevelts von 1941 vorgenommen und deren kommunitäre, gemeinschaftliche Dimension deutlich gemacht: Redefreiheit als Pressefreiheit und Versammlungsfreiheit; Glaubensfreiheit als Freiheit zur gemeinschaftlichen Religionsausübung; Freiheit vor Furcht als Justizgrundrecht, Rechtsstaatlichkeit und Selbstbindung des Staates; Freiheit von Not, die sozialen und wirtschaftlichen Rechte als positive Rechte wie z.B. das Recht auf Gesundheit (gerade so aktuell wie noch nie) und auch das von Roosevelt nicht genannte Recht auf Entwicklung, welches angesichts der Unteilbarkeit der Menschenrechte menschenrechtliche Entwicklung meinen muss. „Eine freiheitliche Gesellschaft kann niemals nur aus freien Individuen bestehen, sondern lebt durch die Vielfalt frei gewählter und frei gestalteter Gemeinschaften. Die Möglichkeit freier Gemeinschaftsbildung bildet insofern zugleich die Voraussetzung jeder freiheitlichen Gesellschaftsordnung.“ (Bielefeldt 2008, 164 f.)

Bielefeldt betont, dass dies zugleich das Recht auf Austritt aus Gemeinschaft und den Schutz vor Ausschluss beinhaltet. Letzteres ist mit dem Begriff der Inklusion vor allem in der UN-BRK betont worden: das Recht auf gleiche, freie, volle und wirksame Teilhabe in allen Bereichen des Lebens, auch in der Politik. Abschließend stellt er fest: „Nicht der oft beschworene Gegensatz von Individuum versus Gemeinschaft bzw. Gesellschaft macht demnach die Pointe

---

1 Der African National Congress (ANC) war die wichtigste Anti-Apartheid Organisation und stellt seit deren Ende die Regierung in Südafrika.

menschenrechtlicher Emanzipation aus. Vielmehr steht die durch menschenrechtliche Individualrechte zu ermöglichende freie Gemeinschaftsbildung in der doppelten Frontstellung gegen autoritäre Kollektivismen einerseits und gegen unfreiwillige soziale Ausschlüsse andererseits." (Bielefeldt 2008, 166)

Auf die Frage der unfreiwilligen politischen Ausschlüsse geht Hannah Arendt mit ihrer legendären Kritik der allgemeinen Erklärung der Menschenrechte und ihrem Diktum ein, es gäbe nur ein Menschenrecht: Das Recht, Rechte zu haben. (Arendt 1986a, 617) Sie macht in ihren Texten immer wieder deutlich, dass nur in der gegenseitigen Anerkennung unserer Unterschiedlichkeit als gleiche und freie Rechtssubjekte, was für Arendt gleichbedeutend ist mit der Anerkennung notwendiger politischer Pluralität, menschliches Zusammenleben, welches seinem Begriff entspricht, möglich ist. Dieser radikale Anspruch fragt nach den Grundlagen der Menschenrechte. Arendts Antwort, „dass das Recht auf Rechte oder das Recht jedes Menschen, zur Menschheit zu gehören, von der Menschheit selbst garantiert werden müsste" (ebd.), ist bis heute nicht eingelöst. Wie gelingt es, alle Menschen, auch jenen, die Zuflucht in anderen Ländern suchen müssen, ihren Status als Rechtssubjekte zu garantieren? Für Arendt heißt das, ihnen ihre Rechte als politische Subjekte zu garantieren. Es hieße aber, Arendt misszuverstehen, wenn man ihren Anspruch politischer Gleichheit auch auf Gesellschaft beziehen würde. Das genaue Gegenteil ist ihrer Auffassung nach der Fall: „Diskriminierung ist ein ebenso unabdingbares gesellschaftliches Recht wie Gleichheit ein politisches ist." (Arendt 1986b, 105) In ihrer Weltsicht kommt uns Gleichheit nicht generell als natürliche Eigenschaft zu, sondern als politisch herzustellende. Sie richtet damit den Blick auf das politische Machtgefüge und blendet die Bedeutung gesellschaftlicher Herrschaft aus.

Ausgehend von der Feststellung, dass uns gesellschaftliche Herrschaft zur zweiten Natur geworden ist (die Grundthese der kritischen Theorie), versucht Herbert Marcuse 1969 Grundlagen für eine Strategie der radikalen, heißt grundlegenden Überwindung gesellschaftlicher Herrschaft zu umreißen. Wenn gesellschaftliche Herrschaft sich tief in unser Denken, Fühlen, Handeln und Wahrnehmen der Welt eingeschrieben hat, bedarf es einer neuen Sensitivität (Empfindungsfähigkeit), um die Hartherzigkeit der zweiten Natur der Herrschaft zu durchdringen. Eine radikale Opposition, der es – psychoanalytisch gesprochen – um die triebhafte Verweigerung der Integration geht, und eine neue Solidarität entstehen im Prozess der Veränderung selbst. Sie entstehen im Wechselverhältnis von politischem Handeln und politischer Bildung. Im Aufsatz „Versuch über die Befreiung" aus dem Jahr 1969 betont Marcuse (Marcuse 1980) die Seite des politischen Handelns, im Aufsatz „Konterrevolution und Revolte“ von 1972 (Marcuse 1973) die Seite der politischen Bildung.

Empathie ist eine zentrale Voraussetzung für Solidarität. Solidarität darf aber nicht als Mitleid missverstanden werden, dies wäre eine paternalistische Perspektive. Vielmehr geht es um die Frage der Sensitivität, der Fähigkeit das Leid anderer wahrzunehmen und dessen Bedeutung und Gründe zu verstehen. Es geht weniger um eine moralische als vielmehr um eine normative und reflexive Sicht. Solidarität ist das Eintreten für gemeinsame Interessen und das allgemeinste Interesse, das wir Menschen teilen, ist das nach Anerkennung unserer Würde und unserer Rechte, unserer elementarsten Rechte, der Menschenrechte. Der menschenrechtliche Bezug ist auch für eine politische Bildung, die sich der Frage der Solidarität widmet, zentral.

Zugleich ist Solidarität ein politischer Begriff und verweist darauf, dass wir als Menschen nicht nur individuell, sondern zugleich auch kollektiv – als gesellschaftliche Wesen – existieren. Solidarität zielt auf die verbindende, freie, gleichberechtigte Anerkennung auch über Unterschiedlichkeiten hinweg. Sie tauscht und verrechnet nicht, sie hat keine Verpflichtung, aber sie ist auch keine Liebe, ihr fehlt das persönliche Moment. Und dies ist wichtig, sonst würde sie zur Erziehungsdiktatur verkommen.[2] Zudem geht es nicht darum, nur mit denen solidarisch zu sein, die ich liebe. Wenn seine Menschenrechte missachtet werden, bringe ich auch meine*r (politischen) Gegner*in Solidarität entgegen. Solidarität ist nicht richtungslos, sie beruht auf der geteilten Erfahrung der Ausgrenzung, Unterdrückung, des Unrechts und des Leids. Sie will die Kontinuität dieser Erfahrung unterbrechen.

Perspektiven politischer Bildung

Vor dem Hintergrund der beschriebenen Entwicklungen stellt sich die Frage nach einer politischen Bildung, die an der notwendigen Politik der Solidarität ansetzt.

Menschenrechtsorientierung

Die Frage der Bedeutung der Menschenrechte für die politische Bildung ist ein eigenes Thema, das hier nur angerissen werden kann. (Gill 2017; Gill 2021a) Der

---

2 Die Aussage des für die Staatssicherheit zuständigen Ministers Mielke bei seinem letzten Volkskammerauftritt: „Ich liebe Euch doch alle“ war genau so zu verstehen. Wenn ihr meine Liebe zurückweist, müsst ihr mit meiner Reaktion rechnen.

entscheidende Punkt ist, dass es sich bei der Menschenrechtsorientierung nicht einfach um ein weiteres pädagogisches Konzept handelt, sondern um verbriefte Rechte, die auch hier in Deutschland gültig und für den Staat handlungsleitend sind. Wobei Staat umfassend zu verstehen ist, z.B. auch hinsichtlich der Institution Schule und zivilgesellschaftlicher Akteur*innen, die mit staatlicher Förderung in dessen Auftrag handeln.

Ziel inklusiver Bildung ist es, eine menschenrechtliche Perspektive zu verwirklichen. Das heißt, „die menschlichen Möglichkeiten sowie das Bewusstsein der Würde und das Selbstwertgefühlt der Menschen voll zur Entfaltung zu bringen und die Achtung vor den Menschenrechten, die Grundfreiheiten und der menschlichen Vielfalt zu stärken." (Artikel 24, UN-BRK) Ebenso wird eine umfassende Bewusstseinsbildung gefordert, um „Klischees, Vorurteile und schädliche Praktiken [...] in allen Lebensbereichen zu bekämpfen." (Artikel 8, UN-BRK) Der Diskriminierungsschutz der Menschenrechte ist allumfassend und fordert auch staatliches Handeln, um Diskriminierung vorzubeugen.

Die Anerkennung der Menschenwürde und menschlicher Autonomie und die volle gleiche wirksame Teilhabe gehören untrennbar zusammen („Freiheitliche Inklusion", H. Bielefeldt). Menschwürde als entscheidende Grundlage aller Menschenrechte, die uns zukommen, schlicht aus dem Grund, weil wir Menschen sind, ist auf die volle, gleiche, wirksame Teilhabe aller angewiesen. Und zwar in allen gesellschaftlichen Bereichen, auch im Bereich der Politik, den die Menschenrechte sowohl staatlich als auch zivilgesellschaftlich begreifen. Es ist folglich politischer Auftrag, alle Barrieren abzubauen, die diese Teilhabe verhindern. Dazu muss alles auf den Prüfstand: Bestehende Praxen, Strukturen und auch Haltungen.

Haltung

Die Diskussion zu dem Begriff der Haltung hat in der politischen Bildung erst begonnen (Gill 2021b, 25). Es geht im Kern darum, wie wir auf die Verletzung der Rechte anderer reagieren. Nehmen wir sie überhaupt wahr? Welches sind unsere Maßstäbe, nach denen wir diese Menschenrechtsverletzungen bewerten? Wie reagieren wir darauf? Es geht nicht um die Vermittlung moralischer Prinzipien, sondern um unsere eigene Haltung. Diese ist für uns selbst wichtig. So wenig wir sie anderen lehren können, so wenig wurde sie uns selbst gelehrt. Erfahrungen und deren Reflexion, bevorzugt im geschützten Rahmen und in unserer Jugend, prägen uns ein Leben lang. Das heißt nicht, dass wir uns nicht weiterentwickeln können. Haltung ist kein Besitz, sondern muss sich immer wieder neu zeigen und beweisen. Haltung zu zeigen, ist nicht ohne Risiko. Ich werde als politischer Mensch sichtbar und damit angreifbar und hinterfragbar. Letzteres ist in der pädagogischen Situation grundlegend, warum Pädagog*innen auch nicht neutral sein können.

Haltung erfordert Diskriminierungskritik – auch bei uns selbst. Dies heißt, sich individuell und institutionell kritisch zu Formen von strukturell eingeschriebener Herrschaft zu verhalten, um diese nicht immer wieder selbst (meist unbeabsichtigt) fortzuschreiben. Nur unter der Perspektive der Kritik (und der Selbstkritik) haben wir die Chance, uns nicht in den Fallstricken der Herrschaft zu verfangen. Nur einfach dagegen zu sein, ist zu wenig.

Empathie und Kollektivität

In unsere gesellschaftliche Wirklichkeit sind strukturelle Spaltungen eingelassen: Die Frage der Staatsbürgerschaft, der persönlichen Ressourcen wie Macht, Geld, Bildung, aber auch Geschlecht, Herkunft, Diskriminierungserfahrung etc. führen zu unterschiedlichen Voraussetzungen für die politische Teilhabe. Wir dürfen uns die pädagogische Herausforderung nicht zu klein vorstellen. Es reicht nicht, die Barrieren abzubauen. So wie die demokratische Selbstwirksamkeitserfahrung zentral für die künftige politische Partizipation ist, so löst auch die Erfahrung von Unwirksamkeit einen Lernprozess aus: „Meine Sorgen werden nicht wahrgenommen“ (Unsichtbarkeit), „Ich bin nicht berechtigt, politisch aktiv zu werden.“ (Legitimität), „Politik findet auch ohne mich statt.“ (präventiver Selbstausschluss anstatt Fremdausschluss) bis hin zur völligen Abkoppelung: „Politik hat nichts mit mir zu tun.“ Es bedarf mehr als einer pädagogischen Bemühung, diesen Prozess umzudrehen und es hat nichts mit Desinteresse zu tun, wenn Menschen sich nicht beteiligen. Es beruht auf Erfahrung. (Gill/Witzel 2019)

Der sozial gespaltene Alltag führt zu einer sozial gespaltenen Sprache, so sind z.B. handwerkliche Tätigkeiten und einfache Dienstleistungen auf eine kurze, knappe Sprache angewiesen. Dies ist an sich noch nicht das Problem. Problematisch wird es, wenn gerade die, die über mehr Ressourcen verfügen, erwarten, dass ihre Sprache die allgemein gültige ist, in der Politik verhandelt werden muss. Sprach- und Sprechsensibilität meint also deutlich mehr als „nur“ Sensibilität gegenüber Fremdsprachen. Es kommt darauf an, eine gemeinsame Sprache zu finden. Die Akademisierung der politischen Klasse nimmt weiter zu, im aktuellen Deutschen Bundestag sitzen 88 % Akademiker*innen, im letzten waren es noch 82 %.

Der Kasseler Pädagoge Johannes Ernst Seiffert hat Mitte der 70er Jahre eine Schrift zur „Pädagogik der Sensitivierung“ (Seiffert 1975) veröffentlicht und dabei die Relevanz unterdrückter Bildungsinhalte betont. Die Liste der verdrängten Bildungsinhalte ist lang: die Geschichte ist die Geschichte der Sieger[3]. Ansatzpunkte dabei sind, geläufigen Geschichtsbildern zu misstrauen, Partialinteressen zu erkennen, Neugier auf Verdecktes zu wecken, für verdrängte Perspektiven zu sensibilisieren, Parteinahme zu fördern, um so die Voraussetzung für die Aktivierung bzw. Solidarisierung zu schaffen. Gerade in den abweichenden Perspektiven, die sich nicht durchsetzen konnten, können wir neue Perspektiven erkennen, die uns bei dem Umgang mit den Herausforderungen der Gegenwart helfen können. Und das Schöne daran ist, dass wir dies als politische Bildner*innen als gemeinsamen Forschungsprozess mit den Teilnehmenden entwickeln können. Es gibt viel zu entdecken.

Wir müssen erst wieder Kollektivität, als zentrale Voraussetzung von Solidarität, lernen. Wir sind so vereinzelt, dass uns die Achtsamkeit, nicht gegenüber unseren Nächsten, aber gegenüber den diversen Kollektiven, denen wir angehören, ziemlich verloren gegangen ist. Die selbstorganisierte politische Bildung von PoC, von Geflüchteten und anderen Gruppen, die Ausgrenzung und Diskriminierung erfahren, hat zu einer wichtigen Innovation in der politischen Bildung geführt. Der Erkenntnis, dass wir geschützte Räume brauchen, um Rassismus-Erfahrungen bearbeiten zu können, aber auch zur Reflexion eigener Privilegien und um wieder (vor allem auch kollektiv) handlungsfähig zu werden.

Politische Bildung und politisches Handeln

Solidarität verweist auf die Kollektivität politischen Handelns. Politisches Handeln ist ganz wesentlich kollektives Handeln: Versammlungsfreiheit, Vereinigungsfreiheit etc. sind nicht zufällig die zentralen politischen Grundrechte. Wir sollten aufhören, es im Rahmen der politischen Bildung als rein individuelles Handeln zu begreifen und individuelle Handlungskompetenz als Zielperspektive zu setzen. Es geht um kollektive Handlungskompetenz. Das nächste Missverständnis liegt darin, dass politisches Handeln auf den Akt des Wählens oder auf Protest reduziert wird. Meist ist aber politisches Handeln etwas ganz Ande-

3 Frauen gehörten seit den sogenannten Hexenverfolgungen im 16. und 17. Jahrhundert zu den Verliererinnen der Geschichte der Neuzeit.

res: eine Form der politischen Kommunikation, vom Leser*innenbrief bis zum Gespräch mit Abgeordneten oder zivilgesellschaftlichen Akteur*innen.

Wenn man dem Zusammenhang von politischem Handeln und politischer Bildung nachgeht, kommt man sowohl empirisch als auch normativ zu der Einschätzung, dass die Politikdidaktik/politische Bildung die Frage bisher auf den Kopf stellt. (Achour/Gill 2020). Es lassen sich einige empirische Hinweise finden (auch wenn dies bisher kaum erforscht ist), dass die eigene positive Erfahrung mit politischem Handeln förderlichen Einfluss hat auf politische Einstellungen wie Interesse an Politik, Unterstützung demokratischer Werte und Normen, Vertrauen in politische Institutionen und politischer Selbstwirksamkeit. Anders herum ist kein Zusammenhang feststellbar. Und auch der sogenannten Spillover-These, dass aus sozialem Engagement politisches wird, fehlt es an empirischer Evidenz.

Gleichwohl ist politisches Handeln nicht ohne Voraussetzung: Ohne Aufklärung, Organisierungsprozesse und Bewusstseinsbildung wäre niemand da, der/die dem Aufbegehren Struktur, Richtung und Dauerhaftigkeit geben könnte. Eine politische Bildung, die bei individuellen Lernprozessen stehen bleibt, verkennt diese Herausforderung. Denn es geht dabei um kollektive Prozesse des Handelns und des Lernens.

Literatur

ACHOUR, Sabine/Gill, Thomas (2020): Back to the Roots: Politisches Handeln nicht nur als Ziel, sondern als Weg, In: Bade, Gesine/Henkel, Nicholas/Reef, Bernd (Hg.): Politische Bildung: vielfältig – kontrovers -global. Festschrift für Bernd Overwien. Frankfurt/M.: Wochenschau, S. 21–35.

ADORNO, Theodor W. (2003): Minima Moralia. Reflexionen aus dem beschädigten Leben, Gesammelte Schriften Band 4, Frankfurt/M.: Suhrkamp.

AHRENDT, Hannah (1986a): Aporien der Menschenrechte. In: dieselbe: Elemente und Ursprünge totaler Herrschaft, zuerst 1951, München: Piper, S. 601–625.

AHRENDT, Hannah (1986b): Reflections on Little Rock. In: Zur Zeit, Politische Essays, zuerst 1959, Berlin.

BIELEFELDT, Heiner (2008): „ … in a spirit of brotherhood“: Die kommunitäre Dimension in den Menschenrechten In: Bielefeldt, Heiner u.a. (Hg.): MenschenrechtsFragen. Karlsruhe: Von-Loeper-Literaturverlag, S. 154–168.

GILL, Thomas (2017): Inklusion als Menschenrecht und deren Bedeutung für die politische Bildung. In: Achour, Sabine/Gill, Thomas (Hg.): Was politische Bildung alles sein kann. Einführung in die politische Bildung. Schwalbach/Ts.: Wochenschau, S. 21–33.

GILL, Thomas (2021a): Inklusive politische Bildung in einer globalen Welt. In: Achour, Sabine/ Gill, Thomas (Hg.): Politische Bildung und Flucht – ein Paradigmenwechsel?!. Frankfurt/M.: Wochenschau, S. 66–77.

GILL, Thomas (2021b): Die geforderte politische Bildung. Einige Schlussfolgerungen aus den aktuellen Debatten um Sprache, Sichtbarkeit und strukturellem Rassismus. In: Außerschulische Bildung. Zeitschrift der politischen Jugend- und Erwachsenenbildung 4/2021, Berlin, S. 20–26.

GILL, Thomas/Witzel, Anja (2019): Politik? Nicht ohne mich! Politische Teilhabe als Menschenrecht. In: Badel, Steffi/Schüle, Lea (Hg.): Arbeitsplatzorientierte Grundbildung in der Pflegehilfe, Bielefeld: wbv, S. 145–154.

KARAKAYALI, Serhat (2014): Solidarität mit den Anderen. Gesellschaft und Regime der Alterität. In: Broden, Anne/Mecheril, Paul (Hg.): Solidarität in der Migrationsgesellschaft. Befragung einer normativen Grundlage. Bielefeld: transcript, S. 111–125.

MARCUSE, Herbert (1980): Versuch über die Befreiung, zuerst: 1969, Frankfurt/M.: Suhrkamp.

MARCUSE, Herbert (1973): Konterrevolution und Revolte, zuerst 1972, Frankfurt/M.: Suhrkamp.

SEIFFERT, Johannes Ernst (1975): Pädagogik der Sensitivierung. Lampertheim: Kübler.

UN-BEHINDERTENRECHTSKONVENTION: Schattenübersetzung. Online verfügbar unter: https://www.behindertenrechtskonvention.info/schattenübersetzung-3678 (letzter Zugriff: 22.5.2018 (spätere Versionen unterscheiden sich in einzelnen Begriffen).

PAULINA FRÖHLICH

Klimaneutralität und die Große Transformation. Politische Bildung muss zum Handeln ermutigen und befähigen

Das Ziel Klimaneutralität klingt groß und abstrakt. Um es zu erreichen, muss sich in einer relativ kurzen Zeit relativ viel ändern. Diese Veränderungen finden nicht hermetisch abgeriegelt in einzelnen Sektoren statt, sondern betreffen mittelfristig alle Menschen und Lebensbereiche. So ist es nicht etwa bloß die Auto- und Stahlindustrie, welche sich mittels technischer Innovationen dekarbonisieren muss, sondern die grundlegende Weise, wie wir produzieren, konsumieren, wie wir wohnen und arbeiten, wird von der „Großen Transformation" beeinflusst. Diese Ankündigungen eines tiefgreifenden Wandels erzeugen bei weitem nicht nur Erfinder:innengeist und Vorfreude, sondern bei vielen auch Sorgen und Ängste. Denn das neue Normal ist noch nicht in Gänze vorstellbar und gleichzeitig nehmen die Nebenwirkungen der Übergangsphase immer konkretere und für manche schmerzhafte Formen an. Besonders Verzicht und hohe finanzielle Kosten gelten als problematische Konsequenzen. Aber auch soziale Spannungen aufgrund von moralisch akzeptierten und nicht akzeptierten Lebensweisen werden im öffentlichen Diskurs warnend diskutiert. Es herrscht also viel Unsicherheit und weniger das Gefühl von Selbstbestimmung. Daraus speist sich ein Bedarf nach Erklärungen einerseits und gesellschaftlichen Aushandlungs- und Beteiligungsprozessen andererseits. Welche Rolle kann die politische Bildung hierbei einnehmen? Inwiefern kann sie im Zuge der Großen Transformation zu politischem Handeln ermutigen?

Erklären

Klassisch heißt es, die politische Bildung ist eine „Sammelbezeichnung für alle bewusst geplanten und organisierten, kontinuierlichen und zielgerichteten Maßnahmen von Bildungseinrichtungen, um Jugendliche und Erwachsene mit den zur Teilnahme am politischen und gesellschaftlichen Leben notwendigen Voraussetzungen auszustatten" (Massing 2013). Die offensichtlichste Voraussetzung, um an etwas teilzunehmen, ist, davon zu wissen. Das weite Feld der politischen Bildung hat also einen Informationsauftrag, was gesellschaftspolitische Fragen, Vorgänge und Herausforderungen anbelangt. Das ist bei der Großen Transformation eine durchaus knifflige Aufgabe, denn sie ist per Definition durch Vielgestaltigkeit, Beispiellosigkeit, Asynchronität und einen (ko-)evolutorischen Charakter gekennzeichnet (vgl. WBGU 2011, 87–91). Doch Wissen und Verständnis bieten Sicherheit und befähigen dazu, mitreden und bewerten zu können. Die politische Bildung würde einen wertvollen Dienst leisten, würde sie zu einer bekannten und breit genutzten Anlaufstelle für die Erklärung der Großen Transformation werden. Neben Texten und Videos könnte es ebenso einen interaktiven Zeitstrahl geben, auf dem vergangene und zukünftige Maßnahmen und Ziele verzeichnet sind. Bürger:innen könnten vorausschauend sehen, wann Veränderungen eintreten und an welcher Stelle sie an Meinungsfindungsprozessen teilnehmen können. Verschiedene Perspektiven und Meinungen sollten zu kritischen Fragen (z.B. CO2-Steuer oder Umnutzung von ehemaligen Kohleabbaugebieten) verständlich dargestellt werden. Ebenso sollte es Kurse geben, die Bürger:innen den Zusammenhang von Veränderungen erläutern. Und zwar zwischen der (inter-)nationalen Tragweite und auf der ganz individuellen Ebene. Weil die Große Transformation alle Lebensbereiche umfasst, stoßen in ihr die verschiedenen Logiken von Wissenschaft (Erkenntnissuche), Politik (Macht), Wirtschaft (Gewinnmaximierung) und Medien (Aufmerksamkeit) besonders deutlich aufeinander. Nur das Verständnis und die Einordnung dieser Logiken kann eine realistische Erwartungshaltung an die Akteur:innen erzeugen. Die Erwartung wiederum ist eine zentrale Voraussetzung für Vertrauen. Denn stelle ich verzerrte Erwartungen an eine bestimmte Gruppe (z. B. Politik oder Wissenschaft), dann werden diese mit hoher Wahrscheinlichkeit enttäuscht und mein Vertrauen somit erschüttert. Die politische Bildung kann an bedeutender Stelle dazu beitragen, dass mehr Verständnis und somit konstruktive Kritik entsteht. Die Erklärung der Transformation sollte zu einem Schwerpunkt der politischen Bildung werden, um der gesellschaftspolitischen Bedeutung der Großen Transformation Rechnung zu tragen. Erklärungen sollten nicht bloß von Expert:innen und Wissenschaftler:innen kommen, sondern könnten ebenfalls von Bürger:innen selbst erarbeitet werden. Erklärt mir eine Landwirtin in einem Kurzfilm, mit welchen technischen Innovationen sie auf klimatische Veränderungen reagiert, warum sie es für notwendig hält und inwiefern dieser Wandel auch Vorteile bringt, legt sich das Wissen bei mir anders nieder, als durch die Lektüre des neuesten IPCC[1] Sachstandsbericht. Neben solchen Einzelpersonen aus der Zivilbevölkerung kommt eine Vielzahl an weiteren gesellschaftlichen Akteur:innen als Praktizierende politischer Bildung in Frage. So können beispielsweise Medien, Gewerkschaften oder NGOs, die potenziell nahbarer wirken als Expert:innen aus Politik und Wissenschaft, das für die Große Transformation relevante Wissen aus ihrem jeweiligen Fachgebiet an die Bevölkerung vermitteln. Politische Bildung kann so als gesamtgesellschaftliche Aufgabe und Verantwortung verstanden werden, anstatt sich auf klassische Kontexte von schulischer oder akademischer Bildung zu beschränken.

Für Schüler:innen, wie für generell alle interessierten oder auch verunsicherten Personen, sollten Einrichtungen der politischen Bildung der Ort sein, an dem verständliche und vertrauenswürdige Informationen über die Große Transformation zu finden sind. Werden Informationen unter anderem von Bürger:innen selbst transportiert (wie der Landwirtin), so kann dies für bestimmte Zielgruppen eine höhere Legitimation des Wandels erzeugen.

Beteiligen

Die Teilnahme am gesellschaftlichen und politischen Leben, wie es die politische Bildung als Ziel formuliert, sollte das demokratische Normal sein. Denn „Demokratie bedeutet die Möglichkeit der gleichen Teilhabe an den politischen Willensbildungs- und Entscheidungsprozessen“ (Weßels 2021, 379). Allerdings zeigen zahlreiche Studien der letzten Jahre und Jahrzehnte, dass die politische Teilhabe höchst ungleich verteilt ist. Die Unterschiede verlaufen dabei entlang der Kriterien Alter, Bildungsstand und Einkommen. Zudem sind regionale Unterschiede zwischen Ost- und Westdeutschland festzustellen. Eine ältere, westdeutsche Person mit hohem Bildungsabschluss und gehobenen Einkommen beteiligt sich demnach deutlich eher als eine jüngere, ostdeutsche Person mit niedrigerem Bildungsabschluss und geringem Einkommen (ebd.: 382). Oder sollte man sagen „wird beteiligt“? Gesellschaftspolitische Beteiligung ist keine Einbahnstraße, die nur von Seiten der Bürger:innen proaktiv gesucht oder nur von Seiten institutioneller, politischer Stellen angeboten wird. Angebot und Nachfrage gehen auch hier ein Wechselspiel ein. Jedoch braucht es von Seiten der Bürger:innen bestimmte Ressourcen, um überhaupt aktiv werden zu können. Eine entscheidende und belegte Voraussetzung für Teilhabe ist dabei das

---

1 Intergovernmental Panel on Climate Change.

politische Interesse (ebd.: 380). Die Aufgabe der politischen Bildung sollte es sein, Interesse zu wecken und am Laufen zu halten. Es scheint naheliegend, dass Interesse dann entsteht, wenn Betroffenheit vorhanden ist. Ist mir bewusst, dass die politischen Entscheidungen z. B. über die regionale Entwicklung meines Landkreises mich und meine Zukunft betreffen, so interessiere ich mich dafür, wer sie aus welchen Gründen wie trifft. Im Zuge der Großen Transformation stehen Entscheidungen (inter-)nationaler Tragweite an, die auf gewisse Weise lokal beginnen und enden. In den Regionen vor Ort ändern Betriebe ihre Produktionsweisen auf dem Weg zur Dekarbonisierung. Hier beginnt der Wandel praktisch und hier zeigen sich seine Konsequenzen als erstes. Um eine sozialverträgliche Klimapolitik zu organisieren, sind neue und vor allem gute (also verbindliche und inklusive) Formen der politischen Beteiligung von Nöten. Gerade Betroffene des Wandels wie z. B. Menschen, die in ländlichen oder strukturschwachen Regionen leben, sollten in Meinungsbildungsprozesse eingebunden sein. Intermediäre, wie Interessens- und Sozialverbände, aggregieren Bedarfe, Sorgen und Wünsche und können diese an Runden Tischen (‚Transformationsclustern') vertreten. Institutionen der politischen Bildung kommt demnach neben der Rolle der Erklärerin auch die Rolle derer zu, die zur politischen Teilhabe befähigt. Vor allem mit Blick auf jene Personen, die bisher nur selten teilhaben oder angeben, sich wenig für Politik zu interessieren, während sie jedoch von den großen Entscheidungen auf dem Weg zur Klimaneutralität betroffen sind. Sie sollten von Betroffenen zu Gestaltenden gemacht werden.

Ermutigen

Während die Demokratie als Regierungsform gute Zustimmungswerte in Deutschland erhält, gibt die Mehrheit der Menschen an, „mit dem Funktionieren der Demokratie weniger oder überhaupt nicht zufrieden zu sein." (Decker u.a. 2019, 30). Bei einigen herrscht eine Unzufriedenheit über das politische Personal, also über die Repräsentant:innen in den Parlamenten und den Amtsträger:innen in der Regierung. Bei anderen steht eher der langsame demokratische Prozess im Vordergrund der Kritik. Während Kritik an demokratischen Prozessen und Politiker:innen wertvoll ist, kann Demokratieskepsis schädlich sein. Gerade die „identitäre" Vorstellung, dass „das Richtige, was alle wollen" doch auf der Hand läge und einfach nur umgesetzt werden müsse, erliegt oft schnell einem antidemokratischen Zug. Dieses Spannungsfeld zeigt sich besonders deutlich auf dem Feld der Klimapolitik. Wissenschaftliche Erkenntnisse, die seit einem halben Jahrhundert auf die drastischen Folgen des Klimawandels hinweisen (vgl. Weart 2021, 10ff.), erzeugen heute durch zivilgesellschaftliches Engagement wie von Fridays for Future mehr Handlungsdruck denn je. Sollte sich, besonders unter politisch interessierten und hochgradig engagierten Bürger:innen wie den Klimaaktivist:innen, der Eindruck verbreiten, die Demokratie habe keine Lösungskompetenz in globalen Fragen wie der Klimakrise, so stünde das demokratische System vor einer Problematik ungeahnter Dimension. Führende europäische Köpfe der Fridays for Future Bewegung (wie Greta Thunberg und Luisa Neubauer) vertreten wohlgemerkt nicht diese Haltung (Neubauer/Thunberg 2021). Dennoch ist das Spannungsfeld zwischen demokratischer Langsamkeit, intergenerationaler Ungleichheit und geopolitischer Einflussmöglichkeit gegeben. Die politische Bildung sollte sich sowohl der Kritik als auch der Skepsis gegenüber demokratischen Verfahren und politischer Repräsentation bewusst sein und kluge Formen finden, wie diese diskutiert und befähigend aufgegriffen werden können. Sie sollte zu demokratischen Fähigkeiten und Instrumenten ermutigen. Wie können – auf demokratische Weise – Kritik und Unmut so geäußert werden, dass sie Resonanz finden, wie lassen sich zivilgesellschaftliche Allianzen schmieden, welche demokratischen Verfahren sollten bewahrt und beschützt, welche erneuert oder gar ersetzt werden? Die politische Bildung würde in dieser Lesart auf politisches Handeln abzielen und dazu ermutigen, die Demokratie weiterzuentwickeln.

Erfinden

Für die Bewältigung der Klimakrise und zum Meistern einer gerechten Transformation sind Innovationen notwendig. Im öffentlichen Diskurs wird hauptsächlich über technische Innovationen in Betrieben gesprochen, die z. B. eine Co2-neutrale Produktion ermöglichen sollen. Demokratische oder soziale Innovationen hingegen werden weitaus seltener diskutiert. „Als 'demokratisch' lassen sich soziale Innovationen dann charakterisieren, wenn sie die Rolle von Bürger*innen in öffentlichen und politischen Meinungs- und Willensbildungsprozessen aufwerten und neue Gelegenheiten für politische Teilhabe, Deliberation und Einfluss eröffnen." heißt es in einem Beitrag in der APuZ[2] vom Sommer 2021 (Kübler/Leggewie/Nanz 2021, 47–53). Die wohl bekannteste demokratische Innovation, die es als Thema mittlerweile erfolgreich in

2 Aus Politik und Zeitgeschichte (APuZ).

den Deutschen Bundestag geschafft hat, ist die Idee des gelosten Bürgerrats (Deutscher Bundestag 2021). Entlang repräsentativer Kriterien werden zufällig geloste Bürger:innen eingeladen, sich einem beratenden Gremium anzuschließen, welches nach eingehender Konsultation über eine politische Fragestellung eine Empfehlung an das Parlament ausspricht. Zwar ist die Idee des Bürgerrats noch nicht im politischen System Deutschlands institutionalisiert, jedoch rückt dieses Ziel in greifbare Nähe. Auf dem Weg in eine sozialverträgliche Transformation treffen diverse Interessen aufeinander, die gesellschaftliche Spannungen hervorrufen. Gesellschaftliche Spannungen wiederum sind erstmal üblich, zumal bei großen Veränderungen, die alle betreffen. Die Krux ist es vielmehr, diese Spannungen aufzufangen und in einem konstruktiven Streit (oder weicher formuliert: Aushandlungsprozess) mit Blick nach vorn hin aufzulösen. Mit Blick auf die erforderliche Schnelligkeit in Sachen Klima- und Umweltschutz einerseits und die bisweilen gegensätzlichen Vorstellungen in der Gesellschaft, wie diese Ziele erreicht werden können, andererseits, sollten demokratische Innovationen dabei helfen, allen Seiten Gehör zu verschaffen und in angemessener Zeit zu tragfähigen Lösungen zu kommen. Die politische Bildung sollte dabei ein Feld des Erfindens sein. Bürger:innen sollten eingeladen werden, auf Grundlage breiter Informationen Ideen für demokratische Prozesse zu entwickeln, die gegebenenfalls gänzlich neu oder auch durch international Beispiele inspiriert sind. Die Idee des gelosten Bürgerrats ist nämlich nicht in einer deutschen Denkfabrik entstanden, sondern durch erfolgreiche Durchführung in anderen Ländern auch für Deutschlands Zivilgesellschaft interessant geworden, bevor sich die Politik damit beschäftigte. Für das Erfinden von Innovationen bräuchte es physische und digitale Labore bzw. Werkstätten, in denen ein möglichst diverses Publikum mitwirken kann. Vielleicht kann die politische Bildung sogar Fahrpläne für die Erfindung von sozialen und demokratischen Innovationen erstellen und sie mit Schulen sowie anderen Institutionen und Akteur:innen testen. In jedem Fall sollte politische Bildung einen Raum bieten, in dem über den Status Quo hinausgedacht und demokratische Innovationen erarbeitet werden können.

Um den Weg zu einer gesellschaftlich friedlichen Klimaneutralität zu schaffen, ist sowohl beim Individuum als auch im Kollektiv ein Wandel von Nöten. Anspruch einer demokratischen Gesellschaft sollte es dabei sein, die Bürger:innen nicht bloß als passiv Betroffene des Wandels zu begreifen, welche vor Schäden zu schützen sind. Vielmehr passt ein Gesellschaftsverständnis, dass auf aktive und beteiligte Personen abzielt, die politisch handeln und somit Teil des Wandels sind. Der politischen Bildung könnte hierbei eine aufgewertete

Rolle zukommen, die im Zusammenspiel diverser Akteur:innen erklärt, beteiligt, ermutigt und erfindet.

Literatur

BR WISSEN (17.10.2018): 50 Jahre Club of Rome: Erneuter Weckruf an die Weltgemeinschaft. München. Online verfügbar unter: https://www.br.de/wissen/club-of-rome-zukunft-nachhaltigkeit-experten-100.html.

DECKER, Frank u.a. (2019): Vertrauen in Demokratie. Wie zufrieden sind die Menschen in Deutschland mit Regierung, Staat und Politik?. Bonn: Friedrich-Ebert-Stiftung. Online verfügbar unter: http://library.fes.de/pdf-files/fes/15621-20190822.pdf.

DEUTSCHER BUNDESTAG (2021): Bürgerrat zu Deutschlands Rolle in der Welt. Bericht der Verwaltung des Deutschen Bundestags. Berlin. Online verfügbar unter: https://www.bundestag.de/dokumente/textarchiv/2021/kw20-buergerrat-842938.

KÜBLER, Lukas/Leggewie, Claus/Nanz, Patrizia (2021): Demokratische Innovation durch Bürgerräte. In: Bundeszentrale für politische Bildung, Aus Politik und Zeitgeschichte 26–27/2021, Bonn. Online verfügbar unter: https://www.bpb.de/apuz/zustand-der-demokratie-2021/335445/demokratische-innovation-durch-buergerraete.

MASSING, Peter (2013): Politische Bildung. In: Andersen, Uwe/Woyke, Wichard (Hg.): Handwörterbuch des politischen Systems der Bundesrepublik Deutschland. Heidelberg: Springer VS. Online verfügbar unter: https://www.bpb.de/nachschlagen/lexika/handwoerterbuch-politisches-system/202092/politische-bildung.

NEUBAUER, Luisa/Thunberg, Greta (1.112021): Wie schaffen wir die Klimarevolution? [Audio-Podcast]. In: 1,5 Grad – der Klima-Podcast mit Luisa Neubauer, Spotify. Online verfügbar unter: https://open.spotify.com/show/28sR8OiOq0MMnGEzMJTXSt.

WBGU (2011): Welt im Wandel. Gesellschaftsvertrag für eine Große Transformation. Hauptgutachten. Berlin. Online verfügbar unter: https://www.wbgu.de/fileadmin/user_upload/wbgu/publikationen/hauptgutachten/hg2011/pdf/wbgu_jg2011.pdf.

WEART, Spencer R. (2021): The Public and Climate Change. In: The Discovery of Global Warming. American Institute of Physics: College Park. Online verfügbar unter: https://history.aip.org/climate/public.htm.

WESSELS, Bernhard (2021): Politische Integration und politisches Engagement. In: Politische und gesellschaftliche Partizipation. Berlin: WZB. Online verfügbar unter: https://www.destatis.de/DE/Service/Statistik-Campus/Datenreport/Downloads/datenreport-2021-kap-11.pdf?__blob=publicationFile.

ARNE BUSSE, ANDRÉ NAGEL

Digitale Teilhabe und politische Bildung

Zum Einstieg: Zwei Tweets

Am 18. Juni 2009 twittert der User 343max (Max von Webel, damals Max Winde): „Ihr werdet euch noch wünschen wir wären Politikverdrossen.“[1] Der Tweet „ging damals viral“, wie man so sagt. Zum Zeitpunkt, an dem wir diesen Text schreiben, wurde er 557 Mal retweetet und 1.259 mit „Gefällt mir“ gekennzeichnet. Der Tweet ist bedeutsam, weil er vor dem Hintergrund der ersten großen netzpolitischen Kontroverse in der deutschen Öffentlichkeit entstand: der Diskussion um das sogenannte Zugangserschwerungsgesetz. Dieses Gesetz sollte Internetprovider verpflichten, den Zugang zu Internetseiten mit strafbaren Inhalten, die vom Bundeskriminalamt aufgelistet werden sollten, zu erschweren. Insbesondere der Zugriff auf Seiten mit kinderpornografischen Inhalten sollte hierdurch erschwert werden. Gegen das von der damaligen Bundesfamilienministerin Ursula von der Leyen eingebrachte Gesetz entwickelte sich eine breite Protestbewegung von Opposition, Zivilgesellschaft, aber auch juristischen Sachverständigen, die dem Gesetzesvorhaben u.a. mangelnde Verhältnismäßigkeit und verfassungsrechtliche Verstöße vorwarfen. Der Protest führte u.a. zu einer Petition an den Deutschen Bundestag, die den Bundestag aufforderte, den Gesetzentwurf abzulehnen. Die Petition wurde bis zum Ende der Zeichnungsfrist am 16. Juni 2009 von 134.015 Menschen unterzeichnet, die bis heute größte Zahl an Unterschriften, die eine Petition an den Bundestag erreicht hat. Auf diesen Erfolg bezieht sich der Tweet implizit. Vor diesem Hintergrund lässt sich dieser Tweet als Musterfall politischer Kommunikation im Digitalen bezeichnen. Er bringt zum Ausdruck, was Clay Shirky mit seinem Buchtitel „Here comes everybody“ pointiert formuliert hatte: dass durch digitale Medien politische Kommunikation und Beteiligung in einem Maße möglich wird wie nie zuvor und dies jenseits etablierter Medien- und Kommunikationsstrukturen. „Der digitale Wandel führt in der Vermittlung aktuell-öffentlicher Kommunikation zur Ablösung des professionell-journalistischen Gatekeeper-

1 https://twitter.com/343max/status/2228357957 (Zugriff: 25.1.2023).

Paradigmas durch das Netzwerk-Paradigma, in dem Vermittlung vielfältiger geworden ist" (Jarren/Neuberger 2020, 17).

Am 28. Februar 2011 setzte ein Twitter-Account namens RegSprecher folgenden Tweet ab:

> *Guten Tag, aktuelle Informationen zur bundesregierung ab heute auch per Twitter. Folgen sie mir unter @RegSprecher. Ihr Steffen seibert* https://twitter.com/RegSprecher/status/42205913481875456

Der Account RegSprecher war der offizielle Twitter-Account von Steffen Seibert, dem ehemaligen Sprecher der Bundesregierung, Chef des Bundespresseamtes und Beamter im Range eines Staatssekretärs, Follower-Zahl zuletzt 1.003.835. Als Seibert diese neue Form der Regierungskommunikation begann, wurde dies überwiegend positiv aufgenommen, aber auch kritisiert, nicht zuletzt von Hauptstadtjournalisten, denen er, so die Süddeutsche Zeitung, mit „seiner Internet-Offensive [...] die eigene Rückständigkeit vor Augen geführt" (Süddeutsche Zeitung 2011) habe. Auf einer Regierungspressekonferenz im März 2011 entstand hierüber ein längerer Dialog zwischen dem stellvertretenden Regierungssprecher und Journalisten, die u.a. fragten, ob sie sich „in Zukunft einen Twitter-Account zulegen [müssen], um über relevante Termine der Bundeskanzlerin informiert zu werden" und ob diese „neumodischen Kommunikationsformen" denn sicher seien (Zitiert in Wiegold 2011). Das Beispiel zeigt die Möglichkeit der direkten Kommunikation, die der etablierten Medien als Vermittlungsinstanzen nicht mehr bedarf, denn die Informationstweets des Regierungssprechers können grundsätzlich alle Bürgerinnen und Bürger lesen (auch ohne Twitter-Account, sofern Internetzugang und Internet-Browser gegeben sind).

Beide Tweets sind über ein Jahrzehnt alt, stellen aber Signatur-Momente für das Themenfeld „Digitale Teilhabe und politische Bildung" dar, das wir behandeln wollen. Mit dem Internet und den sozialen Netzwerken verband sich die (durchaus begründete) Aussicht auf eine Unmittelbarkeit der Kommunikation, die „einen neuen Strukturwandel der Öffentlichkeit ermöglichen und zur freien Artikulation von Bürgerinteressen führen würde" (Kersting 2017).

Was ist digitale Teilhabe?

Wir verstehen unter Teilhabe politische Teilhabe oder Partizipation. Hierunter „fallen jene Verhaltensweisen von Bürgern, die als Gruppe oder allein freiwillig Einfluss auf politische Entscheidungen auf verschiedenen Ebenen des politischen Systems (Kommune, Land, Bund und Europa) ausüben wollen" (Woyke 2013; vgl. auch Kersting 2017) Digitale Teilhabe ist dementsprechend dasjenige Engagement, das sich in den auf binärem, maschinenlesbarem Code basierenden Repräsentationen von Wirklichkeit vollzieht. Im Fokus sollen dabei insbesondere das Internet und die auf dem Internet und seinen technischen Protokollen basierenden sozialen Netzwerke und Messenger-Dienste stehen, die eine zeitgleiche wie zeitversetzte interaktive Kommunikation und Interaktion ermöglichen, das Veröffentlichen verschiedener Inhalte (Text, Bild, Bewegtbild, Ton) erlauben, für deren Produktion und Auffinden das Internet zudem zahlreiche Tools wie Suchmaschinen oder etwa Grafik-Software zur Verfügung stellt. Als weiterer Aspekt tritt hinzu, dass das Internet und insbesondere soziale Netzwerke und Messenger-Dienste überwiegend mobil genutzt werden und damit im Modus des „Always Online, Always Connected". Das Smartphone, das mobile Gerät ist zu einem zentralen und teilweise nicht mehr verzichtbaren Alltagsbegleiter geworden, der alltägliche Lebensgestaltung ermöglicht (von der ÖPNV-Verbindung über die Messenger-Familienkommunikation bis zum Bezahlvorgang) als auch gesellschaftliche und politische Teilhabe (Nachrichten, Bürgerplattformen u.a.).

Die Erwartungen, ja Hoffnungen, die mit dieser Entwicklung einhergingen, waren sehr groß, da „durch das Internet und vor allem durch soziale Medien die Hürden gesunken sind, auch ohne große technische Kenntnisse und Ressourcen Inhalte aller Art zu konsumieren, zu publizieren, zu filtern, zu bearbeiten und weiterzuverbreiten", wodurch „sich der kommunikative Zugang zur Öffentlichkeit enorm vereinfacht" (Hasebrink 2017). Mit großem Pathos formulierte diese Vorstellung einer demokratischen Öffentlichkeit, die keinen ausschließt, bereits 1996 John Perry Barlow in „A Declaration of the Independence of Cyberspace":

> *We are creating a world that all may enter without privilege or prejudice accorded by race, economic power, military force, or station of birth.*
>
> *We are creating a world where anyone, anywhere may express his or her beliefs, no matter how singular, without fear of being coerced into silence or conformity.*

Vorgestellt war also eine Welt, zu der alle gleichberechtigt und ubiquitär Zugang haben würden, allen die Möglichkeit geben würde, sich diskriminierungsfrei zu artikulieren, ohne Angst vor jeglicher Beschneidung der Meinungsfreiheit oder -äußerung: der ideale Ort politischer Öffentlichkeit und Teilhabe.

Die Enttäuschungen

Ein Vierteljahrhundert später müssen wir zur Kenntnis nehmen, dass es so einfach nicht ist. Von den vielen positiven demokratie-theoretischen Erwartungen an das Internet, soziale und digitalen Medien scheint nicht mehr viel übrig. Dabei gibt es durchaus Leuchttürme „digitaler Teilhabe“: So das eingangs erwähnte Zitat Max von Webel, der Netzaktivismus gegen das Zugangserschwerungsgesetz, die Rolle sozialer Medien im Rahmen der Umbrüche des Arabischen Frühlings 2011 oder ihr Einsatz für die Mobilisierung und das Herstellen von Öffentlichkeit in der internationalen Klimabewegung um Fridays for Future. Das letztgenannte Beispiel zeigt aber die Ambivalenz des Partizipationspotenzials neuer zum Teil digitaler Bewegungen. Grundsätzlich können alle Bürgerinnen und Bürger teilhaben, werden Beteiligungsräume im Analogen wie im Digitalen eröffnet. Es partizipieren allerdings längst nicht alle. Befragungen unter den Protestierenden zeigen, dass nur wenige FFF-Aktivistinnen und Aktivisten Hauptschüler/-innen und Auszubildende waren, nur ein Sechstel gab an, einen Migrationshintergrund zu haben (Langrock-Kögel 2020).

Vieles deutet darauf hin, dass dieser Beteiligungs-Gap im Analogen sich auch im Digitalen wiederfindet. Der „Digital Gap“ (Digitale Spaltung) betrifft dabei weniger, wenn auch immer noch, den technischen Zugang zu Informations- und Kommunikationstechnologie, sondern vielmehr die Fähigkeiten und Kompetenzen, das Internet und soziale Medien reflektiert, partizipativ und selbstwirksam zu nutzen. Die letzten zehn Jahre haben gezeigt, dass neue digitale Räume nicht per se zu mehr Beteiligung in der Breite der Bevölkerung führen, sondern oftmals nur den Instrumentenkasten bisher schon politisch Aktiver erweitern.

Aber selbst die, die es nutzen, beschränken sich in der Regel auf das Unterschreiben und manchmal noch Weiterverbreiten von Online-Petitionen. Echte Online-Beteiligung, Mitwirkung oder Mobilisierung ist eher selten.[2]

---

2 Während 32 % der Befragten einer Studie des Weizenbaum-Instituts für Vernetzte Gesellschaft zumindest bereits online eine Petition unterschrieben haben, haben nur 9 % der Befragten bereits Menschen online mobilisiert. (Schaetz, u.a. 2020).

Von der Vorstellung einer deliberativen Demokratie mittels des Internets, vom Übergang einer digitalisierten Demokratie hin zu einer Digitaldemokratie sind wir noch weit entfernt (Vgl. Borucki/Michels/Marschall 2020). Digitale Beteiligungsmodelle wie Liquid Democracy sind nach anfänglicher Euphorie und politischen Erfolgen der Piratenpartei schnell wieder in der Versenkung verschwunden, ihr Potenzial für Beteiligungsformate wird aber zum Beispiel noch in Projekten wie Aula[3] deutlich.

Die Räume politischer Kommunikation und Beteiligung im Internet haben sich in den letzten Jahren stark verändert. Es lässt sich ein sogenannter dritter, digitaler Strukturwandel der Öffentlichkeit beobachten, der vor allem mit einer Plattformisierung von Öffentlichkeit einhergeht. Tech-Plattformen wie Google und Facebook (jetzt Meta) nehmen wesentlichen Einfluss auf den öffentlichen und gesellschaftlichen Diskurs. Am Charakter der durch diese, in diesen Plattformen konstituierten Öffentlichkeit zeigt sich aber, wie Jürgen Habermas in einem aktuellen Aufsatz nochmal betont hat, ob Öffentlichkeit „als ein Kommunikationsraum für eine alle Bürger umfassende Interessenverallgemeinerung" (Habermas 2021, 496), also als inklusiv und demokratisch wahrgenommen wird.

Grundsätzlich bieten das Internet, soziale Medien und diese Plattformen zahlreiche niedrigschwellige Möglichkeiten sich zu beteiligen, zu vernetzen, Öffentlichkeit für das eigene Anliegen herzustellen und politisch wirksam zu werden. Die Plattformen mit ihren algorithmisch getriebenen Öffentlichkeiten scheinen aber auch die Herausbildung von Kommunikationsräumen zu befördern, in denen sich „Menschen wechselseitig in ihrer vorgefassten Meinung bestätigen" (Schmidt 2019), den sogenannten „Echokammern". Die Plattformen sind nicht durchlässig genug für die Beteiligung breiter Bevölkerungsgruppen und die Förderung eines gesamtgesellschaftlichen Diskurses, einer politischen Öffentlichkeit und öffentlichen Meinungs- und Willensbildung. Das ist auch gar nicht das Ziel, denn sie verfolgen eher ökonomische als demokratische Interessen. Spätestens seit 2015 und den Diskussionen um die vielen neu ankommenden Menschen in Deutschland sehen wir, wohin das führt. Politik, Medien und auch die politische Bildung beschäftigen sich mittlerweile weniger mit den partizipativen Potenzialen, als den Dysfunktionalitäten – also Phänomenen wie HateSpeech, Fake News und Verschwörungsideologien und dem Potenzial zur Polarisierung. Das Internet, soziale Medien und neue Technologien werden so nicht zu Partizipations-, sondern zu „Radikalisierungsmaschinen" (Ebner 2020).

---

3 https://aula-blog.website/.

Die Plattformen selbst reagierten erst in Folge des hohen öffentlichen und politischen Drucks auf diese Entwicklung, viel zu spät und viel zu zaghaft und ohne „ihr libertäres, individualistisches, anti-etatistisches, anti-institutionelles und technizistisches Gesellschaftsverständnis" (Jarren/Neuberger/Lobigs 2020, 13) und ihre grundsätzliche Verfasstheit in Frage zu stellen. Mittlerweile gibt es vielerorts Fact-Checking-Partner, die von den Nutzer:innen veröffentlichte Inhalte überprüfen, werden YouTube-Konten von bekannten Verschwörungsideologen gelöscht oder Nutzer:innen Instrumente an die Hand gegeben, die Kontrolle über ihre Kommentarbereiche zurückzugewinnen. Eines scheint jedoch klar: Insbesondere Social Media Plattformen sind nicht demokratisch verfasst genug, um als verlässliche Plattformen für digitale Teilhabe dienen zu können.

Daraus resultierende Aufgaben der politischen Bildung

Für die politische Bildung ergeben sich daraus zahlreiche Aufgaben und Herausforderungen, die einerseits die kritische Auseinandersetzung mit der Plattformisierung von Öffentlichkeit, aber auch die technologischen Entwicklungen wie Algorithmisierung und Künstliche Intelligenz und ihrem Einfluss auf den gesellschaftlichen Diskurs und die öffentliche Meinungsbildung betreffen. Andererseits gilt es, die Rolle des Internets und sozialer Medien für die Vermittlung von Inhalten der politischen Bildung zu nutzen, beispielsweise um Zielgruppen zu erreichen, die über klassische Formate wie Seminare schon lange nicht mehr erreicht werden oder nie erreicht wurden. Über allem steht die Frage: Was soll politische Bildung in einer digitalen Welt leisten?

Medienkompetenz und Digital Literacy

Klassische Medienkompetenzmodelle nach Dieter Baacke oder Bernd Schorb nehmen vor allem das Wissen über Medien und ihre Funktionsweise, aber zum Teil auch kritisches, kompetentes und selbstbestimmtes Handeln mit Medien in den Blick. Die Entwicklung des Internets und die Digitalisierung der Gesellschaft hat das Verständnis von Medienkompetenz und Medienpädagogik verändert. Entstanden sind Medienkompetenzmodelle wie das 4K-Modell (Kreativität, Kritisches Denken, Kollaboration, Kommunikation), das allerdings stark von ökonomischen Interessen geprägt ist[4]. Die Menschen sollen hier vor allem für die Teilhabe am Arbeitsmarkt der Zukunft qualifiziert werden.

Die Vermittlung von Kompetenzen zur politischen oder gesellschaftlichen digitalen Partizipation steht hier weniger im Vordergrund. Genau um die geht es aber, wenn politische Bildung und Medienbildung zusammenkommen. Ein Beispiel: Setzt sich die politische Bildung mit dem Thema „Suchmaschinen" auseinander, geht es nicht nur darum, wie Suchmaschinen zu bedienen sind, welche Suchoperatoren eingesetzt werden müssen, um die Suche zu verfeinern, sondern es geht um Fragen wie: Wie kommen die Suchergebnisse zustande? Wer entscheidet, was oben in der Ergebnisliste steht? Wer nutzt überhaupt Suchmaschinen wie und welche Bedeutung hat es für die Gesellschaft, wenn ein Unternehmen beim Zugang zu Informationen im Internet eine dominante Rolle spielt?

Damit einher geht auch ein veränderter Blick auf digitale Medien bzw. Digitalwelten: das ubiquitäre Internet, Suchmaschinen, Algorithmen, die Allgegenwart digitaler Daten und ihrer Erfassung erlauben es nicht mehr, von Medien als Werkzeugen zu sprechen, die wir gebrauchen können oder nicht. Digitalisierung umgibt uns, sie konstituiert Umwelt, Öffentlichkeit, Politik. „Im digitalen Zeitalter überschneiden sich politische und mediale Wirklichkeiten zunehmend und können nicht mehr getrennt voneinander gedacht werden. Medienbildung muss sich daher immer wieder neu erfinden und hinterfragen, um darauf angemessen zu reagieren", so Thomas Krüger, Präsident der Bundeszentrale für politische Bildung, in einem kürzlich gehaltenen Vortrag. Dementsprechend sollten politische Bildung und Medienbildung notwendigerweise als politische Medienbildung zusammen gedacht werden.

Das führt zu einer weiteren Kernfrage: die Rolle und Aufgabe von politischer Bildung in Partizipations- oder Teilhabeprozessen. Der Bildungsreferent und Experte für digitale Lehr- und Lernformate, Guido Brombach, hat vor rund zehn Jahren gefordert: „Politische Bildung darf nicht länger nur auf die Partizipation vorbereiten, sondern muss sie in den Bildungsprozess integrieren, weil sie durch digitale Netzwerke direkter geworden ist." (Brombach 2012). Ob im Rahmen von Seminaren oder im Unterricht zur politischen Bildung reales politisches Handeln stattfinden darf oder gar sollte, wird bereits lange kontro-

---

4 Grundsätzlich zum 4K-Modell z.B. hier: https://www.bpb.de/lernen/digitale-bildung/politische-bildung-in-einer-digitalen-welt/324982/medienkompetenz-und-digital-literacy/ Zur ökonomischen Prägung des Modells z.B. hier: Doxtdator, Benjamin (2017): „A Field Guide to 'Jobs That Don't Exist Yet.'" Long View on Education.

vers diskutiert – nicht erst seit der Digitalisierung und der Durchdringung der Gesellschaft mit digitalen Kommunikationsinfrastrukturen. Die Unmittelbarkeit der digitalen Artikulations- und Teilhabemöglichkeiten durch das Internet und soziale Medien lassen das Finden einer Antwort auf die Frage aber drängender als je zuvor erscheinen. Denn auch wenn die mit dem Internet verbundenen emphatischen Hoffnungen auf globale Demokratisierung und Partizipation aller gesellschaftlicher Gruppen enttäuscht wurden, ihr Anspruch hat sich damit nicht erledigt. Und wer, wenn nicht eine allen Menschen verpflichtete, demokratisch orientierte politische Bildung sollte sich die Erfüllung dieses Anspruchs zur Aufgabe machen.

Literatur

BORUCKI, Isabel/Michels, Dennis/Marschall, Stefan (2020): Die Zukunft digitalisierter Demokratie – Perspektiven für die Forschung. In: Zeitschrift für Politikwissenschaft 30, S. 163–169. Online verfügbar unter: https://doi.org/10.1007/s41358-020-00224-5 (Zugriff: 30.11.2021).

BROMBACH, Guido (2012): Gastbeitrag: Welche Kompetenzen braucht politische Bildung 2.0?. Online verfügbar unter: https://www.bpb.de/143860 (Zugriff: 30.11.2021).

EBNER, Julia (2020): Radikalisierungsmaschinen. Wie Extremisten die neuen Technologien nutzen und uns manipulieren. Bonn: bpb.

HABERMAS, Jürgen (2021): Überlegungen und Hypothesen zu einem erneuten Strukturwandel der politischen Öffentlichkeit. In: Seeliger, Martin/Sevignani, Sebastian (Hg.): Ein neuer Strukturwandel der Öffentlichkeit?. Leviathan Sonderband 37. Baden-Baden: Nomos, 470–500.

HASEBRINK, Uwe u.a. (2017): Zur Entwicklung der Medien in Deutschland zwischen 2013 und 2016. Wissenschaftliches Gutachten zum Medien- und Kommunikationsbericht der Bundesregierung. Hamburg: Hans-Bredow-Institut. Online verfügbar unter: https://www.bundesregierung.de/Content/DE/_Anlagen/BKM/2017/2017-06-27-medienbericht.pdf (Zugriff: 30.11.2021).

JARREN, Otfried/Neuberger, Christoph/Lobigs, Frank (2020): Einleitung. In: Jarren, Otfried/Neuberger, Christoph (Hg.): Gesellschaftliche Vermittlung in der Krise. Medien und Plattformen als Intermediäre. Baden-Baden: Nomos, S. 9–20.

KERSTING, Norbert (2017): Online-Partizipation und Medienkompetenz: Kann man Netiquette lernen?. Online verfügbar unter: https://www.bpb.de/257595/(letzter Zugriff am 30.11.2021).

LANGROCK-KÖGEL, Christiane (2020): Wie elitär sind die Klimaproteste?.Online verfügbar unter: https://enorm-magazin.de/gesellschaft/politik/aktivismus/wie-elitar-sind-die-klimaproteste (Zugriff: 30.11.2021).

SCHAETZ, Nadja u.a. (2020): Politische Partizipation in Deutschland 2019. (Weizenbaum Report, 1). Berlin: Weizenbaum Institute for the Networked Society – The German Internet Institute. Online verfügbar unter: https://doi.org/10.34669/wi.wr/1 (letzter Zugriff am 30.11.2021).

SCHMIDT, Jan-Hinrik (2019): Die Medienlogik der Informationsintermediäre und ihre Bedeutung für Meinungsbildung. In: Dossier Digitale Desinformation. Online verfügbar unter: https://www.bpb.de/290575 (Zugriff: 30.11.2021).

SÜDDEUTSCHE Zeitung (2011): König, Michael. „Merkels zwitschernder Mund". Online verfügbar unter: https://www.sueddeutsche.de/politik/regierungssprecher-steffen-seibert-ein-jahr-im-amt-merkels-zwitschernder-mund-1.1129940-0 (Zugriff: 30.11.2021).

TAPLIN, Jonathan (2017): Move Fast and Break Things. How Facebook, Google, and Amazon Cornered Culture and Undermined Democracy. New York: Little, Brown and Company.

WIEGOLD, Thomas (2011): Wenn der Regierungssprecher twittert .... Online verfügbar unter: https://wiegold.wordpress.com/2011/03/28/wenn-der-regierungssprecher-twittert/(Zugriff: 30.11.2021).

WOYKE, Wichard (2013): Politische Beteiligung/Politische Partizipation. In: Andersen, Uwe/Woyke, Wichard (Hg.): Handwörterbuch des politischen Systems der Bundesrepublik Deutschland. Online verfügbar unter: https://www.bpb.de/202091/ (Zugriff: 30.11.2021).

DANIELA KOLBE

Politische Bildung durch die politische Brille gesehen

Als langjährige Bundestagsabgeordnete mit Background in der politischen Bildung fallen mir Dinge auf, die meiner Meinung nach leider oft zu wenig Beachtung finden.

Was politische Bildung kann ...

Aus eigener Erfahrung weiß ich, dass politische Bildung einen großen positiven Einfluss haben kann. Sie kann Menschen ermutigen und befähigen, sich selbst als politisches Subjekt wahrzunehmen und als solches auch zu agieren. Sie kann professionalisieren und Menschen wachsen lassen. Und sie kann durch eingeübte Selbstreflexion zu einer empathischeren, diskursfähigeren Gesellschaft beitragen. Politische Bildung ist ein großartiges und wertvolles Instrument.

... und was sie nicht kann

Gleichzeitig habe ich oft den Eindruck, dass politischer Bildung Fähigkeiten abverlangt und zugesprochen werden, die sie nicht hat. Häufig herrscht ein Bild vor, dass politische Bildung gegen „Extremismus" immunisieren könne, vergleichbar mit einer Impfung: ein wenig politische Bildung verabreichen – gemeint sind meist Informationen zur Funktionsweise der parlamentarischen Demokratie – und schon wird aus jedem und jeder ein*e gute*r Demokrat*in. Das ist Quatsch.

Für die politische Bildung ist dies allerdings ziemlich gefährlicher Quatsch, denn wenn die Erwartungen an sie so unerreichbar hochgesteckt werden, kann sie daran nur scheitern, obwohl sie im Grunde sehr erfolgreich ist. Zudem ist das eine sehr mechanistische Vorstellung von Bildung, die weder den Menschen im Bildungsprozess noch dem Bildungsprozess selbst gerecht wird.

Diese Perspektive auf politischer Bildung als Immunisierungsinstrument hat noch eine zweite negative Konsequenz: Sie engt das Verständnis von politischer Bildung massiv ein, und zwar auf Präventionsarbeit. Dies spiegelte sich zum Beispiel im Koalitionsvertrag der Großen Koalition von 2017–2021 wider. Dort fand politische Bildung nur in Bezug auf die Bundeswehr Erwähnung und indirekt im Kontext der außerschulischen Jugendbildung. Ausführlich wurde aber die politische Bildung bei der Extremismusbekämpfung, dem Demokratiefördergesetz und dem Bundesprogramm „Demokratie leben" thematisiert (Koalitionsvertrag 2018). Ein ähnliches Bild zeigt sich auch im aktuellen Koalitionsvertrag der Ampelkoalition aus dem Jahr 2021. Allerdings findet sich hier auch ein starkes Bekenntnis zur politischen Bildung: „Wir wollen die politische Bildung und die Demokratiebildung entlang der Bildungskette stärken, die Projektmittel der Bundeszentrale für politische Bildung erhöhen und die Unabhängigkeit ihrer Arbeit achten." (Koalitionsvertrag 2021, 77) Ein Bekenntnis, das Mut macht.

Interessanterweise war es trotz des engen Verständnisses von politischer Bildung im Koalitionsvertrag der großen Koalition möglich, konkret einiges für die politische Bildung in einem weiteren Verständnis zu tun. So wurden das Budget und die Aufgaben der Bundeszentrale für politische Bildung deutlich ausgeweitet. Und gleich zu Beginn der Corona-Pandemie gab es einen großen politischen Konsens (wenn man eine politische Kraft kurz ausblendet), dass man die Träger der politischen Bildung in dieser schwierigen Zeit unterstützen muss. Und spätestens nach der Ermordung von Walter Lübcke, den Anschlägen von Hanau und Halle hat sich letztlich auch noch bei denen ein Problembewusstsein für den gewaltbereiten Rechtsextremismus entwickelt, die hier vorher keinen Handlungsbedarf sehen wollten. Ein „Kabinettsausschuss zur Bekämpfung von Rechtsextremismus und Rassismus" wurde eingerichtet, der erneut einen großen Mittelauswuchs in verschiedenen Feldern nach sich zog.

Selten war das Budget so groß, waren die Herausforderungen so komplex und die Erwartungen so hoch. Insofern ist gerade jetzt ein guter Moment dafür, von politischer Seite die Erwartungen an die politischen Bildner*innen bzw. die Akteur*innen der politischen Bildung neu zu justieren.

Mein zentraler Appell an die politischen Akteur*innen lautet: Erkennt bitte, dass politische Bildung mehr ist als systemische Demokratieförderung bzw. „Extremismus"-Bekämpfung. Ihr überseht mit der Fixierung auf eine enggeführte politische Bildung deren eigentliches Potential. Es ist gerade die „normale" alltägliche politische Bildung, die sich an den individuellen Interessen und Subjekten orientiert, ohne besonderen Präventionsauftrag, die demokratiebildend wirkt: Bildung geht vom Subjekt aus, nicht vom System. Auch eine Weiterbildung zum Thema Kommunalfinanzen kann sich positiv in diesem

Sinne auswirken, etwa wenn den Teilnehmenden bewusst wird, dass auch die Entscheidungen über die kommunalen Haushalte ganz wesentlich darüber mitentscheiden, wie lebendig unsere Demokratie ist. Und viele Menschen sind mit solchen Angeboten leichter zu erreichen, als mit den Angeboten der Präventionsarbeit, weil sie an ihren Interessen und Bedarfen ansetzen und weil sie die Menschen als politische Subjekte ernst nehmen.

Ich wünsche mir von Seiten politischer Entscheidungsträger*innen einen viel breiteren und neugierigen Blick auf die politische Bildung, und vor allem ein breiteres Verständnis von dieser. Gleichzeitig ist und bleibt politische Bildung natürlich ein wirkmächtiges Mittel, wenn wir unsere Demokratie stabilisieren oder sogar gegen demokratiefeindliche Tendenzen ankämpfen wollen.

Das Elend des Extremismusbegriffs

Angesichts der gesellschaftlichen Situation ist es nicht verwunderlich, dass sich „Extremismus"-Prävention großer Beliebtheit erfreut. Dabei ist dieser Fokus sogar weitgehend unabhängig von der politischen Positionierung der Akteure. Der Begriff „Extremismus" gehört für mich immer in Anführungszeichen und normalerweise versuche ich ihn zu vermeiden. Im politischen Diskurs ist ein „Extremismusbegriff" dominant, der sich an die Definition der Verfassungsschutzämter orientiert. Dieser verortet das Problem an den gesellschaftlichen Rändern – die klassische, von den Akteuren selbst so bezeichnete „Hufeisentheorie". In der Mitte sei alles „in Ordnung" und demokratisch, so die Theorie. Das Problem befinde sich an den gesellschaftlichen Rändern, in Form des zu bekämpfenden Links- und Rechtsextremismus und des Islamismus. Insbesondere Links- und Rechtsextremismus seien eigentlich gar nicht so verschieden und sich in der Ablehnung der Demokratie sehr nahe. Was dies politisch bedeutet, war Anfang 2020 in Thüringen zu beobachten: Rings um die Kurzzeit-Wahl des FDP-Politikers Thomas Kemmerich zum Ministerpräsidenten. Zur Erinnerung: Die CDU hielt den moderaten Linken-Politiker Bodo Ramelow für so „unwählbar", dass sie gemeinsam mit der thüringischen AfD, die vom Rechtsextremen Björn Höcke geführt wird, den FDP-Politiker Kemmerich ins Amt hievte. Die Gleichsetzung von links und rechts war und ist aber kein thüringisches Phänomen. Sie war und ist auch auf Bundesebene zu beobachten. Ein Kumulationspunkt der Debatte war in den letzten Jahren immer wieder die sogenannte „Demokratieerklärung" – quasi ein verpflichtender Schwur aufs Grundgesetz, den diejenigen abgeben sollen, die sich für Demokratie, gegen Rassismus und

Rechtsextremismus einsetzen. Eine Erklärung, die sehr viele Akteur*innen als Misstrauensvotum und Missachtung ihrer Arbeit verstehen. Nachvollziehbarerweise. Sahen und sehen sie sich doch in eine vermeintlich radikale linke Ecke geschoben, der misstraut wird. Wertschätzung geht sicher anders. Diese Grundhaltung ist auch deshalb problematisch, weil sie Veränderungsnotwendigkeiten in der sogenannten Mitte der Gesellschaft ausblendet und zum Beispiel inhaltliche Kritik etwa an der Polizei als per se illegitim kennzeichnet. Es steht zu hoffen, dass in der Ampelkoalition diese Stimmen leiser werden und es besser möglich sein wird, auch an den problematischen Seiten dieser gesellschaftlichen Mitte zu arbeiten, ohne dass dies als Angriff verstanden wird.

Was braucht politische Bildung?

Es ist relativ offensichtlich und vielfach diskutiert, dass politische Bildung Zeit, Ressourcen und Verlässlichkeit braucht. Ich finde es ermutigend, dass in den meisten Parlamenten angekommen zu sein scheint, dass politische Bildung ein wertvolles und wirkmächtiges Instrument ist.

Gleichzeitig registriere ich, dass in letzter Zeit verstärkt über Wirkungsmessung politischer Bildung debattiert wird. Leider steckt dahinter häufig das oben beschriebene Immunisierungsverständnis. Politische Bildung als Feuerwehr, die kommt, wenn es brennt, und bei der man hinterher sagen kann, ob sie erfolgreich war oder nicht. Dieses Verständnis verkennt, dass Bildungsprozesse nicht linear verlaufen, Wirkungen sich zwar langfristig einstellen (können), aber weder müssen noch sich eindeutig auf bestimmte Impulse zurückführen lassen. Bedauerlicherweise steht hinter den Wünschen nach Wirkungsmessungen nicht das Interesse, die Wirkung politischer Bildung insgesamt zu erhöhen und sie weiter zu professionalisieren.

Was darf und muss die Politik von politischer Bildung erwarten?

Beeindruckt hat mich, mit welcher Schnelligkeit sich die meisten Bildungsträger*innen kurz nach Beginn der Pandemie aufgemacht haben, den digitalen Raum für sich zu erobern. Das zeigt, wie flexibel die politischen Bildner*innen sind. Genau diese Anpassungsfähigkeit darf Politik von den politischen Bildner*innen auch erwarten; sie darf erwarten, dass sie sich den gesellschaftlichen Bedarfen und Problemen zuwendet.

Grundlage bleibt dabei der Beutelsbacher Konsens von 1976 mit seiner Trias aus Kontroversitätsgebot, Überwältigungsverbot und der Zielgruppenorientierung. Das Kontroversitätsgebot stellt die Bildner*innen insbesondere dann vor neue Herausforderungen, wenn Menschen wissenschaftliche Fakten leugnen und Verschwörungsideologien anhängen. Aber auch darauf müssen sich die politischen Bildner*innen einstellen.

Und was tun, wenn es ganz schlimm wird?

Vor ganz besondere Herausforderungen gestellt werden alle demokratischen Akteure, wo sie vermeintlich oder tatsächlich in der Minderheit sind. Eine aktuelle Umfrage der Körberstiftung zeigt, dass selbst in der Gesamtbevölkerung das Vertrauen in die Demokratie und erst recht in ihre Repräsentant*innen, aber auch in die Medien erschreckend gering ist (Nida-Rümelin 2021). Dies gilt für manche Regionen in zugespitzter Form, insbesondere in Ostdeutschland. In diesen Regionen werden die Hindernisse, sich demokratisch zu äußern, immer größer. Immer mehr Menschen sprechen bestimmte Themen lieber nicht mehr an, weil sie Sorge haben, angefeindet zu werden. Das ist fatal für eine demokratische Gesellschaft. Umso wichtiger ist es, einerseits diese demokratischen Akteur*innen besser zu unterstützen, sie sprachfähig zu machen und sie zu ermutigen, sich auch in schwierigen Situationen zu äußern. Dies zu unterstützen, ist eine wichtige Aufgabe für die politische Bildung, die in diesen Regionen ohnehin stark gefordert ist.

Mein Wunschzettel wäre insofern recht lang:

Ich wünsche mir mehr Präsenz in der Fläche. Mehr aufsuchende politische Bildung, die die Menschen da abholt, wo sie gerade sind.

Ich wünsche mir einen starken Fokus auf die demokratischen Akteure in diesen Regionen. Sie verdienen jede Unterstützung, die sie bekommen können. Sie brauchen Netzwerke aus denen sie sich emotionale und fachliche Unterstützung holen können. Nötig sind auch real existierende Räume, wo diese Akteur*innen sich begegnen und miteinander wachsen können. Bundesprogramme wie „Zusammenhalt durch Teilhabe" bieten dafür eine gute Grundlage. Aber im Kern sind hier alle Träger der politischen Bildung gefragt.

Ich wünsche mir gerade in diesen Regionen auch mehr politische Bildung in den staatlichen Institutionen. Gerade wenn Akteur*innen von außen so unter Druck stehen und in Frage gestellt werden, ist es wichtig, sich selbst zu reflektieren, eigene Werte zu klären und zu festigen, aber auch eigene Stereotype zu reflektieren. Nur wenn die staatlichen Akteur*innen Menschen nicht diskriminieren – egal, ob intendiert oder nicht nur aufgrund mangelnder Reflexion- können wir eine solche Grundhaltung auch in der Gesellschaft erwarten.

Die Herausforderungen dabei sind gewaltig. In Regionen, in denen die Demokrat*innen nicht mehr in der Mehrheit sind, wird es oft schwer, überhaupt zu unterscheiden, wer noch Interesse hat, am demokratischen Gemeinwesen mitzutun und wer schon an dessen Zersetzung arbeitet. Schnell werden dann die Akteur*innen der politischen Bildung eher vorgeführt, als dass sie als Partner verstanden werden.

Aber nur weil es schwer ist, heißt noch lange nicht, dass es nicht gelingen kann. Ich jedenfalls wünsche mir, dass die vielen Ressourcen, die im Bereich der politischen Bildung zu finden sind, mutig auch für solche neuen Ansätze und Projekte genutzt werden. Von der Politik wünsche ich mir Unterstützung und Zutrauen in die politischen Bildner*innen und auch die Erkenntnis, dass es keine kurzfristigen Erfolge geben kann, aber den langfristigen Gewinn für die demokratische Gesellschaft.

Literatur

ACHOUR, Sabine (2021): Politische Bildung als Transmitter der Demokratie: Demokratie muss man machen – Neun Appelle zur politischen Bildung. In: Zick, Andreas/Küpper, Beate (Hg.): Die geforderte Mitte. Rechtsextreme und demokratiegefährdende Einstellungen in Deutschland. Bonn: Dietz Verlag, S. 311–329.

KOALITIONSVERTRAG (2018) zwischen CDU, CSU und SPD, 19. Legislaturperiode. Ein neuer Aufbruch für Europa. Eine neue Dynamik für Deutschland. Ein neuer Zusammenhalt für unser Land. Online verfügbar unter: https://www.spd.de/fileadmin/Dokumente/Koalitionsvertrag/Koalitionsvertrag_2018-2021_Bund_final.pdf (zuletzt abgerufen: 17.5.2022).

KOALITIONSVERTRAG (2021). 2021— 2025. Zwischen der Sozialdemokratischen Partei Deutschlands (SPD), Bündnis 90/Die Grünen und den Freien Demokraten (FDP). Mehr Fortschritt wagen. Bündnis für Freiheit, Gerechtigkeit und Nachhaltigkeit. Online verfügbar unter: https://www.spd.de/fileadmin/Dokumente/Koalitionsvertrag/Koalitionsvertrag_2021-2025.pdf (zuletzt abgerufen: 17.5.2022).

NIDA-RÜMELIN, Julian (2021): Demokratie in der Krise. Ein Weckruf zur Erneuerung im Angesicht der Pandemie. Eine Studie im Auftrag der Körber-Stiftung. Online verfügbar unter: https://www.koerber-stiftung.de/fileadmin/user_upload/koerber-stiftung/redaktion/handlungsfeld_lebendige-buergergesellschaft/pdf/2021/Demokratie_in_der_Krise.pdf (zuletzt abgerufen: 17.5.2022).

Autor*innen

SABINE ACHOUR, Dr., Professorin für Politische Bildung/Politikdidaktik, Freie Universität Berlin, Otto-Suhr-Institut für Politikwissenschaft.

INA BIELENBERG, Geschäftsführerin des Arbeitskreises deutscher Bildungsstätten (AdB).

MIRJAM BLUMENTHAL, Bezirksstadträtin für Jugend und Gesundheit, Berlin-Neukölln.

SEYRAN BOSTANCI, Dr., Wissenschaftliche Mitarbeiterin, Deutsches Zentrum für Integrations- und Migrationsforschung (DeZIM).

ROSA BRACKER, Wissenschaftliche Mitarbeiterin am Department für Soziale Arbeit, HAW Hamburg.

ARNE BUSSE, Leiter des Fachbereichs Zielgruppenspezifische Angebote, Bundeszentrale für politische Bildung.

TERESITA CANNELLA, Gründerin und Projektleiterin des Vereins trixiewiz e.V.

GABI ELVERICH, Dr., Lehrerin, Fritz-Karsen-Gemeinschaftsschule, Berlin-Neukölln.

THOMAS GILL, Leiter der Berliner Landeszentrale für politische Bildung.

TANNAZ FALAKNAZ, Diversity-Expertin bei der EAF Berlin und Trainerin für Unconscious Bias.

PAULINA FRÖHLICH, Stellv. Geschäftsführerin, Leiterin des Schwerpunkts Resiliente Demokratie, Das Progressive Zentrum.

RAIKO HENNEMANN, Wissenschaftlicher Mitarbeiter Demokratieferne Auffassungen in einer Kommune als Herausforderung für sozialräumliche Demokratieentwicklung, Alice-Salomon-Hochschule Berlin.

FILIZ KEKÜLLÜOĞLU, Bezirksstadträtin für Schule, Sport und Facility Management, Berlin-Lichtenberg.

STEVE KENNER, Dr. phil., ist Gastdozent am Otto-Suhr-Institut der Freien Universität Berlin und hat den Ruf auf die TT-Professur für Politikwissenschaft und ihre Didaktik an der Pädagogischen Hochschule Weingarten angenommen (vors. ab April 2023). Er ist Mitglied des DFG-Netzwerkes zur Bestimmung des Verhältnisses von Demokratiebildung und politischer Bildung und Teil des Bundesvorstandes der Deutschen Vereinigung für Politische Bildung (DVPB).

DANIELA KOLBE, stellvertretende Vorsitzende des DGB Landesbezirk Sachsen und stellvertretende Vorsitzende der Friedrich-Ebert-Stiftung.

LUCILLA LEPRATTI, Wissenschaftliche Mitarbeiterin und Doktorandin an der Universität Bayreuth, Faculty of Humanities and Social Sciences, zuvor Projektmitarbeiterin bei Trixiewiz.

PETER MASSING, Dr., Professor a.D. für Politische Bildung/Politikdidaktik, Freie Universität Berlin, Otto-Suhr-Institut für Politikwissenschaft.

ANDRÉ NAGEL, Leiter des Fachbereichs Politische Bildung und Soziale Medien, Bundeszentrale für politische Bildung.

DENIZ NERGIZ, Dr., Geschäftsführerin, Bundeszuwanderungs- und Integrationsrat (BZI).

DETLEF PECH, Dr., Professor für Grundschulpädagogik mit dem Schwerpunkt Sachunterricht, Humboldt-Universität zu Berlin, Kultur-, Sozial- und Bildungswissenschaftliche Fakultät.

HEIKE RADVAN, Dr., Professorin für Methoden und Theorien Sozialer Arbeit,

Brandenburgische Technische Universität Cottbus-Senftenberg.

NELE RATHKE, Doktorandin an der Freien Universität Berlin und der Alice-Salomon-Hochschule.

KATRIN REIMER-GORDINSKAYA, Dr., Professorin für Kindliche Entwicklung, Bildung und Sozialisation, Hochschule Magdeburg-Stendal.

WIBKE RIEKMANN, Dr., Professorin für Theorie und Praxis der Sozialpädagogik, Medical School Hamburg.

JANA RINGER, Geschäftsleitung und pädagogische Leitung Unabhängiges Jugendzentrum Pankow.

ROLAND ROTH, Dr., Professor für Politikwissenschaft, Hochschule Magdeburg-Stendal.

ANNA STAHL-CZECHOWSKA, Projektleiterin bei der Senatsverwaltung für Integration, Arbeit und Soziales Berlin

HEINZ STAPF-FINÉ, Dr., Professor für Sozialpolitik, Alice-Salomon-Hochschule Berlin.

LENA STEENBUCK, Projektassistenz im Arbeitsbereich „Aufsuchende politische Bildung“, Berliner Landeszentrale für politische Bildung.

ANN-SOFIE SUSEN, Projektleiterin Mobiles Beratungsteam Berlin für Demokratieentwicklung.

ANNETTE WALLENTIN, Referentin im Arbeitsbereich „Aufsuchende politische Bildung“, Berliner Landeszentrale für politische Bildung.

ALEXANDER WOHNIG, Dr., Professor für Didaktik der Sozialwissenschaften, Universität Siegen.